中国人民大学刑事法律
科学研究中心系列丛书

电子文件
管理制度创新

INNOVATION OF ELECTRONIC
RECORDS MANAGEMENT SYSTEM

基于电子证据规则的视角

From the perspective
of digital evidence rules

刘品新／主编

人民法院出版社 ｜ People's Court Press

图书在版编目（ＣＩＰ）数据

电子文件管理制度创新：基于电子证据规则的视角 /
刘品新主编 . -- 北京：人民法院出版社，2023.2
（中国人民大学刑事法律科学研究中心系列丛书）
ISBN 978-7-5109-3551-0

Ⅰ．①电… Ⅱ．①刘… Ⅲ．①电子档案–档案管理②
电子–证据–规则 Ⅳ．① G275.7 ② D915.13

中国版本图书馆 CIP 数据核字（2022）第 121315 号

电子文件管理制度创新——基于电子证据规则的视角
刘品新　主编

策划编辑：兰丽专
责任编辑：李　倩
出版发行：人民法院出版社
地　　址：北京市东城区东交民巷 27 号（100745）
电　　话：（010）67550672（责任编辑）　67550558（发行部查询）
　　　　　　　65223677（读者服务部）
客服 QQ：2092078039
网　　址：http://www.courtbook.com.cn
E - m a i l：courtpress@sohu.com
印　　刷：汉印印刷有限责任公司
经　　销：新华书店

开　　本：787 毫米 × 1092 毫米　1/16
字　　数：406 千字
印　　张：26.5
版　　次：2023 年 2 月第 1 版　2023 年 2 月第 1 次印刷
书　　号：ISBN 978-7-5109-3551-0
定　　价：98.00 元

编辑委员会

主　编：刘品新

副主编：陈　丽

成　员：王　燃　宗元春　任　梦

　　　　陈泽鸿　黄嘉咪　赵　琦

　　　　刘梦瑀　钟佩庭　赵　欣

前　言

《易经》中的"生生之谓易"道出了宇宙生息的规律。孔子说："易有太极，是生两仪，两仪生四象，四象生八卦。"庄子说："天地与我并生，而万物与我为一。"老子则说："道生一，一生二，二生三，三生万物。"这里的"生"字用的实属巧妙高超，西方人就不太用"生"，而是用"分"。例如，柏拉图提出可感的与理智的是两个分离的领域，"分离学说"构成了柏拉图主义的要义。"分"中含有割裂之意，"生"中蕴含着统一之意。电子文件与电子证据之间其实是一种互生、互契、互济的关系。是故，二者从最基础的概念、属性到高阶位的制度、理论与立法，均可实现有效对接。

电子文件与电子证据的概念对接，是实现电子文件管理与证据规则契合发展的理论根基。电子文件是指机关、团体、企事业单位和其他组织在处理公务过程中，通过计算机等电子设备形成、办理、传输和存储的文字、图表、图像、音频、视频等不同形式的信息记录。电子证据是在案件发生过程中形成的，以数字化形式存储、处理、传输的，能够证明案件事实的数据。电子文件与电子证据是分属不同学科的概念，二者之间虽存在差异但也不乏共性。在我国，电子文件只是电子证据的一部分，指的是以内容证明案件事实的那一部分。"电子文件证据"可以作为现阶段两个学科的共用概念，为两个学科开展理论和实务研究提供思考的着力点。

电子文件与电子证据的"四性"对接，是从证据法角度保障电子文件管理效力的关键。电子文件只有满足真实性、可靠性、完整性、可用性标准，才能称之为可信电子文件；电子证据只有满足真实性、合法性、关联性、证明力标准，才能作为定案依据。尽管电子文件与电子证据都强调"四性"标准，但"此四性"非"彼四性"，二者之间并非简单的对等关系。尽管不少学者提出可信电子文件（满足真实性、完整性、可靠性、可用性标准）具有凭证属性、证据价值，但从证据学角度看，可信电子文件仅满足了证据"真实性"要求，尚未将合法性、关联性及证明力等要求考虑在内。

电子文件与电子证据的真实性理论对接，是将电子文件作为法律凭证运用的基础和起点。二者之间真实性理论的差异，也是电子文件作为证据运用需要调整的落脚点。电子文件的真实性是指文件与其制文目的相符，文件的形成和发送与其既定的形成者和发送者相吻合，文件的形成或发送与其既定的时间一致。电子证据的真实性的第一层含义是内容真实性，即证据所记录的信息必须真实可靠，这可与电子文件的"可靠性"要求相契合。电子证据真实性的第二层含义是形式真实性，其旨在通过载体、形式的真实性间接保障内容真实性，这可与电子文件的"真实性"要求相契合。真实性要求，二者都强调通过电子文件的过程、系统管理来保证证据来源可靠、形式真实。《最高人民法院、最高人民检察院、公安部关于办理刑事案件收集提取和审查判断电子数据若干问题的规定》第22条将完整性作为电子证据真实性的下位概念审查。档案学上电子文件的完整性强调文件内容、结构及背景信息的齐全。电子证据的完整性包括"数据完整""覆盖事项完整"的双重内涵，前者是指电子证据能够可靠地保证自最终形成时起未被篡改破坏，后者是指电子证据完整地记录、反映或覆盖系争事实。电子证据的完整性与电子文件的完整性存在契合之处。鉴于可信电子文件的关联性、合法性、证明力无法不证自明，因此办案人员、当事人等应重点关注这三性审查。

电子文件管理可基于电子证据"四性"标准进行理念变革和制度调适，进而为跨学科融合带来"新气象"。在理念层面，电子文件管理可从重视记忆功能转向重视法律凭证功能，从强调真实性要求转向强调合法性要求，从侧重分段管理转向侧重全程控制，从关注事后保全与审查转向关注前端控制。在制度层面，电子文件管理可基于电子证据四性标准作出调适。例如，《最高人民法院关于民事诉讼证据的若干规定》第94条确立了以档案方式保管的电子证据之真实性推定规则，但其司法实践中的适用却很少见，对此我国可颁行相关指导案例、操作指引，借鉴国际成熟经验，完善电子文件作为电子证据使用的证据规则体系。

电子文件与电子证据新样态的对接，是开启数据时代电子文件管理与证据规则建设的时代命题。电子文件用作证据的新样态主要包括大数据证据和区块链证据。在大数据时代，电子文件更多地表现为以海量信息特征呈现的大数据材料样态，这些大数据文件可作为大数据证据发挥证明作用。从技术原理上讲，大数据文件变身为证据通常要经过三个环节：第一步是汇总数据并进行数据清洗，第二步是建构分析模型或机器算法，第三步是运行运算形成分析结论。据此可将大数据证据限定为基于海量电子数据形成的分析结果或报告。区块链存证是解决海量电子文件防篡改、可信的重要方法。区块链技术对海量电子文件的管理在实践中取得了良好效果并不断推广。对于依法通过区块链存证平台进行管理的电子文件来说，它们用作证据使用的，便成为区块链证据。在电子证据新样态及相关证据规则尚处于探索阶段的背景下，数据量激增带来电子文件管理系统、设备存储容量及处理速度等性能上的挑战，海量电子文件汇集将引发数据保护、个人隐私保护、网络安全等风险。海量电子文件管理何去何从，值得人们深思。

电子文件与电子证据的立法对接，能够在宏观层面为跨学科交流与融合共通提供方向指引。电子文件立法需要明确数字化文件管理的证据法价值。随着一些部门性规章、地方性法规及关联性法律的施行，我国形成了对电子文件的证据效力加以宣示确认的惯性范式。近年来，围绕专门性行政法规《电子文件管理条例》或专门性规章《电子文件管理办法》的拟稿，主管部门和专家学者提出的条文建议均因循传统。实际上，此等对宣示性立法之"重申"做法，乃缘于知识跨域之认知偏差，反映出观念和发展水平均滞后于与电子文件立法互为背景的智慧司法创新。当前，我国应当将智慧司法创新作为开展电子文件系列立法的视域，积极回应智慧司法创新所提出的映射性要求。这就需要我国的电子文件立法彻底向实质性的立法例转型，完成针对电子文件证据规则体系的细则补位以及针对电子文件平台集约管理的规则共频等任务。此一实质性转型，将夯实电子文件法律作为国家治理现代化之制度基石的地位。

总体而言，在我国大力推进电子政务建设的时代背景下，电子文件管理的重要性日益凸显。缺少证据意识的电子文件管理犹如"在沙滩上建大厦"，没有深固根基何谈行稳致远？促进电子文件在大数据时代的广泛应用，确保电子文件的证据法价值，这不仅需要国家层面的整体设计与战略部署，也需要学界的理论研究与方法指导。基于此，本书从电子证据规则视角对电子文件管理制度展开了全面深入的探讨，以期打破档案学与证据法学之间的学科壁垒，在电子文件管理领域与电子证据规则建设之间架起沟通的桥梁，实现两个领域的双向互补、协调并济！

这是一次助推数字中国建设的基础性、跨学科研究。期待读者诸君的批评指正。

目 录

第一章　导论　　　　　　　　　　　　　　　　　　　　1

　　第一节　证据法视域下的电子文件管理　　　　　　　3
　　第二节　国际领域内电子文件管理与证据规则的契合发展　5

第二章　从纸质到电子：电子文件及其管理的
　　　　基本含义　　　　　　　　　　　　　　　　　9

　　第一节　电子文件的概念解析　　　　　　　　　　　11
　　第二节　电子文件管理的概念解析　　　　　　　　　27

第三章　从文本到案例：电子文件用作证据的
　　　　规则整理　　　　　　　　　　　　　　　　　33

　　第一节　中国法律文本中的电子文件证据规则　　　　35
　　第二节　中国司法案例中的电子文件证据规则　　　　59

第四章　从理论到实践：电子文件管理与
证据规则相契合　　　　　　　　83

第一节　电子文件管理与证据规则相契合的理论梳理　　85
第二节　电子文件管理与证据规则相契合的实例展开　　98

第五章　从理念到制度：电子文件管理面向
证据规则的基本转型　　　　　117

第一节　电子文件管理面向证据规则转型的紧要性　　119
第二节　电子文件管理的理念转变　　122
第三节　电子文件管理的制度改进　　128

第六章　从样态到应变：数据时代电子文件证据规则
与管理制度的革新再造　　　　143

第一节　数据时代电子文件用作证据的新样态　　145
第二节　大数据证据样态及证据规则创新　　150
第三节　区块链存证样态及证据规则创新　　169
第四节　面向新样态、新规则的电子文件管理应对　　189

第七章　从体系到平台：电子文件立法改进的
重点建议　　　　　　　　　193

第一节　电子文件立法是改善电子文件管理的重要路径　　195
第二节　电子文件立法中证据效力条款的现实风格　　196

第三节　智慧司法作为电子文件立法的时代背景　　203

第四节　基于智慧司法视角的电子文件立法方向　　211

第八章　电子文件管理与证据规则对接建议　　217

第一节　立场与观点纲要　　219

第二节　电子文件管理范围应当覆盖证据性普通文件　　221

第三节　电子文件平台建设可以探索融通式取证制度　　223

第四节　电子文件管理制度必须进行契合式基准改造　　225

第五节　《电子文件应用管理条例》（学者建议篇）　　226

附录　国内外电子文件证据相关法律法规汇编　　233

附录一　中国电子文件证据法律法规汇编　　235

一、电子文件证据法律　　235

二、电子文件证据行政法规及其他规范性文件　　237

三、电子文件证据司法解释与最高人民法院、
　　最高人民检察院工作文件　　242

四、电子文件证据部门规章与部门规范性文件　　253

五、电子文件证据相关党内法规　　332

六、电子文件证据地方性法规和地方政府规章　　337

七、电子文件相关标准规范　　376

八、我国香港特别行政区与澳门特别行政区
　　电子文件证据法律法规　　381

附录二　域外电子文件证据规则法律汇编　　389

一、俄罗斯电子文件证据法规　　389

二、韩国电子文件证据法规　　394

三、爱尔兰电子文件证据法规 399

四、德国电子文件证据法规 405

五、日本电子文件证据法规 406

六、欧盟电子文件证据法规 409

后记 411

第一章

导论

第一节　证据法视域下的电子文件管理

电子文件管理不仅能保存"社会记忆"，还能提供诉讼证据。美国档案学家 David Bearman 早在 1994 年就通过对联邦法院系列判例的研究，强调确保电子文件作为证据生成的重要性。[①] 2000 年前后电子文件管理成为国际档案界的研究热点，我国学界亦开始展开相关研究，并在电子文件管理方法、流程、原则、理论等方面均取得了一些学术成果。现如今，电子文件管理已经上升至网络强国、数字中国、智慧社会建设的国家战略层面，国内知名学术团队更对我国中央直属机关、省级档案机构、企事业单位的电子文件状况进行点面结合的系统调查，并取得重要研究成果——《电子文件管理国家战略》。[②] 无论哪一层级的电子文件管理，都必须同国家的证据法规则（主要是电子文件证据规则）相契合，否则就无法发挥电子文件的凭证作用，亦难以保障电子文件的证据价值。

当前，我国政府机关的电子文件管理在落地实践时效果不彰，原因在于相关管理思路、制度、方法、体系等存在方向性偏差。概要地说，无论是我国政府机关还是理论研究者，在电子文件管理的基本定位、功能、需求分析、基本要求、构建目标上，普遍采取借鉴国际经验和跟国际标准接轨的"拿来主义"方法，而缺少对电子文件与电子证据在本国如何衔接的学术研究。该问题亟待反思。

电子文件管理是档案学专业的一门专业基础课程，属于信息管理学

---

① 参见［美］戴维·比尔曼：《电子证据：当代机构文件管理战略》，王健译，中国人民大学出版社 2000 年版，第 3 页。

② 参见［美］戴维·比尔曼：《电子证据：当代机构文件管理战略》，王健译，中国人民大学出版社 2000 年版，第 3 页。

科的大类。由于某些电子文件管理问题必须在法律语境下探讨才能化解难点，因而其触角必然延伸至法学学科。相较于传统文件，电子文件的识读与存储对系统的依赖性较强，有学者认为："成功实施的电子文件管理方案不仅仅有优良的系统，还需要有人、法律法规、制度标准、清晰全面的政策以及必要的沟通和管理层支持。"① 可知，对于专业性和技术性要求较高的电子文件管理势必做到标准先行、法规跟进的制度创新。文件管理迈向数字转型已然是国际共识和时代趋势，然而，长期以来我国两个学科之间的互动并不多，其中存在一定的落差与隔阂。研究电子文件管理的学者大多不了解证据法律制度（尤其是电子证据规则），法学界普遍缺乏对电子文件管理的研究。近年来中共中央办公厅的主管部门持续推动《电子文件管理条例》（系 2009 年《电子文件管理暂行办法》的升级版）的制定，参与其中的专家学者们并没有沟通两个领域的足够专业能力，相互对对方学科的基本概念、原则、原理知之不多，并因此出现"误判"。这些问题不仅延缓了"电子文件管理条例"的出台，更极大地影响了我国电子文件管理和电子证据运用事业的发展。

在"电子文件管理条例"立法研讨的背景下，基于电子证据规则的视角对大数据时代电子文件管理制度展开研究具有重大意义。本书研究思路是：梳理并概括法律规范和司法实务中的电子文件证据规则，借以支撑电子文件管理理论，突破档案学科与法学学科之间的藩篱，重点解决电子文件管理同证据法规则脱节的问题。换言之，本书从证据法规则的角度全面审视了电子文件管理的理论、体制、机制，具有重要的学术意义和实践价值，有助于贯彻落实我国电子文件管理国家战略，有利于推动政府机构的电子文件管理制度、机制、标准、技术建设或发展。

---

① 赵丽：《我国电子文件管理系统研究进展与方向》，载《档案学研究》2013年第 6 期。

第二节 国际领域内
电子文件管理与证据规则的契合发展

在国际层面，电子文件管理同证据法规则的契合发展现象普遍存在。近年来，美国、澳大利亚、欧盟等国家和组织陆续制定了多个电子文件管理系统需求标准。[①] 其中，美国国家档案与文件署 2010 年发布的《电子文件档案馆需求标准》（Electronic Records Archives Requirements）、欧盟 2011 年发布的《文件系统模块化需求标准》（Modular Requirements for Record Systems）均符合英美法系电子证据规则，如考量了具有英美特色的电子文件传闻规则、鉴真规则、最佳证据规则等。美国国防部的 DOD5015.2 标准、澳大利亚国家档案馆的 DIRKS（设计和实施记录保存系统）标准、国际档案理事会的 ICA-Req（电子化办公环境中档案原则与功能需求）标准等，均体现了电子文件管理系统的研究应当遵循法规标准。

电子文件管理同证据法规则的契合研究也是长期的、动态的。电子文件管理机制需要结合新判例、新立法、新标准进行适当调整。例如，加拿大 1998 年通过了《统一电子证据法》，并将之作为联邦和各省的立法样本，与之相适应，该国将电子文件管理纳入公务行为法规体系、电子证据管理法律体系和信息管理框架。《统一电子证据法》促进了加拿大学术界持续展开电子文件管理与证据法规则相契合的研究。

电子文件管理同证据法规则的契合发展问题是长时期的学术热点。例如，加拿大英属哥伦比亚大学开展的法学院与图书、档案、信息学院间的合作项目研究——《数字环境下的证据法：当下、未来的挑战及对策》。其中研究问题包括：（1）传统上针对纸面证据的法律规则是否适用于电子形式的信息？是否需要调整、如何调整？（2）关于电子证据的真实性标准是否需要发展、如何发展？（3）为适用传闻规则的例外条款，

---

① 参见张茜、程妍妍:《国际电子文件管理系统需求标准比较研究》，载《中国档案》2014 年第 11 期。

电子证据是否需要作不同的类型划分？如果需要，该提出什么样的分类方法？（4）为适用最佳证据规则，是否需要为判断电子证据的可信度引入新的定义或者其他建议方案？（5）从电子设施中搜查电子证据，什么是合理的隐私期待？（6）为了诉讼中将书面证据用于审判或其他诉讼活动中，是否需要制定书面证据长期保管制度、如何制定？完成对上述问题的研究并非一朝一夕之功。该项目的最终目标包括四项：（1）开发出审查判断电子文件准确性、真实性的标准和方法，开发出裁断不同机构产生的数字信息是否属于传闻例外情形（即法律上无须排除的情形）的标准和方法，开发出识别电子文件可信度和权威性而满足最佳证据规则要求的标准和方法；（2）开发出自电子文件被辨识到被采证的证据链程序；（3）开发出保证长期电子文件真实性的指南；（4）提出证据法能够弹性地适用于信息技术、产品的新修规则建议。此外，InterPARES Trust（2013—2018）是一个多国、多学科合作的国际合作项目，系著名国际合作项目"电子系统中文件真实性永久保障国际合作研究"的第四阶段。InterPARES Trust 国际合作项目主要探讨日益网络化环境中电子文件的公信力与可信性，其一直致力于电子文件证据价值认定的跨学科研究。

　　跨学科研究促使学界诞生了优秀的复合型专业人才和成果。前者如前面提到的 David Bearman 先生是国际上研究电子文件的权威、美国电子文件研究的专家，是一位跨界英才。其虽非出身于文件／档案管理专业，但因熟悉相关技术知识、管理经验和法律能力而声名大噪。后者如菲律宾 2001 年《电子证据规则》[①]、加拿大 1998 年《统一电子证据法》[②]、博茨瓦纳 2014 年《电子文件（证据）法》[③]、多米尼克 2010 年《电子证据法》[④] 等，它们既是电子证据法律规范也是电子文件法律规范，可用于指导电子文件管理与电子证据运用两个领域的工作。

　　我国电子文件管理同证据法规则的脱节导致学科间的鸿沟日益突

---

① Philippines's Rules on Electronic Evidence, Rule 7, sec. 2（c）.

② Canadian Uniform Electronic Evidence Act（1998）, art. 2.

③ Botswana's Electronic Records（Evidence）Act（2014）.

④ Dominica's Electronic Evidence Act, sec. 11（1）（2010）.

出。一方面，在电子文件管理领域钻研的学者们，普遍对中国证据法理论（特别是电子证据规则）存在着陌生感，不能将证据法知识用于电子文件管理研究；另一方面，致力于电子证据定位、分类、可采性、证明力研究的法律学者们，虽在电子证据保全、电子证据保管、电子取证规制、网络公证、电子证据鉴定、电子证据认定等方面有较多理论研究成果产出，但对电子文件管理缺乏关注和了解。长此以往，我国电子文件管理研究同证据法规则将形成日渐厚重的"玻璃门"。

在我国也有一些学者观察到电子文件管理同证据法规则契合的重要性，并试着从电子文件的证据价值、电子文件的证据规则，以及基于证据法规则的电子文件管理战略、制度、机制、标准与技术等方面展开初步探讨。这些点滴研究为构建符合中国证据法规则的电子证据管理制度提供了有意义的示范。

鉴于此，本书将从电子证据规则角度重新审视电子文件管理理论、体制、机制与系统等问题，重点致力于解决电子文件管理与证据法规则相脱节的根本问题。具体研究内容如下：

第一，电子文件管理的概念解析及样态抽象，具体包括对电子文件、电子档案、电子文档、纸面文件电子化、电子文件证据等基本概念进行阐释，归纳电子文件用作证据的常见表现形式（如电子公文、电子证照、电子发票、电子合同、电子病历、电子照片等），并由文件管理到电子文件管理进行内涵及价值分析。

第二，电子文件用作证据的规则整理，具体包括梳理我国相关法律、法规、部门规章、司法解释等文本中的电子文件证据规则，并通过归纳大样本司法案例的方式提炼关于电子文件的证据地位、法律效力、真实性、关联性、合法性、证明力的实践经验。

第三，比较电子文件管理规则与证据法规则在基本概念、分类理论、"四性"标准方面的差异及对接方式，具体包括电子文件管理与证据规则相契合的理论梳理、实例剖析等，尤其是实例剖析部分能够充分展示电子文件管理与证据规则相契合的必要性和可能性。

第四，构建电子文件管理面向证据规则转型的理念与制度方案，具体包括电子文件管理理念应当从重视记忆功能转向重视法律凭证功能、从强调真实性要求转向强调合法性要求、从立足分段管理转向立足全程控制、从关注事后保全、事后审查转向关注前端控制，电子文件管理制度应当实现基于证据"真实性""合法性""关联性""证明力"标准的系列改进。

第五，站在数据时代的立场讨论电子文件证据规则与管理制度的革新再造，具体包括提炼数据时代电子文件用作证据的新样态，并论证大数据证据样态及证据规则创新、区块链存证样态及证据规则创新等重点内容，在此基础上提出电子文件管理应当针对数据安全、网络安全、共享开放等挑战作出应对。

第六，聚焦电子文件管理立法，参照智慧司法大探索、新试验的经验，提出电子文件立法朝向细则补位、规则共频方面进行完善的学术建议。

第七，研究的结论，具体包括宏观上应当选择"电子文件管理工作、理论同电子证据工作、规则深度结合"的基本立场，以及"电子文件管理范围应当覆盖证据性普通文件""电子文件平台建设可以探索融通式取证制度""电子文件管理制度必须进行契合式基准改造"的具体建言。以上各部分构成一个较为严密的逻辑体系。

完成一本书，就像是一次长途旅行。个中甘苦，不足与外人道。而内心感悟，是值得分享的。在漫漫写作过程中，笔者思考的学术问题很多，到了后期已经沉淀为一个立法问题：我国需要什么样的"电子文件管理法"？答案是：一部"兼顾电子文件管理与促进电子文件应用"的法律；一部"不限于电子归档而是拓展至各种电子文件"的法律；一部"带有应用法、基本法双重性质"的法律；最为重要的是，一部"适应大数据时代""可解决海量电子文件管理"的法律！

行文至此，笔者联想起在我国多地探索可行的"一网通办""最多跑一次""一次都不跑""一窗受理、集成服务、一次办结""让数据多跑路，让群众少跑腿"等新兴业态。这些是国家的追求和人民的福祉。而它们在全国范围的顺利推开，离不开电子文件管理的战略确定和立法保障。从这个意义上讲，本书基于电子证据规则视角进行的电子文件管理制度研究，显然具有重要的学术意义和实践价值。

第二章

从纸质到电子：电子文件及其管理的基本含义

第一节　电子文件的概念解析

一、电子文件的概念

电子文件作为信息时代国家治理、政府管理、经济运行、社会运转和历史传承的重要工具和载体，是国家重要的战略信息资源。[①] 作为电子化业务的信息记录，电子文件忠实地记录了日常业务工作和相关社会活动全过程，其不仅承载着社会记忆，具有司法证明价值，同时也是业务活动凭证和信息资产。

从技术形态视角出发，《电子文件归档与管理规范》将电子文件界定为"在数字设备及环境中形成，以数码形式存储于磁带、磁盘、光盘等载体，依赖计算机等数字设备阅读、处理，并可在通信网络上传送的文件"，该界定被学界所接受。[②] 有学者从该定义出发，进一步指出："电子文件既包含了与纸质档案对应的文本、图形图像类电子文件，又包含了与声、像档案对应的声音、视频类电子文件，还有传统档案未包含的软件程序及衍生电子文件。"[③]

从具体应用视角出发，电子文件可以被界定为，人们在各种活动中使用电子计算机作为工具，产生的一类数字化形式的记录。按电子文件的工作领域，可将其分为两种：一种是记录人们在办理公务，处理一般事务和交流信息过程中产生的电子文件，如电子文件、电子信件等，它们多以文本、图像、声音或影像等形式存在；另一种是记录人们生产或

---

① 参见《国家电子文件管理知识与政策干部读本》编委会编著：《国家电子文件管理知识与政策干部读本》，人民出版社 2019 年版，第 1 页。

② 钟丹：《电子文件档案管理中常见的问题与解决方案》，载《兰台世界》2014（S4）期。

③ 王乐天：《浅议电子文件归档与管理》，载《兰台世界》2018（S2）期。

科研活动的技术性电子文件,如计算机辅助设计、计算机辅助制造等生成的电子文件,它们多以光栅图和矢量图形式存在。[①] 该定义表明,电子文件运用场景可以分为权力机关的履职活动和普通单位、个人的法律活动,相应地分别产生电子形式的公共文件和私用文件。相比而言,电子形式的公共文件更值得进行管理制度建设。

从社会功能视角出发,电子文件可以被界定为"国家机构、社会组织或个人在履行其法定职责或处理事务过程中,通过计算机等电子设备形成、办理、传输和存储的数字格式的各种信息记录"[②] 抑或"电子文件是指人们在社会活动中形成的,以计算机盘片、磁盘和光盘等化学磁性材料为载体的文字材料,是人们在各种活动中使用电子计算机作为工具,产生的一类数字化形式的记录。它主要包括电子文书、电子信件、电子报表、电子图纸等等"[③] 如此定义彰显了电子文件的社会价值。

从法律规范视角出发,《电子文件管理暂行办法》第 2 条将电子文件界定为"机关、团体、企事业单位和其他组织在处理公务过程中,通过计算机等电子设备形成、办理、传输和存储的文字、图表、图像、音频、视频等不同形式的信息记录"。这将有关单位、个人的私用文件从电子文件定义中剔除出去了,当然,这并不意味着私用文件不能参照公共文件的规定进行管理。理解法律上关于电子文件的界定应当把握以下两个方面:第一,电子文件是文件的一种类型,文件是电子文件的概念基础;第二,电子文件是一种数字信息,也被称为数字文件,它以二进制数字编码组成。[④]

无论是电子形式的公共文件,还是电子形式的私用文件,电子文件

---

① 参见李平平:《关于电子文件管理工作的若干思考》,载《黑龙江档案》2012 年第 4 期。

② 董丽媛:《电子文件》,载《档案与建设》2018 年第 7 期。

③ 张金山、李奎凤:《电子文件和纸质文件两套制归档的必要性》,载《兰台内外》2010 年第 2 期。

④ 参见冯惠玲、刘越男等:《电子文件管理教程》(第二版),中国人民大学出版社 2017 年版,第 1 页。

均有不同于纸面文件的特点：（1）电子文件具有数字依赖性特征，其形成、存储、阅读、处理与传输都离不开数字设备与环境。（2）电子文件的信息表现形式丰富，其既可以文本形式表现，也可以图像、声音、多媒体等立体化形式表现。（3）电子文件的可传输性，电子文件多可以通过通信网络传输，这使得其面临易篡改、传输中容易被捕获等信息安全风险。（4）内容的易更改性。（5）技术寿命的不稳定性。电子文件对保存场地的面积要求不高，而对环境的温湿度、防磁性等条件的要求很高。如果达不到特定的存储要求，容易造成载体损伤致使信息丢失。[①]

二、同电子文件相近或相关的若干概念

（一）电子档案

电子档案与电子文件具有密切的关系，就像档案与文件既联系密切，又存在区别一样。迄今为止，人们对电子档案的理解并不一样。如有人认为，电子档案是指以数码形式记录在磁带、磁盘、光盘等载体，依赖计算机阅读、处理，并可在通信网络上传送的具有保存价值的电子文件，及相应的支持软件、参数和其他相关数据的总称。[②] 有人认为，电子档案是指具有保存价值的已归档的电子文件及其相关资料。[③] 还有人认为，电子档案是指过去和现在的国家机构、社会组织及个人在从事政治、军事、经济、科学、技术、文化等活动中直接形成的对国家和社会有保存价值，并已记录在计算机穿孔带、磁盘（软盘或硬盘）、磁带、光盘等介质上，以备查考利用的计算机机读的文件材料。[④] 从这些定义

---

① 参见韩英：《浅谈电子文件信息安全与保障措施》，载《档案管理》2014年第4期。

② 参见何莎：《电子档案的形成及保护》，载《档案》2011年第2期。

③ 参见李纯：《电子档案管理若干问题的思考》，载《山东档案》2016年第5期。

④ 参见沈阳军区档案处：《关于计算机机读档案管理的思考》，载《兰台世界》1998年第8期。

可以看出，"电子档案就是电子文件的子集"，"电子档案具有电子文件的基本属性，电子文件涵盖整个文件生命周期的全过程，而电子档案存在于文件归档之后的阶段，基本上处于业务活动结束之后"。[①]

司法实践中，经常出现的、用作证据的电子档案多种多样，几乎所有开展档案建设的单位都开始了电子档案的建设和运用。下面列举银行电子档案、学籍电子档案、房地产电子档案，以案释法阐述其中反映出来的常见法律问题。

银行电子档案是银行等金融机构对各项工作中应当归档保存的文件材料，进行信息化管理形成的档案。在银行机构涉诉案件中，银行电子档案可以发挥关键证明作用。例如，在一起金融借款合同纠纷案件中，[②]根据《中国邮政储蓄银行小额贷款业务操作规程》第47条的规定，签署联保协议时，经办人员要与联保小组成员合影，签署借款保证合同时，经办人员也要与借款人、保证人合影，影像以电子文件的形式归入客户档案。中国邮政储蓄银行灌云支行（以下简称邮储灌云支行）所举电子文件证据显示，邮储灌云支行经办人系于2012年11月7日办理业务时与六上诉人合影，该影像资料形成的时间，可以证明六上诉人在《小额联保借款合同》《小额贷款联保协议书》《贷款借据》上的签名时间为2012年11月7日。银行电子档案往往具有严格的保管期限。例如，在一起名誉权纠纷案件[③]中，法院经审理后认为，中国工商银行山东省分行（以下简称工行山东省分行）虽然主张按照银行内部的相关规定，白某明的贷款档案已超过保管期限被销毁，但根据工行山东省分行提交的工银办法（2009）217号文件这一证据，即使白某明的贷款实体档案确已销毁，工行山东省分行亦应当存有白某明贷款的电子档案。该案反映出即使档案实体已销毁，银行电子档案仍需遵循10年保管期限。

---

① 《国家电子文件管理知识与政策干部读本》编委会编著：《国家电子文件管理知识与政策干部读本》，人民出版社2018年版，第25页。

② 参见江苏省连云港市中级人民法院（2017）苏07民终1266号民事判决书。

③ 参见山东省济南市历下区人民法院（2014）历民初字第1838号民事判决书。

　　学籍电子档案是针对学生学籍信息如学生入学、学籍注册、学籍建档、学籍异动、升级、毕业等事项，进行全程信息化管理形成的档案。它往往与关于学籍的纸质档案具有同等法律效力。例如，在一起合同纠纷案[①]中，法院经审理后认为，根据《中小学生学籍管理办法》第9条[②]的规定，涉案的215名学生从洪运学校毕业，洪运学校应当保留涉案学生学籍电子档案备份，同时保留必要的纸质档案复印件。根据洪运学校与振阳公学签订的《关于洪运学校与振阳公学联合办学备忘录》约定，振阳公学在洪运学校对学籍上报审批成功后一周内一次性支付给洪运学校学籍管理费1200元／生。本案中，洪运学校只提供了涉案学生的全日制普通高中毕业证书，未提供涉案学生的学籍档案，洪运学校提供的证据不足以证明其已经履行了为涉案学生上报学籍并获审批通过的合同义务。法院判决，对洪运学校要求振阳公学支付学籍管理费的诉讼请求不予支持。

　　房地产电子档案是房地产管理部门在房地产发证登记、交易买卖、房屋动拆迁、建设用地及批租用地活动中，对应当归档保存的文字材料、计算材料、图纸、图表、照片、录像带、录音带、磁介质软盘等，进行信息化管理形成的档案。在一起商品房销售合同纠纷案件[③]中，原告主张被告逾期办理案涉房屋权属登记要求给付违约金，并以大连市不动产登记中心旅顺口分中心电子档案查询单为据要求被告承担违约责任，其理由为查询单上记载涉案楼盘初始登记受理时间为2016年3月22日，审核时间为2016年5月16日，认为是被告超出合同约定的

---

　　① 参见安徽省安庆市大观区人民法院（2019）皖0803民初602号民事判决书。

　　② 该条规定："学生转学或在基础教育阶段升学时，学籍档案应当转至转入学校或升入学校，转出学校或毕业学校应保留电子档案备份，同时保留必要的纸质档案复印件。学生最后终止学业的学校应当归档永久保存学生的学籍档案，或按相关规定办理。学校合并的，其学籍档案移交并入的学校管理。学校撤销的，其学籍档案移交县级教育行政部门指定的单位管理。"

　　③ 参见辽宁省大连市旅顺口区人民法院（2018）辽0212民初2003号民事判决书。

时间于 2016 年 3 月才向房产部门办理涉案楼盘的初始登记才导致了房产部门于 2016 年 5 月审核完毕，造成逾期办理产权证的后果。对此被告不予认可，其通过查询大连市不动产登记中心旅顺口分中心涉案楼盘的原始档案，进一步证明 2014 年 12 月 8 日前被告就已经开始了房屋初始登记联络工作，且房屋初始登记联络单记载的信息与大连市旅顺经济技术开发区规划建设交通局出具的说明彼此对应，形成了完整的证据链条，共同印证了由于供热管网问题导致案涉楼盘初始登记的延迟，其责任并不在被告。又因原告提交的电子档案查询单上明确注明本查询结果以电子档案登记为准，不排除历史档案录入过程中存在错误。法院最终判决，原告承担举证不能的法律后果。该案不仅涉及将房地产电子档案作为证据使用的问题，还涉及证据原件、复制件何者法律效力更高的问题。《最高人民法院关于民事诉讼证据的若干规定》第 11 条规定："当事人向人民法院提供证据，应当提供原件或者原物。如需自己保存证据原件、原物或者提供原件、原物确有困难的，可以提供经人民法院核对无异的复制件或者复制品。"《最高人民法院关于适用〈中华人民共和国刑事诉讼法〉的解释》第 84 条第 3 款规定："书证的副本、复制件，经与原件核对无误、经鉴定或者以其他方式确认真实的，可以作为定案的根据。"结合该案进行分析可知，原告提供的电子档案查询单并非原件，被告出具的涉案楼盘的原始档案才是原件，后者具有更高的证明效力。

（二）电子文档

在日常生活中，人们对文件的另一种称呼是文档。相应地，电子文件有时也被习惯性地称为电子文档。考虑到当下一般将 WORD、EXCEL、PPT 等文字编辑软件产生的文件叫作文档，该术语已经具有明显的纯粹计算机科学术语的色彩。本书将电子文档限定为计算机科学的范畴，若有关电子文档在案件中具有法律意义便应当归入电子文件的范围。例如，在一起偷越国（边）境罪案件[①]中，法院经审理后认为，从

---

① 参见上海市静安区人民法院（2014）静刑初字第 549 号刑事判决书。

王某所有的笔记本电脑中查获的电子文档、邮件等电子数据，经相关司法鉴定部门鉴定查获的部分伪造签证申请材料是通过王某笔记本电脑本机制作的。又从相关旅行社送韩国领馆的部分签证申请材料与王某笔记本电脑中的电子文档内容是相吻合的，上述证据已形成证据链，足以认定王某积极参与组织他人偷越国境，为偷渡人员制作假签证申请材料的事实，故对王某及其辩护人的辩解，不予采信。王某又辩称因初某给其的 U 盘有病毒，为杀病毒而在电脑中拷贝了相关电子文件，查获相关材料并非其制作的主张，现仅有王某自己的陈述，初某对此予以否认，从查获的电子文件鉴定情况也证明相关部分电子文档是王某笔记本电脑本机制作的，故法院对王某主张难以采信。

实践中，电子邮件文档、网络聊天文档、视频文档较多出现，在被赋予法律意义的情况下也就被称为电子文件。电子邮件文档是当事人及其他参与人通过客户端邮件、网页邮件形成的一种文档，其可以以其内容证明当事人之间的法律关系。例如，在一起承揽合同纠纷案件[①]中，法院经审理后认为，原审中，双方均确认通融公司通过 QQ 软件向美亚公司发送过《约定书》的电子文件，通融公司虽然对电子文件内容有异议，但未能提交反驳证据。其认为双方未明确合同附件 1 的内容的主张，法院不予采信。此处"电子邮件"指称的就是以内容证明案件事实的电子邮件文档。网络聊天文档是当事人通过网络聊天软件形成的文档，常常被用于证明双方当事人之间的意思表示内容。例如，在一起民间借贷纠纷案件[②]中，法院经审理后认为，原告提供的借款单，系被告通过微信聊天向原告发送的电子文件，属于民事诉讼证据中的合法证据种类，该证据与原告提供的银行汇款记录，微信转账记录可以相互印证，证实原告、被告之间存在真实的民间借贷法律关系。视频文档是当事人通过视频拍摄或编辑软件形成的文档，可以以其视频内容证明案件

---

① 参见福建省厦门市中级人民法院（2014）厦民终字第 2667 号民事判决书。
② 参见陕西省西安市碑林区人民法院（2017）陕 0103 民初 4973 号民事判决书。

事实。例如，在一起传播淫秽物品牟利罪案件[①]中，法院经审理后认为，原判决认定被告人复制、传播淫秽电子文件的数量是相关鉴定部门根据相关鉴定标准得出，符合法律规定，应予确认。在这里，电子文件指代的就是视频文档。

（三）纸面文件电子化

电子文件源于纸面文件电子化，但电子文件同纸面文件的电子化材料并非一回事。判断的标准可以理解为具有法律效力的材料是纸面形式的还是电子形式的。纸面文件的电子化材料是对电子文件进行电子化如扫描、拍照、文字识别甚至剪接处理等的产物，用作法律凭证的主要还是纸面文件；电子文件本身就是法律凭证。例如，在一起关于核发林权证的行政案件[②]中，被告主张林权登记档案遗失，未能提供核发被诉林权证的证据，第三人提交的证据发生在被告颁证行为之后，均不能证明被告颁证过程的合法性。被告和第三人所称电子档案仅是颁证完成之后的数据录入，并非颁证时档案材料的电子扫描，不能证明颁证过程符合法定程序。在这里，被告和第三人提交的"电子档案"是颁发林权证之后的数据录入材料，其中"录入"亦是一种电子化行为。

需要补充说明的是，纸面文件电子化不包括对纸面文件的汇总和说明而形成的材料，因为它们之间不存在着一一对应的关系。例如，在一起建设工程施工合同纠纷案件[③]中，法院经审理认为，被上诉人湘立公司提交的上诉人康圣堂公司财务人员刘国兴向郭某发送的《株洲康圣堂一期工程建设项目财务》和《关于郭某、郭更荣老厂补偿款应交所得税情况说明》等电子文件，是康圣堂公司财务人员对有关账目的汇总和说明，并非康圣堂公司的原始账册，也无证据证实上述文件经过了上诉人康圣堂公司的确认。

---

① 参见上海市第二中级人民法院（2010）沪二中刑终字第 275 号刑事裁定书。

② 参见北京市平谷区人民法院（2015）平行初字第 194 号行政判决书。

③ 参见湖南省株洲市中级人民法院（2020）湘 02 民终 291 号民事判决书。

（四）电子文件证据

电子文件证据是用作证据使用的电子文件。这些电子文件在司法实践中起到司法证明的作用，能够产生一定法律后果，因而是一种极为重要的证据来源。《最高人民法院关于民事诉讼证据的若干规定》第14条规定："电子数据包括下列信息、电子文件：（一）网页、博客、微博客等网络平台发布的信息；（二）手机短信、电子邮件、即时通信、通讯群组等网络应用服务的通信信息；（三）用户注册信息、身份认证信息、电子交易记录、通信记录、登录日志等信息；（四）文档、图片、音频、视频、数字证书、计算机程序等电子文件；（五）其他以数字化形式存储、处理、传输的能够证明案件事实的信息。"在这里，"电子文件"与"信息"相提并论，而且例举为"文档、图片、音频、视频、数字证书、计算机程序等"。这一观念在实践中得到普遍遵循。例如，在一起买卖合同纠纷案件[①] 中，法院认为，企业之间或者企业与其他经营主体之间，通过双方注册的电子邮箱传递合作信息或进行财务对账，属于企业之间的正常合法的经营行为，不违反法律规定，其内容可以作为证据使用，从《副本分公司合同台账》以及《2016年承德分公司合同发货明细》内容来看，其载明了原告与被告在2013年至2018年合作期间的经营活动内容及财务往来，其内容并无违反企业经营常识或者违反日常生活经验法则之处，故可以作为证据使用。

与之相似，法律规范中所指称的一些电子"信息"也被用作电子文件证据，部分列举如下。

1. 网络平台信息

在一起名誉权纠纷案件[②] 中，法院认为，原告所提供的证人周某的朋友圈截图，是证人的手机文档图片，属于电子文件证据，该文档图片直接来源于证人周某的电子数据打印件……应当视为电子数据原件。

---

① 参见河北省承德市双滦区人民法院（2020）冀0803民初9号民事判决书。
② 参见河北省晋州市人民法院（2020）冀0183民初2611号民事判决书。

2. 微信通信记录

在一起承揽合同纠纷案件① 中，法院经核查原告、被告手机微信、信息往来记载，结合其在审理中查明的事实，认定原告、被告是适格的当事人，双方手机的微信、信息往来符合证据的真实性、合法性、关联性，予以采信。

3. QQ 聊天记录

在一起名誉权纠纷案件② 中，法院认为，城山公司与光环公司虽未签订书面的买卖合同，但送货单有光环公司员工吴玉玲签字确认，光环公司也通过 QQ 向城山公司发送了已加盖公章的材料请购单，足以认定双方存在买卖关系。城山公司主张 2017 年 7 月至 2017 年 12 月期间双方交易发生的货款为 42253 元，送货单中虽有部分没有公司员工签名，但结合光环公司在 QQ 聊天记录中已确认欠款的事实，且城山公司已开具了相应的增值税发票，能形成完整的证据链，据此认定双方在上述期间发生的货款为 42253 元。

4. 转账记录等交易记录

在一起借贷纠纷案件③ 中，法院认为，原告提供的微信聊天记录及转账记录等证据符合证据"三性"原则，且作为微信系统中唯一识别号微信账号也与原告、被告的昵称一一对应，原告提供的证据形成完整的证据链，可以采信。在这里，转账记录被当作与微信聊天记录同等使用的电子文件证据。

三、电子文件用作证据的表现形式

电子文件用作证据的表现形式纷繁复杂，不仅包括诉讼中作为证据提交的各种电子文件，更包括纳入管理领域、具有法律效力的电子文

---

① 参见湖北省襄阳市襄州区人民法院（2020）鄂 0607 民初 2688 号民事判决书。
② 参见广东省中山市第一人民法院（2020）粤 2071 民初 54 号民事判决书。
③ 参见安徽省芜湖县人民法院（2020）皖 0221 民初 1062 号民事判决书。

件。后者覆盖了市场监管、税务、交通、司法、医疗、社保、文教等各领域。下面择其要者展开介绍。

（一）电子公文

电子形式的公共文件，简称电子公文，指的是广泛应用于党政机关、企事业单位、公共团体的，运用现代计算机技术制发的，与传统纸质公文具有同等效力的电子文书。[①] 它包括电子形式的命令、决定、公告、通告、通知、通报、议案、报告、请示、批复、意见、函、会议纪要等。作为一种主流的电子文件，电子公文往往代表了形成特定效力的公务处理行为。在我国，习惯性地称这类文件为电子形式的"红头"文件。从适用范围来看，电子公文包括国内的电子公文和国外的电子公文。它们具有不尽相同的法律效力。一般来说，国内的电子公文具有指导、布置、请示、答复、报告、通报、商洽等效力，其真实性易得到认可。国外的电子公文则存在着一个内国法认可的环节，其真实性有待通过专门规则予以认定。

电子公文发布不规范的问题值得反思。实践中一些并不存在的"假法规"可能会被当事人"误引"。笔者在中国裁判文书网检索发现，截至 2020 年 10 月 3 日，最高人民法院已经在一起执行异议之诉案件[②] 中明确提出《最高人民法院关于审理民事纠纷案件中涉及刑事犯罪若干程序问题的处理意见》这一法律依据不存在。在此案中，最高人民法院裁定指出："柘城农商行主张依照《最高人民法院关于审理民事纠纷案件中涉及刑事犯罪若干程序问题的处理意见》，本案应当移送公安机关，但其所主张依据的上述司法文件并不存在。"

---

① 参见柳新华、王东海、董相志：《实用电子公文处理教程》，科学出版社 2009 年版，转引自王楠、王东海：《电子公文制发中工作流与数据挖掘技术的普及应用》，载《秘书之友》2010 年第 10 期。

② 柘城农商行与梁园区房管局、腾煌公司、天龙公司、胡某华、杨某英、张某铭、朱某兴执行异议之诉案，参见最高人民法院（2020）最高法民申 1060 号民事裁定书。

（二）电子证照

电子证照是遵循相关技术规范的数字形态的证照，是由计算机等电子设备形成、办理、传输和存储的证照数据文件。[①] 现阶段我国的电子证照包括电子营业执照、电子执业证书、电子不动产登记证、电子毕业证、电子出生证等。电子证照对于推动我国政务服务领域实行"最多只跑一次"的改革具有重要意义。

电子证照在电子政务建设中应用广泛。2021 年"爱山东"App 上线的 333 类电子证照，均可实现"亮码"应用。市、区（市）两级 1 万余项政务服务事项及四级政务服务办事大厅的 1084 台自助终端，均已实现电子证照的应用。[②] 2021 年 7 月，河南省人民政府办公厅发布《河南省"证照分离"改革全覆盖实施方案》，其中指出要推进电子证照归集运用。根据国务院有关部门发布的电子证照标准、规范和样式，2022年年底前全面实现涉企证照电子化。2021 年 11 月，民航适航审定运行管理系统（AMOS）向中国商飞公司颁发了民航行业首张电子证照——ARJ21-700 飞机临时登记证，本次颁发的电子证照与纸质证照具有同等的法律效力，这标志着民航行政许可审批业务逐步进入电子证照的新时代。[③]

（三）电子发票

电子发票具有无纸化、低能耗、易查询、易保存等特点。对于电子发票有的人将其理解为仅仅适用于服务领域。如电子发票是指接受或提供经营服务时，网络化存储和使用的业务凭证，是纸质发票的电子影

---

① 参见《国家电子文件管理知识与政策干部读本》编委会编著：《国家电子文件管理知识与政策干部读本》，人民出版社 2018 年版，第 23 页。

② 参见薛华飞：《1084 台自助终端实现电子证照应用》，载《青岛日报》2021年 12 月 15 日。

③ 参见《民航行业首张电子证照颁发》，载《空运商务》2021 年第 11 期。

像，它的出现对实现电子商务的完全网络化具有重要意义。[①] 有的人理解为普遍适用于商品、服务领域。如电子发票是指在购销商品、提供或者接受服务以及从事其他经营活动中，开具、收取的以电子方式存储的收付款凭证，是纸质发票的电子映像和电子记录。[②] 上海市在试点电子发票时，使用的是广义的概念，即"本公告所称电子发票是指在购销商品、提供或者接受服务以及从事其他经营活动中，开具、收取的以电子方式存储的收付款凭证"[③]。如今，电子发票的适用范围已经非常广泛。

（四）电子合同

电子合同是指平等民事主体之间通过电子信息网络、以数据电文的形式达成的设立、变更、终止民事权利义务关系的协议。[④] 在当前电子商务、电子政务领域中，电子合同使用较为普遍，已经呈现出超越纸面合同的现实特点。这一改变是人们工作生活习惯发生变化的结果，也是电子合同相对于纸面合同具有比较优势的结果。

电子合同能够极大地降低交易成本，故而在某些业务场景广受欢迎，大批量的机动车交强险业务即是一例。在一起机动车交通事故责任纠纷案件中[⑤]，法院认为，投保人金达源公司与保险人阳光财保武汉支公司虽未向法院提交粤×××号运输车交强险和商业险保险单原件，但根据被告阳光财保武汉支公司代抄单号码查阅的交强险、机动车辆保险电子保单，系该公司通过阳光财保官网，向全社会发布的相关车辆的

---

① 参见刘新春：《基于 EDI 系统电子发票的研究》，载《当代经济》2015 年第 17 期。

② 参见崔参见至尚勇：《电子发票的防伪技术应用》，载《信息与电脑（理论版）》2013 年第 16 期。

③ 参见上海市国家税务局、上海市商务委员会、上海市发展和改革委员会、上海市财政局、上海市工商行政管理局 2013 年 12 月 23 日发布的《关于上海市电子发票应用试点的公告》。

④ 参见袁菲：《析未成年人的电子合同缔约能力》，载《人民司法》2009 年第 11 期。

⑤ 参见四川省万源市人民法院（2019）川 1781 民初 720 号民事判决书。

保险信息，具有电子文件证据的形式，法院应予采信。该案即是以机动车交强险电子保单证明案件事实。

电子合同有时能够产生优于纸面合同的效果。例如，在一起合同纠纷案件[①]中，争议焦点为城投公司没收日昌公司保证金是否符合约定。该案招标文件投标须知前附表《关于施工招标项目电子投标文件雷同认定与处理的指导意见》（闽建筑〔2018〕29号文件）规定，不同投标人的已标价工程量清单XML电子文档记录的计价软件加密锁序列号信息有一条及以上相同，视为电子文件雷同，招标人应当按照招标文件的规定没收其投标保证金。《投标须知》第18.3条、第20.6条也明确约定，不同投标人的投标文件存在计价软件加密锁序列号信息雷同的，将不予退还投标保证金。法院认为，该案日昌公司与万昌公司招标文件软硬件信息雷同，根据上述招标文件的约定，城投公司有权没收招标保证金。该案如果不是电子形式的招投标文件，就不能进行"雷同"投标的自动判别。

（五）电子病历

电子病历，也称为电子病案、计算机化病案、电子健康记录（EHR）等。电子病历对于满足临床工作需要、保障医疗质量和医疗安全、保证医患双方合法权益具有重要的信息化支撑价值。美国国立医学研究所（Institute of Medicine）指出："电子病历必须存在于电脑系统中，为用户提供完整和准确的数据、提示、临床决策支持以及与医学知识相联系的其他辅助功能。"[②] 我国《电子病历应用管理规范（试行）》第3条规定："电子病历是指医务人员在医疗活动过程中，使用信息系统生成的文字、符号、图表、图形、数字、影像等数字化信息，并能实现存储、管理、传输和重现的医疗记录，是病历的一种记录形式，包括门（急）诊病历

---

① 参见福建省宁德市中级人民法院（2019）闽09民终712号民事判决书。

② 转引自李娜：《国外电子病历档案发展现状》，载《档案学通讯》2010年第5期。

和住院病历。"这一法律定义确立了基于特定信息系统形成电子病历的架构。这表明，"电子病历所涵盖的范围广泛，是一种包含过去、现在或未来、生理与心理的病患状况记录，是由电子化方式获取、传送、接收、储存、取回、连结与处理的多媒体材料，主要用于协助医疗或相关服务"[①]。

电子病历与病历电子档案存在差异。电子病历是信息化系统自动生成的，有关电子文件不一定归入档案的范畴。病历电子档案是同病历纸质档案对应的概念，它是医院、医生对各项工作中应当归档保存的文件材料进行信息化管理形成的档案，其管理应用及法律效力与其他档案类似。例如，在一起健康保险合同纠纷案件[②]中，法院认为，张某某在老河口市第一医院住院病历档案中关于"有××携带史二十余年"记录系主治医师电脑记录操作失误造成，已被老河口市第一医院医务科及主治医师发现后予以更正。上诉人据此认定被上诉人未履行告知义务与事实不符。在这起案件中，病例电子档案指的只是归档的那一部分，属于出现记录错误的档案。

（六）电子照片

电子照片所包含的生成时间、生成机器及大小、像素、尺寸、格式等信息均有重要的证明价值。下面试举几例说明电子照片如何作为证据使用。

第一，根据电子照片细节判断作品权属。在一起侵犯著作权纠纷案件[③]中，法院认为，根据刘某毅提供的涉案摄影作品的电子照片文件、原始影像 NEF 文件、刘某毅对涉案摄影作品拍摄细节的描述，结合两者提供的电子文件细节相同以及刘某毅提供的电子文件远远大于北京青

---

① 李娜：《国外电子病历档案发展现状》，载《档案学通讯》2010 年第 5 期。
② 参见湖北省襄阳（樊）市中级人民法院（2019）鄂 06 民终 566 号民事判决书。
③ 参见北京市朝阳区人民法院（2013）朝民初字第 26846 号民事判决书。

年报社电子文件的事实，在没有相反证据的情况下，法院确认刘某毅为涉案摄影作品的著作权人，其有权主张涉案摄影作品的著作权。

第二，根据电子照片时间信息判断事件经过。在一起不履行房屋登记职责纠纷案件[①] 中，法院认为，涉案电子档案照片系庭审结束后一审法院组织上诉人、被上诉人到楚雄市住房和城乡建设局房地产业管理科调取，一审法院作参考使用，故未组织双方当事人质证……从电子档案照片所记载的时间看，转让手续费计费日期、收件日期均为 2015 年 8 月 14 日 16 时以后，而楚雄市鹿城镇鹿城东路 163 号 1 层房屋于 2015 年 8 月 14 日 15 时 13 分 08 秒被昆明市西山区人民法院查封。根据电子档案照片所显示的时间及查封的时间看，查封时间在前，手续办理时间在后，故该电子档案不能证明上诉人主张的其已经是房屋所有权人的事实。

第三，根据电子照片内容作出一致性判断。在一起著作权权属、侵权纠纷案件[②] 中，被告辩称涉案图片系通过第三方网站购买获得、其所使用图片的像素、尺寸和格式均不同于原告提供的电子档案，故二者不是同一张图片。法院认为，电子图像易于修改和处理，且经过修改和处理后，其规格、尺寸和格式均会发生改变，故即便被告使用图片的像素和尺寸大于原告用于证明权属的电子档案，亦不能得出二者不属于同一图片或原告电子档案来源于被告所使用图片的结论。电子图片的一致性比对，不应过多地关注其电子形式，而应从其作为作品的表达形式方面进行考量。原告提供的电子档案图片和被告使用的涉案图片相较，内容构成一致、拍摄角度一致、人物表情一致，可以得出二者属于同一图片的判断。

---

① 参见云南省楚雄彝族自治州中级人民法院（2016）云 23 行终 30 号行政判决书。

② 参见北京市西城区人民法院（2016）京 0102 民初 1800 号民事判决书。

第二节 电子文件管理的概念解析

一、文件管理的概念

文件管理是文件学（论）领域的一个概念。其中，"文件"一词"不仅仅指机关、企事业单位和个人现实使用着的记录材料，而是指一切社会活动中形成和使用着的信息记录材料"[1]。文件管理（records management，RM）是指为了维护文件的证据价值，而对文件的创建、接受、维护、使用与处置等行为进行有效控制的过程，包括捕获和维护与机构业务活动有关的具有证据价值的文件和信息等行为。[2] 维护文件的证据价值，是文件管理的核心要求。在一起政府信息公开答复案件[3]中，法院认为，原告对其要求公开的政府信息的特征描述为"黄浦区人民政府关于房屋征收补偿决定审理程序的规定"，被告根据该特征描述，在本机关文件管理系统数据库中进行了检索，但未检索到原告要求公开的信息。在这里，政府部门建立"文件管理系统数据库"的出发点之一就是用以满足保证有关文件证据价值的需要。

文件管理涉及文件生命周期理论。1940年美国学者鲁克斯最早提出这一概念，指出"文件生命周期"意味着"文件最初由形成者产生、保存和频繁利用，然后由文件的偶尔作用或潜在价值送到机关外的文件中心保存一定时期，最后当文件的业务价值完全丧失后，具有档案价值

---

① 傅荣校、何嘉荪：《文件的历史功用与现实管理的理论基础》，载《上海档案》1999年第1期。

② 参见刘家真等：《电子文件管理——电子文件与证据保留》，科学出版社2009年版，第166页。

③ 参见上海市第二中级人民法院（2013）沪二中行初字第17号行政判决书。

的文件就被挑选出来移送到档案馆，其他一概销毁"^①。1991年我国学者何嘉荪指出："文件从其形成到最后销毁或作为档案永久保存，经历了一个完整的运动过程，研究文件的这一发展变化及规律的理论被称为文件生命周期理论。"^②

按照文件生命周期理论，文件管理涉及归档环节，但不限于归档管理，也包括归档之前（如形成办理阶段）、归档之后（如长期保存阶段）的各种管理活动。例如，在一起玩忽职守罪、挪用公款罪、贪污罪再审案件^③中，法院认为，安县农机局确有安农机〔2010〕31号《关于花荄农机服务站转让花荄农机加油站经营权请示的批复》和安农机〔2010〕31号《关于成立"美环境、讲文明、树新风、除陋习"工作领导小组的通知》以及安农机〔2010〕32号《关于花荄农机服务站转让花荄农机加油站经营权请示的批复》，既有文号相同内容各异，又有内容相同文号各异的3个相紊乱的文件。而内容相同文号各异的两个文件又与花荄农机站关于转让花荄农机加油站经营权的请示、公示在时间节点上相互矛盾。安县农业局于2014年11月25日以安农函（2014）66号函件形式对此加以说明："2010年4月，局领导口头表示同意有偿转让，并要求先进行公开公示后再送书面请示；2010年5月，局办收请示后同意转让并以〔安农机〔2010〕31号〕发文批复同意转让。31号文件发出后，发现内容与领导修定底稿顺序不符且也不规范，并重新按发文规范进行登记，重新登记时又发现〔安农机〔2010〕31号〕文号已被'美环境、讲文明、树新风、除陋习工作领导小组的通知'使用，便重新编号为〔安农机〔2010〕32号〕并入档，未及时收回31号

---

① 国家档案馆、中央档案馆编：《第十三届国际档案大会文件报告集》，中国档案出版社1997年版，第92页。转引自王健主编：《文书学》，中国人民大学出版社2012年版，第21页。

② 何嘉荪：《文件生命周期理论及对我们的启示》，载《档案学通讯》1991年第6期。

③ 参见四川省绵阳市安州区人民法院（原四川省安县人民法院）（2014）安刑再字第1号刑事裁定书。

文件，应以［安农机〔2010〕32号］文件为准。"法院经审理后认为，内容相同的31号文件和32号文件均为农机局所发，造成紊乱的原因是农机局文件管理问题，作为下行文当然应以下级收到的文件为准并付诸实施。而31号文件《关于花荄农机服务站转让花荄农机加油站经营权请示的批复》系侦查机关在第一时间向农机站负责人即原审被告人梁某某提取，同时，原审时为公诉机关向本院所举证据，审判时卷内并没有32号文件存在，再审时，没有证据证明梁某某已收到32号文件。法院裁定，原判决认定安农机〔2010〕31号文件并无不当，应当予以采信。在这一案件中，文件管理的问题主要涉及发文环节，而不是归档环节。

为了更好地区分文件管理与档案行为，可将文件管理区分为对文件的档案管理、档案化管理和其他方式管理。这一区分既能澄清文件管理同归档管理、档案管理的关系，也有利于人们在司法实践中参照档案管理的证据价值规则处理其他文件管理的证据价值。举例来说，在一起合同纠纷案件[①]中，当事人成发科能公司提交了《关于高炉停止使用变压吸附氧的通知》《首钢水城钢铁（集团）有限责任公司减产减亏人力资源优化工作方案》以及拆除1、2号高炉的网页打印图。法院经审理后认为，从有关证据的内容看，它们分别系"水钢集团机动部文件""水钢集团集团内部文件"，且有具体文件编号，水钢集团作为大型国有企业，对企业内部文件管理应有审批、备案等程序，其反驳对方证据亦应提交对应的证据。法院对有关证据的真实性予以认定。在这里，所说的"文件管理"主要是对文件的档案化管理和其他方式管理。

怠于履行文件管理义务的有关单位和个人需要承担不利的法律后果。在一起劳动争议案件[②]中，法院认为，就希派公司主张的张某平安全培训记录及文件管理有重大缺失，希派公司未提供充分证据证实其主张，且证人到庭陈述及希派公司的陈述均表明张某平在职期间考核是合

---

① 参见贵州省高级人民法院（2017）黔民初137号民事判决书。

② 希派电子包装（苏州）有限公司与张某平劳动争议案，参见江苏省苏州工业园区人民法院（2019）苏0591民初5161号民事判决书。

格的，希派公司在张某平在职期间按照合同约定发放张某平的薪资，亦未针对张某平的失职行为给予处罚或调岗。故希派公司主张的该项违纪，缺乏事实依据，法院不予采信。在一起侵犯技术秘密、经营秘密纠纷案件①中，法院经审理后查明，2004年6月8日的恒春公司"保密制度"，2006年9月的恒春公司"技术部管理规范"及2005年12月10日的恒春公司"技术文件管理规范"不仅再次对员工提出保密要求，而且还对保密内容及范围作出明确界定，同时还规定有具体的保密措施、责任……在2005年12月10日的恒春公司"技术文件管理规范"中已对技术文件加盖"作废"及"留用"章的相关情形进行了规定。根据该规定内容，涉案图纸上同时加盖"作废"及"留用"章表明涉案图纸系虽已作废但仍有留存使用价值的技术文件，而非无使用价值的作废技术文件，更不能由此即得出无保密要求的结论。法院判决，恒春公司已就涉案技术信息采取了合理的保密措施。这样一来，涉案员工就要严格遵守文件管理中关于具体技术信息的保密要求。

二、电子文件管理浮出水面

随着社会信息化和电子文件管理进程的发展，我国多年来一直推行纸质、电子双套制文件管理，同纸质文件管理并行的电子文件管理应运而生。"电子文件管理是新时代国家治理的一项基础性、长期性工作，是国家网络强国战略和信息化战略的重要组成部分。"②电子文件管理是指："对电子文件的形成、接收、维护、利用及处置等进行高效、系统的控制，以保障电子文件的真实性、完整性、可用性和安全性，发挥电子文件的记录、凭证和资产作用。"③近年来，在相关政策指引下，我国

---

① 参见江苏省高级人民法院（2010）苏知民终字第0179号民事判决书。

② 《国家电子文件管理知识与政策干部读本》编委会编著:《国家电子文件管理知识与政策干部读本》，人民出版社2018年版，第1页。

③ 《国家电子文件管理知识与政策干部读本》编委会编著:《国家电子文件管理知识与政策干部读本》，人民出版社2018年版，第34页。

部分地区开始进行单轨制的电子文件管理探索，电子文件管理在国家建设发展中的重要性进一步凸显。

　　宏观层面的电子文件管理是指政府等专业主管机关对所有机构电子文件管理工作的统筹和指导管理，微观层面的电子文件管理是指机关、企事业单位等文件生成机构和档案馆等长期保存机构实施的具体管理。当下我国一些机关、行业开始针对电子文件管理出台指导性文件。例如，2014 年 10 月国家税务总局印发了《税务稽查案卷管理暂行办法》和《税务稽查案卷电子文件管理参考规范》，分别对税务稽查案卷电子文件管理的原则、规则、要求与一般路径、基本方法作了明确，并在全国推广适用。2016 年 11 月国家档案局、国家发展和改革委员会联合印发《建设项目电子文件归档和电子档案管理暂行办法》的通知，推动我国开展建设项目文件归档与档案管理。这些文件不仅能够有效指导实践，在个案中还可被当作证据提交。例如，在一起信息公开纠纷案件[①]中，被告哈尼彝族自治州国家税务局将《国家税务总局关于印发〈税务稽查案卷管理暂行办法〉和〈税务稽查案卷电子文件管理参考规范〉的通知》等文件作为证据提交，用作证明政府信息公开的法律、法规、规范性文件依据。法院经审理认为：这一组证据"客观真实，与本案有关联性，能证实被告的观点，予以采信"。

　　随着电子文件管理由实体控制转向系统控制，电子文件管理系统的重要性已经得到广泛认可。电子文件管理的法律法规、标准、思路和具体措施最终都要落实到软件系统的设计中，因此电子文件的管理最终要依赖以软件系统为中心的综合性管理方法。电子文件管理系统（electronic records management system，ERMS），是电子文件生成、管理、处置和利用的平台和载体。一般认为，在电子文件整个生命周期中，需要历经三类系统：产生电子文件的电子文件形成系统（也称业务系统或业务信息系统，BS），用以识别、捕获、维护、提供利用和处置电子文件（也可辅助管理非电子的实体文件）的电子文件管理系统，以及

---

　　① 参见云南省蒙自市人民法院（2016）云 2503 行初 30 号行政判决书。

用来长期保存电子文件的数字档案馆系统（又称可信任数字仓储系统，TDR）。[①] 电子文件管理系统通常不仅需要保留电子文件的内容，也需要保留电子文件的背景元数据以及不同电子文件之间的关联信息。要完成这样的任务，电子文件管理系统既包括必要的硬件设备，也包括一切具有生成、使用、维护以及处置功能的软件产品。

[①] 参见赵丽：《我国电子文件管理系统研究进展与方向》，载《档案学研究》2013 年第 6 期。

第三章

从文本到案例：
电子文件用作证据的
规则整理

第一节　中国法律文本中的电子文件证据规则

一、两种法律文本概览

在我国，将电子文件作为证据使用主要存在两种立法例。其一是在电子文件管理的专门性法律规范中予以规定。如《国务院关于在线政务服务的若干规定》《民政部电子公文管理暂行办法》《河北省电子公文归档管理暂行办法》等法律规定中，不乏关于电子文件证据效力的原则性规定，包括"电子签名，与手写签名或者盖章具有同等法律效力""电子印章与实物印章具有同等法律效力""电子证照与纸质证照具有同等法律效力""符合档案管理要求的电子档案与纸质档案具有同等法律效力""电子公文与相同内容的纸质公文具有同等行政效力"，等等。其二是在关于电子数据／电子证据的综合性法律规范中予以规定。迄今为止，我国已经形成包括三大诉讼法及其司法解释、《电子签名法》等电子数据／电子证据相关条款为主体的法律体系，对电子证据／电子数据的可采性、证明力等问题作了较为完整的规定。关于电子数据／电子证据的综合性法律规范中有许多关于电子文件用作证据的规则。例如，《最高人民法院关于加强区块链司法应用的意见》就规定，要推进人民法院电子卷宗、电子档案、司法统计报表、案件结案状态等司法数据上链存储。要健全完善区块链平台证据核验功能，支持当事人和法官在线核验通过区块链存储的电子证据，推动完善区块链存证的标准和规则，提升电子证据认定的效率和质量。

下面对我国涉及电子文件证据规则法律文本进行择要式归纳（见表3-1）。之后，再按照条款调整的主要内容进行汇总排列，并作必要的补注说明。

表 3-1　我国法律文本中的电子文件证据规定（摘录）

基本法律	《民法典》第 469 条第 3 款
	《刑事诉讼法》第 50、54 条
	《民事诉讼法》第 66 条
	《行政诉讼法》第 33 条
	《监察法》第 25、33 条
其他法律	《行政许可法》第 29 条第 3 款
	《审计法》第 34、36 条
	《海关法》第 25 条
	《国际刑事司法协助法》第 25 条
	《反垄断法》第 47 条
司法解释	《人民检察院刑事诉讼规则》第 64 条
	《最高人民法院关于适用〈中华人民共和国刑事诉讼法〉的解释》第 112 条
	《最高人民法院关于民事诉讼证据的若干规定》第 14 条
	《最高人民法院关于适用〈中华人民共和国民事诉讼法〉的解释》第 116 条
	《最高人民法院关于互联网法院审理案件若干问题的规定》第 9、11 条
	《最高人民法院关于人民法院确定财产处置参考价若干问题的规定》第 8 条
	《最高人民法院关于行政诉讼证据若干问题的规定》第 64 条
最高人民法院、最高人民检察院其他规范性文件	《人民法院办理刑事案件第一审普通程序法庭调查规程》第 32 条
	《最高人民检察院关于办理涉互联网金融犯罪案件有关问题座谈会纪要》第 13、16 条
	《最高人民法院关于海事审判工作发展的若干意见》第 25 条
	《人民检察院电子证据鉴定程序规则（试行）》第 4、24、25 条
	《最高人民法院、最高人民检察院、公安部关于办理信息网络犯罪案件适用刑事诉讼程序若干问题的意见》第 14 条
	《最高人民法院、最高人民检察院、公安部关于办理网络赌博犯罪案件适用法律若干问题的意见》第 5 条
	《最高人民法院、最高人民检察院、公安部关于办理死刑案件审查判断证据若干问题的规定》第 29 条
	《最高人民法院、最高人民检察院、公安部关于办理刑事案件收集提取和审查判断电子数据若干问题的规定》第 1、29 条
国务院行政法规	《国务院关于在线政务服务的若干规定》第 10、12、15 条
	《进出口商品检验法实施条例》第 40 条第 2 款
	《外资银行管理条例》第 65 条
	《政府信息公开条例》第 40 条
	《快递暂行条例》第 34 条
	《病原微生物实验室生物安全管理条例》第 24 条第 3 款

续表

国务院行政法规	《海关稽查条例》第15条
	《公司登记管理条例》第50条（已废止）
	《工业产品生产许可证管理条例》第11条第3款
国务院部门规章	《党政机关公文处理工作条例》（中共中央办公厅、国务院办公厅）第23、27、36条
	《公安机关办理刑事案件电子数据取证规则》第26、27条
	《公安机关办理刑事案件程序规定》第227、228、230、231、233条
	《计算机犯罪现场勘验与电子证据检查规则》第16条
	《公安机关执法细则》第44-03条
	《民政部电子公文管理暂行办法》全文
	《税务稽查案卷电子文件管理参考规范》全文
	《电子文件归档与管理规范》（GB/T 18894—2002）全文
	《建设电子文件与电子档案管理规范》（行业标准 CJJ/T 117—2007）全文
	《货物进出口许可证电子证书申请签发使用规范》第2条
	《网络交易监督管理办法》第35条
	《电子公文归档管理暂行办法》第119条
	《全国税务机关公文处理办法》第119条
	《药品生产质量管理规范》第163条
	《关于工商行政管理机关电子数据证据取证工作的指导意见》第5条
	国家外汇管理局《通过银行进行国际收支统计申报业务实施细则》第11、21条
	国家卫生健康委《卫生健康行政执法全过程记录工作规范》第2、8条，第10—12条
	《互联网信息内容管理行政执法程序规定》第20条
	《财政部政府信息公开实施办法》第33条
地方性法规、自治条例和单行条例、地方政府规章	《天津市电子公文归档管理暂行办法》全文
	《山东省电子公文归档管理暂行办法》全文
	《云南省电子公文归档管理暂行办法》全文
	《河北省电子公文归档管理暂行办法》全文
	《江西省文书类电子档案著录与数据格式规范（试行）》全文
	《浙江政务服务网电子文件存档信息包数据规范（试行）》全文
	新疆维吾尔自治区塔城地区《行署办公室电子文件归档管理暂行办法》和《行署办公室电子公文归档管理暂行办法》全文
	宁夏回族自治区发展改革委《行政执法案卷管理办法》第2条
	上海市食品药品监督管理局《网络食品药品安全违法行为查处工作规范》第6条
	《江苏省劳动人事争议仲裁证据暂行规则》第54条
	《深圳经济特区互联网信息服务安全条例》第25条

续表

地方性法规、自治条例和单行条例、地方政府规章	《天津市电子印章管理暂行办法》第2条
	《广西扶贫电子数据管理办法》第3条
	《合肥市规划局规划电子数据管理规定（试行）》

二、电子证据、电子文件的概念

在三大诉讼法确立电子数据/电子证据的法定证据地位之前，我国已经有法律法规对电子数据/电子证据进行了定义。2002年《税收征收管理办法实施细则》肯定了在税收征管领域使用数据电文方式申报的合法性，《电子签名法》第5条规定，符合一定条件的数据电文，视为满足法律、法规规定的原件形式要求。《最高人民法院关于适用〈中华人民共和国民事诉讼法〉的解释》和《人民检察院电子鉴定程序规则》等司法解释和规范性文件进一步明确了电子数据/电子证据的定义。之后，不同法律条文对电子数据/电子证据进行明确解释的做法就很普遍了。需要特别说明的是，我国法律早期主要使用"电子证据"的术语，晚近主要使用"电子数据"的术语，国外法律中主要使用"电子证据"的术语，两个词基本同义。为论述的方便，本书在行文时遵从语境和表达习惯，不做特别区分。

目前，电子证据最详细、权威的定义以2016年最高人民法院、最高人民检察院、公安部印发的《关于办理刑事案件收集提取和审查判断电子数据若干问题的规定》为代表。该规定第1条第1款规定："电子数据是案件发生过程中形成的，以数字化形式存储、处理、传输的，能够证明案件事实的数据。"第2款规定："电子数据包括但不限于下列信息、电子文件：（一）网页、博客、微博客、朋友圈、贴吧、网盘等网络平台发布的信息；（二）手机短信、电子邮件、即时通信、通讯群组等网络应用服务的通信信息；（三）用户注册信息、身份认证信息、电子交易记录、通信记录、登录日志等信息；（四）文档、图片、音视频、数字证书、计算机程序等电子文件。"在这里，明确指出"文档、图片、音视频、数字证书、计算机程序等电子文件"属于电子证据范畴。这开创了将"电子文件"纳入电子证据范畴的先河。同时，这里也将"电子文件"同"信息"并列为"电子数据"的下位概念。

2019 年 10 月，最高人民法院修订《关于民事诉讼证据的若干规定》，该规定第 14 条承继了前述立法思路，明确规定："电子数据包括下列信息、电子文件：（一）网页、博客、微博客等网络平台发布的信息；（二）手机短信、电子邮件、即时通信、通讯群组等网络应用服务的通信信息；（三）用户注册信息、身份认证信息、电子交易记录、通信记录、登录日志等信息；（四）文档、图片、音频、视频、数字证书、计算机程序等电子文件；（五）其他以数字化形式存储、处理、传输的能够证明案件事实的信息。"这说明我国法律列举的民事诉讼领域的电子证据同刑事诉讼中是基本一致的。

此处所用"电子文件"同纳入依法管理范围的"电子文件"存在一些细微差别。前一章已对此做过初步介绍，下面结合关于电子文件的立法进行展开说明。这些立法主要是从不同角度对一般化电子文件及"建设电子文件""建设系统业务管理电子文件""建设工程电子文件""货物进出口许可证电子证书""电子公文"等具体电子文件做了界定。

兹列举如下：（1）《电子文件归档与管理规范》第 3 条规定，电子文件指在数字设备及环境中生成，以数码形式存储于磁带、磁盘、光盘等载体，依赖计算机等数字设备阅读、处理，并可在通信网络上传送的文件；归档电子文件指具有参考和利用价值并作为档案保存的电子文件。（2）《建设电子文件与电子档案管理规范》中规定，建设电子文件"指在城乡规划、建设及其管理活动中形成的，可依靠计算机等数字设备阅读、处理，并可在通信网络上传送的数字格式的信息记录。简称电子文件。"建设业务管理电子文件"指住房和城乡建设各行业、专业管理部门（包括城乡规划、城市建设、村镇建设、建筑业、住宅房地产业、勘察设计咨询业、市政公用事业等行政管理部门，以及供水、排水、燃气、热力、园林、绿化、市政、公用、市容、环卫、公共客运、规划、勘察、设计、抗震、人防等专业管理单位）在业务管理和业务技术活动中形成的，可依靠计算机等数字设备阅读、处理，并可在通信网络上传送的数字格式的信息记录。简称业务管理电子文件"。建设工程电子文件"指在工程建设过程中形成的，以数码形式存储于磁带、磁盘或光盘等载体，可依靠计算机等数字设备阅读、处理，并可在通信网络上传送的数字格式的信息记录。简称工程电子文件。"建设电子档案"指具有保存和利用价值并归档的建设电子文件，主要包括建设业务管理电子档案和建设工程电子档案。简称电子档案"。（3）《货物进出口许可证电子证书申请签发使用规范》第2条第1款规定："货物进出口许可证电子证书是货物进出口许可证件的电子数据化形式，并依据有关法律法规的要求，通过对许可证的数据电文加盖许可证专用电子印章进行电子签名，以确保所载信息完整准确、签发传输使用过程全程防篡改和责任可追溯，且具有可视化的技术特征，与纸质许可证书具有同等效力。"（4）关于电子公文，民政部《电子公文管理暂行办法》第2条规定电子公文是指通过民政公用政务平台数字化处理后生成的公文；国家档案局《电子公文归档管理暂行办法》第2条规定，电子公文是指各地区、各部门通过由国务院办公厅统一配置的电子公文传输系统处理后形成的具有规范格式的公文的电子数据；《全国税务机关公文处理办法》第119条规定，电子公文是指在计算机网络系统中形成的具有规范格式的公文的电子数据。

由此可见，在我国电子文件只是电子证据／电子数据的一部分，指的是以内容证明案件事实的那一部分电子证据／电子数据。当然，从规则涵盖范围来看，我国针对电子证据／电子数据的各种证据规则完全适用于电子文件。因此，本书对可适用于电子文件的电子证据／电子数据规则进行全面梳理。

三、电子证据、电子文件的法律效力

早在互联网初兴之际，一些先驱学者就意识到电子证据的运用前

景，① 实务案例中也开始逐渐出现电子证据的运用情景。但鉴于电子证据没有明确的法定证据地位，实务中对其定位或法律效力的把握一直不清晰，或是将其作为案件线索，或是对其进行转化使用（如转化成鉴定意见、书证等）。随着电子证据证明效力的不断彰显，部分行政法规、司法解释等开始将部分电子证据纳入其中，赋予其法律凭证地位，例如《道路交通安全法》将监控记录资料作为处罚依据，《反垄断法》将电子数据作为执法依据，最高人民法院、最高人民检察院发布的多部司法解释中开始赋予电子证据以法定证据地位。2012 年《刑事诉讼法》修改时将电子证据作为法定证据种类之一，法定术语称之为"电子数据"；《民事诉讼法》《行政诉讼法》修改都确立了"电子数据"的法定证据地位。随后，许多其他法律规范也确认了电子数据的证据地位。如 2018 年《国际刑事司法协助法》第 25 条规定，办案机关需要外国就"获取并提供有关文件、记录、电子数据"等事项协助调查取证的，应当制作刑事司法协助请求书并附相关材料，经所属主管机关审核同意后，由对外联系机关及时向外国提出请求。这是从国际司法协助的角度明确了电子数据、文件属于证据协助的范围。可见，随着电子证据实务需求日益增加，尤其是三大诉讼法的修改和完善，电子证据获得了法定证据地位。电子文件作为电子证据的重要种类，同样具有法定证据地位，能够发挥证明功能。

从广泛意义上讲，电子证据、电子文件的法律效力不仅涉及其用作证据的资格或地位问题，也涉及认可其用作商务与政务等活动的法定方式问题。例如，《电子商务法》第 14 条规定，电子发票与纸质发票具有同等法律效力。我国《民法典》第 469 条第 3 款规定："以电子数据交换、电子邮件等方式能够有形地表现所载内容，并可以随时调取查用的数据电文，视为书面形式。"这排除了在民商事活动中采取电子数据、电子文件的书面形式要求障碍。《行政许可法》第 29 条第 3 款规定："行政许可申请可以通过信函、电报、电传、传真、电子数据交换和电子邮

---

① 参见何家弘：《电子证据法研究》，法律出版社 2002 年版，第 1 页。

件等方式提出。"《海关法》第 25 条规定:"办理进出口的海关申报手续,应当采用纸质报关单和电子数据报关单的形式。"《进出口商品检验法实施条例》第 40 条第 2 款规定:"办理进出口商品报检、检验、鉴定等手续,符合条件的,可以采用电子数据文件的形式。"《工业产品生产许可证管理条例》第 11 条第 3 款规定:"企业的申请可以通过信函、电报、电传、传真、电子数据交换和电子邮件等方式提出。"《病原微生物实验室生物安全管理条例》第 24 条第 3 款规定:"省级以上人民政府卫生主管部门或者兽医主管部门应当为申请人通过电报、电传、传真、电子数据交换和电子邮件等方式提出申请提供方便。"这些条款分别明确宣示电子数据、电子文件可以用于行政许可申请、海关申报、进出口商品检验、工业产品生产许可证、病原微生物实验室申请等各种具体活动。

《国务院关于在线政务服务的若干规定》是关于电子证据、电子文件法律效力的一部综合性法规,该规定针对全国一体化在线政务服务平台,规定要推进各地区、各部门政务服务平台规范化、标准化、集约化建设和互联互通,推动实现政务服务事项全国标准统一、全流程网上办理,促进政务服务跨地区、跨部门、跨层级数据共享和业务协同,并依托一体化在线平台推进政务服务线上线下深度融合。该规定第 8 条规定:"政务服务中使用的符合《中华人民共和国电子签名法》规定条件的可靠的电子签名,与手写签名或者盖章具有同等法律效力。"第 9 条规定:"国家建立权威、规范、可信的统一电子印章系统。国务院有关部门、地方人民政府及其有关部门使用国家统一电子印章系统制发的电子印章。电子印章与实物印章具有同等法律效力,加盖电子印章的电子材料合法有效。"第 10 条规定:"国家建立电子证照共享服务系统,实现电子证照跨地区、跨部门共享和全国范围内互信互认。国务院有关部门、地方人民政府及其有关部门按照电子证照国家标准、技术规范制作和管理电子证照,电子证照采用标准版式文档格式。电子证照与纸质证照具有同等法律效力。"第 11 条规定:"除法律、行政法规另有规定外,电子证照和加盖电子印章的电子材料可以作为办理政务服务事项的依据。"第 12 条规定:"政务服务机构应当对履行职责过程中形成的电子文件进行规范管理，按照档案管理要求及时以电子形式归档并向档案部门移交。除法律、行政法规另有规定外，电子文件不再以纸质形式归档和移交。符合档案管理要求的电子档案与纸质档案具有同等法律效力。"不难看出，这确立了电子签名、电子印章、电子证照、电子材料、电子文件、电子档案等在线政务服务中具有法律效力的"一揽子"方案。

四、电子证据的可采性规则

证据必须具备可采性，简言之即什么样的证据可以被采纳。大陆法系习惯称之为"证据资格"，英美法系习惯称之为"证据可采性"，我国曾经习惯于称之为"证据采纳标准"。作为证据的一种，电子证据同样需要满足其他证据所需要达到的可采性标准，包括关联性、合法性和真实性的标准。其中，关联性是指所收集的电子证据应当与案件事实有关，基于电子证据技术上的特殊性，其关联性还包括载体关联性等引申之意。合法性是指电子证据的提取主体、电子证据的收集程序或提取方法必须符合法律的规定。真实性是指电子证据所反映的内容应当是真实的、客观存在的，不得是伪造的。

电子证据在接受可采性审查方面需要结合自身的特点，特别是技术上的特点，具有一定的特殊性。譬如，在我国最为翔实的电子证据法律规范即《最高人民法院、最高人民检察院、公安部关于办理刑事案件收集提取和审查判断电子数据若干问题的规定》，该规定第2条规定："人民检察院、人民法院应当围绕真实性、合法性、关联性审查判断电子数据。"《最高人民法院、最高人民检察院、公安部关于办理死刑案件审查判断证据若干问题的规定》第29条规定了审查电子证据可采性的方法："对于电子邮件、电子数据交换、网上聊天记录、网络博客、手机短信、电子签名、域名等电子证据，应当主要审查以下内容：（一）该电子证据存储磁盘、存储光盘等可移动存储介质是否与打印件一并提交；（二）是否载明该电子证据形成的时间、地点、对象、制作人、制作过程及设备情况等；（三）制作、储存、传递、获得、收集、出示等程序和环节是否合法，取证人、制作人、持有人、见证人等是否签名或者盖章；（四）内容是否真实，有无剪裁、拼凑、篡改、添加等伪造、变造情形；（五）该电子证据与案件事实有无关联性。对电子证据有疑问的，应当进行鉴定。对电子证据，应当结合案件其他证据，审查其真实性和关联性。"在这里，所确定的审查内容就区分为关联性、合法性和真实性三个方面，且突出了电子证据可采性审查的特殊因素。

（一）电子证据的可采性原则

实践中判断某一电子证据是否具备可采性的前提是要平等对待电子证据，即电子证据具有与传统证据同等的法律地位，不得仅因其为电子形式而被限制或剥夺可采性。早期，电子证据作为新事物，基于其形式的"电子化"往往遭受"歧视"对待，司法人员仍倾向于选用传统纸面化证据。随着实务中电子化、信息化手段的普及，相关法律规定开始强调电子证据与传统证据、尤其是电子文件与传统纸质文件具有同等的法律效力。《电子签名法》第 7 条就明确规定："数据电文不得仅因为其是以电子、光学、磁或者类似手段生成、发送、接收或者储存的而被拒绝作为证据使用。"

同样，电子文件也被赋予与传统纸质文件同等的法律效力。例如，《电子商务法》第 14 条规定："电子发票与纸质发票具有同等法律效力。"《档案法》第 37 条第 2 款规定："电子档案与传统载体档案具有同等效力，可以以电子形式作为凭证使用。"《电子营业执照管理办法（试行）》第 2 条规定，电子营业执照与纸质营业执照具有同等法律效力；第 15 条规定，市场主体使用电子营业执照可以对数据电文进行电子签名，符合《电子签名法》第 13 条规定条件的，电子签名与手写签名或者盖章具有同等的法律效力；贵阳市政府《数据共享开放条例》第 16 条规定，行政机关通过共享平台获取的文书类、证照类、合同类政府数据，与纸质文书原件具有同等效力，可以作为行政管理、服务和执法的依据。诸如此类的电子文件管理法律使用了"具有同等法律效力"或近似表述。这就表明，我国法律确立了谨防因"电子化"形式而对电子文件产生偏见的制度。

（二）电子证据的关联性标准

关联性是证据的社会属性，强调证据与案件事实之间的客观联系。关联性标准要求每一个具体的证据必须对证明案件事实具有实质性意义，与案件事实有关联性的证据才能被采纳。

就关联性的内涵而言，电子证据在用于证明案件事实时必须满足"内容"与"载体"的双重关联性。内容关联性是电子证据的数据信息同案件事实之间的关联性，与我们以往所理解的关联性一致；载体关联性是电子证据的信息载体同当事人或其他诉讼参与人之间的关联性，强调电子证据的虚拟空间身份、行为、介质、时间与地址要同物理空间的当事人或其他诉讼参与人相关联。载体的关联性更为复杂也更为重要。[①] 实务中，司法人员往往只关注内容的关联性而忽视载体的关联性，甚至导致"载体—人"之间关系无法建立而影响证据的采纳。

《最高人民法院、最高人民检察院、公安部关于办理刑事案件收集提取和审查判断电子数据若干问题的规定》第 25 条中提出了进行网络身份与现实身份同一性认定的要求，规定可以通过核查相关 IP 地址、网络活动记录、上网终端归属、相关证人证言以及犯罪嫌疑人、被告人供述和辩解等综合判断身份是否同一；还提出了进行犯罪嫌疑人、被告人与存储介质关联性认定的要求，规定可以通过核查相关证人证言以及犯罪嫌疑人、被告人供述和辩解等进行综合判断。电子文件作为电子证据的种类之一，在审查其关联性时，同样要关注载体的关联性，通过设备归属、账号密码、IP 地址等来判断涉案电子文件是否与当事人相关。

（三）电子证据的合法性标准

合法性是证据的社会属性。根据相关法律规定，电子证据的合法性要求可以归纳为取证主体合法、证据形式合法、证据收集程序和提取

---

① 参见刘品新：《电子证据的关联性》，载《法学研究》2016 年第 6 期。

方法合法等。取证主体的合法性体现在取证的主体要符合法律的规定，如《关于工商行政管理机关电子数据证据取证工作的指导意见》中规定取证工作至少有两名人员进行，其中至少一人应熟练掌握计算机知识；《最高人民法院、最高人民检察院、公安部关于办理刑事案件收集提取和审查判断电子数据若干问题的规定》中规定收集、提取电子数据需要两名以上侦查人员进行，并由符合条件的人员担任见证人。证据的形式合法性意指电子证据表现形式要符合法律的规定，如查封单位的电子设备等物品应当在拍照或录像后当场密封，并符合签名、盖章等形式要求，提取、扣押电子证据应制作相应清单笔录，并符合签名、盖章等形式要求。电子证据收集、提取方法的合法性是指电子证据的获取方式要符合法律的要求，保障他人的合法权利不会因为证据的违法取得而受到侵害。

《最高人民法院、最高人民检察院、公安部关于办理刑事案件收集提取和审查判断电子数据若干问题的规定》第24条对电子证据的合法性标准设置为："对收集、提取电子数据是否合法，应当着重审查以下内容：（一）收集、提取电子数据是否由二名以上侦查人员进行，取证方法是否符合相关技术标准；（二）收集、提取电子数据，是否附有笔录、清单，并经侦查人员、电子数据持有人（提供人）、见证人签名或者盖章；没有持有人（提供人）签名或者盖章的，是否注明原因；对电子数据的类别、文件格式等是否注明清楚；（三）是否依照有关规定由符合条件的人员担任见证人，是否对相关活动进行录像；（四）电子数据检查是否将电子数据存储介质通过写保护设备接入到检查设备；有条件的，是否制作电子数据备份，并对备份进行检查；无法制作备份且无法使用写保护设备的，是否附有录像。"

此外，2010年10月，原文化部办公厅发布了《网络游戏虚拟货币监管和执法要点指引》，其中规定"在监管中应当强调股权结构、公司治理、经营管理、财务制度等方面的深层次联系，将关联公司纳入整体监管；应当注意电子数据的检索、恢复、复制、提取、固定、保密和痕迹纪录等方面的合法性，并尽快实现行政执法电子证据的程序化和规范化"。这就将合法性要求在网络游戏虚拟货币监管和执法中特别单列出来。

（四）电子证据的真实性标准

真实性是指证据的内容及形式应当是客观可靠的。这是一项基本要求，它直接对应着"证据必须在法庭上查证属实"的原则。

一般来说，电子证据真实性主要取决于其生成环节、存储环节、传送环节、收集环节。但考虑到电子证据具有"内容"与"载体"的双重性，对其真实性的判断也可以从这两点着手。电子证据内容真实性主要强调电子证据没有增加、删除、修改等情形。根据《电子签名法》《最高人民法院、最高人民检察院、公安部关于办理刑事案件收集提取和审查判断电子证据若干问题的规定》等规定，可以根据生成、储存或者传递数据电文方法的可靠性判断，根据电子数据是否具有数字签名、数字证书等特殊标识进行判断，根据电子数据校验值进行判断。电子证据载体真实性可以通过证据清单、证据保管链等进行审查判断。例如，《最高人民法院、最高人民检察院、公安部关于办理刑事案件收集提取和审查判断电子证据若干问题的规定》第22条规定："对电子数据是否真实，应当着重审查以下内容：（一）是否移送原始存储介质；在原始存储介质无法封存、不便移动时，有无说明原因，并注明收集、提取过程及原始存储介质的存放地点或者电子数据的来源等情况……"

与之相对，我国民事法律选择将内容真实性与载体真实性结合起来进行混同规定。例如，2018年《最高人民法院关于互联网法院审理案件若干问题的规定》第11条第1款规定："当事人对电子数据真实性提出异议的，互联网法院应当结合质证情况，审查判断电子数据生成、收集、存储、传输过程的真实性，并着重审查以下内容：（一）电子数据生成、收集、存储、传输所依赖的计算机系统等硬件、软件环境是否安全、可靠；（二）电子数据的生成主体和时间是否明确，表现内容是否清晰、客观、准确；（三）电子数据的存储、保管介质是否明确，保管方式和手段是否妥当；（四）电子数据提取和固定的主体、工具和方式是否可靠，提取过程是否可以重现；（五）电子数据的内容是否存在增加、删除、修改及不完整等情形；（六）电子数据是否可以通过特定形式得到验证。"这就是一种混合模式的立法例。此外，该条第2、3款还规定："当事人提交的电子数据，通过电子签名、可信时间戳、哈希值校验①、区块链等证据收集、固定和防篡改的技术手段或者通过电子取证存证平台认证，能够证明其真实性的，互联网法院应当确认"；"当事人可以申请具有专门知识的人就电子数据技术问题提出意见。互联网法院可以根据当事人申请或者依职权，委托鉴定电子数据的真实性或者调取其他相关证据进行核对"。这又确立了根据推定、鉴定、核对等方法辅助判断电子证据真实性的机制。

2019年《最高人民法院关于民事诉讼证据的若干规定》第93条第1款规定："人民法院对于电子数据的真实性，应当结合下列因素综合判断：（一）电子数据的生成、存储、传输所依赖的计算机系统的硬件、软件环境是否完整、可靠；（二）电子数据的生成、存储、传输所依赖的计算机系统的硬件、软件环境是否处于正常运行状态，或者不处于正常运行状态时对电子数据的生成、存储、传输是否有影响；（三）电子数据的生成、存储、传输所依赖的计算机系统的硬件、软件环境是否具备有效的防止出错的监测、核查手段；（四）电子数据是否被完整地保存、传输、提取，保存、传输、提取的方法是否可靠；（五）电子数据是否在正常的往来活动中形成和存储；（六）保存、传输、提取电子数据的主体是否适当；（七）影响电子数据完整性和可靠性的其他因素。"这也是一种关于综合判断电子证据真实性的混合模式立法例。该条第2款规定："人民法院认为有必要的，可以通过鉴定或者勘验等方法，审查判断电子数据的真实性。"这确立了根据鉴定、核对等方法辅助判断电子证据真实性的机制。该规定第94条第1款规定："电子数据存在下列情形的，人民法院可以确认其真实性，但有足以反驳的相反证据的除外：（一）由当事人提交或者保管的于己不利的电子数据；（二）由记录和保

---

① 哈希值校验是指对不同电子数据经由哈希算法（如MD5、SHA1）生成哈希值，比对哈希值是否一致。其防篡改的技术点在于不同特定数据通过哈希算法所生成的哈希值具有极低概率的重复可能性。

存电子数据的中立第三方平台提供或者确认的；（三）在正常业务活动中形成的；（四）以档案管理方式保管的；（五）以当事人约定的方式保存、传输、提取的。"这也确立了根据推定方法辅助判断电子证据真实性的机制。第94条第2款规定："电子数据的内容经公证机关公证的，人民法院应当确认其真实性，但有相反证据足以推翻的除外。"这新确立了根据直接认知方法辅助判断电子证据真实性的机制。

在上述法律规范中，《最高人民法院、最高人民检察院、公安部关于办理刑事案件收集提取和审查判断电子证据若干问题的规定》开创了将电子证据的"完整性"纳入真实性下位概念的先河。该规定明确了六种保护电子数据完整性的方法以及六种保护电子数据完整性相应的验证方法，包括电子证据原始存储介质、电子证据完整性校验值、电子证据备份件、电子证据冻结等。

（五）电子证据的原件规则

证据的"原件规则"是跟真实性标准密切相关的专门性规则。它来源于英美法系中的最佳证据规则，其基本内涵是以文件内容作为证据的一方当事人，必须提出文件内容的原始证据，只有在特定情况下才能采用复制件。我国法律规定，书证应提交原件，物证应提交原物，视听资料应当提交原始载体。同样，电子证据也有"原件规则"。当然，基于电子证据的特殊性，其原件规则不完全等同于传统证据的原件规则。

传统观点认为，电子证据原件是指电子数据首先固定其上的媒介物；但由于电子证据的特殊性，各国和地区立法上倾向于采取"拟制原件"等新观点，即电子证据原件既包括自然意义上的原件，也包括符合特定要求的复制件即"拟制原件"。《电子签名法》开创了采取"拟制原件"观点的先河，其规定能够有效地表现所载内容并可供随时调取查用、能够可靠地保证自最终形成时起内容保持完整、未被更改的电子证据即可视为"原件"。之后，采取此观点的立法越来越多。例如，《最高人民法院关于民事诉讼证据的若干规定》第15条第2款规定："当事人以电子数据作为证据的，应当提供原件。电子数据的制作者制作的与原件一致的副本，或者直接来源于电子数据的打印件或其他可以显示、识别的输出介质，视为电子数据的原件。"又如，《最高人民法院关于行政诉讼证据若干问题的规定》第64条规定："以有形载体固定或者显示的电子数据交换、电子邮件以及其他数据资料，其制作情况和真实性经对方当事人确认，或者以公证等其他有效方式予以证明的，与原件具有同等的证明效力。"

另外，我国立法多通过"原始载体"的规定来保证电子证据的原始性。例如，《最高人民法院关于民事诉讼证据的若干规定》第23条规定："人民法院调查收集视听资料、电子数据，应当要求被调查人提供原始载体。提供原始载体确有困难的，可以提供复制件。提供复制件的，人民法院应当在调查笔录中说明其来源和制作经过"；《最高人民法院、最高人民检察院、公安部关于办理刑事案件收集提取和审查判断电子证据若干问题的规定》第8条规定："收集、提取电子数据，能够扣押电子数据原始存储介质的，应当扣押、封存原始存储介质，并制作笔录，记录原始存储介质的封存状态。封存电子数据原始存储介质，应当保证在不解除封存状态的情况下，无法增加、删除、修改电子数据。封存前后应当拍摄被封存原始存储介质的照片，清晰反映封口或者张贴封条处的状况。封存手机等具有无线通信功能的存储介质，应当采取信号屏蔽、信号阻断或者切断电源等措施"。这些表明，优先提取电子数据原始存储介质已经成为我国电子证据取证环节的一项原则。当然，在提供原始载体确有困难或者某些特殊情形下，我国允许提取符合一定要求的电子证据复制件。

（六）电子证据的非法证据排除规则

《刑事诉讼法》第56条确立了非法证据排除规则，但仅明确了言词证据及物证、书证的排除规则，并未提及非法电子证据的排除规则。《最高人民法院、最高人民检察院、公安部关于办理刑事案件收集提取和审查判断电子数据若干问题的规定》对电子证据排除规则进行了较为系统的规定，确立了电子证据的两种排除情形：第一，可补正排除规则。当电子证据提取、收集程序有瑕疵，如未以封存状态移送、笔录或者清单上没有签名或盖章、对电子数据的名称、类别、格式等注明不清等情形，经补正或作出合理解释的，即可采用；不能补正或者做出合理解释的，即应当将其排除。第二，完全排除规则。当电子证据真实性受到影响、无法确定时，即应当将其排除，不得作为定案的依据。但仔细甄别，这里所说的排除针对的是不属实的电子证据。2017年6月，最高人民法院、最高人民检察院、公安部、国家安全部、司法部联合发布《关于办理刑事案件严格排除非法证据若干问题的规定》，其中非法证据排除亦未涉及电子证据。可见，无论是立法还是司法实践中，非法电子证据排除尚属于悬而未决的问题。

五、电子证据的证明力规则

证明力是指证据对于案件事实的证明作用的大小、强弱。证据都具有证明案件事实的作用，但是不同的证据，其证据的证明力的大小是有所不同的。法庭在对单个电子证据的证明力进行认定时应当综合审查其可靠性、完整性以及充分性，同时也要考虑待证事实等因素，基于自由裁量原则赋予其相应的证明力。

我国法律中关于电子证据证明力的规定，主要涉及"不能单独作为认定案件事实的依据"的一类情形。例如，《最高人民法院关于民事诉讼证据的若干规定》第90条规定，"存有疑点的电子数据"不能单独作为认定案件事实的根据。《江苏省劳动人事争议仲裁证据暂行规则》第54条也规定，"未经有权部门确认的电子证据"不能单独作为认定案件事实的依据。

六、电子证据的取证规则

（一）电子证据的收集、提取总则

从学理上讲，电子证据的收集与提取是采取各种侦查措施、调查方法进行电子证据取证的合称。我国公安部发布的《公安机关办理刑事案件电子数据取证规则》第7条将"收集、提取电子数据"的措施、方法列举为：扣押、封存原始存储介质；现场提取电子数据；网络在线提取电子数据；冻结电子数据；调取电子数据。其实，实践中的做法比这要广泛得多。

根据相关法律规定，对电子证据进行收集提取有一些共性的注意要点：（1）原始存储介质要求。提取电子数据，应当"以提取原存储介质为原则，以直接提取为例外，以打印、拍照等为补充"。一般情况下，能够扣押电子数据原始存储介质的，应当扣押、封存原始存储介质；特殊情况下，可以直接提取原始数据，并需要计算电子数据的完整性校验值；无法扣押原始介质及直接提取数据的，可以打印、拍照、录像的方式固定。采取打印、拍照或者录像方式固定相关证据的，应当在相关笔录中注明采取打印、拍照或者录像等方式固定相关证据的原因。（2）取证主体身份人数的要求。刑事诉讼中收集、提取电子数据，应当由二名以上侦查人员进行，并由符合条件的人担任见证人。当然，必要时可以指派或者聘请专业技术人员在侦查人员主持下进行收集、提取电子数据。对于因客观原因无法由符合条件的人员担任见证人的，应当在笔录中注明情况，并全程录像。（3）笔录和证据清单要求。收集、提取电子数据，应当制作笔录，记录案由、对象、内容、收集、提取电子数据的时间、地点、方法、过程，并附电子数据清单，注明类别、文件格式、完整性校验值等，并由相关人员签名、盖章。

（二）电子证据的勘验与检查

电子证据的勘验是指发现、固定、提取与犯罪相关的电子证据，进行现场调查访问，制作和存储现场信息资料，判断案件性质，确定侦查方向和范围，为侦查破案提供线索和证据。电子证据勘验可以分为现场勘验与远程勘验。前者是指在犯罪现场实施勘验以提取、固定现场存留的与犯罪有关电子证据和其他相关证据；后者是指通过网络对远程目标系统实施勘验，以提取、固定远程目标系统的状态和存留的电子数据。

需要注意的是，远程勘验往往会涉及监控、入侵系统等技术侦查措施，此种情况下应当依法经过严格的技术侦查批准手续。另外，电子证据勘验应及时制作相应笔录，包括《现场勘验检查笔录》《远程勘验检查笔录》《固定电子证据清单》《封存电子证据清单》等。

电子证据的"检查"经常与"勘验"同时出现，勘验是指检验已扣押、封存、固定的电子证据，以发现和提取与案件相关的线索、证据。检查一般作为电子证据提取后的中间环节，是对扣押的原始存储介质或者提取的电子数据，进行数据恢复、破解、搜索、仿真、关联、统计、比对等，以发现和提取与案件相关的线索和证据。电子证据提取后有疑问的，可以先行检查，必要时再移送司法鉴定。需要注意的是，电子证据的检查应当在原始存储媒介的备份上进行；特殊情况下才可以直接检查电子证据的原始存储媒介，并进行同步录像。电子证据的检查同样应制作相关笔录，包括《电子证据检查笔录》《提取电子数据清单》《封存电子证据清单》《原始证据使用记录》等，并有相关人员签名盖章。

（三）电子证据的网络在线提取

网络在线提取是调查人员对公开发布的电子数据、境内远程计算机信息系统上的电子数据，通过远程上网的方式进行的提取。网络在线提取应当计算电子数据的完整性校验值；必要时，可以提取有关电子签名认证证书、数字签名、注册信息等关联性信息。网络在线提取时，对可能无法重复提取或者可能会出现变化的电子数据，应当采用录像、拍照、截获计算机屏幕内容等方式记录以下信息：（1）远程计算机信息系统的访问方式；（2）提取的日期和时间；（3）提取使用的工具和方法；（4）电子数据的网络地址、存储路径或者数据提取时的进入步骤等；（5）计算完整性校验值的过程和结果。

网络在线提取电子数据应当在有关笔录中注明电子数据的来源、事由和目的、对象，提取电子数据的时间、地点、方法、过程，不能扣押原始存储介质的原因，并附《电子数据提取固定清单》，注明类别、文件格式、完整性校验值等，由侦查人员签名或者盖章。

（四）电子证据的侦查实验

为了查明案情，可以进行电子证据侦查实验。其任务主要包括：（1）验证一定条件下电子设备发生的某种异常或者电子数据发生的某种变化；（2）验证在一定时间内能否完成对电子数据的某种操作行为；（3）验证在某种条件下使用特定软件、硬件能否完成某种特定行为、造成特定后果；（4）确定一定条件下某种计算机信息系统应用或者网络行为能否修改、删除特定的电子数据；（5）其他需要验证的情况。

电子证据侦查实验应当符合以下要求：（1）应当采取技术措施保护原始存储介质数据的完整性；（2）有条件的，电子证据侦查实验应当进行两次以上；（3）侦查实验使用的电子设备、网络环境等应当与案发现场一致或者基本一致；必要时，可以采用相关技术方法对相关环境进行模拟或者进行对照实验；（4）禁止可能泄露公民信息或者影响非实验环境计算机信息系统正常运行的行为。进行电子证据侦查实验，应当使用拍照、录像、录音、通信数据采集等一种或多种方式客观记录实验过程。进行电子证据侦查实验，应当制作《电子证据侦查实验笔录》，记录侦查实验的条件、过程和结果，并由参加侦查实验的人员签名或者盖章。

（五）电子证据的调取

大数据时代出现了"人""数"普遍分离的现象，即个人数据不掌握在自己手中，而是由网络服务提供者等第三方所掌握。因此，司法部门向网络服务者调取数据，也逐渐成为电子数据的主流提取方式。向有关单位和个人调取电子数据，公安机关等调查机关可以开具《调取证据通知书》，注明需要调取电子数据的相关信息，通知电子数据持有人、网络服务提供者或者有关部门执行。被调取单位、个人应当在通知书回执上签名或者盖章，并附完整性校验值等保护电子数据完整性方法的说明，被调取单位、个人拒绝盖章、签名或者附说明的，调查机关应当注明。必要时，应当采用录音或者录像等方式固定证据内容及取证过程。

调查机关应当协助因客观条件限制无法保护电子数据完整性的被调取单位、个人进行电子数据完整性的保护。调查机关跨地域调查取证的，可以将《办案协作函》和相关法律文书及凭证传真或者通过信息化系统传输至协作地调查机关。协作地办案部门经审查确认后，在传来的法律文书上加盖本地办案部门印章后，代为调查取证。协作地办案部门代为调查取证后，可以将相关法律文书回执或者笔录邮寄至办案地调查机关，将电子数据或者电子数据的获取、查看工具和方法说明通过信息化系统传输至办案地调查机关。办案地调查机关应当审查所调取的电子数据的完整性，若完整性存有疑问，协作地办案部门应当重新代为调取。

（六）电子证据的冻结

《关于办理刑事案件收集提取和审查判断电子数据若干问题的规定》首次提出电子证据的"冻结"措施。电子证据一旦被"冻结"后，只能"进"数据不能"出"数据。在下列特殊情形下，可以对电子数据进行冻结：（1）数据量大，无法或者不便提取的；（2）提取时间长，可能造成电子数据被篡改或者灭失的；（3）通过网络应用可以更为直观地展示电子数据的；（4）其他需要冻结的情形。冻结电子数据，应当制作《协助冻结电子数据通知书》，注明冻结电子数据的网络应用账号等信息，送交电子数据持有人、网络服务提供者或者有关部门协助办理。不需要继续冻结电子数据时，应当在三日以内制作《解除冻结电子数据通知书》，通知电子数据持有人、网络服务提供者或者有关部门执行。冻结电子数据的期限为六个月。有特殊原因需要延长期限的，公安等机关应当在冻结期限届满前办理继续冻结手续。每次续冻期限最长不得超过六个月。继续冻结的，应当重新办理冻结手续。逾期不办理继续冻结手续的，视为自动解除。

冻结电子数据，应当采取以下一种或者几种方法：（1）计算电子数据的完整性校验值；（2）锁定网络应用账号；（3）采取写保护措施；

（4）其他防止增加、删除、修改电子数据的措施。

（七）电子证据的鉴定与检验

电子证据的鉴定是鉴定人等有专门知识的人根据相关的理论和方法，对诉讼活动中涉及的电子证据进行检验鉴定，并提出意见的一项专门性技术活动。电子证据的鉴定范围包括对内容一致性的认定、存储数据内容的认定、已删除数据的认定等。电子证据鉴定除了要符合一般鉴定的程序性要求外，如检材要求、鉴定人员资质要求等，还需要遵守基于电子证据技术特征的特殊要求。例如，电子证据鉴定应当在检材复制件中进行，并对检材的关键操作进行全程录像，特殊情况无法复制检材的，鉴定中应采取必要措施确保检材不被修改；检材具有无线通信功能的，鉴定人应当在屏蔽环境下进行操作等程序性要求。

《最高人民法院、最高人民检察院、公安部关于办理刑事案件收集提取和审查判断电子数据若干问题的规定》《公安机关办理刑事案件电子数据取证规则》还确立了一种类似于电子证据鉴定的制度——电子证据的检验制度。它指的是为了解决案件中某些专门性问题，公安机关、检察机关委托公安部、最高人民检察院指定的机构出具报告。

公安部指定的机构及其承担检验工作的人员应当独立开展业务并承担相应责任，不受其他机构和个人影响。公安部指定的机构应当按照法律规定和司法审判机关要求承担回避、保密、出庭作证等义务，并对报告的真实性、合法性负责。公安部指定的机构应当运用科学方法进行检验、检测，并出具报告。公安部指定的机构应当具备必需的仪器、设备并且依法通过资质认定或者实验室认可。

（八）电子证据的保全与存证

电子证据的保全是对于可能灭失或者以后难以取得的电子证据，人民法院、公证机关及其他有义务保全的机关或组织根据当事人的申请或主动依职权采取一定的措施先行加以固定和保护的行为。这在《民事诉讼法》和《律师办理电子数据证据业务操作指引》中都有相关规定。

除了诉中、诉前的电子证据保全外，对电子数据的日常保管也可纳入广义的电子证据保全范围。由于电子证据的特殊性，只靠法院、公证机关的保全往往不足以满足诉讼需求，还有赖于各行业、部门对其日常业务中产生的电子数据（尤其是电子文件）进行常态的保全和维护。例如，《网络安全法》《互联网信息服务管理办法》等规定中都强调了网络运营者、互联网服务提供者等主体保存信息内容、日志记录、视频、图片等数据的义务。

区块链存证等电子证据存证也属于广义的电子证据保全范畴。《最高人民法院关于互联网法院审理案件若干问题的规定》第9条规定："互联网法院组织在线证据交换的，当事人应当将在线电子数据上传、导入诉讼平台，或者将线下证据通过扫描、翻拍、转录等方式进行电子化处理后上传至诉讼平台进行举证，也可以运用已经导入诉讼平台的电子数据证明自己的主张。"在这样的电子证据存证平台中，由于法院属于其中一个节点，因此电子证据的入链行为均可以被理解为保全行为。

七、电子证据的举证规则

举证是指庭审中通过展示证据来证明某种事实、情况的存在，是诉讼中的重要环节。从广义上来说，举证包括证据的移送、展示及举证责任分配等内容。证据移送中要保证有关电子证据的密封完整性，有关人员应签名或盖章。证据展示中可将电子证据转化为可感知的形式，必要时鉴定人和专家辅助人应出庭。就电子证据的举证责任而言，在遵守"谁主张，谁举证"的一般证明责任外，电子证据保管者还有补充性证明责任。

（一）电子证据的移送

电子证据的移送是指公安机关报请人民检察院申请批准逮捕犯罪嫌疑人，或者对侦查终结的案件移送人民检察院审查起诉的，或是人民检察院审查起诉后提起公诉的，应当将电子证据等证据一并移送至人民检察院或者人民法院。在移送过程中应遵循一定的程序规定：原始存储介质或电子数据应当以封存状态移送，并制作电子数据的备份，必要的时候还要随案移送打印件。对于冻结的电子数据，应当移送被冻结电子数据的清单，注明类别、文件格式、冻结主体、证据要点、相关网络应用账号，并附查看工具和方法说明等事项；对于无法直接展示的电子数据，应当附电子数据属性、功能等情况的说明。

（二）电子证据的展示

电子证据的展示即电子证据的举证方式。根据相关法律规定，电子证据展示时应注意以下要点：（1）原则上应将电子证据转化成可感知的传统证据展示，例如打印件和鉴定意见书等，也可以借助多媒体设备展示。（2）电子证据应当进行"系统性"展示。电子证据具有系统性特征，完整的电子证据包括数据电文、附属信息和关联痕迹等组成部分。除了展示电子证据的"主文"之外，还应当对其附属信息、关联痕迹以及系统环境等内容一并展示。（3）电子证据展示中涉及专业问题的，必要时可以聘请具有专门知识的人进行操作，并就相关技术问题作出说明。公诉人、当事人或者辩护人、诉讼代理人对电子数据鉴定意见有异议，可以申请人民法院通知鉴定人出庭作证；还可以申请法庭通知有专门知识的人出庭，就鉴定意见提出意见。

（三）电子证据的证明责任

根据证据法原理，证明责任包括三层含义：一是提供证据的行为责任，二是说服事实裁判者的行为责任，三是承担不利后果的责任。这里的证明责任主要是指第一层面的"举证责任"，即提出证据的行为责任。[①] 证明责任的一般原则是"谁主张，谁举证"，即主张权利或法律关系的当事人必须对该权利或法律关系的法律事实负证明责任。电子证据在运用中同样需遵循"谁主张，谁举证"的责任。

---

① 参见何家弘、刘品新：《证据法学》，法律出版社 2013 年版，第 285 页。

然而，随着数据时代的到来，涉案电子数据往往保存在第三方尤其是一些大型网络服务商手中。《关于办理刑事案件收集提取和审查判断电子数据若干问题的规定》以及《网络安全法》都对此问题进行了回应，强调网络运营者等有关单位和个人提供电子数据的义务。《深圳经济特区互联网信息服务安全条例（征求意见稿）》第 25 条规定："用户使用互联网产生纠纷依法需要承担举证责任而用户因互联网信息服务提供者储存、管理数据电文而无法履行举证责任的，经用户申请司法机关可以要求互联网信息服务提供者提供相关数据电文。"因此，电子证据的举证责任可以概括为以"谁主张，谁举证"为主，"谁持有，谁举证"为辅。

第二节　中国司法案例中的电子文件证据规则

一、电子文件司法案例概览

法律的生命在于实施，为了准确了解各级司法机关作出的司法案例中关于电子文件运用的实务经验、司法规律等，我们通过两种方法抓取相关案例进行解读分析：一是在"威科先行"案例数据库中，以"裁判理由及依据"部分含有"电子文件""电子档案""文件管理"等关键词为检索条件进行全面搜索，下载了涉及电子文件用作证据的裁判文书共 4316 份，并利用 PowerGREP 专业软件读取法庭关于如何使用电子文件证据定案的典型表述；二是借助某大学信息学院互联网分析引擎（法律文书分析）系统，从中国裁判文书网抓取了 110490 份与"电子病历""电子合同""电子文档""电子文件""电子邮件"相关的法律文书，并通过搜索关键词组筛选出 200 个重点案例，统计归纳其中关于电子文件是否具有法定证据地位、电子合同的法律效力、电子文件的真实性、电子文件的关联性、电子文件的合法性等问题的司法实践规律和经验。以上分析清楚地概括了司法实践中对电子文件用作证据的一线经验，可以为电子文件证据规则、管理制度的完善提供支撑。

二、司法案例中电子文件证据规则整理

（一）电子文件的证据地位

我国《刑事诉讼法》《民事诉讼法》《行政诉讼法》现均已确立"电子数据"的法定证据地位。尽管如此，实践中仍有不少当事人对"电子文件/电子数据"能否用作证据提出质疑，一些法官对于将"电子文件/电子数据"用作证据亦持相对谨慎的态度。但当事人的质疑、法官的谨慎，并不能改变电子文件可以用作证据的基本态势。在一起著作权权属、侵权纠纷案件[①]中，上诉人德展公司和服装商会的上诉理由之一为"和展公司提供的联系某案外人的聊天记录、电子邮件等电子证据效力不足，原审法院以此作为认定事实的证据明显错误"。对此，二审法院指出，原审法院将涉案聊天记录、电子邮件等证据的内容与其他证据相结合，认定了电子证据的真实性，且在权衡了双方提供证据的效力后，采信了电子证据的内容，并无不妥。在上诉人没有反证予以推翻原审认定事实的前提下，对上诉人主张否认本案电子证据证明的内容，法院不予采纳。这就进一步明确了聊天记录、电子邮件等电子数据的法定证据地位。

在肯定电子文件拥有证据地位的大前提下，一些案件还对若干具体的电子文件用作证据作了说理。这些具体的电子文件（包括微信记录文件、医药电子档案等）往往是在个案中产生了争议，法院作出了专门的回应。而它们的证据地位问题具有一定的代表性。在一起借贷纠纷案件[②]中，原告提交了其与被告的微信聊天记录，反映出被告提出向其借款，法院判决"微信交谈记录可以用作证据"；在一起侵害商标权纠纷

---

① 参见北京市第三中级人民法院（2014）三中民终字第11349号民事判决书。

② 参见陕西省神木县人民法院（2020）陕0881民初4076号民事判决书。

案件①中，药业公司提交了在电子档案中调取的、以电子文件的形式在条线部门下发的会议纪要及附件，法院经审理后认为"该份证据来源于药业公司的电子档案，加盖有药业公司的印章和档案章，并由当时参加会议的丁某峻签字确认，结合本院向丁某峻、宗某的调查笔录以及药业公司针对保健品公司的质疑所作的合理解释"，判决该医药电子档案"可以作为证据使用"。

总的来看，实践中司法机关不仅原则上认可将电子文件用作证据，而且有条件地认可电子文件复制件（如截图）的证据地位。在一起侵害作品信息网络传播权纠纷案件②中，原告提交了电子文件截图、侵权页面截图等，法院经审理后认为，电子文件截图等证据"可以作为证据""能够证明其对涉案作品享有著作权"。

我国法院认可电子文件用作证据的方式，除了援引法律条文外，还可能是通过当事人的约定予以强化。在一起合同纠纷案件③中，烽火公司据以主张损失的主要证据来源于其管理系统中的电子文件以及烽火公司员工和中天信公司员工之间的往来邮件，它们是否具有证据资格成为案件争议点之一。法院对电子文件及邮件的证据资格表示认可，理由是：烽火公司和中天信公司在《电子采购协议》中约定"使用烽火公司自主开发的采购与供应商管理平台（系统），烽火公司在国际互联网上完成招标、订单发布、订单执行、供应商管理等，中天信公司通过国际互联网在该平台上完成投标、竞标、报价、PO确认及下载、交货及库存跟踪、结算对账、应付账期查询等"，《供应合作框架协议》中约定"中天信公司在烽火公司电子平台进行各项商务操作，如电子合同、备货、投标、应答或信息上载等均视作同本协议及纸质签订的合同或其他签订的协议有同等的法律效力"，《仓储服务合同》中约定"中天信

---

① 江苏省高级人民法院（2017）苏民终437号民事判决书。
② 参见北京互联网法院（2019）京0491民初27293号民事判决书。
③ 参见湖北省武汉东湖新技术开发区人民法院（2016）鄂0192民初232号民事判决书。

公司根据烽火公司提供的物流仓储信息平台，在平台中实现物料出入库的账务统一管理"，通过以上合同约定可见管理系统是烽火公司和中天信公司共同认可的交易平台，管理系统中的数据及相关电子邮件是合同履行情况的记载和凭证。法院经审理后认为："经过抽检，管理系统上的电子数据与纸质账单上的数据是一致的，可以验证该管理系统记载了真实的交易信息，管理系统上的数据可以作为证据采信。"在这里，法院确认了电子文件管理系统的材料具有证据效力，确认的方法就是基于约定。

（二）电子文件的法律效力

电子文件的法律效力不仅包括用作证据的效力，还包括能否等同于纸质文件的效力、能否为当事人之间意思表示的效力、能否用作业务行为各环节的效力等。实践中，电子合同、电子签章、电子申请等行为中形成的电子文件较多地出现上述问题。

在一起劳动合同纠纷的再审案件[①]中，案件争议焦点是海盈公司与陈某贤的电子邮件能否视为签订了书面劳动合同。法院认为：（1）电子邮件作为数据电文的一种形式，是《电子签名法》等现行法律法规认可的"书面形式"；（2）陈某贤在本案提交的其他证据显示，陈某贤与海盈公司的工作往来、业务交流均是通过电子邮件的形式进行，电子邮件是双方交流的基本形式，故双方通过电子邮件的形式订立劳动合同具有合理性。最终确认"海盈公司与陈光贤通过电子邮件已签订书面劳动合同"。无独有偶，在一起房屋租赁合同纠纷的案件[②]中，争议焦点即某公司以电子邮件的方式向胡佑君的邮箱发送的《提前解除合同通知书》是否能作为本案有效的解除通知。法院认为，通过某公司提供的公证电子邮件可以反映，某公司协商处理租赁事宜一般是通过与胡某某邮箱往

---

① 参见广东省高级人民法院（2016）粤民申 2180 号民事裁定书。

② 参见上海市第一中级人民法院（2013）沪一中民二（民）终字第 2780 号民事判决书。

来电子邮件进行，直到某公司搬离后，胡某某的邮箱仍然在向某公司发送维修清单解决善后事宜，故某公司向胡某某发送的《提前解除合同通知书》应视为有效的通知。在这两起案件中，法院通过确认电子邮件合同的"书面形式"效力，解决了案件中当事人之间的意思表示及权利义务问题。

实践中，电子文件的形成、提交等行为还可以用作引起法律关系产生、变更和消灭的条件。在一起专利行政纠纷案件[①]中，原告曹某某于2013年6月20日向被告国家知识产权局提交了一项发明专利申请，被告于2017年1月26日发出《授予发明专利权通知书》和《办理登记手续通知书》。但因原告未在规定的期限内办理登记手续，被告于2017年6月16日发出《视为放弃取得专利权通知书》。10月11日，原告向被告提交了《恢复权利请求书》，理由是"因电子申请客户端故障，未能接收到办理登记手续通知书和视为放弃取得专利权通知书，并且未收到纸件通知书"。10月24日，被告发出《恢复权利请求审批通知书》，以"恢复权利请求是在规定期限届满后提出的，不符合《专利法实施细则》第6条的规定"为由，不同意恢复权利。原告遂提起行政复议乃至行政诉讼。在行政诉讼中，法院经审理后认为：根据《专利审查指南》第五部分第六章第2.1.3节的规定，对于以电子文件形式提交的专利申请，专利局以电子文件形式向申请人发出各种通知书、决定和其他文件，申请人应当按照电子专利申请系统用户注册协议规定的方式接收；以及《关于专利电子申请的规定》第9条第2款的规定，对于专利电子申请，国家知识产权局以电子文件形式向申请人发出的各种通知书、决定或者其他文件，自文件发出之日起满15日，推定为申请人收到文件之日。被告依照上述对原告有约束力的规定、通知、注册协议，向原告发出的《授予发明专利权通知书》《办理登记手续通知书》《视为放弃取得专利权通知书》对原告均产生法律效力。对于原告提出的"不可抗力"理由，鉴于原告未能以充分证据证实其客观真实性等，不予支持。

---

① 参见北京知识产权法院（2018）京73行初2821号行政判决书。

这一案件反映出电子文件在专利申请审批的基本环节均产生法律效力。

（三）电子文件的真实性

"真实性"是司法实务中电子文件用作证据遇到的最常见争议。一般来说，对于电子文件之类的专业性证据，其真实性问题可以通过专门技术方法予以解决，如鉴定、勘验、校验等；也可以基于司法经验的特殊证据规则来解决，如经验法则、印证规则、原件规则、推定规则、举证责任规则等。下面分别以案说法进行阐释说明。

1. 电子文件真实性的鉴定方法

鉴定是有专门知识的人对案件中的专门性问题作出科学判断的专门活动。真实性鉴定是一种常规的鉴定，对于解决电子文件真实性问题具有独特的价值。实践中，司法人员对电子文件的真实性鉴定通常抱有期待，甚至有将鉴定作为真实性判断终极方法的观念。例如，在一起买卖合同纠纷案件[1]中，当事人对经公证的电子邮件仍提出质疑，认为应当进行鉴定。一审法院认为："虽然电子邮件证据具有脆弱性，很容易被删除、篡改，但根据最新发展的计算机技术，任何被删除、篡改的电子邮件证据都能够通过技术手段找到痕迹并加以分析认定和恢复。"最后判决，"因当事人中庆微公司没有申请鉴定机构进行鉴定，应承担举证不能的法律责任"，"对该邮件内容予以确认"。在这里，法院对电子邮件真实性的解决看起来是通过"举证不能"的方式，实际上是预想可以通过鉴定加以解决。该案当事人对电子邮件真实性问题提起上诉后，二审法院维持原判。

实践中是否有必要提起真实性鉴定，也是需要考量的因素。在一起侵害作品署名权纠纷案件[2]中，争议焦点是一方当事人是否通过向涉案论文另一通讯作者孙某某发送邮件的方式表达了其对涉案论文署名顺序的异议。为此，一方当事人向法庭提交了相关的电子邮件。法庭中另一方当

---

[1] 参见广东省深圳市中级人民法院（2014）深中法商终字第1788号民事判决书。

[2] 参见上海知识产权法院（2018）沪73民终396号民事判决书。

事人申请对相关的电子邮件进行鉴定。法院经审理后认为，相关电子邮件的内容均无法支撑关于论文署名顺序异议的问题，故不同意组织鉴定。

2. 电子文件真实性的勘验方法

勘验本意是对具有证据意义的痕迹、物品或尸体进行的详细查验。对于电子文件的真实性疑问，也可以通过勘验的方式予以解决。这样的勘验通常表现为庭上勘验等，如司法人员通过账号密码进入涉案的电子邮箱等网络账号，核对电子邮件等电子文件的真实性。在一起合同纠纷案件[1]中，法庭组织当事人对管理系统中的订单、库存等信息以及相关电子邮件进行了详细勘验，判决认为："经过抽检，管理系统上的电子数据与纸质账单上的数据是一致的，可以验证该管理系统记载了真实的交易信息，管理系统上的数据可以作为证据采信"；"涉案电子邮件经过勘验是真实存在的"。

3. 电子文件真实性的校验方法

完整性校验是判断电子文件等电子证据真伪的独特方法。电子证据完整性主要是通过 Hash 函数来校验，现今世界通行的 Hash 校验算法是MD 系列和 SHA 系列。这一方法需要产生和核对完整性校验值，也称为真实性校验值，它指的是为防止电子数据被篡改或者破坏，使用散列算法等特定算法对电子数据进行计算，得出的用于校验数据完整性的数据值。简单来说，如果电子文件在形成等早期阶段计算了完整性校验值，那么在法庭上只需要核对提交法庭的电子文件的完整性校验值，即可以判断电子文件的真伪。在一起著作权权属、侵权纠纷案件[2]中，一方当事人提交了视频文件、图片文件及对应时间戳证书文件，证明上述文件内容自申请认证时起即保持完整，未被修改。法院经审理后认为，上述视频及图片文件使用的是联合信任时间戳服务中心"权利卫士"手机客

---

[1] 参见湖北省武汉东湖新技术开发区人民法院（2016）鄂 0192 民初 232 号民事判决书。

[2] 参见广东省广州市花都区人民法院（2020）粤 0114 民初 1934-1973 号民事判决书。

户端自带的拍照、录像、录音功能，并实时进行可信时间戳电子证据固化保全；根据时间戳服务系统公示的信息，文件内容发生任何改变（如打开后保存），都将无法通过验证。据此，通过可信时间戳认证电子文件，能有效地证明数据电文产生的时间及内容的完整性，防止电子文件的篡改和事后抵赖，其作为证据使用具有权威性和可信赖性。

需要注意的是，实践中既可以针对单一电子文件、文件组合、压缩文件等计算校验值，也可以针对一个完整的或部分的存储介质计算校验值。相应地，进行校验值匹配时也应当区分校验对象。例如，在一起侵害作品放映权纠纷案件①中，涉案证据是当事人通过可信时间戳验证中心的平台进行验证的电子证据。法院经审理后认为，对于其所交验证的照片，由于验证结果是"电子合同未通过验证，可能存在真实性风险""错误提示：电子文件不包含任何电子签名信息，存在被篡改的可能"，故不予采纳；对于所交验证的视频文件和该文件对应的时间戳文件（×.tsa），由于验证结果显示"该凭证自申请时间戳时起，内容保持完整，未被更改"，故予以采纳。该案在进行校验值匹配时就区分了校验对象。

4. 电子文件真实性的经验法则

司法人员直接对电子文件的真伪作出判断，通常需要依照经验法则进行逻辑推理。所谓经验法则，是指人们从生活经验中归纳获得的关于事物因果关系或属性状态的法则或知识。经验法则既包括一般人日常生活所归纳的常识，也包括某些专门性的知识，如科学、技术、艺术、商贸等方面的知识等。②它在法律文书中经常被表述为"常理""日常生活经验""社会情理"等。准确地说，司法人员基于"常理""日常生活经验""社会情理"等对案件事实的认定，就是遵循经验法则。在一起著作权权属、侵权纠纷案件③中，被告提交某某公司《包装设计协议》扫描件。原告认为《包装设计协议》是电子文件，对其真实性有异议。

---

① 参见云南省高级人民法院（2020）云民终437号民事判决书。
② 参见张卫平：《认识经验法则》，载《清华法学》2008年第6期。
③ 参见浙江省金华市中级人民法院（2016）浙07民终1630号民事判决书。

法院经审理后认为，该《包装设计协议》电子扫描件的属性上反映文件修改时间为 2011 年 10 月 22 日，与文件注明落款时间相差仅一天，且文件属性每经过一次修改均会发生变更，这与被告主张的总体过程相符合，对该电子文件来源的解释符合常理，对其真实性可予以确认。在这里，法院是根据常理对电子文件的真实性作出了判断。

关于电子文件真实性的经验法则，看似针对电子文件，其实不限于电子文件。司法人员往往从具体案情出发选择合适的角度切入。在一起合同纠纷案件[①] 中，原告为证明其履行了合同义务，当庭提交了存储文件的电脑及手机，电子文件（含原告员工发送文件的邮件、相关的微信聊天记录等）内容材料多、文档容量大，且其形成于合同履行前期及合同履行过程中。法院认为，"现代信息社会通过微信和电子邮件方式进行沟通和发送文件应用比较普遍和频繁，原告提交的微信群及发送电子邮件的目录可以证明向被告发送了部分文件"，"本案原告、被告签订合同的实质内容是原告为被告销售房源，被告按销售情况支付收益给原告，正常情况下，原告为确保其利益，会采取积极行为扩大房源销售，故被告认为原告未制作文件的质证意见不合常理"。在这里，法官使用了"发送微信、电子邮件会形成目录""房源销售方会制作文件"等常理。

5. 电子文件真实性的推定规则

推定是降低司法证明难度的一种常见方式。关于证据的真实性推定是一种常见的推定，但它必须满足推定的基本条件，包括前提事实、结论事实及两者之间的常态联系。案例分析表明，我国实践中关于电子文件真实性的推定主要包括拒绝委托鉴定的真实性推定、超越举证期限的真实性推定，它们的理论前提是拒绝委托鉴定或超越举证期限的当事人存在妨碍司法证明的情形，因而可以在电子文件的真实性方面做出对其不利的推定。

拒绝委托鉴定的真实性推定，是指当事人虽对电子证据提出异议，但拒绝组织鉴定的，法院推定相关电子文件属实。在一起医疗损害责任

---

① 参见江西省武宁县人民法院（2018）赣 0423 民初 2464 号民事判决书。

纠纷案件 ① 中，再审申请人提出，"中医院在举证期限内提供的病历资料无医护人员电子签名和手写签名，违反了《电子病历基本规范（试行）》和《病历书写基本规范》的规定"，中医院提供的病历不具有真实性。法院经审理查明，"根据江门市卫生和计划生育局向二审法院作出的复函，中医院目前未能实现 CA 电子签名，由于该技术缺陷并非针对余某某一人而为，故不能以此认定中医院提供虚假的病历资料"，该情形"系电子病历原始记录形成，还是中医院伪造、篡改病历资料所致……需要且可以通过技术手段对中医院提供的电子病历真伪进行鉴定"。在该案中，二审法院就该问题征求余某某意见时，余某某拒绝继续委托鉴定，故判决由其承担举证不能的不利后果。

超越举证期限的真实性推定，是指当事人超越举证期限提出电子文件真实性鉴定请求的，法院可以酌情推定电子文件属实。在一起医疗损害责任纠纷案件 ② 中，上诉人提出被上诉人对"入院记录、病程记录、临时医嘱、长期医嘱等电子病历进行了篡改、伪造"，主张对"相关电子病历的形成、编辑、修改等方式涉案电脑硬盘中留下的痕迹予以全部明确进行计算机司法鉴定"。二审法院经审理后认为，"根据《最高人民法院关于民事诉讼证据的若干规定》第二十五条规定，当事人申请鉴定，应当在举证期限内提出。根据上述规定，上诉人在一审举证期限内未提出对被上诉人贵港市人民医院提供的相关电子病历进行计算机司法鉴定，对上诉人该鉴定申请依法不予支持"。最终判决，上诉人未提供充分证据证实被上诉人存某某伪造、篡改、销毁病历的事实，该项上诉意见理由不成立。此案启动再审后，广西壮族自治区高级人民法院驳回了再审申请。

6. 电子文件真实性的证明责任规则

实务中关于电子文件的真实性存在证明责任分配问题，承担证明责

---

① 参见广东省高级人民法院（2015）粤高法民一申字第 1533 号民事裁定书。

② 参见广西壮族自治区贵港市中级人民法院（2015）贵民一终字第 412 号民事判决书。

任的一方对所提交的电子文件无法提供佐证或者所提供的佐证达不到证明标准的，则由其承担举证不能的不利后果。司法人员对此种情形的惯常表述是"未能举证""未能提供反证"等，由此确认有关电子文件具有真实性。在一起定作合同纠纷案件①中，原告向法庭提交了被告提供的 AI 格式电子文件。被告主张该 AI 格式电子文件经过修改。法院经审理后认为，被告未留存当时提供给原告的 AI 格式电子文件、未提供相应证据反驳原告，故对被告主张画册形象页位置错误系原告的打印质量问题的抗辩，不予采纳。在一起劳动争议案件②中，闫某某向法庭提交了电子邮件及邮件附件打印件作为证据。被告某文化创意公司对以上电子邮件及附件真实性不予认可。法院认为，被告公司对电子邮件及附件真实性持有异议，但其公司认可发件邮箱为其公司企业邮箱且未能就此提供反证。鉴于此，法院对该电子邮件予以采信。

7. 电子文件的原件规则

司法实践中，提供电子文件打印件、复制件作为证据的，其真实性往往会被质疑，除非与原件核对无误，并说明来源和取证情况。显然，电子文件是否为原件、来源是否可靠也会影响其真实性的判断。这是利用原件规则辅助判断电子文件的真实性。在一起劳动合同纠纷案件③中，争议的焦点在于某贸易公司是否曾向罗某某发送过本案系争的三封电子邮件，并进而确定某贸易公司应否向罗某某支付未签劳动合同的二倍工资。法院认为，该三封电子邮件并非按正常登录电子邮箱系统需输入用户名和密码的一般路径进入电子邮箱系统而看到的邮件；而且上述三封邮件并非从公证页面中的"邮箱"下属的"发件箱"中调取，而是从公证页面中"个人文件夹"下属的"收件箱"中调取。在这里，因当

---

① 参见福建省厦门市湖里区人民法院（2016）闽 0206 民初 3243 号民事判决书。

② 参见北京市海淀区人民法院（2016）京 0108 民初 16089 号民事判决书。

③ 参见上海市第一中级人民法院（2014）沪一中民三（民）终字第 994 号民事判决书。

事人提供的电子邮件非原件而最终不被法院所采信。[①]

8. 电子文件真实性的印证规则

印证规则是指两个以上的证据在所包含的事实信息方面发生了完全重合或部分交叉，使得一个证据的真实性得到了其他证据的验证。[②] 通过证据印证原理，审查电子文件证据与案件中其他证据是否一致、电子证据本身是否有矛盾之处，从而判断其真实性。在一起劳动合同纠纷案件[③] 中，当事人对电子邮件的真实性提出质疑。法院在当事人没有申请鉴定的情况下，根据印证规则来对证据的真实性进行判断。法院经审理后认为："鉴于张某提交的经当庭演示的电子邮件的取得有一定的来源，且各电子邮件的内容可以相互印证，宇信公司否认上述电子邮件的真实性，但未向法院提交张军任职期间的工作邮件等相反证据，且亦未依法向法院提出对上述电子邮件是否经编辑、篡改的申请鉴定，故本院对电子邮件酌情采信。"

（四）电子文件的关联性

证据的关联性强调证据与案件事实之间的某种联系，要求每一个具体的证据必须对证明案件事实具有实质性意义。学术研究表明，电子证据除了要满足"内容"上的关联性外，还强调载体与"人"之间的关联性。[④] 后一种关联性突出表现为虚拟空间的身份、行为、介质、时间与地址要同物理空间的当事人或其他诉讼参与人关联起来。在统计分析的民事诉讼案件中，电子文件的关联性问题是一个热点问题，往往呈现如下的规律：一方面，当事人往往提出电子邮件等电子文件非其所发、与

---

① 在该案中，法官也考虑到三封电子邮件之间在时间上存在矛盾点。判决书指出，原告现提供的该三封电子邮件的发送时间虽前后间隔两个多月，但具体发送时间却均在 15 时 39 分的前一分钟或后两分钟，时间的趋同性亦有违常理。

② 参见陈瑞华：《刑事证据法学》，北京大学出版社 2012 年版，第 334 页。

③ 参见上海市第一中级人民法院（2014）沪一中民三（民）终字第 1878 号民事判决书。

④ 参见刘品新：《电子证据的关联性》，载《法学研究》2016 年第 6 期。

之无关联性的抗辩理由；另一方面，法官一般会根据电子邮件等电子文件的注册人信息、实际控制者、具体内容及往来历史之一项或多项要素进行判断。在特殊情况下，也可以考虑根据举证责任进行判断。

1. 基于电子账号注册信息的判断

司法实务中，法官判断电子文件实际收发人最常见的经验是调查电子邮箱等账号的注册人身份信息。在没有相反证据的情形下，推定电子文件系账号注册人所收发。在"浙江某电子商务公司与陈某某名誉权纠纷"一案[①] 中，当事人陈某某否认邮件系其所发，法院根据电子邮箱的注册信息推定邮箱为其所使用，进而推定涉诉邮件系其所发送（邮箱注册信息中有些私密信息只可能为特定人所知）。

2. 基于实际控制者的判断

这主要是根据电子账号及密码的实际控制者以及是否存在其他使用者来判断。实务中，经常有当事人以电子邮件等账号及其密码被多人所知晓、使用来进行抗辩。这种情况下，法官会根据电子账号的所有人及案件其他信息来判断电子账号实际控制者。例如，在一起劳动合同纠纷案件[②] 中，被告否认涉案邮件系其所发，提出邮箱密码除了被告本人外，还有其两位助理知晓，原告的 IT 部门也可以对被告的邮箱密码进行重置后登录（被告系原告公司的员工）。法院经审理后认为，鉴于被告掌握邮箱密码，是电子邮箱的实际控制人，故在其未提供任何证据证明 2013 年 9 月 22 日的邮件确由他人发送的情况下，依法推定该邮件的发件人应为被告。至于被告提出的其邮箱密码另有两位助理知晓，且原告亦可对密码进行重置之意见，法院认为被告电子邮箱的初始密码虽由原告提供，但由被告自行修改后使用，被告并未提供证据证明 2013 年 9 月 22 日原告曾对其电子邮箱密码进行过重置，而此后该邮箱仍在被告掌握下正常使用；被告所提供的其他证据也不能

---

① 参见浙江省杭州市中级人民法院（2014）浙杭民终字第 2340 号民事判决书。

② 参见上海市第一中级人民法院（2014）沪一中民三（民）终字第 1730 号民事裁定书。

证明其助理知晓邮箱账号密码。

3. 基于具体内容及邮件往来历史的判断

实务中，法官往往会结合涉案电子账号的一系列收发行为，来判断其是否与当事人之间具有关联性，即涉案邮件等电子文件是否为当事人所收发。在一起追索劳动报酬纠纷案件[①]中，法院查证 zhu.××@7linc.com 邮箱发送给卓某的电子邮件时间跨度自 2011 年至 2013 年，数量亦有近十封；该邮箱用户名系"朱某某"汉语拼音，邮件内容与朱某某的工作岗位职责相匹配，邮件显示的卓某每月实发工资金额与卓某每月实际已收到的工资金额相一致；该邮箱的域名与企垠公司网络域名以及对外服务邮箱、校园招聘简历投递邮箱的域名均一致。据此，法院认为，zhu.××@7linc.com 是企垠公司财务人员朱某某的工作邮箱。

4. 基于综合因素的判断

以上各起案件仅基于单一因素做出的关联性判断。其实，将各项因素综合起来，亦可以用于判断电子文件的关联性，效果亦更明显。

在一起名誉权纠纷上诉案件[②]中，一审法院查明，2014 年 8 月 7 日，"madehui.2008"用其网易邮箱向 gao.yonghong@daikin.net 等 65 个邮箱发送了主题为"讨说法"的邮件。一审法院依法向广州某某公司调取了案涉电子邮箱 madehui.2008@163.com 的详细注册信息，其中注册资料上填写的注册人真实姓名为上诉人马某某。再查明，2014 年 8 月 22 日，大金公司委派工作人员至马某某处了解上述邮件所涉情况，马某某表示该邮件是他所写。一审法院结合当事人陈述、证人证言、公某、证明以及邮箱注册信息等证据材料认定涉案邮件系马某某发送。在这里，一审法院作出的涉案邮件发送者判断就是基于多项因素的综合判断。马某某不服该判决，提出上诉并申请证人夏某出庭作证。

二审法院经审理后认为：（1）一审中，颜某提供了一份大金公司工

---

① 参见上海市第一中级人民法院（2014）沪一中民三（民）终字第 1192 号民事判决书。

② 参见江苏省南京市中级人民法院（2016）苏 01 民终 1106 号民事判决书。

作人员前往马某某处就案涉电子邮件一事谈话经过的录音资料，该录音中能够明确反映出马某某表示案涉电子邮件确系其所发送。马某某对案涉录音资料中的 12 句话不予认可，其仅认可剩余的其他内容为马某某本人的陈述，并申请对该 12 句话是否为马某某本人陈述等相关事项进行司法鉴定。但在马某某已同意以上述 12 句话之外的马某某的声音作为比对样本的情况下，其又提出应以马某某的原声作为比对样本并拒绝预交鉴定费用，由此导致鉴定不成的法律后果应由马某某承担，原审法院采信案涉录音证据并无不当。（2）大金公司于 2014 年 9 月 11 日出具证明书一份，该证明书能够证实大金公司曾于 2014 年 8 月 22 日委派相关工作人员前往马某某处调查了解案涉电子邮件相关情况，在此过程中马某某明确表示该电子邮件系其所写。（3）二审中，马某某申请证人夏某出庭作证，并认为夏某二审中的证言可以证实案涉电子邮件并非马某某所发送，综合夏某在 2014 年 9 月 18 日调查笔录及其在一审、二审中的陈述来看，其在调查笔录中称其向马某某求证时，马某某认可是其所发邮件，而在一审、二审庭审中，其又陈述马某某说"就算是我写的又能怎么样""就是我发的又怎样"，尽管夏某前后的陈述有所不同，但均表明夏某向马某某求证时，马某某未否认邮件系其发送。最终判决，综合上述相关事实及证据，原审法院认定案涉电子邮件为马某某所发送并无不当。这一终审判决更体现出综合性判断的鲜明色彩。

5. 基于举证责任的判断

基于举证责任作出关联性的判断，简言之，就是承担举证责任者要证明电子文件的关联性。在一起国际货物买卖合同纠纷案件[①] 中，法院认为，原告提交的合同协议、商业发票、付款单、提单及照片均系存放于其委托代理人邮箱中的电子文件，并非原始文件，关联性均无从判定。原告提交的邮件及附件、格鲁吉亚鉴证局报告以及格鲁吉亚边防队函未能证明与被告存在关联性，而且鉴证局报告中的检验日期与提单发货日期相互矛盾，不能达到其证明目的。原告系主张法律关系存在的当

---

① 参见江苏省扬州市中级人民法院（2015）扬商外初字第00009号民事判决书。

事人，应当对产生该法律关系的基本事实承担举证证明责任，其未能提供有效证据，应当承担"举证不能"的不利后果。在这里，"举证不能"就是承担举证责任的经典表述。

基于举证责任作出关联性判断，要聚焦案件中的争议问题。在一起国际货物买卖合同纠纷案①件中，争议问题是关于甲公司提交的《公证书》中载明的 18 份电子邮件能否作为本案认定事实的证据。法院认为，甲公司一审提交的《公证书》只能证明 2009 年 5 月 13 日在甲公司外贸部邮箱"marketing@zhancui.cn"及廖某某的个人邮箱"suntree2@zhancui.cn"中存有该 18 份电子邮件，但不能证明该 18 份电子邮件是由乙公司或经乙公司授权向甲公司发送的。本案诉讼中，乙公司对该 18 份电子邮件不予认可，甲公司也未能提供充分的证据证实乙公司或乙公司授权向其发送了该 18 份电子邮件，因此，该 18 份电子邮件不能作为本案认定事实的证据。在这里，是"存有"还是"发送"电子邮件，成为案件的关键事实问题。这也影响到是否完成了举证责任的要求。

基于举证责任作出关联性判断，还要考虑相关的举证责任在当事人双方之间进行移转的情况。在一起劳动争议纠纷案件②中，某某物流公司主张单某某于 2011 年 8 月 17 日通过电子邮件提出辞职，并提交了该电子邮件。单某某认可发送上述电子邮件的电子邮箱系自己入职时注册的邮箱，但否认该邮件系由其本人发送的，其提出某某物流公司的网管人员掌握自己的邮箱地址及密码，上述邮件内容完全有可能系某某物流公司自己发送的。二审法院经审理后认为，"依据举证规则，某某物流公司完成了以电子邮件形式证明系单某某提出辞职主张的举证责任；单某某对此予以否认，即对某某物流公司的该项主张予以反驳，其应提举证据予以证明，否则将承担不利的后果。本案中单某某认可发送该邮件的电子邮箱系其本人申请注册的，其提出某某物流公司掌握该邮箱地

---

① 参见广东省高级人民法院（2011）粤高法民四终字第 22 号民事判决书。

② 北京××物流有限公司诉单某某劳动争议纠纷案，载《最高人民法院公报》2013 年第 12 期（总第 206 期），第 32 页。

址及密码意图推翻某某物流公司的上述主张，但其未提供证据佐证其上述主张。"二审法院据此认为，原审法院确认该邮件的证明力的认定正确。

（五）电子文件的合法性

电子文件运用诉讼中涉及的合法性问题较少。实践中，电子文件的合法性问题既可能涉及案前的电子文件生成、管理环节，也可能涉及案发后的调查取证环节。

关于电子文件生成、管理阶段的规范性文件多是行业规范和部门规章，违反这些行业规范或部门规章是否意味着电子文件不合法、不具有证据资格呢？案例分析表明，司法人员基本上采取宽松的立场。具体来说，当电子文件的生成、管理不符合行业规范和部门规章时，只要当事人能作出合理解释且不足以影响其真实性时，则法官不会排除该证据。在一起医疗损害责任纠纷案件[①]中，当事人提出医院所提供的病历资料无医护人员电子签名和手写签名，违反了《电子病历基本规范（试行）》和《病历书写基本规范》的规定；医疗机构有真实记录及妥善保存病历的义务，中医院未能按照规定保存病历资料及提供真实的病历资料，可以确定其确实存在伪造、篡改病历的过错。然而，法院并未接受当事人关于电子病历的生成、保管不符合行业规范的主张。

关于电子文件取证阶段的法律规范相当有限。即便违反了这样的法律规范，亦并非当然导致电子文件不能作为证据使用。在一起承揽合同纠纷案件[②]中，再审申请人对案件电子邮件质证的方式提出了异议，认为"原审法院组织原、被告双方到原告公司接受电子邮件的主机上调取原告所提交的电子邮件证据原始件进行现场质证存在程序违法"。再审法院经审理后认为："鉴于电子邮件这一证据的特殊性，原审法院组织原告、被告双方到原告公司接受电子邮件的主机上调取原告所提交的电

---

① 参见广东省高级人民法院（2015）粤高法民一申字第 1533 号民事裁定书。
② 参见四川省高级人民法院（2014）川民申字第 1884 号民事裁定书。

子邮件证据原始件进行现场质证的做法并无不妥。"这是针对电子邮件的质证程序提出的合法性问题。

（六）电子文件的证明力

电子文件的证明力同证明对象有着密切的关系。针对不同的证明对象，电子文件可能充当直接证据也可能充当间接证据，可能发挥正面的证明作用，也可能发挥反驳的证明作用。具体如何判断电子文件的证明力？这首先依赖于司法人员的自由心证。

所谓自由心证，是指法律不预先设定机械的规则来指示或约束司法人员，而由司法人员针对具体案情，自由判断证据和认定事实。例如，在一起物业服务合同纠纷案件[①]中，法院认为，涉案照片中，涉及2016年至2018年期间催缴物业费的照片电子文件所记载的文件创建、修改日期，与照片上显示的拍摄日期不吻合，当事人亦无法提供拍摄照片的原始载体供核对，且仅根据照片上显示的日期尚不足以证明照片系该日拍摄，故对于上述证据的证明力不予采信。在这里，法庭对照片电子文件所记载的文件创建、修改日期与照片上显示拍摄日期的关系解读，就是一种自由心证的体现。又如，在一起不正当竞争纠纷案件[②]中，法院主动依职权于2011年7月22日到临清市工商行政管理局及其新华工商所调取了被告的企业变更情况电子档案及纸质档案；针对2011年7月22日调取的纸质档案与电子档案信息不一致的情况，法庭于2011年8月15日给临清市工商行政管理局以函，临清市工商行政管理局于2011年8月30日作出"关于临清市冠芝霖手机大卖场个体登记档案的说明"。法院经审理后认为，上述纸质档案、电子档案及补充说明上述证据均具有真实性，均予以确认；对于电子档案与纸质档案登记信息不一致情况，纸质档案形成在先，电子档案输入形成在后，登记信息以纸质档案为准，更加合情合理。在这里，法院对纸质档案与电子档

---

① 参见北京市第二中级人民法院（2019）京02民终11407号民事判决书。

② 参见山东省聊城市中级人民法院（2011）聊民三初字第64号民事判决书。

案、形成在先与形成在后的电子文件孰优孰劣作出了判断，也是一种自由心证的体现。

自由心证离不开经验法则，即人们从生活经验中归纳获得的知识。在一起侵害作品信息网络传播权案件[①]中，法院认为，富昱特公司递交的涉案摄影作品电子文件详细信息中的原始拍摄数据，详细记载了涉案图片拍摄日期、图像数据、照相机数据、高级照片数据等信息，而根据日常生活经验可知，只有摄影作品作者掌握的原始拍摄文件中才会显示这些拍摄数据。因此，富昱特公司递交的包含上述原始拍摄数据的涉案摄影作品的电子文件属于涉案摄影作品的底稿，可以作为认定著作权权属的主要依据。在这里，"原始拍摄文件会显示拍摄数据"就是一种一般人能够理解的经验法则。在一起侵犯著作权纠纷案件[②]中，甲公司提交了从职业摄影师史某某处取得的涉案 114 张照片的电子文件，其中96 张照片是高分辨率的照片。法院认为，虽然电子文件具有容易复制的特点，但一般情况下高分辨率的电子文件应当保存于作者处。综合上述因素，在没有相反证据的情况下，可以认定史某某是涉案 96 张高分辨率电子文件照片的作者。对于甲公司提交的 18 张低分辨率照片电子文件，最后判决认为不能与照片的原始文件等同，缺乏证明力，甲公司不能主张该 18 张照片的权利。在这里，"利用照片文件的分辨率证明权属"是一种具有专业性的经验法则。

自由心证离不开逻辑规则，即所作出的判断要符合形式逻辑。在一起名誉权纠纷案件[③]中，争议焦点为通过用户名为"天天快乐"的邮箱在 2013 年 7 月 14 日、2013 年 8 月 19 日发送的两份电子邮件是否为陈某萍所发送。法院经审理后认为，陈某萍自述 2013 年 7 月 14 日、2013年 8 月 19 日两份电子邮件中描述的是其本人的基本情况，内容基本属实。该两份电子邮件详尽记录了陈某萍入职信互贷公司前后的工作履

---

① 上海知识产权法院（2019）沪 73 民终 305 号民事判决书。

② 参见北京市朝阳区人民法院（2008）朝民初字第 20124 号民事判决书。

③ 参见浙江省杭州市中级人民法院（2014）浙杭民终字第 2340 号民事判决书。

历，以及在与信互贷公司因履行劳动合同发生纠纷后与公司及主管人员的协商过程。虽然公司主管人员有掌握陈某萍相关信息的便利条件，但信互贷公司及主管人员冒用陈某萍之名发布对公司及相关主管人员有可能造成负面影响的邮件的行为，明显有违常理。陈某萍所称不排除公司对其栽赃，或公司其他员工以其名义发布邮件的辩称缺乏合理性。且qq邮箱的个人说明为"33010……"，该身份信息与陈某萍陈述的其儿子的身份证明编号相符。结合法院对信互贷公司二审提供的（2014）浙杭钱证内字第20117号公证书所保全的主题为"看看信互贷张铭如何贿赂领导吃饭，用手段辞退几名员工的（见视频），衡量下公司的用人体制及企业文化"邮件所附视频的证据证明力的认定。上述证据已形成较为完整的证据链，符合证据高度盖然性的证明标准，可以证明用户名为"天天快乐"的邮箱系陈某萍使用，案涉电子邮件为陈某萍所发送的事实。在该案中，司法人员先后作出了"明显有违常理""形成完整证据链"的判断，都是基于三段论的逻辑推理结果。

自由心证离不开司法人员的理性良心，即所作出的判断要符合公正的价值观。在一起不正当竞争纠纷案件 [①] 中，争议事实是"书生之家数字图书馆"收录的《论》书、《尊》书等电子文件的来源。其中，中国人民解放军国防大学图书馆声明其曾请超星公司加工过馆藏图书，并与超星公司共享数字化的图书资源，但未与书生公司进行图书数字化的合作，而"超星数字图书馆"与"书生之家数字图书馆"收录的《论》书、《尊》书电子文件的书名页均载有"国防大学"馆藏章。超星公司提交了其制作时间分别为2001年4月5日、2001年6月18日，分辨率分别为300、150的PDG格式的《论》书、《尊》书的原始电子文件。法院将"书生之家数字图书馆"收录的《论》书、《尊》书电子文件与超星公司制作的分辨率为150的PDG格式的《论》书、《尊》书原始电子文件相比，发现二者的页面扫描角度、页面污点等相同。法院经审理后认为根据上述关联事实，在书生公司未能提供相反证据，且书生公

---

① 参见北京市第一中级人民法院（2009）一中民终字第12663号民事判决书。

司未能举证证明"书生之家数字图书馆"收录的《论》书、《尊》书电子文件来源的情况下，一审法院确认"书生之家数字图书馆"收录的《论》书、《尊》书电子文件系复制超星公司制作的《论》书、《尊》书电子文件而来，证据充分，应予确认。在本案中，电子文件的扫描特征一致证明了文件来源。这一判断符合保护著作权人权益的价值导向。

在强调自由心证、经验法则、逻辑法则及理性良心的前提下，司法人员判断电子文件的证明力也形成了一些习惯成自然的固定规则。这些规则主要包括：

其一，符合业务惯例的电子文件，对于证明业务行为具有初步的证明力。在一起申请撤销仲裁裁决特别程序案件[①]中，法院经审理后认为，全某某主张《装配师薪酬体系标准》是公司在微信群中下发的电子文件，是公司一贯的工作方法。虽然某某建筑公司不认可其真实性，但其中载明的培训期间的保底工资4100元与《劳动合同》中载明的固定工资4100元相吻合，两份证据相互印证，可以认为《装配师薪酬体系标准》是为了补充和规范《劳动合同》里约定不明确的工资条款。法院作出裁决，某某建筑公司主张仲裁裁决存在违反证据规则的情形，无事实依据而不予采纳。

其二，达到印证程度的电子文件具有证明力。在一起侵犯著作权纠纷案件[②]中，当事人某某公司主张电子文件创建时间可以更改。法院经审理后认为，戴某某提交的涉案作品原始电子文件显示的创建时间信息与戴某某在豆瓣发表时间能够相互印证，且某某公司并未证据证明涉案作品的创建时间信息遭到过修改。因此，某某公司的该项上诉理由不成立。

其三，构成证据链的电子文件具有证明力。在一起侵犯著作权纠纷案件[③]中，原告提交了《鼎天部门管理（培训）执行手册第11册：财

---

① 参见湖北省武汉市中级人民法院（2019）鄂01民特587号民事裁定书。
② 参见北京知识产权法院（2017）京73民终807号民事判决书。
③ 参见广东省广州市天河区人民法院（2012）穗天法知民初字第782号民事判决书。

务部（人事、宿舍）》的打印件及相应的电子文件、电子文件时间戳证书，时间戳所显示的时间早于销售涉案作品的网站 www.yzzlok.com、www.yzzlgw.com 的注册时间。法院经审理后认为，上述证据能形成完整的证据链条，在没有相反证据足以推翻的情况下，应认定原告享有该作品的著作权。

其四，存有疑点的电子文件不能单独作为认定案件事实的根据。在一起商品房委托代理销售合同纠纷案件[①]中，法院认为，北京某某公司提供该证据欲证明其已实际履行合同内容，鉴于该电子证据未经委托方某某房地产公司确认，部分电子文档的修改时间早于创建时间。加之，电脑中文件夹、文档创建时间完全依赖于电脑系统时间设定，可人为进行更改。综合本案合同履行情况，该电子文件证据不能单独作为认定案件事实唯一依据。

其五，单方提供的可以控制或修改的电子文件，不具有完全的证明力。在一起侵犯著作权纠纷案件[②]中，梦某某称其使用的相关图片均系网友上传至其网站并授权其使用，故其使用相关图片具有合法来源，并提交梦某某网站服务条款、会员注册网页、会员上传图片网页、会员上传图片路径资料等证据。法院经审理后认为，上述证据均系梦某某单方可以控制或修改的电子文件，故不予认可。

其六，满足优势证据规则的电子文件具有证明力。在一起侵犯著作权纠纷案件[③]中，法院认为，时间戳取证方式是采用技术手段证明电子文件在某个时间点已经形成的电子凭证，某某财险湖南分公司没有指出汉华某某公司采用时间戳认证的电子文件被篡改的具体内容，依据优势证据规则，法院认定汉华某某公司提供的证据可以证明涉案微博使用了涉案作品，在某某财险湖南分公司没有证明其使用的图片有合法来源的情况下，侵害了涉案作品的信息网络传播权。

---

① 参见山西省朔州市朔城区人民法院（2018）晋 0602 民初 1926 号民事判决书。
② 参见北京市海淀区人民法院（2006）海民初字第 5651 号民事判决书。
③ 参见天津市第一中级人民法院（2018）津 01 民终 3657 号民事判决书。

其七，判断电子文件的证明力可以基于举证责任作出推定。在一起侵犯著作权纠纷案件 [①] 中，双方当事人争议的问题是万方公司将《含 Ca、Si 镁合金的显微组织及晶体学分析》（以下简称《含》文）文收录入学位论文数据库的起始时间。法院经审理后认为，证据保全公证之时《含》文电子文件之中名为"文摘"的文件的"属性"显示的"PDF"项下的"文件创建时间"不应迟于万方公司将《含》文收录入学位论文数据库的起始时间。在万方公司对此未提交相反证据情况下，法院对艾某某所持该"文件创建时间"即为万方公司将《含》文收录入学位论文数据库的起始时间之意见予以采信。

三、简单评价

中国司法案例中的电子文件证据规则具有鲜活的生命力，其不仅揭示了中国法律文本中电子文件证据规则在实践中的运行状况，也昭示出一些特殊的运行规律。将案例与文本中的电子文件证据规则进行对照分析，不难发现它们之间呈现同中有异的基本规律。

"同"主要体现为它们的主体内容基本一致，均包括基本概念、可采性标准与证明力标准等；也体现为它们均对电子文件管理有所关涉或期待，而实践中的电子文件管理离法律文本和司法案例中的要求均有差距。在中国法律文本对电子文件管理作出了专门证据规则设计的大前提下，实践中普遍缺乏关于电子文件管理的成功司法案例。这一反差现象缘何而成？一种简单的观念认为，这是因为可信电子文件的真实性、可靠性、完整性、可用性"四标准"并不对应于证据法规范所要求的电子证据客观性、合法性、关联性、证明力"四标准"。其实，这是一种表象，人们需要剖析深层成因。

值得注意的是，部分涉及电子文件管理的司法案例提出的问题，亟待中国法律从电子文件证据规则与管理制度方面进行回应。以一起不服

---

① 参见北京市海淀区人民法院（2008）海民初字第 10097 号民事判决书。

工伤认定决定案件 ① 为例，该案提出了电子档案 / 电子文件材料与纸面档案 / 纸面文件材料相矛盾时如何判断法律效力的问题。诸如此类的共"同"问题不少，也应当作为完善电子文件管理工作的现实基础。

"异"体现为案例中的电子文件证据规则更为丰富，展示了对包括电子文件管理在内的电子文件制度的现实要求。仅就采用标准而言，实践案例表明，司法活动中对电子文件真实性、关联性、证明力的要求更为刚性，司法人员判断电子文件真实性、关联性、证明力的做法也更娴熟。相比而言，司法活动中对电子文件合法性的要求远不如法律文本那样严苛。这给电子文件管理的启示是，要积极回应电子文件真实性、关联性、证明力的要求；不必过分拘泥于电子文件合法性要求，当然因电子文件不合法可能导致其真实性、关联性、证明力受损的情形除外。

前述"同""异"的分析，均为研究电子文件管理与电子证据规则的契合奠定了初步基础。在未来，有必要从两者的基本概念与框架体系的角度出发进行比较与对接研究。

---

① 参见广德大江南混凝土有限公司不服安徽省广德县人力资源和社会保障局认定工伤决定一审行政判决书，安徽省广德县人民法院（2014）广行初字第 00001 号行政判决书。在该案中，第三人夏某与原告广德大江南混凝土有限公司存在劳动关系，其于 2012 年 11 月 8 日早上驾驶摩托车在去单位上班的途中，途经广德县誓节绿白路 03 公里 200 米处与谭少云驾驶的三轮摩托车发生碰撞导致受伤。经广德县公安局交通管理大队花鼓中队处理，认定夏某无责任。夏某是原告单位的职工，其于受伤当日当班，受伤后经广德县人民医院住院治疗已痊愈。该案争议的焦点即是第三人夏某受伤的时间究竟是事发当日的 6 时 05 分还是 5 时 25 分的问题。法院经审理后认为，交警部门虽然在初次作出的《道路交通事故认定书》中将事故发生的时间书写成上午"5 时 25 分"，因"110"指挥中心的接警记录中已明确载明事故发生时间是上午"6 时 05 分"，故交警部门根据该电子档案记录，将事故发生时间更正为上午"6 时 05 分"；同时，法院通过审查该电子档案记录，交警部门的更正行为有事实依据，且并无不当。最终作出判决，对事故的发生时间应当认定为事发当日的上午 6 时 05 分。

第四章

从理论到实践：
电子文件管理与证据规则
相契合

第一节　电子文件管理与证据规则
相契合的理论梳理

当前，我国电子文件管理与证据规则分属于不同的一级学科，相关的实务工作也划分至两种不同的专业领域，这容易导致学科壁垒、学科隔阂。一般来说，电子文件管理学界大多不了解证据规则，尤其是电子证据规则，而法律学者普遍缺乏对电子文件管理的研究。理论界有人将可信电子文件的真实性、可靠性、完整性、可用性"四标准"对应于中国法要求的证据客观性、合法性、关联性、证明力"四标准"；还有人将国外法庭通常使用的电子文件法律真实性标准等同于中国法庭实际采用的电子证据实质真实性标准。实践中不同职业群体亦普遍存在这样的认识偏差。直面并消除因场域分属伴生而来的"误识"，将能助推《电子文件管理条例》等法律法规的出台，促进我国电子文件管理事业的发展。

鉴于此种考量，本章将从电子文件与电子证据领域基本术语与关联内容的协调统一出发，厘清它们在概念界定、分类理论与"四性"理论等方面的差异，并甄别相关的误识、给出对接的建议，以促进电子文件管理知识体系与证据法知识体系的对话与交融。这样的理论梳理旨在从证据法角度保证电子文件管理的效力，实现电子文件管理与证据规则相契合的调整。

一、电子文件与电子证据概念的比较与对接

电子文件是指机关、团体、企事业单位和其他组织在处理公务过程中，通过计算机等电子设备形成、办理、传输和存储的文字、图表、图像、音频、视频等不同形式的信息记录。《最高人民法院、最高人民检

察院、公安部关于办理刑事案件收集提取和审查判断电子证据若干问题的规定》第 1 条规定，电子数据是案件发生过程中形成的，以数字化形式存储、处理、传输的，能够证明案件事实的数据。那么，"电子文件"同"电子数据"（或称"电子证据"）的法律定义是何种关系？尤其是在电子文件用作证据的情况下，如何理解两个概念的内涵差异与外延大小？回答这样的问题需要进行概念的比较与对接。

根据对电子文件与电子证据概念的解读，可以归纳二者具有如下共同点：（1）载体形式相同。电子文件在电子设备及电子环境中形成、办理、传输和存储，整个生命周期都离不开电子设备；电子证据同样强调以数字化形式存储、处理、传输。可见，电子文件和电子证据在载体形式上都呈现电子化特征。（2）凭证功能相同。对于二者功能的解读，还需回归到其本质。电子证据的本质是"证据"，而证据是"用于证明案件事实的材料"，故电子证据最主要的功能是证明案件事实，即凭证作用。电子文件的本质是"文件"，而文件是指"国家机构、社会组织或个人在履行其法定职责或处理事务中形成的各种形式的信息记录"[①]；国际档案理事会电子文件委员会 1997 年在其制定的《电子文件管理指南》中将文件定义为"由机构或个人在其活动的开始、进行和结束过程中所产生或接受的记录信息，该记录信息由足以为其活动提供凭证的内容、背景、结构所构成，而不管其记录的形式或载体如何"[②]。可见，电子文件具有记忆、记录以及凭证的功能，特别是当人类的某项活动已成为过去式但产生争议时，记录人类活动信息的文件便发挥其凭证功能，帮助人们还原事发时的情形。由此可见，电子文件与电子证据都具有凭证的功能。[③] 综上，电子文件与电子证据在表现形式及功能上具有共同点，

[①] 中华人民共和国国家档案局《档案工作基本术语》，DA/T 1-2000。

[②] International Council on Archives, Guide for Managing Electronic Records from an Archival Perspective, 1997.

[③] 广义上来说，电子证据与电子文件均具有凭证功能，可对过去的行为、活动起到凭证功能。但电子证据和电子文件毕竟属于两个不同领域，对"凭证"的具体要求也各不相同。相对来说，电子证据的要求要更高一些。

而这些共同点正是对二者进行契合性研究的基础。

根据对二者概念的解读，可以将它们的差异点归纳如下。考虑到认识差异点对于概念对接更为重要，下面做重点展开：

（1）来源的差别。就电子文件的来源而言，"文件"与"记录"具有一定的相关性。"记录"是一种比较随性的形式，是将所见所闻记录下来，便于日后进行比对或参照。每个组织和个人都可创建并利用记录，而当机构和组织为了确保某行为具有法律效力凭证或完成机构业务处理行为时，有目的地捕获记录并采用元数据将其固定后，记录才转化为文件。[1] 可见，文件强调来源于机构或组织的业务行为。作为文件的下属概念，电子文件也强调在处理公务、履行法定职责或者处理事务中形成，与具体的业务相关。

就电子证据的来源而言，则并不要求一定与公务、业务相关，其既可以来源于机构或组织的业务行为，也可以来源于与机构、组织业务无关的个人活动，例如私人之间的邮件、即时通讯往来等数据。需要注意的是，《最高人民法院、最高人民检察院、公安部关于办理刑事案件收集提取和审查判断电子证据若干问题的规定》指出"电子数据是案件发生过程中形成的"，这里看似将电子证据的来源限定为"案件发生过程中"，实质上是为了将案件发生后形成的证人证言、被害人陈述以及犯罪嫌疑人、被告人供述和辩解等电子化的言词证据排除在外。对于"案件发生过程中"应当从广义上去理解，只要与案件事实相关即可，本质上是对证据关联性的重申，不涉及电子证据的产生、来源问题。

电子文件与电子证据尽管在产生来源上有差异，但这种差异本质源于二者所属学科领域的不同，而不是非此即彼的关系。当电子文件与某案件事实相关，即有成为电子证据的可能性。

（2）种类的差别。来源的不同也带来电子证据和电子文件在种类形式上的差别。电子文件多来源机构或组织的业务行为，其在种类形式上

---

① 参见刘家真：《电子文件管理——电子文件与证据保留》，科学出版社2014年版，第28～29页。

也体现出"业务"的特征，多表现为数据库文件、电子数据表、字处理文档、电子邮件、网站等形式。[①] 电子证据除了表现为上述与业务活动有关的电子文件形式外，还包括与业务无关的个人活动中产生的数据，例如，个人在博客、微博客、朋友圈、贴吧、网盘等网络平台发布的信息，个人之间产生的手机短信、即时通讯记录等。

（3）结构的差别。从结构角度分析，电子文件还需符合文件的"完整性"要求，即由内容、背景与结构共同组成，是对某项业务活动的完整信息记录。电子证据则没有"结构上完整性"的要求，可以是某种碎片化的数据记录。[②]

综上，电子文件与电子证据在来源及种类形式上呈现出一定的差别（见表4-1），这些差异源于两个不同学科领域的关注点不同。但它们之间差异并非是非此即彼的，而是具有一定的重合，呈交叉关系，而这样的交叉空间正是二者进行对接、契合研究的着力点。

表4-1　电子文件与电子证据的比较分析

项目类型	电子文件	电子证据
载体形式	电子化形式	电子化形式
功能	凭证功能	凭证功能
来源	机构或组织的业务行为	业务行为或个人行为都可
种类	带有"业务行为"特征的文件（如数据库文件、电子数据表、字处理文档、电子邮件、网站等）	带有"业务行为"特征的文件；带有"个人行为"特征的文件（如个人在博客、微博客、朋友圈、贴吧、网盘等网络平台发布的信息，个人之间产生的手机短信、即时通讯记录等）
结构	符合文件"内容、背景与结构"的完整性要求	文件形式或碎片化数据形式均可

严格地说，电子文件与电子数据／电子证据是不同学科的概念。在法学与文件管理学科的交叉研究和学科建设并不彰显的大环境下，现阶

---

① 参见刘家真：《电子文件管理——电子文件与证据保留》，科学出版社2014年版，第41～43页。

② 参见刘越男、李静雅：《电子数据、电子文件相关概念的比较与对接》，载《档案学研究》2017年增刊第1期。

段人们还难以追求打通电子文件与电子数据 / 电子证据的概念壁垒，但这不意味着现阶段不能推出两个学科共用的概念——"电子文件证据"。

电子文件证据是指能够证明案件事实的电子文件。从文件管理的视角来看，电子文件证据是基于证据规则开展电子文件管理工作的产物；从司法办案的视角来看，电子文件证据是针对经由文件管理形成的电子文件用作证据的结果。电子文件证据是电子文件与电子数据 / 电子证据的交叉地带。承认"电子文件证据"的概念，既对"电子文件""电子数据 / 电子证据"的概念微调提供了基础，也为开展两个学科在理论、实务方面的比较和对接提供了思考着力点（见图 4-1）。

图 4-1

二、电子文件与电子证据的分类理论的比较与对接

（一）电子文件的分类理论

一份完整的电子文件应当包括电子文件数据与元数据，或者说是内容信息、背景信息与结构信息。[①] 这一点在电子文件的完整性与可用性属性中已有体现。可用性要求电子文件应当与形成它的业务活动或事务直接联系，因此电子文件应当包含文件形成和利用的背景信息、结构信息（文件内容的表达组织方式）；完整性同样要求电子文件的内容、形式及结构齐全。因此，在电子文件管理领域，习惯于将电子文件划分

---

① 参见刘家真：《电子文件管理——电子文件与证据保留》，科学出版社 2014年版，第 53 页。

为内容数据、元数据与背景数据等,[①] 并且要将其作为一个整体去认识。此即为电子文件的"分类理论"。

尽管传统的档案工作也强调文件的背景信息、结构信息。但随着计算机技术的发展应用,对电子文件的"系统性理论"("分类理论")又提出了新的要求。一方面,电子文件仍然需要通过元数据去满足文件的可用性需求,即满足文件的检索、识别、访问、交换及共享等要求;另一方面,元数据是保证电子文件真实、可靠的重要工具,需通过元数据来实现对电子文件生成、传递、保存等各环节的记录与控制。

(二)电子证据的分类理论

电子证据领域同样存在具有特色的"分类理论",强调完整意义上的电子证据包括数据电文、附属信息及关联痕迹。[②](1)数据电文是指记载法律关系发生、变更与消灭的内容数据。就电子文件而言,是指文件的主文、主要内容部分。(2)附属信息是指数据电文生成、存储、传递、修改、增删而形成的时间、制作者、格式、版本等信息,类似于电子文件的"背景信息"。(3)关联痕迹数据,即电子证据的存储位置、传递信息、使用信息及相关文件信息,如缓存文件、休眠文件、分页文件、快捷方式等,多为文件在操作过程中所留下的行为痕迹。需要注意的是,关联痕迹数据不能简单等同于电子文件的结构信息。这一原理也称为电子证据的系统性理论。

相较于传统证据,电子证据的"分类理论"或"系统性理论"是基于其虚拟空间及电子化的技术特征所带来的理论特征。但与此同时,电子证据的系统性特征也为其真实性提供了新的保障方法。电子证据的附

---

① 电子文件的元数据是个庞大的体系,背景数据与结构数据都是电子文件元数据的重要组成部分。电子文件的背景数据包括文件的形成机构、形成时间,文件的过程信息等内容;电子文件的结构数据用来说明该文件与其他文件之间的结构关系。

② 参见刘品新:《电子证据的基础理论》,载《国家检察官学院学报》2017年第1期。

属信息、关联痕迹均随着数据电文由系统自动生成，它们是对数据电文时间、格式、位置等信息的描述，能够对数据电文内容真实与否起到印证、保障作用。另外，电子文件附属信息、痕迹数据反映了电子数据的历次人为操作行为，其本身也具有一定的证明价值。

（三）二者的对接

电子文件结构信息强调各文件之间在"概念上、逻辑上"的关系，而关联痕迹数据强调电子数据在"物理上"的位置信息、痕迹信息。尽管电子文件与电子证据分类理论的具体内容不完全一致，但其基本观念具有共性：（1）都是将电子文件（电子数据）作为一个整体去看待，除了内容、主文之外，都强调描述主文、与主文相关信息的重要性。（2）不管是电子证据的附属信息、关联痕迹，还是电子文件的元数据，这些相关信息都是基于"电子化"特征而产生，能够由系统自动生成，具有一定的稳定性。（3）电子文件的元数据以及电子证据的附属信息、关联痕迹均能对主文的真实性起到保障作用，二者的分类理论在功能上具有一致性。综上，电子文件与电子证据之分类理论的对接（见表4-2）。

表 4-2　电子文件与电子证据的对接

"分类理论"/"系统性理论"	电子文件	电子证据
组成内容	电子文件数据 背景数据 结构数据	数据电文 附属信息 关联痕迹
相关信息的功能	真实性保障 可用性需求	真实性保障 证明功能
相关信息产生方式	电子化系统自动记录、生成	电子化系统自动记录、生成

三、电子文件与电子证据的"四性"对接

在电子文件领域，根据 ISO 15489（《文件管理国际标准》），一份可信电子文件的标准包括：真实性、可靠性、完整性和可用性，即所谓的电子文件"四性"标准。"四性"是电子文件的根本属性，也是其成

为可信电子文件的基础。① 在证据学领域，一份作为定案依据的电子证据需满足可采性与可信性要求：真实性、关联性、合法性及证明力，即所谓的证据"四性"标准。尽管电子文件与电子证据都强调"四性"标准，但"此四性"非"彼四性"，二者之间并非简单的对等关系。

（一）"真实性"理论的比较与对接

电子文件的真实性是指"文件与其制文目的相符，文件的形成和发送与其既定的形成者和发送者相吻合，文件的形成或发送与其既定的时间一致"②。电子文件的真实性可通过文件的创建、处置及维护过程来进行保障，确保文件的形成者、收集者是可信的，防止文件受到篡改、删除。电子文件的可靠性是指文件的内容可信，准确地反映其所证明的事务、活动或事实，在后续的事务中可以其为依据。③ 可见，可靠性重在强调文件内容是对事实的准确表达和反映。电子文件的完整性强调文件的内容、形式及结构齐全，包括单份电子文件的内容、结构和背景信息均没有缺损以及相关电子文件数量齐全且有效维护相互之间存在的有机联系。其中，尤其强调电子文件整体以及背景信息的齐全。④ 从上述解读可以发现，电子文件的真实性、可靠性、完整性主要涉及内容与载体两方面。

在法学领域中，任何证据都有"真实性"的要求。电子证据亦不例外，其真实性包括内容及形式的客观、可靠。从理论层面上看，电子证

---

① 参见黄永勤：《可信电子文件的内涵及管理研究——国际电子文件管理研究的新聚焦点》，载《浙江档案》2014 年第 7 期。

② Anthony F. Sheppard, Luciana Duranti & Corinne Rogers, Electronic Records and the Law of Evidence in Canada: the Uniform Electronic Evidence Act Twelve Years Later, Archivaria 70, 95–124（2010）.

③ 参见刘家真：《电子文件管理——电子文件与证据保留》，科学出版社 2014 年版，第 31 页。

④ 参见张健：《电子文件完整性保障技术方法研究》，载《浙江档案》2013 年第 9 期。

据的真实性可以分解为以下几个层面：

（1）内容上的真实性。内容上的真实性是指证据所记录的信息必须是可靠和可信的，不能是虚假的，如书证所记录的内容和思想应反映案件的真实事实。[①] 证据内容的真实性基本可以理解为电子文件的"可靠性"要求。二者都强调电子文件的内容是对事实、活动的客观反映。

（2）形式上的真实性。电子证据内容的真假很难直接判断，因此，往往是通过载体、形式上的真实性去间接保障内容的真实性。司法实务中，对电子证据形式真实性的判断往往立足于"原始性"考虑，即从最初提取的电子证据到最后提交给法庭的电子证据是否是同一份证据，学理上称之为电子证据鉴真，强调对电子证据"同一性"的审查。保障电子证据的原始性，需要考虑电子证据在生成、存储、传送、收集环节是否遭到修改以及其他影响真实性的情形。可见，电子证据在形式上的真实性基本可以等同于电子文件的真实性要求，二者都强调通过电子文件的过程、系统管理来保证来源的可靠性、形式的真实性。

（3）完整性。《最高人民法院、最高人民检察院、公安部关于办理刑事案件收集提取和审查判断电子证据若干问题的规定》中首次提出了电子证据的完整性要求。这里的完整性并非独立于"四性"之外的新要求，而是真实性的下位概念，并作为电子证据真实性的一种保障方法。完整性强调电子证据自形成之时起，其内容一直保持完整和未予改动，可以通过完整性校验值、冻结电子数据、扣押原始介质等方法保证电子证据的完整性。电子证据的完整性在计算机领域的专业表达是"数据完整性"。在从计算机领域向法学领域的理论转场过程中，电子证据完整性的第一层含义——"数据完整"显现出来，这是指电子证据能够可靠地保证自最终形成时起未被篡改破坏。在电子证据与传统证据规则和证据制度相结合的过程中，电子证据完整性的第二层含义——"覆盖事项完整"显现出来，此即是指电子证据完整地记录、反映或覆盖系争事实。电子证据的完整性与电子文件的完整性既存在差异也存在共性。档

---

① 参见陈瑞华：《刑事证据法学》，北京大学出版社 2012 年版，第 81 页。

案学上的"完整性"（completeness）强调文件内容、结构及背景信息的齐全。[①] 当电子证据的完整性指称"数据完整"这层含义时，其出发点是信息安全领域的"完整性"（integrity），从防御、微观角度强调数据的完整、不被破坏和篡改，这与档案学上的完整性存在差异。当电子证据的完整性指称"覆盖事项完整"时，则与档案学上的完整性相同。并且随着信息技术的发展，当传统文件与电子化、信息化技术碰撞后，保障数据的完整、不受篡改也应当成为电子文件完整性的应有之义。

综上所述，电子文件的真实性与电子证据的真实性不能简单等同。电子证据的真实性内涵包括内容真实、形式真实、完整性以及一系列的制度要求，要远远大于电子文件的真实性内容。也就是说，可信电子文件的真实性、可靠性及完整性整体指向电子证据的真实性要求。综上，电子文件与电子证据之真实性理论对接（见图 4-2）。

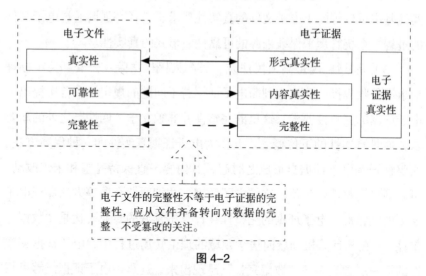

图 4-2

开展电子文件与电子证据的真实性理论对接，一方面是将电子文件

---

① 参见刘越男、李静雅:《电子数据、电子文件相关概念的比较与对接》，载《档案学研究》2017 年增刊第 1 期。（电子文件的完整性包括两层含义：每一份电子文件的内容、结构和背景信息没有残缺；一个业务活动中所形成的所有电子文件齐全，相互关联。）

作为法律凭证运用的基础和起点；另一方面，真实性理论之间的差异，也是电子文件作为证据运用需要调整的落脚点。需要注意的是，尽管不少学者在此基础上提出可信电子文件（真实性、完整性、可靠性、可用性）具有凭证属性、证据价值，然而从证据学角度看，可信电子文件仅仅满足了证据的"真实性"要求，尚未将合法性、关联性及证明力等要求考虑在内，这也是本章接下来讨论的内容。

（二）电子文件"关联性"理论的缺失

关联性是证据的自然属性要求，一份证据材料若想作为定案依据则当然需要与案件事实之间具有关联性。传统的关联性理论具有两层意思：每一个具体的证据必须对证明案件事实具有实质性意义，即具有实质性；证据必须与需证明的案件事实或其他争议事实具有一定的联系，即具有证明性。[①] 通常来说，电子证据的关联性须结合案发后具体的待证事实来判断，而电子文件管理阶段尚不涉及具体的案件事实，看似无法建立起关联性理论的对接。

然而，相对于传统证据的关联性，电子证据基于空间虚拟性特征，除了内容上需与案件事实相关外，还需要建立起载体与"人"之间的联系，即虚拟空间的身份、行为、介质、时间与地址要与物理空间的当事人或其他诉讼参与人关联起来。[②] 尽管电子文件领域尚无与电子证据载体的关联性相对应的理论，但是基于对电子文件凭证要求的考虑，应当在电子文件日常管理制度中关注文件"载体"与"主体"之间的对应关系，通过规范化管理来保证电子文件在介质、时间、地址等方面信息的真实可靠，为载体关联性的建立提供基础。

（三）电子文件"合法性"理论的缺失

证据的合法性是指证据的调查主体、证据形式及证据收集程序应符

---

① 参见何家弘、刘品新：《证据法学》，法律出版社 2013 年版，第 114 页。
② 参见刘品新：《电子证据的关联性》，载《法学研究》2016 年第 6 期。

合法律规定。一般而言，电子证据的合法性集中于对案发后取证程序的关注。因此，电子文件管理环节并未过多关注电子文件作为证据所要求的合法性，可信电子文件属性中也并未体现合法性规定。

然而，就司法实务而言，电子文件合法性争议多集中于文件的生成、管理环节，即电子文件的生成、管理及形式等是否符合法律及行业规范的要求。因此，在关注电子文件取证环节合法性的同时，也要关注其生成环节的合法性。早年有学者认为以下几种情形的电子证据应当排除：通过窃录方式获取的电子证据，通过非法搜查、扣押等方式获取的电子证据，通过非核证程序获取的电子证据，通过非法软件得来的电子证据。[①] 现阶段关于电子证据合法性的论述更是不一而足。其中，许多关于电子证据合法性的讨论对象都集中于电子证据生成环节的合法性与否。总而言之，当电子文件作为法律凭证时，其合法性与日常管理制度合法、合规与否息息相关。

（四）电子文件"证明力"理论的缺失

当证据具备真实性、关联性、合法性三要素时，就满足了法律所要求的"证据能力"，即具备可采纳为证据的能力，也称为证据的可采性、证据资格；而证明力是指证据可以在多大程度上对案件的事实起到证明作用。电子证据证明力的大小，一般集中于对其真实性及关联性的程度、强弱的判断。证据能力一般有法律的明确规定，而证明力则是法官根据经验，依靠自由心证去判断，法律一般不作限制。[②] 我国的立法和实践中均已出现了一些关于电子证据证明力的特殊规则和做法。下面将对电子证据规则中涉及电子文件管理证明力的一些专门规则进行梳理。

首先是电子证据复制件证明力的规则。一般认为，证据原件的证明

---

① 参见刘品新：《论电子证据的认证规则——以可采性的认定为视角》，载《证据学论坛》2002 年第 1 期。

② 参见刘显鹏：《电子证据的证明能力与证明力之关系探析——以两大诉讼法修改为背景》，载《北京交通大学学报（社会科学版）》2013 年第 2 期。

力要大于复制件的证明力。然而，电子证据基于其技术特征，并不存在传统意义上的"原件"，立法多通过"原始载体"的规定来保证电子证据的原始性。在提供原始载体确有困难或者某些特殊情形下，可提取符合一定要求的电子证据"复制件"。能够有效地表现所载内容并可供随时调取查用且能够可靠地保证自最终形成时起内容保持完整、未被更改的电子证据，可视为与"原件"具有同等的证明力。有学者论述认为，确认电子证据证明力的关键不在于是否是原件，而在于信息传递过程中前后内容是否发生变化。因此，如果电子数据信息没有发生衰减或改变，则应当承认其与原件有相同的证明力。反之，证明力则相应减弱。[①] 电子文件作为证据运用时，其证明力同样遵循此原则。当然，无论是其"原始载体"还是"复制件"证明力的保障，仍然需要落脚于电子文件真实性的保障。

其次，实务中涉及电子文件管理的电子证据证明力规则还包括：（1）经公证电子证据的证明力，大于非经公证的电子证据；（2）在正常业务活动中制作的电子证据的证明力，大于为诉讼目的而制作的电子证据；（3）由不利方保存的电子证据的证明力最大，由中立的第三方保存的电子证据的证明力次之，由有利方保存的电子证据的证明力最小；（4）由专家出具确认意见或者鉴定意见的电子证据具有较高的证明力；（5）由核证程序产生的电子证据具有较高的证明力；（6）使用适格认证机构证书进行电子签名的电子证据具有较高的证明力；（7）认证机构提供的电子证据，其证明力应强于当事人自行提供的电子证据。[②] 这些规则在实践案例和理论论证中均能找到支撑。

就电子文件证据而言，上述（2）（5）（6）项都涉及电子文件的管理制度。第（2）项提示电子文件日常管理制度的规范化，第（5）（6）项提示电子文件管理中所运用的程序、技术及相关机构的合法化，即强调

---

① 参见潘亚奇：《电子证据证明力问题之法律思考》，载《前沿》2010年第23期。

② 参见刘品新：《论电子证据的定案规则》，载《人民检察》2009年第6期。

电子文件管理制度的合规化、合法化。可见，电子文件的生成、日常管理制度与其用作证据时的证明力问题亦密切相关。

通过比较电子文件与电子证据概念、分类及"四性"理论，可以发现，就概念而言，电子文件与电子证据不完全等同，"电子文件证据"可以作为二者的交叉点，进而作为契合研究的基础。就属性而言，可信电子文件的"真实性、可靠性、完整性、可用性"四性，并不能简单等同于电子证据的"真实性、关联性、合法性、证明力"四性。可信电子文件的四性集中于对电子文件真实、可靠能力的构建，整体接近于电子证据的"真实性"要求，电子文件作为证据的合法性、关联性及证明力理论则尚处于缺失状态。

第二节　电子文件管理与证据规则
相契合的实例展开

实践是检验真理的唯一标准。为了进一步验证电子文件管理与证据规则相契合的可行性，笔者于 2016 年接受某市档案局的委托，设立一个支撑性的横向科研课题，专门针对某市政府采购中心拟实现的采购业务电子文件归档方案，对其招投标系统、竞价系统和网上商城系统电子文件归档方式合法性等内容进行交叉学科论证。该项研究的核心任务是如何优化某市政府采购中心拟实现的采购业务电子文件归档方案，使之符合证据法律规范的要求，所产生的各项采购业务电子文件可用做诉讼中的证据。而要做到这一点，本质上就是论证某市政府采购中心的采购业务电子文件管理与证据规则相契合。

为此，笔者及一些特邀专家学者仔细阅读了《某市政府采购中心采购业务电子档案管理办法》《〈某市政府采购中心电子档案管理研究〉研究报告》《某市政府采购中心采购业务电子档案管理系统软件需求说明书 1.0》《招投标项目归档范围和档案无纸化建议列表》等材料，并多次赴某市政府采购中心进行实地调研，多次函询以及现场询问。课题组紧紧围绕从电子文件管理与证据规则相契合的角度，对某市政府采购中心招投标系统、竞价系统和网上商城系统的合法性及其采购业务主要电子文件归档方案提交《某市政府采购中心电子档案合法性专家论证报告》。现在该报告的基础上予以进一步的修改完善，征得委托人同意后纳入本书"电子文件管理与证据规则相契合的实证研究"部分。

一、论证的主要材料

论证的主要材料包括：《〈某市政府采购中心电子档案管理研究〉研究报告》；《关于采购业务系统功能改造的建议》；《某市政府采购中心采购业务电子档案管理系统软件需求说明书 1.0》；《某市政府采购中心采购业务电子档案管理办法》；《招投标项目归档范围和档案无纸化建议列表》；《政府采购业务制度汇编》；《政府采购业务流程指南样稿》；此外，某市政府采购中心还补充提供了《电子档案问题答复》。

二、论证的法律依据

专家论证主要依据的法律、部门规章及其他规范性文件包括但不限于：（1）《政府采购法》（2003 年）；（2）《招标投标法》（2000 年）；（3）《电子签名法》（2015 年）；（4）《民事诉讼法》（2012 年）；（5）《行政诉讼法》（2015 年）；（6）《最高人民法院关于适用〈中华人民共和国民事诉讼法〉的解释》（2015 年）；（7）《政府采购法实施条例》（2015 年）；（8）《政府采购信息公告管理办法》（2004 年，财政部令第 19 号）；（9）《政府采购货物和服务招标投标管理办法》（2004 年，财政部令第 47 号）；（10）《电子招标投标办法》（2013 年，国家发展和改革委员会令第 20 号）[①]。重点法律规范补充列举如下。

（一）有关政府采购业务电子文件保存的相关法律规定

1.《政府采购法》

第四十二条　采购人、采购代理机构对政府采购项目每项采购活动的采购文件应当妥善保存，不得伪造、变造、隐匿或者销毁。采购文件的保存期限为从采购结束之日起至少保存十五年。

采购文件包括采购活动记录、采购预算、招标文件、投标文件、评标标准、评估报告、定标文件、合同文本、验收证明、质疑答复、投诉处理决定及其他有关文件、资料。

采购活动记录至少应当包括下列内容：

（一）采购项目类别、名称；

（二）采购项目预算、资金构成和合同价格；

（三）采购方式，采用公开招标以外的采购方式的，应当载明原因；

（四）邀请和选择供应商的条件及原因；

（五）评标标准及确定中标人的原因；

（六）废标的原因；

（七）采用招标以外采购方式的相应记载。

2.《政府采购法实施条例》

第四十六条　政府采购法第四十二条规定的采购文件，可以用电子档案方式保存。

3.《电子招标投标办法》

第二条　在中华人民共和国境内进行电子招标投标活动，适用本办法。

---

① 上述法律中最新版本分别为：《政府采购法》（2014 年修正），《招标投标法》（2017 年修正），《电子签名法》（2019 年修订），《民事诉讼法》（2021 年修正），《行政诉讼法》（2017 年修正），《最高人民法院关于适用〈中华人民共和国民事诉讼法〉的解释》（2022 年修正），《政府采购货物和服务招标投标管理办法》（2017 年修订）。其中，《政府采购信息公告管理办法》（2004 年）被《政府采购信息发布管理办法》（2019 年 11 月 27 日发布）废止。

本办法所称电子招标投标活动是指以数据电文形式，依托电子招标投标系统完成的全部或者部分招标投标交易、公共服务和行政监督活动。

数据电文形式与纸质形式的招标投标活动具有同等法律效力。

第十九条　数据电文形式的资格预审公告、招标公告、资格预审文件、招标文件等应当标准化、格式化，并符合有关法律法规以及国家有关部门颁发的标准文本的要求。

第三十三条　电子评标应当在有效监控和保密的环境下在线进行。

根据国家规定应当进入依法设立的招标投标交易场所的招标项目，评标委员会成员应当在依法设立的招标投标交易场所登录招标项目所使用的电子招标投标交易平台进行评标。

评标中需要投标人对投标文件澄清或者说明的，招标人和投标人应当通过电子招标投标交易平台交换数据电文。

第四十条　招标投标活动中的下列数据电文应当按照《中华人民共和国电子签名法》和招标文件的要求进行电子签名并进行电子存档：

（一）资格预审公告、招标公告或者投标邀请书；

（二）资格预审文件、招标文件及其澄清、补充和修改；

（三）资格预审申请文件、投标文件及其澄清和说明；

（四）资格审查报告、评标报告；

（五）资格预审结果通知书和中标通知书；

（六）合同；

（七）国家规定的其他文件。

第四十九条　电子招标投标交易平台应当依法设置电子招标投标工作人员的职责权限，如实记录招标投标过程、数据信息来源，以及每一操作环节的时间、网络地址和工作人员，并具备电子归档功能。

电子招标投标公共服务平台应当记录和公布相关交换数据信息的来源、时间并进行电子归档备份。

任何单位和个人不得伪造、篡改或者损毁电子招标投标活动信息。

4.《政府采购货物和服务招标投标管理办法》

第六十七条　招标采购单位应当建立真实完整的招标采购档案，妥善保管每项采购活动的采购文件，并不得伪造、变造、隐匿或者销毁。采购文件的保存期限为从采购结束之日起至少保存15年。

5.《财政部关于进一步规范政府采购评审工作有关问题的通知》

二、切实履行政府采购评审职责

省级以上政府集中采购机构和政府采购甲级代理机构，应当对评审工作现场进行全过程录音录像，录音录像资料作为采购项目文件随其他文件一并存档。

6.《某市政府采购中心采购业务电子档案管理办法》

第三条　本办法所称的采购业务电子文件（以下简称电子文件）是指采购活动记录、采购预算、招标文件、投标文件、评标标准、评估报告、定标文件、合同文本、验收证明、质疑答复、投诉处理决定及其他有关文件、资料的电子版。其中采购活动记录不少于《中华人民共和国政府采购法》第四十二条规定的内容。

（二）有关政府采购业务招标投标流程的相关法律规定

1.《招标投标法》

第十六条　招标人采用公开招标方式的，应当发布招标公告。依法必须进行招标的项目的招标公告，应当通过国家指定的报刊、信息网络或者其他媒介发布。

第十九条　招标人应当根据招标项目的特点和需要编制招标文件。招标文件应当包括招标项目的技术要求、对投标人资格审查的标准、投标报价要求和评标标准等所有实质性要求和条件以及拟签订合同的主要条款。

第二十七条　投标人应当按照招标文件的要求编制投标文件。投标文件应当对招标文件提出的实质性要求和条件作出响应。

第三十八条　招标人应当采取必要的措施，保证评标在严格保密的情况下进行。

任何单位和个人不得非法干预、影响评标的过程和结果。

第四十条　评标委员会应当按照招标文件确定的评标标准和方

法，对投标文件进行评审和比较；设有标底的，应当参考标底。评标委员会完成评标后，应当向招标人提出书面评标报告，并推荐合格的中标候选人。

2.《政府采购法》

第四条　政府采购工程进行招标投标的，适用招标投标法。

第十四条　政府采购当事人是指在政府采购活动中享有权利和承担义务的各类主体，包括采购人、供应商和采购代理机构等。

第十五条　采购人是指依法进行政府采购的国家机关、事业单位、团体组织。

第十六条　集中采购机构为采购代理机构。设区的市、自治州以上人民政府根据本级政府采购项目组织集中采购的需要设立集中采购机构。

集中采购机构是非营利事业法人，根据采购人的委托办理采购事宜。

第二十六条　政府采购采用以下方式：

（一）公开招标；

（二）邀请招标；

（三）竞争性谈判；

（四）单一来源采购；

（五）询价；

（六）国务院政府采购监督管理部门认定的其他采购方式。

公开招标应作为政府采购的主要采购方式。

第四十一条　采购人或者其委托的采购代理机构应当组织对供应商履约的验收。大型或者复杂的政府采购项目，应当邀请国家认可的质量检测机构参加验收工作。验收方成员应当在验收书上签字，并承担相应的法律责任。

第四十六条　采购人与中标、成交供应商应当在中标、成交通知书发出之日起三十日内，按照采购文件确定的事项签订政府采购合同。

中标、成交通知书对采购人和中标、成交供应商均具有法律效力。中标、成交通知书发出后，采购人改变中标、成交结果的，或者中标、成交供应商放弃中标、成交项目的，应当依法承担法律责任。

第五十一条 供应商对政府采购活动事项有疑问的，可以向采购人提出询问，采购人应当及时作出答复，但答复的内容不得涉及商业秘密。

第五十四条 采购人委托采购代理机构采购的，供应商可以向采购代理机构提出询问或者质疑，采购代理机构应当依照本法第五十一条、第五十三条的规定就采购人委托授权范围内的事项作出答复。

（三）有关电子数据及电子签名的相关法律规定

1.《民事诉讼法》

第六十三条 证据包括：（一）当事人的陈述；（二）书证；（三）物证；（四）视听资料；（五）电子数据；（六）证人证言；（七）鉴定意见；（八）勘验笔录。证据必须查证属实，才能作为认定事实的根据。

第六十七条 人民法院有权向有关单位和个人调查取证，有关单位和个人不得拒绝。

2.《行政诉讼法》

第三十三条 证据包括：（一）书证；（二）物证；（三）视听资料；（四）电子数据；（五）证人证言；（六）当事人的陈述；（七）鉴定意见；（八）勘验笔录、现场笔录。以上证据经法庭审查属实，才能作为认定案件事实的根据。

第四十条 人民法院有权向有关行政机关以及其他组织、公民调取证据。

3.《最高人民法院关于适用〈中华人民共和国民事诉讼法〉的解释》

第一百一十六条 电子数据是指通过电子邮件、电子数据交换、网上聊天记录、博客、微博客、手机短信、电子签名、域名等形成或者存储在电子介质中的信息。

存储在电子介质中的录音资料和影像资料，适用电子数据的规定。

4.《电子签名法》

第二条 本法所称电子签名，是指数据电文中以电子形式所含、所附用于识别签名人身份并表明签名人认可其中内容的数据。

本法所称数据电文，是指以电子、光学、磁或者类似手段生成、发送、接收或者储存的信息。

第三条 民事活动中的合同或者其他文件、单证等文书，当事人可以约定使用或者不使用电子签名、数据电文。

当事人约定使用电子签名、数据电文的文书，不得仅因为其采用电子签名、数据电文的形式而否定其法律效力。

第四条 能够有形地表现所载内容，并可以随时调取查用的数据电文，视为符合法律、法规要求的书面形式。

第五条 符合下列条件的数据电文，视为满足法律、法规规定的原件形式要求：

（一）能够有效地表现所载内容并可供随时调取查用；

（二）能够可靠地保证自最终形成时起，内容保持完整、未被更改。但是，在数据电文上增加背书以及数据交换、储存和显示过程中发生的形式变化不影响数据电文的完整性。

第七条 数据电文不得仅因为其是以电子、光学、磁或者类似手段生成、发送、接收或者储存的而被拒绝作为证据使用。

第八条 审查数据电文作为证据的真实性，应当考虑以下因素：

（一）生成、储存或者传递数据电文方法的可靠性；

（二）保持内容完整性方法的可靠性；

（三）用以鉴别发件人方法的可靠性；

（四）其他相关因素。

第十三条 电子签名同时符合下列条件的，视为可靠的电子签名：

（一）电子签名制作数据用于电子签名时，属于电子签名人专有；

（二）签署时电子签名制作数据仅由电子签名人控制；

（三）签署后对电子签名的任何改动能够被发现；

（四）签署后对数据电文内容和形式的任何改动能够被发现。

当事人也可以选择使用符合其约定的可靠条件的电子签名。

第十四条 可靠的电子签名与手写签名或者盖章具有同等的法律效力。

第十六条　电子签名需要第三方认证的，由依法设立的电子认证服务提供者提供认证服务。

三、主要法律问题评析

（一）招投标系统采购业务电子文件归档方案的合法性论证

某市政府采购中心（以下简称"中心"）的招投标采购业务在其招投标系统中完成，该系统的使用主体包括采购人、供应商、中心、评审专家四者。论证专家组赴现场观看了中心招投标系统采购业务主要电子文件的生成及归档方案演示，并结合相关法律法规和工作规定进行研究后，对该方案的合法性提出如下论证意见及修改建议。

1. 电子文件的归档方案符合法律要求

本论证报告将从归档形式、归档范围及保存期限、归档内容等方面，对中心招投标系统采购业务电子文件归档方案的合法性进行论证。

（1）采购业务电子文件具有与纸质文件同等的法律效力。根据《电子签名法》第3条、《政府采购法实施条例》第46条、《政府采购货物和服务招标投标管理办法》第19条、《电子招标投标办法》第2条等法律及部门规章规定，[①] 政府采购业务文件可以采用电子方式保存，并且数据电文形式的采购业务文件与纸质形式文件具有同等法律效力。据此，中心招投标系统拟实现采购业务全程无纸化管理，将系统中涉及的采购业务文件完全以电子形式归档保存的方案符合法律规定，具有可行性，且采购业务电子文件具有与纸质文件同等法律效力。

（2）采购业务电子文件的归档范围及保存期限基本符合法律要求。

首先，中心招投标系统采购业务电子文件的归档范围基本符合法律要求。根据《政府采购法》第42条、《电子招标投标办法》第40条、《政府采购货物和服务招标投标管理办法》第67条、《某市政府采购中

———————

① 上述条文具体内容参见附件。

106

心政府采购档案管理办法》第3条等法律及部门规章规定，[①] 政府采购业务电子文件的保存范围包括：采购活动记录、采购预算、招标文件、投标文件、评标标准、评估报告、定标文件、合同文本、验收证明、质疑答复、投诉处理决定及其他有关文件、资料的电子版；另外，根据《财政部关于进一步规范政府采购评审工作有关问题的通知》中相关规定，应当对招投标评审工作现场进行全程录音录像，录音录像资料作为采购项目文件一并存档。目前，中心招投标系统采购业务电子文件的归档范围包括委托代理协议、征求意见函、招标公告、招标文件、投标文件、签到单、评标标准、评估报告、评审录音录像、合同文本、验收证明、质疑答复等共56种文件，且专家评审现场的录音录像作为监控资料一并归档保存。[②] 除投诉处理决定外，上述法律及部门规章所要求保存的文件均在系统采购业务电子文件归档范围内。因此，中心招投标系统采购业务电子文件归档的范围基本满足法律要求。

其次，中心招投标系统采购业务电子文件的保存期限基本符合法律要求。根据《政府采购法》第42条的规定，采购业务文件的保存期限为"从采购结束之日起至少保存十五年"。实践经验中，电子文件保存期限一般不少于同等纸质文件保存期限。目前，中心招投标系统拟归档的采购业务电子文件中，除未中标的投标文件保存期限为5年外，其他文件保存期限均为15年。根据上述法律规定及实践经验，除未中标的投标文件外，中心招投标系统采购业务电子文件的保存期限基本符合法律要求。

（3）归档范围内的电子文件能够证明政府采购招投标的主要环节及法律事实。

根据《政府采购法》第16条、第41条、第51条、第54条规定，《招标投标法》第16条、第19条、第27条、第40条等有关规定及实

---

① 上述条文具体内容参见附件。

② 参见某某市政府采购中心提供的《招投标项目归档范围和档案无纸化建议列表》。

践做法，①政府采购业务招投标活动由委托代理、招标、投标、评审、定标、合同签署、质疑、验收等环节组成。中心招投标系统归档范围内的电子文件足够证明政府采购业务招投标的主要环节及法律事实。

①委托代理阶段。中心招投标系统电子文件归档范围内的委托代理协议、进口产品审核意见表、政府采购方式审批表、征求意见函等电子文件足够证明委托代理环节的法律事实。其中，采购人与中心签订的委托代理协议能够证明二者间的委托代理关系。

②项目招标阶段。中心招投标系统电子文件归档范围内的招标文件、招标公告、更正公告、踏勘现场记录、标前答疑记录等电子文件足够证明招标阶段的法律事实。其中，招标文件能够证明采购人的招标需求，招标公告能够证明中心发布招标事项的法律事实。

③项目投标阶段。中心招投标系统电子文件归档范围内，各供应商提交的投标文件能够证明投标阶段的法律事实。

④项目评审阶段。中心招投标系统电子文件归档范围内的签到单、授权书、评标责任书、评标报告、采购人意见、评分说明等电子文件足够证明专家评审阶段主要法律事实。其中，专家签到单能够证明专家出席评审的事实及专家身份，评标报告、专家打分表、评分说明等文件能够证明评标过程及评标结果等法律事实。

⑤项目定标阶段。中心招投标系统电子文件归档范围内，结果公告和中标通知书能够证明中心发布中标结果以及通知中标人的法律事实，即定标阶段的主要事实。

⑥项目合同签署阶段。中心招投标系统电子文件归档范围内，发出的合同能够证明采购人和中标供应商之间所达成协议及二者之间的权利义务关系，即合同签署阶段的主要事实。

⑦项目质疑阶段。中心招投标系统电子文件归档范围内，质疑函、被质疑方回复意见、复核签到单、质疑回复等电子文件能够证明质疑阶段供应商提出质疑及相关主体答复等法律事实，即质疑阶段的主要事实。

---

① 上述条文具体内容参见附件。

⑧项目验收阶段。中心招投标系统电子文件归档范围内，验收意见和验收报告能够证明项目执行验收情况，即验收阶段的主要事实。

2. 主要电子文件的生成及归档方案基本能够保证其具有证据效力

证据必须满足合法性、关联性及真实性要求。合法性是指证据的调查主体、证据形式及证据收集程序符合法律规定；关联性是指证据对待证事实具有实质的证明意义；真实性是指证据的载体及其所反映的信息必须真实存在，不能是伪造、变造的。证据的合法性、关联性一般需要结合具体个案进行判断，中心招投标系统采购业务电子文件主要涉及证据真实性问题。而判断其是否具有真实性主要取决于其生成及归档的技术方案是否满足相关要求。

此处，本论证报告就专家组在中心调研中所了解的代表性电子文件的真实性进行论证。

（1）招标文件。招标文件目前由中心项目人在招投标系统相应模板中填写相关内容，由系统生成 PDF 格式文件后加盖中心的电子签章形成。中心电子签章采用数字签名技术，能够有效防止招标文件被篡改，保证文件的完整性和真实性。

（2）招标公告。招标公告目前在中心网站上发布，中心拟采取网页原底稿与招投标系统间无缝对接推送的方式进行归档，并在原底稿加盖项目发布人的电子签名，以保持原底稿与网页文件一致性。一般情况下，该方案能够保证系统中所保存招标公告的真实性，但不排除外部网页所呈现的招标公告与系统内部所保存的网页原底稿不完全一致的个别情形，即系统所保存的招标公告有可能是不具有法律效力的文件。

（3）评审阶段相关文件。评审阶段的专家签到单、评标责任书、评标报告、打分表、评分说明等文件，中心拟采取在系统内填写相关内容，专家通过手写签字板的方式进行签名确认，并辅之以全程同步录音录像的归档方案。专家的手写电子板签名具有与传统手写签名同等的法律效力，能够有效识别专家身份，表明专家对文书内容的确认；同步录音录像则能够记录、还原专家评审全过程。因此，专家手写签字板签名与同步录音录像技术能够有效保证评审阶段相关文件的真实性。

评审阶段的授权书由采购人在系统内模版填写相关内容后打印、盖章，再扫描上传生成 PDF 格式文件，并由中心加盖电子签章。中心电子签章采用数字签名技术，能够有效防止文件内容被篡改，保证授权书的完整性和真实性。

3. 主要电子文件生成及归档方案的不足及可改进之处

专家组经实地调研和讨论研究后认为，中心招投标系统采购业务主要电子文件的生成及归档方案目前还存在一些问题，应予以改进。

（1）归档文件范围及保存期限的改进建议

①根据《政府采购法》第 42 条的规定，需要保存的采购文件范围内包括"投诉处理决定"。而目前中心招投标系统中尚未将"投诉处理决定"纳入采购业务电子文件归档范围。因此，专家组建议将此种文件纳入归档范围。

②中心招投标系统采购业务电子文件归档方案中，未中标投标文件的保存期限是 5 年，其依据是某市财政局下发的《关于规范我市政府采购档案管理工作的通知》（某财采〔2010〕18 号）。而根据其上位法《政府采购法》第 42 条的规定，投标文件的保存期限为至少 15 年。此处的投标文件也应包括未中标的投标文件。本着与上位法一致的原则，并考虑以电子方式保存文件的便捷性，专家组建议将未中标投标文件的保存期限也改为不少于 15 年。

③根据《电子招标投标办法》第 49 条的规定，电子招标投标交易平台应当记录招标投标过程中数据来源、操作时间、网络地址和工作人员等信息，并具备电子归档功能。中心招投标系统即属于该法中所规定的电子招投标交易平台。目前中心的招投标系统中，采购人的主体信息通过用户名和密码进行识别，供应商及中心的主体信息通过 CA 认证识别；登录时间、网络地址及操作人员信息均由系统自动获取。因此，中心招投标系统符合上述法规对于数据来源、操作时间等信息的记录要求。但上述信息仅在系统日志中进行记录保存，中心尚未对其进行归档，也未拟定相应的归档方案。专家组认为，根据《电子招标投标办法》第 49 条规定，中心招投标系统除了应具备对人员、时间、网络地

址等信息的记录功能外，还应当完善上述信息的相应归档方案。

另外，专家组建议中心采购业务电子文件归档范围和保管期限方案经其上级主管部门及当地档案行政管理部门审核备案。

（2）招标文件生成及归档方案的改进建议

目前，中心招标文件由项目人在系统模板填写相关内容后，生成PDF格式文件并加盖中心电子签章而形成。专家组经研究后提出以下意见及改进建议：

①目前招标文件上以数字签名方式生成的中心印章只在第一页显示。为了满足可能出现的诉讼需求、便于司法人员审查，应当在每一页都加盖以数字签名方式生成的中心印章。

②目前中心印章上所显示的时间来源于中心自身服务器的时间，不具有中立性。为保证所依据时间的准确性和客观性，以及应对将来可能出现的法律纠纷，专家组认为中心应当选择经过认证的、具有权威性的第三方时间（如可信时间戳）作为印章的时间来源或者进行校验的依据。

（3）招标公告生成及归档方案的改进建议

目前招标公告采取网页发布的模式。中心拟采取将招标公告网页原底稿传送到招投标系统，并加盖内部项目发布人电子签名的方式进行归档。然而，该方案仅能对系统内部所接收到的招标公告网页原底稿进行保存，不能排除个别情况下原底稿与网页内容不一致，即不能保证系统所保存的招标公告一定是具有法律效力的文件。

专家组经研究后建议采取如下改进措施：中心可直接对外网所公开呈现的招标公告网页进行保存，以保证归档的招标公告与外部网页所发布招标公告在内容及形式上的一致性；同时，将系统内部项目发布人电子签名改为外部审核人的电子签名。另外，对招标公告中的附件、链接等（如招标文件）应当一并抓取、保存，并加盖时间戳、加注完整性校验值等，与招标公告保存为同一文档。

（4）评审环节相关文件生成及归档方案的改进建议

在专家评审环节，目前中心拟采取专家手写电子板签名以及现场录音录像的方式对相关采购业务电子文件（专家签到单、专家意见、评标报告、专家打分表、评分说明等）进行保存。专家组经研究后提出以下意见及改进建议：

专家评审环节关键要保证出席专家身份的真实性、唯一性，保证相关评审文件确系出自专家本人。专家组建议，在评审环节采取专家在手写电子板上签名、按指纹的方式，以保证专家身份的真实性；同时对专家评审环节进行全程、多角度的同步录音录像，尤其对专家签字环节要重点录音录像（如镜头特写），以保证相关文件确系出自专家本人。并将上述文件一并归档。

另外，就中心提出的异地专家远程评审中相关电子文件生成及归档方案的问题，专家组经讨论后，建议采取同行协作模式，在异地设立专门的、实体的政府采购招投标专家评审点，并采取与中心相同的电子文件归档方案；并可同时采取远程视频实时传输的方式，分别对各场景进行录音录像。

（二）竞价系统采购业务电子文件的归档建议

中心竞价系统是为采取竞价方式开展政府采购业务提供的网络平台，该系统的使用主体包括采购人、供应商和中心三者。在竞价系统中，采购人建立委托协议，生成委托订单；中心在网上发布信息，各供应商在系统中竞价；中标后双方签订合同。目前，竞价系统仅记录委托、发布信息、网上竞价、定标、签订合同等基本的竞价流程，尚未有相应的电子文件归档方案。

《民事诉讼法》规定人民法院有权向有关单位和个人调查取证，有关单位和个人不得拒绝"，《行政诉讼法》第40条规定"人民法院有权向有关行政机关以及其他组织、公民调取证据"。因此，在具体涉诉事务中，中心作为第三方平台尽管不涉及实质的法律关系，但可能需要承担提供电子数据（电子文件）的责任。专家组经研究讨论后，建议中心对竞价系统中采购业务电子文件采取如下归档方案：

中心应当明确竞价系统中相关采购业务电子文件的归档范围，并采取电子签名、完整性校验值等技术来保证相关电子文件的客观性、真实性。

（三）网上商城系统采购业务电子文件的归档建议

中心网上商城系统是为采购人和供应商提供自主交易的平台。目前，网上商城系统仅记录采购人和供应商之间的交易过程以及生成电子订单，尚未有相应的电子文件归档方案。

与竞价系统类似，在具体涉诉事务中，中心作为第三方平台尽管不涉及实质的法律关系，但可能会面临提供电子数据（电子文件）的需求。专家组经研究后，建议中心对网上商城采购业务的电子文件采取如下归档方案：

中心应当明确网上商城系统中采购业务电子文件的归档范围，尤其应重点关注要约、承诺等涉及买卖合同法律关系的重要电子文件，并采取电子签名、完整性校验值等技术来保证相关电子文件的客观性、真实性。

（四）补充改进建议

另外，就中心上述三个系统的共性问题，专家组经研究后提出如下改进建议：

（1）环境安全。中心应当通过系统的环境安全来间接保证电子文件的可信性。建议上述三个系统的环境应经权威机构较高等级的认证。

（2）业务管理。中心可以从业务管理层面确定电子文件的归档范围，如通过发布业务标准的方式来指导中心全面收集和保存政府采购业务中所有必要的电子文件。

（3）技术保障。在技术层面，中心应采取电子签名、时间戳、完整性校验值等防篡改技术来保证电子文件内容的真实性、可靠性，以便在发生法律纠纷时，中心作为第三方平台能够证明已尽合理注意义务。

（4）原件要求。为明确上述三个系统所产生的电子文件为"原件"，中心可在三个系统的"权利义务告知声明"中添加如下内容："采购业务中形成的电子文件具有与纸质文件同等的法律效力，任何人都不得以本系统正常产生的电子文件非纸质版或非原件为由提出异议"。

四、论证意见

（1）某市政府采购中心招投标系统采购业务电子文件的生成及归档方案基本符合法律规定，具有技术开发的前景与可行性。

（2）某市政府采购中心招投标系统采购业务电子文件的生成及归档方案目前仍存在一些不足之处，建议进一步改进完善（具体见前文）。

（3）某市政府采购中心竞价系统和网上商城系统具有技术开发的前景与可行性。建议建立、完善竞价系统和网上商城系统的电子文件归档方案（具体见前文）。

（4）建议某市政府采购中心招投标系统、竞价系统和网上商城系统采购业务电子文件的生成及归档方案正式投入运行后，针对实际变动情况及运行效果，再行合法性审查。

五、结论与启示

《某市政府采购中心电子档案合法性专家论证报告》是面向电子文件管理与证据规则相契合的一次有益尝试。它不仅证明这样的"契合"改进是可行的，也揭示出了"契合"改进的规律。

（1）"契合"应当重点关注纳入管理后可能用作证据的电子文件，即"电子文件证据"。在该课题中，将论证的对象主要限定为某市政府采购中心招投标系统（采购业务系统）、竞价系统和网上商城的电子文件。之所以作出这样的限定，是因为在纠纷发生之后，某市政府采购中心招投标系统（采购业务系统）、竞价系统和网上商城的电子文件最有可能用作证据。

（2）"契合"应当关照电子文件的内容信息、背景信息、结构信息。电子文件证据的各部分内容均有进行管理的价值，也有用作证据的价值。例如，在本次电子文件归档/管理方式的合法性论证中，专家组建议将"网页原底稿""全程录音录像""投诉处理决定"纳入归档范围，建议合同多页签署电子签章、加盖时间戳、加注完整性校验值等，就是要围绕招投标等业务形成完整业务的电子文件证据。

（3）"契合"应当调整关于电子文件管理的真实性要求，增加关于电子文件管理的关联性、合法性、证明力要求。例如，在本次电子文件归档／管理方式的合法性论证中，专家组建议调整电子签章方案及增加时间戳、完整性校验值方案，正是体现了强化真实性的要求；专家组梳理了关于采购业务、电子招投标等业务的主要法律规范文件，就是明确当前对归档电子文件的合法性提出了何种要求；针对评审环节提出"要保证出席专家身份的真实性、唯一性""保证相关评审文件确系出自专家本人"等，这实际上是体现了关联性的要求；至于专家组就某市政府采购中心招投标系统、竞价系统和网上商城系统采购业务分别建议补充归档一些电子文件，则是出于确保完整证明力的考量。

第五章

从理念到制度：
电子文件管理面向
证据规则的基本转型

第一节　电子文件管理
面向证据规则转型的紧要性

电子文件管理是一种重要的业务管理活动，也是同电子证据保全等证据行为密切相关的一种法律实践活动。长期以来，我国电子文件管理领域出现了漠视、误解电子证据规则要求的现象，不仅造成了两个领域基本概念、分类理论、运用标准的脱节，亦导致电子文件管理学术界对电子文件管理制度的研究较少结合证据规则进行阐述。以往少数从事电子文件管理研究的学者即使意识到证据规则的重要性，也仅注意到电子文件满足证据的真实性要求，缺少对其合法性、关联性等规则的关照。相反，法学界从事电子证据研究的学者仅仅止步于"以档案管理方式保管"的电子数据／电子证据效力优先等专门证据规则的研究，而不关注该电子证据规则的前提条件，即是否存在满足这一专门证据规则的电子文件管理工作（包括狭义上的电子档案管理工作）。下面的司法案例的数据统计结果充分揭示了这一现实状况。

在抛出数据统计结果之前，有必要补充介绍关于"以档案管理方式保管"的证据规则。应该说，"以档案管理方式保管"的证据具有优先的法律效力，在我国是一种由来已久的证明力判断规则。最初是在1998年最高人民法院公布的《关于民事经济审判方式改革问题的若干规定》有所涉及，该规定第27条明确"物证、历史档案、鉴定结论、勘验笔录或者经过公证、登记的书证，其证明力一般高于其他书证、视听资料和证人证言"。该条开创了"档案""经登记书证"的证明力高于一般书证的规则。之后，各地高级人民法院在所颁布的地方性证据规则将这一规则承继下来。前后于2001年、2002年，最高人民法院制定《关于民事诉讼证据的若干规定》《关于行政诉讼证据若干问题的规定》时将这一规则纳入司法解释，进一步将其理念发扬光大。前者第

77条规定："人民法院就数个证据对同一事实的证明力，可以依照下列原则认定：……（二）物证、档案、鉴定结论、勘验笔录或者经过公证、登记的书证，其证明力一般大于其他书证、视听资料和证人证言……"后者第63条也规定："证明同一事实的数个证据，其证明效力一般可以按照下列情形分别认定：……（二）鉴定结论、现场笔录、勘验笔录、档案材料以及经过公证或者登记的书证优于其他书证、视听资料和证人证言……"两部司法解释中均申明："档案材料的证明效力优于一般证据""等同于经过公证或者登记的书证等优先证据"。显然，这一规则是适用于电子证据/电子数据的，就像其适用于书证、视听资料一样。不过值得注意的是，随着法学理论界废除证明力大小规则的呼声越来越高，新近立法已鲜有关于证明力大小的认定规则，1998年《关于民事经济审判方式改革问题的若干规定》已被废止，《最高人民法院关于民事诉讼证据的若干规定》已被修订。

2020年5月1日，最高人民法院修订的《关于民事诉讼证据的若干规定》正式实施。其第94条第1款第4项规定，电子数据存在"以档案管理方式保管的"情形，"人民法院可以确认其真实性，但有足以反驳的相反证据的除外"。这一规定的重大变化是直接针对电子证据/电子数据建立"以档案管理方式保管的"证据规则；其赋予效力的内涵超越了证明力大小的通用范围，直指用作证据使用意义上的真实性；赋予效力的方式是直接确认效力的推定机制。

然而，相较于这一规则适用于判断书证、视听资料的证据效力问题起到了切实作用，其适用于判断电子证据/电子数据的真实性、证明力问题时，实际上仍处于落空的状态。笔者在"威科先行"案例数据库中进行全面搜索，下载了涉及电子证据/电子数据真实性、证明力争议的民事判决书共 3249 份进行文本分析。[①] 其中，就电子证据的真实性争议而言，法官认定电子证据属实的案件为 2073 件，占比 63.8%；认定不属实的案件为 1086 件，占比 33.4%；认定无法判断的案件为 70件，占比 2.2%；对电子证据真实性争议未作出说理的案件为 20 件，占比 0.6%。就电子证据的真实性争议，法官作出肯定、否定或不作判断、不予说理的比例，也呈现出大体一致的规律。应该说，如此量大的样本（特别是说理的部分足够充分），保证了统计分析的结果能够良好地反映实践规律。然而，笔者逐一研习全部 3229 件案件判决书的说理部分，发现适用推定方式判断电子证据／电子数据真实性、证明力的案件相对偏少，其中援引"以档案管理方式保管的"证据规则作出电子证据／电子数据真实性、证明力判断的案件数为零。在 3229 件案件中，适用"以档案管理方式保管的"证据规则的占比竟然为零。如此黯淡的数字，警醒人们不得不作出深刻的检讨。

　　司法实践中出现适用"以档案管理方式保管的"证据规则落空的局面，深究起来可以找到诸多原因。其中最不容忽视的关键因素是，前一章所揭示的电子文件管理同证据规则的严重脱节。基于前一章的分析结论，笔者认为，我国的电子文件管理应当面向中国证据规则进行及时且全面的调整。这样的调整不仅仅是简单的理论嫁接，亦是学科之间的有机结合，有针对性地吸收电子证据的真实性、合法性、关联性、证明力等规则和理念，并将其整合为电子证据管理制度的组成部分。这样的调整既包括电子文件管理的理念转变、制度改进等内容，也包括电子文件管理面向数据时代的革新再造、电子文件立法中证据规则部分的条文优化等内容。

　　[①] 我们对该网站的相关法律文书进行了两轮选择：一是以"裁判理由及依据"部分含有"电子证据"或"电子数据"为检索条件，找到自 2003 年 1 月 1 日至 2020 年 6 月 1 日作出的民事判决书 9259 份；二是通过技术及人工统计分析遴选其中涉及电子证据真实性、证明力争议的民事判决书，共 3249 份。后文进一步将对电子证据真实性、证明力作出说理的民事判决书清理出来，共 3229 份。

第二节　电子文件管理的理念转变

一、从重视记忆功能转向重视法律凭证功能

电子文件在本质上是"文件"，因此其具有记忆、记录以及凭证的功能。然而，由于专业的差异，以往的电子文件管理制度设计仅侧重于关注电子文件的记录功能，抑或是其业务凭证功能，即具有参阅价值的"数据"。而忽视对电子文件的法律凭证性，即缺乏对电子文件证据价值的重视。在电子文件管理中则进一步表现为重视信息的现实利用，而忽视"文件"的长久保存与管理。[①] 长此以往，不利于形成科学化的电子文件管理制度，有损电子文件的法律价值，并造成社会资源、社会管理成本的巨大浪费。

在国际上，强调电子文件的"法律证据"价值已经是普遍趋势，电子文件管理与证据规则相契合也是一条基本经验路线。在近年来，美国、澳大利亚、欧盟等陆续制定的多个电子文件管理系统需求标准中，美国国家档案与文件署 2010 年发布的《电子文件档案馆需求标准》（Electronic Records Archives Requirements）[②]、欧盟2011年发布的《文件系统模块化需求标准》（Modular Requirements for Record Systems）[③] 均吸收了具有英美法系特色的电子证据规则，如考量了电子文件传闻规则、鉴真规则、最佳证据规则等。此外，目前引起我国电子文件管理学界较

[①] 参见冯惠玲、赵国俊等：《电子文件管理国家战略刍议》，载《档案学通讯》2006 年第 3 期。

[②] 参见 https://www.archives.gov/files/era/about/requirements.pdf，2020 年 11 月 3 日访问。

[③] 参见 https://op.europa.eu/en/publication−detail/−/publication/3e4c72c8−e802−4d73−bb1d−6cf3753d761c，2020 年 11 月 3 日访问。

多关注的有美国国防部的DoD5015.2-STD标准[①]、澳大利亚国家档案馆的DIRKS[②]、国际档案理事会的ICA-Req[③]等，也都体现了电子文件管理系统的需求研究应遵循法规标准等原则。

因此，面向证据规则的电子文件管理制度调整，首先要实现一条重要的理念转变：从对电子文件的记忆功能、业务凭证功能关注转向对其法律凭证、法律证据价值的重视。也就是说，要将维护电子文件证据价值的理念融入电子文件管理制度的顶层规划设计中，要在电子文件管理运行的各个环节体现遵循电子文件证据规则的精神。

二、从强调真实性要求转向强调合法性要求

当前，我国有一些从事电子文件管理与电子证据规则交叉研究的学者开始意识到电子文件的证据价值，并对两个领域展开契合研究。然而，一个明显的误区是很多学者仅将"真实性""可靠性"作为对电子文件展开证据价值研究的基础；还有学者将具备"四性"（真实性、可靠性、完整性和可用性）的电子文件称为"可信电子文件"，认为可信电子文件具备法律上的凭证价值。[④] 根据第四章对电子文件与电子证据的契合研究，可知电子文件的"四性"不能简单等同于电子证据的"四性"，一份可信电子文件的属性整体指向电子证据的真实性要求。

任何一份电子证据要用作认定案件事实的根据，必须满足真实性、

---

① DoD5015.2-STD 即"电子记录管理软件应用程序的设计标准"。

② DIRKS 是"设计和实施记录保存系统"的首字母缩写，是一本协助机关分析业务信息策略方法及档案管理业务之指导原则手册，其概述了创建记录管理系统的过程，包括澳大利亚记录管理标准 AS ISO 15489 中概述的各种业务信息记录和交易。

③ ICA-Req 即"电子化办公环境中档案原则与功能需求"，旨在为电子办公环境中用于生成和管理电子文件的软件制定全球统一的原则规范、开发指南与功能要求。

④ 参见黄永勤：《可信电子文件的内涵及管理研究——国际电子文件管理研究的新聚焦点》，载《浙江档案》2014 年第 7 期。

关联性、合法性及证明力要求。仅仅建立在真实性理论基础上的电子文件证据效力，显然是不完整的，在此理念下所推行的电子文件管理制度也不能充分保证电子文件的证据效力。因此，需拓展一以贯之坚持的电子文件管理中"真实性"理念，将合法性、关联性、证明力要求也一并纳入电子文件管理制度构建中。而考虑到电子文件证据作为契合点的特征，现阶段可以将电子文件管理的"合法性"要求作为推动相关变革的切入点。

这里所说的"合法性"要求可以分解为两层含义：一是作为电子文件管理层面的"合法性"要求，即电子文件管理行为应当符合具体业务场景中的法律规范。例如，在第四章论述某市政府采购中心管理电子文件的方案时，强调应当符合《政府采购法》《招标投标法》《电子签名法》《政府采购法实施条例》《政府采购货物和服务招标投标管理办法》《电子招标投标办法》等专门法律规范。违反这些规范的，并不能当然地导致某市政府采购中心所管理的电子文件被作为非法证据予以排除，但很可能因"违规"而导致所管理的电子文件不具有关联性、真实性、证明力，从而降低其证据价值。二是对其接入证据规则层面的"合法性"要求，即电子文件管理行为不能抵触非法证据排除的相关法律规范。仍以第四章论述某市政府采购中心管理电子文件的方案为例，若该中心所管理的电子文件不符合《民事诉讼法》《行政诉讼法》《民事证据规定》等法律规范，特别是属于"严重侵害他人合法权益""违反法律禁止性规定""严重违背公序良俗的方法"所形成或者获取的证据，则不得作为认定案件事实的根据。

确立电子文件管理的"双重"合法性观念，能够有效地将真实性、关联性、合法性及证明力四项要求融为一体，作为指导电子文件管理的标尺。下面以北京互联网法院、杭州互联网法院、广州互联网法院推行的电子证据平台为例进行补充说明。这三家互联网法院的电子证据平台都是基于区块链存证的电子证据保全平台，也可以说是电子文件管理平台。为了规范平台上相关的存证行为，这三家互联网法院分别出台了《电子证据平台接入与管理规范》《电子证据平台规范（试行)》《关于电子数据存储和使用的若干规定》。若有关存证行为违反了上述规范所存证的电子文件在真实性、关联性、证明力上可能受损，其证据价值将相应地降低；而若有关存证行为出现《最高人民法院关于适用〈中华人民共和国民事诉讼法〉的解释》第 106 条规定的情形的，所存证的电子文件属于"非法证据"。这一示例表明，夯实电子文件管理的合法性基础乃为当前首要之事。

三、从立足分段管理转向全程控制

信息技术革命对文件工作产生最显著的影响，莫过于电子文件的大量涌现，并对文件管理方式带来变革。对此，档案学界先后提出了"文件生命周期理论""电子文件生命周期理论"及"文件连续体理论"。从纵向的角度来看，电子文件管理包括文件的生成、传输、存储、利用等多个环节。传统文件生命周期理论以"归档"环节作为分界点，将文件生命周期划分为前后两个阶段；电子文件生命周期理论认为在电子文件生命周期理论中，电子文件从其形成到销毁或永久保存是一个完整的运动过程；随着电子文件兴起，澳大利亚档案学者弗兰克·厄普沃德（Frank Upward）在 1996 年提出文件连续体理论，该理论打破了文件保管的阶段区分。其以四个坐标轴（axis）及四个构面（dimension）之相应变化，来描述人类社会记录保存活动的整个过程。但该理论并不是专为电子文件打造的，其不因文书为纸本、电子、或其他可能形式而有管理思维上的落差与断裂。

有研究表明，各环节之间的断裂、数字信息在各个过程中出现断层，是造成数字信息难以真实、完整保存的重要原因。[①] 故我国的文件管理应当改变部分实践中分段管理的做法，将电子文件管理领域中的文件连续体理论、来源原则的"重新发现"以及前端控制三大理论组合应

---

① 参见刘家真、许杰：《影响我国数字信息长期保存的问题与解决方案》，载《档案学研究》2008 年第 4 期。

用所产生的"全程管理"理念贯穿到电子文件管理全过程，关注各个环节对电子文件的真实性、合法性、关联性、证明力的保障。同时，要保证各个环节的整合与衔接，对文件形成、保存和长久利用应实施一体化管理，尤其是加强各流程日志记录的管理与衔接，保证电子文件管理工作的连续性。中共中央办公厅、国务院办公厅于 2009 年 12 月 8 日印发《电子文件管理暂行办法》，其中第 3 条规定，电子文件管理应当遵循信息化条件下电子文件形成和利用的规律，坚持下列基本原则："……（二）全程管理。对电子文件形成、办理、传输、保存、利用、销毁等实行全过程管理，确保电子文件始终处于受控状态……"

这一理念的转变与证据法领域中"证据保管链"理念是相通的。所谓证据保管链，是指"从获取证据时起至将证据提交法庭时止，关于实物证据的流转和安置的基本情况，以及保管证据的人员的沿革情况"；"证据保管链要求每一个保管证据的人提供证言证明对证据的保管是连续的；不仅如此，还要求每一个人提供证言证明在其保管证据期间，证据实质上保持相同的状态……证据的真实性问题越重要，就越需要否定改变或替换的可能性"。[①] 对照证据保管链理念，我国开展电子文件管理可以借鉴法律中"证据保管链制度"，在电子文件生成、收集、转移、归档等整个管理过程中形成可靠的保管锁链。[②] 具体来说，有关制度设计中应当明确电子文件记录体系的要求，合理确定电子文件管理的长度，即起点和终点。

四、从关注事后保全、事后审查转向关注前端控制

诉讼程序中，对电子证据真实性、合法性、关联性等属性的审查判断在案发后进行，是一种"事后"审查。然而，电子文件若想具备证据

---

① 陈永生：《证据保管链制度研究》，载《法学研究》2014 年第 5 期。

② 参见黄永勤：《可信电子文件的内涵及管理研究》，载《浙江档案》2014 年第 7 期。

价值，则必须将真实性、关联性、合法性等要求纳入电子文件管理的前端控制之中，促进电子文件证据功能的早期实现。特别将证据要求纳入电子文件管理的系统设计阶段，即社会管理、电子政务等业务活动环节中。国际档案理事会电子文件委员会在制定的《电子文件管理指南》（草案）时，重新审视电子文件生命周期及在生命周期中进行干预的重要性。它将干预的时机确定在电子文件管理系统的设计阶段，把传统文件管理系统中的部分后端控制内容移到了前端，提前至电子文件管理的系统设计阶段，主张"在文件形成前采取行动"。① 美国、英国、加拿大、欧盟等采取了"前端控制""业务纳入"的做法。② "前端纳入"有利于从源头上保证电子文件真实性、关联性、合法性等要求，优化管理的同时保障电子文件的证据效力。

我国现行法律规定，对于可能灭失或日后难以取得的证据可以由法院进行固定、保全，即诉前保全。相比于传统证据，电子证据具有易改变、不稳定性特征，因而对电子证据的保全在时间上应当相对提前。同理，就电子文件而言，可将保全要求纳入电子文件的形成、管理环节，通过对系统的"前端控制"来对电子文件的真实性、可靠性进行固定和保护，从而达到"同步保全"的效果，保证其凭证功能的发挥。③

践行电子文件管理的"前端控制"原则，将有利于将电子文件管理自身发展融入诉前保全中的新格局。此处仍以三家互联网法院的电子证据平台为例，当前实行的区块链存证技术方案虽能够保证入链后的信任问题，使电子文件/电子证据不发生未被察觉的改变，但是对于入链前的电子文件/电子证据是否可靠尚无能为力。我国《区块链司法存证应用白皮书》（1.0 版）指出："区块链技术可以保障电子证据的载体及载

① 参见郑伽：《电子文件的全程管理与前端控制的比较研究》，载《北京档案》2017 年第 10 期。

② 参见冯惠玲：《电子文件管理：信息化社会的基石》，载《电子政务》2010 年第 6 期。

③ 参见李侃：《证据法语境下电子文件的凭证性保障探析》，载《机电兵船档案》2017 年第 2 期。

体上证据副本的真实性，但载体的真实和副本数据的真实，无法决定电子数据本身的真实性。"该如何克服"垃圾进，垃圾出"[1]的问题，对于现在互联网法院的电子证据平台是一大挑战。"高质量链下数据是高质量区块链的前提。而要实现这个前提，则需要依靠各节点的链下数据治理。"[2]解决这一挑战的基本出路，就是要对"前端控制"的实现予以侧重及关注，也就是要对入链前的电子文件/电子证据设置质量要求和审查方法，以"区块链存证"+"前端控制"的模式，通过元数据和背景信息来保障电子文件/电子证据的真实性。[3]

第三节　电子文件管理的制度改进

从制度建设的角度来看，我国电子文件管理实现面向证据规则的改进，可以将电子证据的真实性、合法性、关联性及证明力的标准融入电子文件管理制度中。这不是抽象的理念问题，而是具象的规则问题；这里所说的"改进"，既包括对既有规则的落地，也包括对不合适的规则进行改良。

一、基于证据"真实性"标准的电子文件管理制度改进

电子证据的真实性包括"内容真实"与"形式真实"。司法人员在

---

① 即"Garbage in, Garbage out"。此话源自计算机通讯科技领域，意指若将错误的、无意义的（垃圾般）数据输入计算机，计算机也会输出错误的、无意义的（垃圾般）结果。

② 参见姚前：《区块链高质量发展与数据治理》，载《清华金融评论》2020年第1期。

③ 参见刘品新：《论区块链存证的制度价值》，载《档案学通讯》2020年第1期。

审查其真实性时，需要考虑电子证据的生成环节、存储环节、传送环节、收集环节，以及是否在上述环节遭到修改或者出现其他影响真实性的情形。电子文件的形成阶段作为电子文件管理的前端环节，其涉及生成、存储、传送等环节。针对这些前端环节可能存在的质量问题采取相应技术措施及制定相关规范，对于保证电子文件满足法律上的真实性要求尤为重要。

（一）关于电子文件形式真实保障的制度

电子文件生成环节作为电子证据的形成阶段，基于全程管理和前端控制原则指导下重构整个电子文件管理流程，对于其法律的真实性起着基础决定作用。我国《关于办理刑事案件收集提取和审查判断电子数据若干问题的规定》第22条规定，对电子数据是否真实应当着重审查"……（三）电子数据的收集、提取过程是否可以重现……（四）电子数据如有增加、删除、修改等情形的，是否附有说明"。这一规定直指电子文件的形式真实性保障。这就要求"在电子证据的制作、存储、传递、获得、收集、出示等环节建立完整的证据保管链条，并由相关人员签名或盖章"[①]。

实践中，诉讼中各环节的证据链条多是通过"笔录"来固定，即通过搜查笔录、检查笔录、扣押笔录等文书完整记录以保证电子证据真实性。我国当下应当将证据链条式管理提前到诉讼程序之前的文件管理环节，即对电子文件的捕获、存取、保存及维护等诸多环节不间断地进行连贯记录（载明各环节的责任者、操作者、凭证信息等），确保记录信息形成环环相扣的完整"链条"。

为了确保一份电子文件从提取到最终提交法庭的全过程没有发生改变，我国开展电子文件管理中可运用"元数据管理"技术，自动记录、捕获电子文件的数据结构、软硬件环境、操作情况、形成及流转的整个过程。可以说，元数据技术能够记录电子文件整个生命周期的运行状

---

① 张军主编：《刑事证据规则理解与适用》，法律出版社2010年版，第232页。

态,间接保证了文件的原始性和真实性,为电子文件管理之数据质量得以满足证据规则提供了基础。同时,还可将审计跟踪技术(audit trail)运用于电子文件管理中,对电子文件的任何操作都形成动态的审计日志(记录操作者、操作时间、操作对象、操作类型等),并保证日志数据的不可更改性。[①] 从长远来看,这些辅助技术方案的使用,将替代诉讼中由司法人员手工填录笔录的方式。

(二)关于电子文件内容真实保障的制度

司法实务中,电子证据内容的真实性强调电子数据没有增加、删除、修改等情形。这指的是电子数据在内容上保证其完整性。电子证据内容真实性亦可以通过技术方法进行辅助保障,如《电子签名法》《关于办理刑事案件收集提取和审查判断电子数据若干问题的规定》等都规定,可以根据生成、储存或传递数据电文方法的可靠性判断,根据电子数据是否具有数字签名、数字证书等特殊标识进行判断,或者根据电子数据校验值进行判断。

为保障电子证据真实性所采取的相关技术,亦相容于电子文件管理之中。我国民事诉讼领域已有相关司法解释支持相关附有防篡改技术手段的电子数据之真实性。《最高人民法院关于互联网法院审理案件若干问题的规定》第 11 条第 2 款规定:"当事人提交的电子数据,通过电子签名、可信时间戳、哈希值校验、区块链等证据收集、固定和防篡改的技术手段或者通过电子取证存证平台认证,能够证明其真实性的,互联网法院应当确认。"

此外,尽管《民事证据规定》中并无推定采用可信技术的电子数据具有真实性的相关规范,在审判实践中,仍可知法院倾向于支持将附有电子签名的电子数据推定其具有真实性之作法。理由是《电子签名法》中已明确电子签名之法律效力,并且规定了电子签名人对于私

---

① 参见朝乐门:《电子文件管理系统的技术特征》,载《现代图书情报技术》2013 年第 4 期。

钥的保管义务和电子认证服务提供者的过错推定责任。[①] 其中，最高人民法院民一庭认为"电子签名"应该是指数字签名，且具有推定效力的电子签名应该是经电子认证服务提供机构认证后的电子签名制作数据所产生的数字签名。[②]

值得注意的是，具有推定电子数据具有真实性的电子签名不局限于上述经认证的数字签名。《电子签名法》第35条规定："国务院或者国务院规定的部门可以依据本法制定政务活动和其他社会活动中使用电子签名、数据电文的具体办法。"这意味着，电子文件管理单位可以依据自身电子文件管理业务的特点，设计、选用电子签名技术及其他防篡改技术。因此，电子文件管理部门或单位应依法积极探索确保电子文件内容真实性的保障举措。

（三）其他保障制度

电子文件归档和利用是电子文件管理中最重要的环节。为了保障电子文件的真实性，在电子文件归档、利用的不同阶段，还有一些配套的制度建设或落地问题。其一，电子文件归档环节应重视文件"鉴定"程序。通过"鉴定"程序对归档前电子文件的真实性、可靠性进行检验、确认；另外，为防止文件灭失，电子文件归档环节应当制作电子文件备份。[③] 这一"鉴定"是文件管理领域的狭义鉴定，不是诉讼过程中的司法鉴定。其二，在电子文件利用环节中，为保证电子文件的原始性、完整性，对电子文件的利用应当使用复制件、拷贝件，不能直接在封存载体上对电子文件进行利用。

---

① 《电子签名法》第3条第1款和第2款、第14条、第27条、第28条分别规定了电子签名的法律效力、可靠电子签名的法律效力、电子签名人对电子签名制作数据的保管和数据的丢失告知义务、电子认证服务提供者的过错推定责任。

② 参见最高人民法院民事审判第一庭编著：《最高人民法院新民事诉讼证据规定理解与适用（下）》，人民法院出版社2020年版，第825～826页。

③ 《电子文件归档与管理规范》规定电子文件归档后要"一式三套"，一套封存保管、一套供查阅使用、一套异地保存。

（四）面向"电子证据真实性专条"的电子文件管理规则再调整

2020 年 5 月 1 日，最高人民法院修订后的《关于民事诉讼证据的若干规定》正式实施。其中一个重大的变化是新增了关于判断电子证据 ① 真实性的专门条文，即第 93 条与第 94 条（以下合称为"电子证据真实性专条"）。作为我国电子证据真实性法律制度的重要组成部分，"电子证据真实性专条"发展了《最高人民法院、最高人民检察院、公安部、国家安全部、司法部关于办理死刑案件审查判断证据若干问题的规定》第 29 条、《最高人民法院、最高人民检察院、公安部关于办理刑事案件收集提取和审查判断电子数据若干问题的规定》第 23 条及 28 条，《最高人民法院关于互联网法院审理案件若干问题的规定》第 11 条等搭建的电子证据真实性框架性规则，堪称集大成者。

对"电子证据真实性专条"进行规范解读，可以发现其总体上形成了三类标准：一是基于推理的标准，即对若干因素进行综合判断；二是基于推定的标准，即满足若干情形之一的推定属实；三是基于司法认知的标准，即满足特殊情形的由法官直接确认属实。这三类标准可以分别简称为推理性标准、推定性标准和认知性标准。它们构成"三合一"体系（见表 5-1）。

表 5-1　关于电子证据真实性的"三合一"标准体系

	电子证据真实性标准的表述	原理	标准类型化	法条
正面认定机制	电子数据的生成、存储、传输所依赖的计算机系统的硬件、软件环境是否完整、可靠	推理原理	基于若干要素的综合判断	第 93 条
	电子数据的生成、存储、传输所依赖的计算机系统的硬件、软件环境是否处于正常运行状态，或者不处于正常运行状态时对电子数据的生成、存储、传输是否有影响			

① 目前我国法律中主要使用"电子数据"的术语，国外法律中主要使用"电子证据"的术语，两者基本同义。为研究的方便，本书在论述时统一使用"电子证据"，在引用时则从原文表述。

续表

	电子证据真实性标准的表述	原理	标准类型化	法条
正面认定机制	电子数据的生成、存储、传输所依赖的计算机系统的硬件、软件环境是否具备有效的防止出错的监测、核查手段	推理原理	基于若干要素的综合判断	第93条
	电子数据是否被完整地保存、传输、提取，保存、传输、提取的方法是否可靠			
	电子数据是否在正常的往来活动中形成和存储			
	保存、传输、提取电子数据的主体是否适当			
	影响电子数据完整性和可靠性的其他因素			
侧面认定机制	由当事人提交或者保管的于己不利的电子数据	推定原理	于己不利的推定	第94条第1款
	由记录和保存电子数据的中立第三方平台提供或者确认的		源于中立第三方平台的推定	
	在正常业务活动中形成的		正常业务记录的推定	
	以档案管理方式保管的		档案方式保管的推定	
	以当事人约定的方式保存、传输、提取的		遵从约定的推定	
	电子数据的内容经公证机关公证的	司法认知原理	经由公证的司法认知	第94条第2款

  "电子证据真实性专条"所确立的"三合一"体系为改进我国电子文件管理制度提供了新的契机。下面以这一体系中"档案方式保管的推定"标准适用为例，试拟完善建议。"档案方式保管的推定"标准是同电子文件管理关系最密切的标准，系基于经特殊"档案管理方式"即可初步认定电子证据属实的标准。它可以拆解为由"档案管理""保管"两项要素所构成的"基础事实"，"推定事实"亦同，而"两者间的伴生关系"即符合"档案通常具有可信性"的一般规律。这里的"档案"，是指经过正式归档管理的电子文件。这一标准得益于我国建立了一个较为完整的国家档案事业体系。

  国际上最典型的立法例是《美国联邦证据规则》之901（b）（7），其中规定"公共机构依法记录或者存档的文件"或者"声称源自负责保管之公共机关的公共记录、陈述"均满足鉴真（authentication）的要求。① 《印度1872年证据法》经由《印度信息技术法》修改后，第81A条也明确了"对依法管理、正确存放的电子记录可以推定其真实性"。② 这里规范的情形比我国"档案管理"更为广泛，可以理解为各种经"档案化管理"的情形均被纳入。这就意味着政府部门的非档案管理意义的电子文件管理、企业的互联网档案馆均会产生相应的效力。这一做法为我国所借鉴。

关于"档案方式保管的推定"标准的适用，在司法文书极其罕见。这表明，我国电子文件管理包括狭义上的电子档案管理尚未给"档案方式保管的推定"标准提供空间。印度电子证据研究专家阿拉迪亚·赛希亚指出，"各种推定使得审理程序更有效率"。③ 其实，在国内"档案方式保管的推定"标准是实践共识，该标准很早就用于各种传统证据。但是，"档案方式保管电子数据"的推定规则在目前却少用于电子证据，此处存在一个"旧规则"与"新证据"的对接问题。

案例分析也表明，一些法官也在尝试着扩大推定标准的适用，主要表现为将推定性标准和综合认定标准结合起来使用，以复合论证的方式增加其说服力。在一起网络传播权纠纷案件中，法官分别依据如下理由认定"相应光盘内容未经过修改"。④ 第一点理由是，"可信时间戳证书系由国家授时中心建设的第三方机构签发，用于确定电子数据产生的

---

① Federal Rules of Evidence, §901（b）（7）（2020）, https://www.rulesofevidence.org/table-of-contents/, 2020年11月3日访问。

② Indian Evidence Act of 1872, sec. 81A, https://www.indiacode.nic.in/bitstream/123456789/6819/1/indian_evidence_act_1872.pdf, 2020年11月3日访问。

③ Sethia, Aradhya, Rethinking Admissibility of Electronic Evidence（2016）. 24（3）International Journal of Law and Information Technology 229（Oxford University Press, 2016）, available at https://ssrn.com/abstract=3278828, 2020年11月4日访问。Sethia, Rethinking Admissibility of Electronic Evidence, International Journal of Law and Information Technology, vol. 24, no. 3（2016）, p.2, p. 5, p. 9, p. 11.

④ 参见华盖创意（北京）图像技术有限公司与广州中地行房产代理有限公司侵害作品信息网络传播权纠纷案，北京市朝阳区人民法院（2016）京0105民初51098号民事判决书。

准确时间，防止电子数据的篡改，该机构具有中立性"，这可以理解为"源于中立第三方平台的推定"标准的适用；其他理由包括，"相应光盘内容经验证，与申请时间戳的电子数据一致；由摄像机外置录像和屏幕内置录像同步记录取证操作过程，且录像完整连续没有中断；在上述录像的过程中同时记录了下载相关页面申请时间戳的过程和多次国家授时中心标准时间"，这可以理解为推定标准的适用。类似的案件启发人们应当降低适用推定标准的难度。

为应对"旧规则"与"新证据"的对接问题，笔者建议，我国可以颁行通过推定标准解决电子证据真实性判断的案例指导、操作指引和专业培训，立足于国内司法实践，借鉴、吸收国际经验，加快完善电子数据证据规则体系，并畅通、开拓这一创新渠道。

二、基于证据"合法性"标准的电子文件管理制度改进

司法实务中，对电子证据的合法性判断多集中于对案发后取证程序的关注，强调证据调查主体、证据形式及证据收集程序符合法律规定。然而，作为电子证据的前端形成环节，电子文件管理是否符合法律规定，实际上也关系到电子文件作为证据运用的合法性。为保证电子文件满足证据的合法性要求，电子文件管理制度需加强对其合法性的关注。

首先，电子文件管理的相关法律规定及标准要求应当得到遵循。电子文件管理业务要依照国家相关法律、法规和规章执行。例如，《档案法》《电子公文归档管理暂行办法》《企业文件材料归档范围和档案保管期限规定》等在归档的范围、程序、方法、期限等方面均提出了法律上的要求。这些法律、法规和规章应当得到严格贯彻落实，以利于电子文件管理与证据规则形成稳定的衔接。电子文件管理业务在细节上还应当遵循相关国家标准、行业标准，如《电子文件归档与管理规范 GB/T 18894—2002》《公务电子邮件归档与管理规则 DA/T 32—2005》《文书

类电子文件元数据方案 DA/T 46—2009》等。^①

其次，电子文件管理的系统、软件应当符合国家标准及法律规定。其一是"核证程序"要求。核证程序是指"由法定机关对有关应用软件按一定的标准和步骤进行审核，审核合规就签发相应证书的程序"^②。即由一定权威机构所审核的程序。经该核证程序所产生的电子数据，一般具有较高的可信度。有些国家会对电子商务、电子政务等业务中所运用的软件、程序等作出一定规定。例如，我国于 2017 年 6 月施行的《网络安全法》第 22 条规定，网络产品、服务应当符合相关国家标准的强制性要求；第 23 条规定："网络关键设备和网络安全专用产品应当按照相关国家标准的强制性要求，由具备资格的机构安全认证合格或者安全检测符合要求后，方可销售或者提供。国家网信部门会同国务院有关部门制定、公布网络关键设备和网络安全专用产品目录，并推动安全认证和安全检测结果互认，避免重复认证、检测。"另外，《会计电算化管理办法》《电信设备进网审批管理办法》等规定，都对设备、系统及软件有类似的核证要求。^③ 其二是法律法规的普遍性要求。即电子文件管理系统及软件不能是违反法律规定、侵犯其他权益而产生的，典型的情形如盗版软件、非法制售的软件等。我国《计算机软件保护条例》第 24 条规定，除法律、行政法规另有规定外，未经软件著作权人许可，复制或者部分复制著作权人的软件的，属于非法行为；根据《最高人民法院关于审理著作权民事纠纷案件适用法律若干问题的解释》第 21 条之规定，"计算机软件用户未经许可或者超过许可范围商业使用计算机软件

---

① 具体的法律、法规、规章及标准可参考国家档案局网站，网址为 http://www.saac.gov.cn。

② 姚太明:《关于电子证据可采性与证明力的若干问题探讨》，载《审计研究》2005 年第 1 期。

③ 参见刘品新:《论电子证据的认证规则——以可采性的认定为视角》，载《证据学论坛》2002 年第 1 期。

的"也属于非法行为。《著作权法》第52条^①、《刑法》第217条^②对于非法软件都有相关规定。

最后，电子文件管理制度的人员应当符合相关程序规定，取证人员主体身份的合法与否关系到电子证据的合法性。在诉讼中，调取证据主体的身份、鉴定主体的资质等条件都影响着证据的合法性。可见，"人"的因素对于电子证据的可采与否起着重要作用。相应地，在电子文件管理阶段，同样要重视相关人员的主观因素，加强人员管理和素质培养，提升人员的法律意识及责任心。要保证负责电子文件形成及管理的人员是可信任的，其应具备相关资质，并且能为自己产生的电子文件提供证实，并要求其严格按照规程进行文件管理的相关操作。^③

三、基于证据"关联性"标准的电子文件管理制度改进

电子证据的关联性具有"双联性"特征。电子证据的有效运用不仅强调内容要与案件事实相关，还强调电子证据载体，即虚拟空间身份、行为、介质、时间与地址要同物理空间的当事人或其他诉讼参与人相关联。^④ 广义上说，"载体关联性"与电子文件的文件连续体理论、生命

---

① 《著作权法》第52条规定："有下列侵权行为的，应当根据情况，承担停止侵害、消除影响、赔礼道歉、赔偿损失等民事责任：……（八）未经视听作品、计算机软件、录音录像制品的著作权人、表演者或者录音录像制作者许可，出租其作品或者录音录像制品的原件或者复制件的，本法另有规定的除外。"

② 《刑法》第217条规定："以营利为目的，有下列侵犯著作权或者与著作权有关的权利的情形之一，违法所得数额较大或者有其他严重情节的，处三年以下有期徒刑，并处或者单处罚金；违法所得数额巨大或者有其他特别严重情节的，处三年以上十年以下有期徒刑，并处罚金：（一）未经著作权人许可，复制发行、通过信息网络向公众传播其文字作品、音乐、美术、视听作品、计算机软件及法律、行政法规规定的其他作品的。"

③ 参见刘家真：《保证电子文件法律效力的措施——电子文件的凭证性探讨之三》，载《档案与建设》2000年第3期。

④ 参见刘品新：《电子证据的关联性》，载《法学研究》2016年第6期。

周期理论等不谋而合，即通过电子文件历史运动及内部结构的一致性、连贯性来建立其关联性。电子文件的元数据模型（ISO 23081、PREMIS等），则通过对管理活动、软硬件设备及相关操作等记录来保证其关联性。[①] 故就电子文件管理而言，重点可以关注于加强其"载体关联性"，追求建立一真实、可靠、完整、有效的电子文件管理制度。

一是强化电子文件与"人"之间的关联性。在电子文件形成过程，可通过数字签名、数字手写签名[②] 以及数字签名和数字手写签名相结合使用的复合电子签名等验证技术来建立文件生成者与文件之间的关系，证明电子文件发送人身份的同一性和准确性。在电子文件管理阶段，应当建立电子文件操作者的身份认证技术，建立电子文件与操作者、管理者等各人员之间的关系，通过日志来自动记录电子文件操作人员、时间、设备、项目、内容等信息。

二是强化电子文件与"时间"之间的关联性。对于电子文件时间关联性的确认，可通过系统的日志记录来捕获，建立操作行为与时间之间的关联性。但前提是保证系统时间的准确、统一，因系统时间的完整性是日志记录可信的基础。应当将系统时间与经过认证的、具有权威性的第三方时间进行校准。另外，还可以通过个别文件加注可信时间戳等技术，来建立文件与时间之间的关联性。

三是强化电子文件与"地址"等要素之间的关联性。对于电子文件地址、设备等要素的关联性，可以通过元数据技术来确认。系统通过元数据来记录电子文件的 IP 数据、MAC 数据、文件存储位置、存储设备型号等信息。2002 年，原国家质量监督检验检疫总局发布的《电子文件归档与电子档案管理规范》（GB/T 18894—2016）即有对电子文件之

---

① 参见王燃：《电子文件管理与证据法规则的契合研究》，载《档案学通讯》2018 年第 5 期。

② 数字手写签名（handwritten electronic signature）是一种生物特征签名，其以电磁（容）笔或其他物体如指尖为书写工具，在数字触控屏或数字手写板上形成的笔迹。参见闫龙飞：《数字手写笔迹的特点及其检验研究》，载《北京警察学院学报》2015 年第 3 期。

归档、收集、整理及电子档案之存储、利用、维护、转换与迁移、移交与销毁等环节均要求利用元数据技术进行全流程管理，以确保电子档案与其元数据之间的关联关系得到维护。

四是强化电子文件与"行为"等要素之间的关联性。电子文件的生成、修改、传转、存储等操作都离不开操作人的行为，[①] 而对电子文件操作行为的记录有利于了解电子文件的操作日志查明电子文件的"生命周期"。换言之，电子文件的操作记录有助于化解争议解决中的举证难题。例如，Word 文档是电子文件的典型代表，在 Word 文档中进行打字输入操作、删除文字操作、存储操作、复制粘贴操作等，在关闭该 Word 文档之前，编辑者可以通过"复原键入"功能（或键盘上 Ctrl+Z 快捷键）轻易地回溯到先前的编辑步骤中，也能直观地了解到该电子文件是通过操作行为所形成。对操作行为的记录并非永久性的，相关操作记录可能随着相关电子文件的关闭、重启而丢失。强化电子文件与行为之间的关联性，其好处在于能减少争议解决时的举证压力。电子文件系统不必记录每一个电子文件编辑、流转、存储等环节的所有操作历史，但对于重要的电子文件（如涉及国家机密、重大利益等），应由相关部门决定对其操作行为进行记录，并通过相关技术手段确保该操作行为记录（日志）不被修改，以建立好电子文件与行为要素之间的关联性。

四、基于证据"证明力"标准的电子文件管理制度改进

电子证据的证明力集中于对其真实性及关联性的程度、强弱的判断。[②] 除了上文所述的真实性保障方法外，司法实务中往往通过计算机信息系统的可靠性去推定电子文件本身的真实、可靠。这在国外立法中

---

① 参见刘品新：《电子证据的关联性》，载《法学研究》2016 年第 6 期。

② 参见王燃：《电子文件管理与证据法规则的契合研究》，载《档案学通讯》2018 年第 5 期。

都有所体现。例如《新加坡电子交易法》（2010 年）中规定，"如果正确使用了当事人同意的某一规定的安全程序或商业上合理的安全程序，以便确定电子记录自特定时间后没有被篡改，这样的记录可被视为可靠电子记录"[①]；其第 19 节规定："在涉及可靠电子记录的任何程序中，除非有足以反驳的相反证据，应当推定该可靠电子记录自特定时间起处于安全状态，未经改动。"[②] 加拿大《1998 年统一电子证据法》也专门规定了判断信息系统完整性的方法，并形成不直接判断具体电子证据是否真实的特色。[③]

在我国，新《民事证据规定》也建立了根据计算机信息系统的安全状况判断电子证据证明力的规则。该规定第 93 条规定："人民法院对于电子数据的真实性，应当结合下列因素综合判断：（一）电子数据的生成、存储、传输所依赖的计算机系统的硬件、软件环境是否完整、可靠；（二）电子数据的生成、存储、传输所依赖的计算机系统的硬件、软件环境是否处于正常运行状态，或者不处于正常运行状态时对电子数据的生成、存储、传输是否有影响；（三）电子数据的生成、存储、传输所依赖的计算机系统的硬件、软件环境是否具备有效的防止出错的监测、核查手段……"例如，在一起银行网络贷款案件中，李某为个人消费向某银行申请消费贷款，在网上与银行签订《个人"点即贷"借款合同》，获得个人消费贷款 20 万元。之后李某未依约偿还本息。银行诉至法院，并提交了电子版《个人"点即贷"借款合同》打印件（并无李某签字确认）等证据。那么，该《个人"点即贷"借款合同》具有证明力吗？依据新《民事证据规定》，本例中银行的线上业务系统属于容错

---

① Singapore's Electronic Transactions Act, Sec. 17（1）（2010），available at https://sso.agc.gov.sg/Act/ETA2010，2020 年 11 月 4 日访问。

② Singapore's Electronic Transactions Act, Sec. 19（1）（2010），available at https://sso.agc.gov.sg/Act/ETA2010，2020 年 11 月 4 日访问。

③ Canadian Uniform Electronic Evidence Act, Sec. 4（1998），available at https://www.ulcc.ca/en/older-uniform-acts/electronic-evidence/1924-electronic-evidence-act，2020 年 9 月 4 日访问。

计算机信息系统，其"硬件、软件环境完整、可靠，而且处于正常运行状态"，当然地推导出由其所产生的《个人"点即贷"借款合同》等原始电子证据具有证明力和诉讼价值。[①]

我国电子文件管理制度应当规定使用安全、可靠、稳定的系统设备，并明确不同安全等级的技术标准。简言之，一套合格的电子文件管理设备，应当符合以下要求：（1）要保证文件生成及管理的设备、系统及软件符合法律、行业标准要求，经法律认证的系统一般可靠性较高；（2）要保证系统、设备的可靠性，保证在电子文件生成及管理各流程，系统及设备的运转状况可靠，电子文件系正常业务系统所产生；（3）要保证系统、设备及运行环境的安全性，能抵御物理损坏及恶意入侵等风险，以避免数据失真等情况的发生。

[①] 参见河南省安阳市殷都区人民法院（2021）豫0505民初624号民事判决书。

第六章

从样态到应变：数据时代电子文件证据规则与管理制度的革新再造

第一节 数据时代电子文件
用作证据的新样态

"大数据开启了一次重大的时代转型。就像望远镜让我们能够感受宇宙，显微镜让我们能够观测微生物一样，大数据正在改变我们的生活以及理解世界的方式，成为新发明和新服务的源泉，而更多的改变正蓄势待发……"[①] 这是 2013 年英国学者维克托对数据时代社会大变所作的预言。的确如此，数据时代开启了电子文件管理与证据规则建设的重大转型。电子文件的数量将越来越巨大，对电子文件的管理亦越来越重要。将形形色色的大数据材料加以有效管理，进而用作证据以证明案情，是当下各国和地区实践无法回避的一道题目。

一、大数据文件与大数据证据

现如今，电子文件更多地表现为以海量信息特征呈现的大数据材料样态。这样就出现了大数据文件如何有效管理进而获得法律认可的问题。

大数据文件具有"容量大""类型繁多""价值密度低"等特点，尤以"容量大"为基础特征。笔者调研 e 租宝非法吸收公众存款罪、集资诈骗罪案件发现，该案在侦查阶段收集的海量数据包括：（1）e 租宝及芝麻金融数据；（2）集团 OA 系统中关于会议、财务、合同的数据；（3）关于公司及其产品介绍的电子数据；（4）涉案人员的手机数据；等等。该案涉及的数据体量大到令人难以想象。其中，"e 租宝及芝麻金

---

① ［英］维克托·迈尔·舍恩伯格：《大数据时代：生活、工作与思维的大变革》，周涛译，浙江人民出版社 2012 年版，第 1 页。

融数据"至少包括从 4000 多家银行、247 家第三方支付平台、164 家保险公司、114 家券商汇总的 1 万多个账户的几十亿条资金交易流水信息，"集团 OA 系统中关于会议、财务、合同的数据"主要是部署在阿里云平台的，涉及 200 多台服务器的数据。全案数据的总量达到 30TB 左右。由于这些大数据资料是用作查明、证明案件事实的，因此具有电子文件的典型特征，故可称之为大数据文件。

这些大数据文件交由司法人员一条一条地筛选使用是根本不现实的，事件中往往是借助数据统计、数据碰撞[①]、数据挖掘[②]与机器学习[③]等方法形成分析报告，用作办案支撑。这一现象在国内外司法实践中并不少见，可将之概括为大数据证据。大数据证据以海量电子数据凝练的规律性认识发挥证明作用，其主要以分析结果或报告的形式呈现。[④]

例如，美国实务中存在着将汽车事件数据记录系统数据[⑤]、谷歌地球卫星图像和 GPS 坐标数据[⑥]、"查找我的 iPhone"功能数据[⑦]等用作证据的案例。这些材料的特点是数据量巨大，并可被编译为分析报告。如汽车事件数据记录系统（EDR）是专门记录汽车行驶数据的系统，它通常可以在撞车发生前、发生时、发生后，按照秒级自动提取车辆运行、系统状态、司机指令、撞车特征等各种数据，以在需要时还原汽车事件真相。我国司法舞台也上演着同样的故事。早期，海量的通信数据、资金流数据、账户信息、网页数据、网络舆情信息、GIS 地理信息及专业数据库的数据被运用于侦查活动中，成为侦查信息化转型的一

---

① 数据碰撞意指对两个以上数据库资源进行智能查询比对。

② 数据挖掘意指从大数据中通过算法搜索隐藏于其中的信息。

③ 机器学习意指让机器从数据中学习，得到一个或多个更符合现实规律的模型，通过使用模型使得机器表现得更好。

④ 参见刘品新：《论大数据证据》，载《环球法律评论》2019 年第 1 期。

⑤ Commonwealth v. Safa, 95 A.3d 304, 308, 309（Pa. Super. Ct. 2014）.

⑥ United States v. Lizarraga-Tirado, 789 F.3d 1107, 1109, 1110（9th Cir. 2015）.

⑦ Pickett v. State, 112 A.3d 1078, 1090（Md. Ct. Spec. App. 2015）.

道道亮丽风景线。新近，人们又陆续看到将"舆情分析报告"[①]"百度指数"[②]"淘宝客反作弊系统数据"[③]"轨迹大数据"[④]"公安大数据平台数据"[⑤]"证券交易监控系统数据"[⑥]"大数据资金分析报告"[⑦] 等用于证明的情景，同时遇到控辩双方产生争议及裁判者任意裁决的种种问题。这些都需要人们有针对性地进行制度建设。

二、区块链存证与区块链证据

区块链存证是解决海量电子文件或大数据文件防篡改、可信的重要方法。与之相对应的专业方法还包括文件固化、哈希值校验、数字签

---

① 参见程某4、刘某4等与程某3等聚众扰乱社会秩序案，山西省晋城市中级人民法院（2017）晋05刑终271号刑事判决书。在该案中，控方举证了公安局制作的关于刑满释放人员出狱网上舆情相关数据统计及舆情专报。

② 参见北京趣拿信息技术有限公司诉广州市去哪信息技术有限公司不正当竞争案，广东省高级人民法院（2013）粤高法民三终字第565号民事判决书。在该案中，原告提交了公证人员百度指数查询Qunar和Quna两个关键词的指数对比情况。

③ 参见许某发诉淘宝（中国）软件有限公司、杭州阿里科技有限公司网络服务合同纠纷案，浙江省杭州市余杭区人民法院（2014）杭余民初字第3号民事判决书。在该案中，被告（淘宝）提供了抓取淘宝客异常推广行为的反作弊系统的数据。

④ 参见张某雄、黎某走私、贩卖、运输、制造毒品案，江苏省高级人民法院（2017）苏刑终135号刑事裁定书。在该案中，公安机关依法调取的警务大数据平台之车辆大数据（截图）。

⑤ 参见张某春走私、贩卖、运输、制造毒品案，四川省成都高新技术产业开发区人民法院（2018）川0191刑初392号刑事判决书。在该案中，控方提交了公安大数据平台及情报系统查询资料。

⑥ 参见北京市第一中级人民法院（2013）一中行初字第1171号行政判决书。在该案中，中国证监会提交了证券交易监控系统记录的数据作为证据，证明这些证券账户网上委托交易所用的IP地址、Mac地址高度重合。

⑦ 参见李某、王某等非法吸收公众存款案，湖南省长沙市中级人民法院（2018）湘01刑终18号刑事判决书。在该案中，控方提交了利安达鉴审财报字（2016）第1209号鉴定意见书，以证明非法集资的金额和投资人数。

名、可信时间戳等。"固化是指为了避免电子文件的内容、结构、背景信息等存在的动态因素造成信息缺损的可能，而将其转化为不可逆的只读方式的过程。"[①] 在电子文件的形成和处理阶段，固化的主要技术是将其存储或转换为版式文件。哈希值校验是通过对比根据特定算法得出的独特数值，判断电子文件在取得特征值的两个时点间是否遭到篡改的方法。其中哈希值就像电子文件的"指纹"一样，不同电子文件的特征值各不相同。数字签名是或存于电子文件当中、或附加于电子文件、或与电子文件有联系的一种特殊数据，用以辨别电子文件签署人的身份，并表明签署人认可电子文件信息内容。数字时间戳是由专门机构提供的网络安全服务，即第三方取证技术，用于确认电子文件的形成时间及间接确认其是否发生改变。这些方法出现于早期人们对少量电子文件的管理，如今拓展适用于海量电子文件的管理。

对于海量电子文件/大数据文件，区块链存证是一种更有效率、且后来居上的防数据篡改的方法。所谓区块链，是由区块按时间顺序连接形成的链式数据结构，核心技术是共识机制、数据存储、加密算法和智能合约。区块是该结构中存储共享数据的载体，区块内的存储空间分为区块头和区块体。区块头用于记录区块的特征信息，包括块高度、本区块的哈希值、版本号、前一个区块的哈希值、时间戳、随机数（Nonce）、难度数、梅克尔树（Merkle Tree）的根值。区块体用于记录一段时间内发生的数据交互信息。[②]

区块链技术对海量电子文件的管理在实践中取得了良好效果并不断推广。例如，2018 年年初中国石化搭建了区块链网络，开发了存证智能合约，将区块链技术用于保障电子档案的真实性。在初步探索取得成功的基础上，中国石化集团于 2018 年 10 月开始正式基于其 Pass 平台

---

① 赵屹:《基于前端控制思想的电子文件形成过程研究》，载《档案学研究》2012 年第 3 期。

② 参见赵屹:《电子文件防篡改技术发展对档案管理的影响及启示》，载《档案学研究》2019 年第 6 期。

进行区块链服务平台的开发建设，正式落地区块链服务平台电子档案系统。截至 2019 年 10 月底，存证档案数据已达到 5 万余条，区块高度约 5000。[①] 这样的探索还有很多，如杭州互联网法院、北京互联网法院、广州互联网法院和一些其他司法机关搭建的电子证据平台均属于区块链存证平台，用于提交和保存海量的电子文件材料。

对于依法通过区块链存证平台进行管理的电子文件来说，它们用作证据使用的，便成为区块链证据。区块链证据是指通过区块链技术或平台进行管理的，用作证据使用的电子文件。这一证据在真实性、关联性、合法性等方面均有特点，这些特点反过来也影响到区块链存证平台的设计和运作。如何对区块链存证与区块链证据的理论与实践进行省思，亦成为数据时代电子文件管理理论与制度完善的必答题。

三、其他新样态与新应对

在数据时代，数据是一种新兴的战略资源，不仅能推动具体工作转型，亦能促进国家治理与社会治理创新。当各种数据被汇集纳入各种专门的数据库、云平台后，必然会产生新的管理样态，也会产生新的证据问题。更可以乐观地设想的是，在不久的将来，基于机器算法、机器人和高级人工智能等新兴科技的各种电子文件会进入文件管理领域，也会运用于司法证明中。由此产生的电子文件管理与证据规则对接问题亦值得持续关注。

以世界范围内公共数据开放运动的兴起为例。2009 年，美国政府数据开放门户网站 Data.gov 上线，2010 年英国 Data.Gov.uk 上线，澳大利亚、法国、日本、韩国等国家也相继推行了开放政府计划，建立起

---

① 参见李春艳、乔超：《区块链技术在大型企业集团电子文件管理中的应用——以中国石化为例》，载《档案学通讯》2020 年第 1 期。

政府数据开放平台。[①] 2012 年，欧盟开放数据门户网站，并于 2013 年建立包含多国语言界面和服务，能够支持整个欧盟数据搜索的一站式门户网站试点。截至目前，针对世界各国和地区数据门户网站的汇总入口——数据门户平台 dataportals.org（http://dataportals.org/）已经建成，其中发布了许多来自公共部门组织的超链接和数据集。我国亦卷入了这场公共数据开放的潮流。2015 年，国务院颁布《促进大数据发展行动纲要》，对于扩大政府数据开放提出了明确的要求。各地政府积极响应，纷纷建立地方政府政务信息公开网站，公开包括产业发展、医疗卫生、市场监管、司法裁判等重点领域在内的公共数据。这样一来，这些公共数据开放网站的电子数据/电子文件如何管理，如何用作证据提交法庭，成为世界范围内的普遍问题。

第二节　大数据证据样态及证据规则创新

大数据文件是电子文件迭代的产物。相比早期一份一份的电子文件而言，大数据文件以其数据量大而呈现新特色，且可以其中隐藏的规律来证明案件事实。这已然是一种质的变化。在当下实践中，通过大数据文件化解各种证明难题现已初露端倪，但大数据文件如何合法地用作证据仍然亟待解决。相比而言，大数据文件的管理问题还未得到充分暴露，人们对于如何高效率采集、保存与运用大数据文件尚未形成可资借鉴的经验。下面主要围绕大数据文件如何用作证据进行展开论述。实践已经表明，大数据文件以其数据背后凝练的规律性认识发挥证明作用，其主要以分析结果或报告即大数据证据的形式呈现。该现象的背后存在着重要的价值论和方法论基础。至于如何合理定位这一证据，如何对这

---

① 参见谭海波、张楠:《政府数据开放：历史、价值与路径》，载《学术论坛》2016 年第 6 期。

一证据进行有效审查判断，各国和地区还普遍面临着理论与制度创新的任务。下文尝试对大数据文件用作证据的基础问题作出回答。

一、大数据文件用作证据的理论基础

证据是证明的根据，但并不是一切用于证明的根据都属于法定证据。在证据法领域，某些可用作证明根据的特定材料在诞生之初会被习惯性地排除出证据范围，视听资料、电子数据等都是在出现后很长一段时间才得以入法正名。[①]

（一）大数据文件用作证据的价值论

首先，依靠大数据文件证明案件事实已经成为一种客观需要。这首先是因为案件专业化、巨型化演变态势所决定的。在越来越专业、复杂的案件中，用于证明案件事实的证据也必然越来越专业、庞杂。当今涉众型犯罪的出现和演变，就呈现出涉案人数不特定、证据巨量的特点。据报道，我国金融领域中涉众型犯罪案件的涉案金额已超过百亿元、千亿元，涉案人员达到十万人、百万人，数额之大、人数之众令人瞠目。笔者调研发现，一线司法机关办理的涉众型犯罪案件中证据材料可达到数千卷，背后是司法人员庞大的人力与时间的投入。此种情形下，仅仅凭借传统证据来证明案件事实面临着难以承受之重。与之相反，通过大数据文件证明案件事实就明显高效得多，尤其是基于海量数据的分析报告通常浓缩为具体的一份或多份文书证据，使用起来更具可操作性。

其次，这符合降低司法证明难度的导向。证据是一种稀缺的资源，证据短缺是人类司法的永恒规律。千百年来人类一直在寻找有效化解证明难题的方法，包括新型证明方法的探索与推广。当代，我国面临着惩

---

① 在我国，视听资料为1996年《刑事诉讼法》修法时入法，电子数据为2012年《刑事诉讼法》修法时入法。此前，关于视听资料、电子数据的证据地位一直存有争议。

治网络犯罪等新型犯罪的艰巨任务，不同层面的法律规范一直千方百计地试图降低证明难度，包括更多引入"综合认定"①"综合评估"②的规则，甚至尝试推出含有"证明责任移转"③意味的条款。学理上也提出了"底线证明法"④"抽样取证法"⑤"等约计量法"⑥等建议。那么，若能从直接扩充证据范围的角度进行制度建设，即引入大数据文件以证明案情，将具有更为深远的意义。实践中，我国许多案件虽未将大数据文

---

① 《最高人民法院、最高人民检察院、公安部关于办理电信网络诈骗等刑事案件适用法律若干问题的意见》中规定："办理电信网络诈骗案件，确因被害人人数众多等客观条件的限制，无法逐一收集被害人陈述的，可以结合已收集的被害人陈述，以及经查证属实的银行账户交易记录、第三方支付结算账户交易记录、通话记录、电子数据等证据，综合认定被害人人数及诈骗资金数额等犯罪事实。"

② 《最高人民法院、最高人民检察院关于利用网络云盘制作、复制、贩卖、传播淫秽电子信息牟利行为定罪量刑问题的批复》中提到："鉴于网络云盘的特点，不应单纯考虑制作、复制、贩卖、传播淫秽电子信息的数量，还应充分考虑传播范围、违法所得、行为人一贯表现以及淫秽电子信息、传播对象是否涉及未成年人等情节，综合评估社会危害性，恰当裁量刑罚，确保罪责刑相适应。"

③ 《最高人民法院、最高人民检察院关于办理侵犯公民个人信息刑事案件适用法律若干问题的解释》第 11 条第 3 款规定："对批量公民个人信息的条数，根据查获的数量直接认定，但是有证据证明信息不真实或者重复的除外。"很多人理解这是将关于个人信息真实性和是否重复的证明责任移转至辩方。

④ 底线证明是指按照法定的入罪和加重处罚两道"坎"，提供能用以定案的最基本的证据。参见刘品新：《网络犯罪证明简化论》，载《中国刑事法杂志》2017年第 6 期。

⑤ 抽样取证是指办案人员从较大数量的物品中提取具有代表性的一定量的物品作为样本证据，并据此证明全体物品属性。参见万毅、纵博：《论刑事诉讼中的抽样取证》，载《江苏行政学院学报》2014 年第 4 期。

⑥ 等约计量是指对海量化的犯罪对象进行"估堆式"计量，作为认定犯罪数额的标准。参见罗猛、邓超：《从精确计量到等约计量：犯罪对象海量化下数额认定的困境及因应》，载《预防青少年犯罪研究》2016 年第 2 期。

件列明为证据，但仍将其转化为其他证据进而发挥证明作用。[①] 这在很大程度上是受制于旧观念，却也反证了司法证明中存在着对大数据证据化约为可操作性证据的大量需求。

最后，大数据文件用作证据具有独到的价值。每一份具体的传统证据反映的是案件中具体的人、事、物、时、空等信息；与之不同的是，大数据文件反映的是案件整体或作为其很大一部分的人、事、物、时、空等信息。这一差异在涉众型犯罪案件中尤为明显。调研发现，涉众型犯罪案件中难以通过传统证据证明的案件事实，都有可能通过大数据材料找到便捷的解题之策。比如，在证明涉众型犯罪案件的组织架构时，传统上调查工商注册材料等证明方法面临着工作量巨大、材料真假难辨的困扰，而海量资金流数据等却能够像 DNA 一样对涉众型犯罪中不同涉案人员进行识别并将其关联起来，揭示不同人员在犯罪组织中的具体角色；[②] 在证明涉众型犯罪行为人的主观故意要件时，传统的证明方法主要是通过口供或者"通过客观行为推断主观明知"[③]的证明方法，易

---

① 参见於某玲、屠某民等诈骗案，浙江省宁波市江北区人民法院（2017）浙 0205 刑初 411 号刑事判决书。在该案中，控方提交的宁波市社会保障管理局报案书等证据表明，社会保险管理部门通过医保大数据分析审查，发现励某某等参保人员异常就医、违规配药情况，有诈骗医疗保险金的嫌疑。在审判中，医保大数据分析意见没有标识为证据，其实质内容被吸收到书证等证据中。

普某花走私、贩卖、运输、制造毒品案，参见新疆维吾尔自治区乌鲁木齐市中级人民法院（2017）新 01 刑初 200 号刑事判决书。在该案中，为了证明被告人普某花的行程轨迹，控方将被告人普某花的一张登机牌提交，证实与公安机关通过大数据平台分析的侦破本案的线索一致。在这里，大数据平台分析的意见仅仅用于说明书证登机牌的证明价值，未单独列为证据。

② 2015 年，公安部会同国家税务总局、中国人民银行用 8 个月时间查处了一起虚开增值税专用发票犯罪案件。办案人员收集到 10 亿多条资金流水，利用分析模型分析虚开公司资金流向，清楚地将涉案公司分为开票公司、收票公司、中转公司三层，根据资金流向区分出会员单位、二级单位等，绘制出资金流的闭环关系。这样的公司层级和会员关系，就揭示出涉案单位和人员的具体角色。

③ 参见刘福谦：《涉众型经济犯罪案件证据审查的几个问题》，载《人民检察》2018 年第 4 期。

遇到嫌疑人以不知情为由进行辩解的挑战，而利用数据挖掘方法则能发现行为人存在着规避打击的习惯做法[①]，从而以作案习惯证明其主观故意。目前这样的探索取得了初步成功，表明以大数据文件化解司法证明难题之路，值得进行实践推广和理论提升。

（二）大数据文件用作证据的方法论

大数据材料并非空中飘来之物，客观上就是一个个具体数据的聚合。当聚合到一定规模之后，将其中的数据规律揭示出来，就能够用于还原案件事实。如在一起涉税案件中，办案人员调取了涉案的全量资金数据——资金流水数据上亿条、账户数达上万个，聘请技术专家"建立了资金特征分析模型……在很短时间内完成可疑资金网络的刻画，利用关系可视化技术清晰展现可疑资金的来源和去向，并且自动标注账号和主体的类别标签"[②]。在这里，起到证明作用的就是海量数据凝练而成的规律性认识——具体呈现为专业分析报告。这是大数据文件用作证据的特色及魅力所在。

这样的分析报告类似于鉴定人或其他专家的意见，但也与之有明显不同，其专业化程度已经超越人类的专家。准确地说，其是借助于机器算法形成的判断。在前述 e 租宝案件中，北京检察机关曾经对海量的电子数据作了分类处理。其中，对于涉案人员的手机数据、产品介绍数据，主要是通过扣押、勘验、检验、远勘的方式形成扣押清单、勘验笔录、数据刻盘、远勘笔录等证据，这是以电子介质的载体和电子数据的内容来证明案件事实；对于相关的资金流水数据、OA 办公系统数据，主要是通过通知调取、扣押、勘验、委托鉴定的方式形成镜像数据、扣押清单、勘验笔录、鉴定意见书等证据，这是以转化性证据来证明案件

[①] 通过对海量资金流进行数据挖掘可以发现，许多嫌疑人存在着有规律性地瞬间转走账户来款、用 1 元钱给自己账户转账来测试账户是否正常、通过同一渠道将资金转出等方式规避打击的规律性反常行为。

[②] 何家弘等：《大数据侦查给证据法带来的挑战》，载《人民检察》2018 年第 1 期。

事实。它们的共同之处是利用证据所蕴含的内容或信息。回看该案的办理过程，司法证明的思路在整体上仍然是将大数据材料转化为传统证据，即以转化性证据办案。如此办案不仅费时费力，亦呈现"固守"传统证据的陈旧观念。假如该案能够将基于海量资金数据的各种分析报告（其主要是服务于侦查工作）提交法庭，那就跃升到了一个更高级的司法证明层次，即将大数据文件用作证据证明的新境界。

二、大数据证据的法律地位

从技术原理上讲，大数据文件变身为证据通常要经过三个环节：第一步是汇总数据并进行数据清洗；第二步是建构分析模型或机器算法；第三步是运行运算形成分析结论。这一过程结束后，就会产生大数据证据。为论述的便利，笔者将"大数据证据"限定为基于海量电子数据形成的分析结果或报告。在这个定义中，海量的电子数据是"源"，分析得出的结果或报告是"果"。直接起证明作用的往往是"果"——大数据分析结果或报告。当然，在特殊情况下，从海量电子数据中"淘"出来某一条或多条数据也可能起到证明作用。这一条或多条数据也可以被理解为"果"。[1] 对于如何赋予大数据证据以合理地位，目前共有以下几种选择方案。

（一）鉴定意见

一种主流观点认为，大数据证据应当作为鉴定意见使用。有论者针对"资金大数据分析结论"提出："最好把资金大数据分析纳入司法鉴定范畴。这有利于司法实践的展开，在法律上也可以找到依据。"[2] 在组

---

[1] 参见程某4、刘某4等与程某3等聚众扰乱社会秩序案，山西省晋城市中级人民法院（2017）晋05刑终271号二审刑事判决书。

[2] 何家弘等：《大数据侦查给证据法带来的挑战》，载《人民检察》2018年第1期。

织传销案件、非法吸收公众存款案件、集资诈骗案件中，确实出现了很多这样的新型鉴定意见书。如在王某美等组织、领导传销活动罪一案中，司法鉴定机构对"某某平台后台数据库"进行了检验分析，得出的鉴定意见为：该网站注册账户 1962 个，成功激活 1945 个；缴纳会费账户 1766 个，空单账户 179 个……根据推荐与被推荐的层级关系，共计 22 级；收取会员投资共计 26380000 元；除被告人所有的账户外，还有 1633 个会员账户共计 17139442 元投资款没有返还。[①]

然而，鉴定意见本意是由鉴定机构的鉴定人对专业问题作出的专业判断。将大数据证据纳入司法鉴定的范围，必然会遭遇诸多挑战。首先，法条上语焉不详，导致对该做法的合法性存疑。我国公安部公布的《公安机关鉴定规则》、司法部公布的《司法鉴定执业分类规定（试行）》、最高人民检察院公布的《人民检察院鉴定规则（试行）》均未将大数据文件鉴定明确纳入司法鉴定的业务范围。[②] 其次，在鉴定方法、鉴定主体等具体细节方面存有障碍。就鉴定方法来说，鉴定机构出具的现有"大数据分析鉴定意见书"显示出采取的鉴定方法通常依照《电子物证数据搜索检验规程》[③]《数字化设备证据数据发现提取固定方法》[④]的规定，而其实际检验过程同这两个方法并不完全对应；就鉴定主体而言，"大数据分析鉴定意见书"在很大程度上是由机器算法给出实质判断——不同于以往专家借助仪器设备作出判断，这对于由专家作出判断的司法鉴定体制是一个过于超前的突破。

---

① 王某美等组织、领导传销活动案，参见山东省济南市中级人民法院（2017）鲁 01 刑终 88 号刑事判决书。

② 一些学者认为，可以类比电子数据鉴定开展大数据鉴定。例如，根据《人民检察院电子证据鉴定程序（试行）》第 4 条规定，可以将大数据鉴定纳入电子证据鉴定的范围。

③ 《电子物证数据搜索检验规程》规定的是电子物证检验中数据搜索检验的方法。

④ 《数字化设备证据数据发现提取固定方法》规定的是从数字化设备发现提取固定证据数据，并保证证据数据原始性和证据数据完整性的方法。

（二）专家辅助人意见

2016 年，最高人民法院、最高人民检察院、公安部印发《关于办理刑事案件收集提取和审查判断电子数据若干问题的规定》。该规定第 16 条规定："对扣押的原始存储介质或者提取的电子数据，可以通过恢复、破解、统计、关联、比对等方式进行检查。"这一法律条文规制的范围已超越以往的司法鉴定工作，而更多的是专家辅助办案活动。其中的关键词"统计""关联""比对"等通常可理解为用于大数据分析。2018 年，最高人民检察院发布司法解释明确，各级人民检察院可以指派、聘请有专门知识的人，运用专门知识参与办案活动，协助解决专门性问题或者提出意见。[①] 专家辅助人意见是一种比鉴定意见更加宽泛的概念。任何有专门知识的人参与办案，提出的意见都是专家辅助人意见。那么，大数据证据可否作为"专家辅助人意见"（或"有专门知识的人意见"）[②] 提交呢？

这种观点比较接近前述"鉴定意见说"，但在很大程度上还是一种独立的学术观念，因为诉讼法中并不存在"专家辅助人意见"这一证据形式，故若延伸至司法层面仍需要进一步定位。《最高人民法院关于适用〈中华人民共和国民事诉讼法〉的解释》第 122 条第 2 款规定："具有专门知识的人在法庭上就专业问题提出的意见，视为当事人的陈述。"[③] 这说明，大数据证据相应地可以作为"准当事人陈述"。当然，关于该问题现阶段还存在着广泛争议，我国有必要通过立法明确"专家

---

① 参见《最高人民检察院关于指派、聘请有专门知识的人参与办案若干问题的规定（试行）》第 2 条及第 7 条。

② 这里所说的专家辅助人，三大诉讼法中的正式术语是"有专门知识的人"。

③ 在司法实践中，法官确实习惯于这么处理。参见江苏省常州市人民检察院诉许某惠等环境公益诉讼纠纷案，江苏省常州市中级人民法院（2015）常环公民初字第 1 号民事判决书。法庭的审理表明："专家意见（对鉴定意见或专业问题）经质证，可以作为认定事实的根据。"

辅助人意见"的证据地位。[①]

（三）证人证言

美国学者洛斯教授指出，机器在解决法律争议事实中正扮演着越来越重要的角色，机器传递出的一些信息可作为"机器证言"。[②] 她列举的"机器证言"包括专家系统的意见等。她还解释，与人类证言一样，机器证言的可信性取决于其来源的可信性；而类似于"传闻的危险"潜藏在人类主张中，"黑箱危险"（人类或机器的错误导致机器被错误地设计）也潜藏在机器传达的信息中。这一"机器证言说"，理论上可适用于大数据证据。但我国还普遍不接受机器证言这类概念，其在法律中也不是法定证据形式，故对大数据证据套用"机器证言说"仍存在较大困难。

不过，在我国司法实践中，已经出现以大数据证据辅助或质疑证人证言的例子。在程某某贪污罪一案中，湖北省住建厅 2016 年通过对大数据文件进行对比有重大案情发现，控方在庭审中将此内容纳入证人朱某的证言予以举证。[③] 本案中将大数据证据转化为证人证言使用。在赵某芳组织、领导传销活动罪一案中，为质疑证人胡某，控方询问"通过大数据查找你的下线人数为 291 人，你怎么解释？"胡某回答："我一共发展了 10 多个，剩下的那些下线都是多个人发展的，具体多少人我

[①] 笔者在牵头制定《最高人民检察院关于指派、聘请有专门知识的人参与办案若干问题的规定（试行）》时，对有专门知识的人给出意见的证据地位曾经征求过不同部门、部分知名专家学者的意见。最高人民法院、最高人民检察院侦监厅和部分专家认为，不宜作为证据使用，建议写为"以作为诉讼材料使用"；最高人民检察院刑事申诉厅建议从"可以作为定罪量刑的参考"角度规定；最高人民检察院反贪四局和部分专家认可"意见"的证据资格，并建议明确具体类别；人大常委会法工委、公安部和部分专家则建议再慎重考虑。

[②] Andrea Roth, Machine Testimony, 126 Yale Law Journal, 1972（2017）.

[③] 参见程某迎贪污案，湖北省麻城市人民法院（2017）鄂 1181 刑初 273 号刑事判决书。

不知道。"① 这则是将大数据证据作为一种质证方式。

（四）其他证据

司法实践中，还存在着将大数据证据作如下处理的情形：（1）作为物证、书证。如在孙某某、周某某掩饰、隐瞒犯罪所得、犯罪所得收益、信用卡诈骗、传授犯罪方法罪一案中，控方举出"关于手机号187×××× 8422 的大数据查询"结果，证明该手机机主"自 2016 年12 月份以来连续多天在某网吧上网"。② 且裁定书中明确将大数据查询结果标示为定案的书证、物证。（2）作为"破案经过材料"。在陈某某等盗窃罪一案中，控方举出"本案的侦破经过"，证实"通过大数据分析等技侦手段，确定被告人陈某某手机运行轨迹与案发地在时间上、空间上相吻合"。③ （3）作为单列出来的报告。在唐某某操纵"航天动力"股票案中，为证明唐某某是 19 个账户的实际控制者，证监会提交了如下证据：19 个账户的 Mac 地址、IP 地址具有高度重合性的数据分析（实质上属于大数据证据）；19 个账户交易股票品种具有共同性的数据分析；19 个账户交易行为具有一致性的数据分析。法院最终也据此认定这些账户是由唐某某操纵的。

（五）评价

前述各种做法均体现了现阶段的实务探索或理论思考。在具体案件的语境中，每一种处理均有一定的合理性；在具体探讨的学理上，每一种观点均能自圆其说。经分析可知，上述探索和思考呈现出一定的共性规律。剖析其中的规律，能够为大数据证据的合理定位提供一份答案。

---

① 参见赵某芳组织、领导传销活动案，吉林省松原市宁某区人民法院（2017）吉 0702 刑初 460 号刑事判决书。

② 参见孙某某、周某掩饰、隐瞒犯罪所得、犯罪所得收益、信用卡诈骗、传授犯罪方法案，山东省菏泽市中级人民法院（2018）鲁 17 刑终 430 号刑事裁定书。

③ 参见陈某胜、陈某胜盗窃案，湖北省安陆市人民法院（2017）鄂 0982 刑初13 号刑事判决书。

问题之一是单独讨论大数据证据的证据地位还是结合其他证据一起考虑。当下的实践中是两种情况并存的。但笔者认为,考虑大数据证据的地位,归根到底,还是要讨论其单独发挥作用时的定位问题,故应当限于前一种情况。在第二种情况下,大数据证据就是简单用作其他证据的支持或反驳材料,这只能算为讨论问题提供了素材,其处理结果并不具有参考价值。

问题之二是在现有证据形式的法律框架内还是不限于法律框架进行讨论。理想的学术研究是应然层面的讨论,相应地对大数据证据的定位也就不能局限于我国法定的八种证据形式。换言之,既可以在物证、书证、证人证言等法定证据的框架内将大数据证据对号入座,也可以呼吁未来将大数据证据单列出来作为一种新的证据形式。而后一种选择有赖于司法案例的探索和实践经验的丰富,更有赖于学术理念和司法观念的与时俱进。我国学者张建伟指出:"未来的证据法当中,大数据分析报告有必要单列出来作为独立的证据种类。"[①] 这种未来之策是有道理的。而现实的研究从实然层面讨论,多数人认为大数据证据的定位是应该放入我国现行的法定证据形式中。这也是实务部门较容易接受的做法,如有些裁判文书将大数据证据列入物证、书证、鉴定意见的范围,有的将其转化为证人证言。就我国现有的法律框架而言,实务中最常见的做法、学理上最流行的观点当属"鉴定意见论"。

笔者也认同现阶段的这一选择。大数据证据无疑是一种专业性或科学性很强的证据,其结论部分的意见表达是普通人无从凭借常识就能理解的。而在我国现行法律框架中,只有鉴定意见与之相符。前述少数案例中裁判文书将大数据证据列为物证、书证或证人证言等,多少有些生搬硬套的感觉。将大数据证据纳入鉴定意见之列,既具有形式上的亲缘性、可比性,也满足司法追求经济性的原则,司法人员可以相对容易地援引鉴定意见的审查判断规则去处理大数据证据的效力问题。严格地

---

① 何家弘等:《大数据侦查给证据法带来的挑战》,载《人民检察》2018年第1期。

讲，大数据证据同一般意义上的鉴定意见也存在前述一些差异，这有待于设立采用规则进行必要的调整。

三、大数据证据规则的建设

大数据证据并不是普通司法人员能够解读的，甚至不是具有专门知识的人能够辨析的，其极致形态是机器学习的产物。大数据证据如何适用证据规则？回答这个问题，要厘清传统证据规则用于规范大数据证据的审查判断方面已经和可能遇到的挑战，应当全面审视"大数据证据＋证据规则"的问题与出路，特别是聚焦大数据证据在真实性与关联性的审查判断方面出现的特殊难题，并进行特色证据规则的创新。

（一）创建以"大"真实性为主的大数据文件来源真实性规则

人们对大数据文件真实性的质疑大体上包括数据本身与分析结果两个方面。在此先讨论数据本身的真实性问题，即如何对海量数据进行逐一核实？通常的疑问包括：海量数据中是否存在不实的、误导的数据？是否存在着重复的、过时的数据？是否存在着其他不为人所知的错误呢？在一起侵害商标权纠纷案件中，原告举出了"淘宝指数"和"百度指数"，拟证明被告使用相似的商标标识造成相关公众混淆。[①] 如果对诸如此类的指数所依据的数据产生真实性的疑问，从表面上看针对的是"淘宝指数"和"百度指数"的公信力，实质上则针对的是"淘宝指数"

---

① 参见新百伦贸易（中国）有限公司与周某伦侵害商标权纠纷上诉案，广东省高级人民法院（2015）粤高法民三终字第444号民事判决书。在该案中，原告所举的"淘宝指数"和"百度指数"具体表述为：179882号《公证书》显示，在淘宝指数搜索栏输入"新百伦"时，出现"新百伦男鞋""新百伦女鞋"等结果；在淘宝指数上搜索"新百伦"和"new balance"时，显示二者的搜索指数曲线基本一致。179823号《公证书》显示，在百度指数搜索栏输入"新百伦"和"new balance"进行对比显示，发现对"新百伦"的搜索量远远高于对"new balance"的搜索量。最后，法庭综合多份证据，认定了造成相关公众混淆的事实。

和"百度指数"的数据来源的可靠性及质量问题。

从学理上讲，数据源的真实性审查包括整体数据的真实性和具体数据的真实性。前一层含义是指大数据文件作为一个整体数据集的真实性；也就是说，赖以作出大数据分析报告的数据（通常呈现为一份或多份数据库文件）必须是客观形成及收集的真实文件。至于该份或多份数据库文件中每一条记录或信息是否属实，则是后一层含义。简言之，两者分别指向宏观真实性与微观真实性。

按照这样的思路，以兴中天案（涉嫌传销犯罪）为例，司法实务中对数据来源真实性的审查判断通常要分两步走。第一步是宏观真实性的审查。兴中天公司在被查处之前已经将传销网站资金盘停盘，公安机关介入后调取的是该公司为稳定会员情绪开发的网上商城数据。此时需要审查数据在从传销网站迁移到商城网站的过程中是否被篡改。办案人员调查发现了解这一情况的，只有一名掌握核心技术的公司技术人员。经向该证人取证，其承认"该数据系其从传销网站迁徙到商城网站的原始数据，未进行删改"。这就说清了该数据集的来源。第二步是微观真实性的审查。办案人员一是调取部分传销参与人员的银行交易明细，同数据库中150万条排单打款记录及90万条收款记录进行比对，确认能够相互印证；二是选择该传销组织的一个县分支机构进行查证，部分印证了该数据层级关系和会员数量的准确性；三是对每一个犯罪嫌疑人发展的下线进行抽样取证，连取三级，每一级选择两名会员调取证据，对会员数量和层级进行验证，以完成微观核实的工作。

大数据证据的宏观真实性方面能够做到、也必须做到查证无疑。然而，实务中这一点却往往被忽略。在一起组织传销犯罪案件中，控方指控的证据主要是上海某计算机司法鉴定所提取该公司会员系统后台数据的鉴定意见及有关会计师事务所做的会计报告。其中，该鉴定意见书表明，鉴定人的主要工作是远程登录相关网站提取某某公司会员系统的数据。[①] 然而，该次鉴定选择的技术标准错误，且关于鉴定实施过程的录

---

① 参见上海某计算机司法鉴定所（2017）鉴字第69号司法鉴定检验报告书。

像被"掐头去尾"，使得整个鉴定过程在关键环节上无法查清；在涉案网站已经无法访问的情况下，无从对涉案数据集的真实性进行核实。之后，会计师事务所据此得出关于吸收会员层级、人数、资金数的判断，其真实性就必然大打折扣。

大数据证据在微观真实性方面很难做到查证无疑，一般要求进行必要的验证即可。英国学者维克托指出："'大数据'通常用概率说话，而不是板着'确凿无疑'的面孔……当我们试图扩大规模的时候，要学会拥抱混乱。"[1] "除了纠结于数据的准确性、正确性、纯洁度和严格度之外，我们也应该容许一些不精确的存在。数据不可能是完全对或者完全错的。当数据的规模以数量级增加时，这些混乱也就算不上问题了。"[2] 这里说的是，大数据文件中只要在整体上达到一定规模的具体数据属实，对案件事实的认定就不会产生实质性影响。如在一起组织传销犯罪案件中，控辩双方围绕是否存在一人多号、虚拟账户、上级会员为下级会员垫付投资款的情况产生了争议。二审法院经审理后认为："由于涉案人数众多，且存在不少会员进行匿名登记的情况，本案无法逐一核实会员身份是正常的。但一审已经基于相关鉴定意见，对空单账户进行了排除，目前也没有其他相反证据，据以对鉴定的会员人数和参与传销资金数额进行扣减，并且，鉴定的会员人数和收取的参与传销资金数额，远远超过司法解释规定的'情节严重'认定标准，因此，一审依据鉴定意见认定有关犯罪数额，并据此认定各被告人犯罪属于情节严重也无不当。"[3] 在这里，法院对如何看待"网站后台数据库信息中每个账户、会员、人员"信息的真实性，是有道理的。可见，大数据文件中只要确保真实的具体数据在整体上达到一定规模，那就不会对案件事实的认定产

---

① ［英］维克托·迈尔·舍恩伯格：《大数据时代：生活、工作与思维的大变革》，周涛译，浙江人民出版社2012年版，第46页。

② ［英］维克托·迈尔·舍恩伯格：《大数据时代：生活、工作与思维的大变革》，周涛译，浙江人民出版社2012年版，第240页。

③ 参见王某美等组织、领导传销活动案，山东省济南市中级人民法院（2017）鲁01刑终88号刑事判决书。

生实质性影响。

形象地说，宏观真实性可称为"大"真实性，微观真实性可称为"小"真实性。大数据证据的真实性规则应当是以"大"真实性为主、兼涉"小"真实性的规则。"大"真实性审查要严格，"小"真实性审查则不能僵化，两个部分合为一个整体。

（二）构建针对机器算法是否可信的大数据分析结果真实性规则

关于大数据分析结果的质疑，主要指向结论的可靠性。人类经验表明，数据越多越大，得出结论越可靠。我国有学者指出："数据之大，充分抵消了少数个体的特殊性，类似于在众多裁判中去掉最高分和最低分。显然，裁判越多，打分的结果就越接近运动员的真实水平。"[①] 但这里的特殊性在于，大数据分析结果是由机器算法得出的，有的机器算法还涉及数据模型。人们提出此类质疑，实质针对的是机器算法等分析方案的可信度。当下许多设计者将机器算法与数据模型视为核心的商业秘密，并不愿公开细节。由此，人们对机器算法之参数是否正确及数据模型之逻辑合理与否，难免心怀疑虑。

一种观念认为，既然基于机器学习的大数据证据被作为证据提交法庭，那就应当要求设计者公开技术方案。如果不公开，大数据证据就难以满足真实性标准。相反，"如果设计者能够保证机器算法的透明度，那么该工具就更容易被法庭接受，而且这些计算的透明度也会同时提高刑事司法系统的透明度。"[②] 这一看法过于武断。洛斯教授指出："像基于复杂、不透明算法的谷歌地球卫星图像分析报告，往往就被认为含有相当准确的信息而具有高度的证明力。持异议的当事人不能仅仅说，自己无从获取有关的源代码，而要求法庭对该证据予以排除。"[③] 在我国，

---

① 吕乃基：《大数据与认识论》，载《中国软科学》2014 年第 9 期。

② Ric Simmons, Quantifying Criminal Procedure: How to Unlock the Potential of Big Data in Our Criminal Justice System, 2016 Mich. St. L. Rev. 947, 951（2016）.

③ Andrea Roth, Machine Testimony, 126 Yale L. J. 1972, 2030（2017）.

人们也不会仅仅因为不了解技术原理而否认各种基于 GPS、基站、IP 地址的轨迹分析报告的证据价值。

即便要公开机器算法，"算法透明也不能保证软件得到有效的审查"[1]。由于部分机器算法是机器学习的产物，人类的专家并不能有效解释或说明。"源代码是冗长的，像 TrueAllele[2] 软件有 170000 行代码。只要案件中持异议的当事人（或公众）可以自由不受限地接触、测试该软件，只要该软件客观上是扎实开发并经过标准检测的，那么获得软件源代码本身就不那么紧要了。"[3] 况且，司法人员绝大多数都是技术外行，如何进行关于数据模型与机器算法的准确裁断？又如何进一步去评价其中哪些因素可能影响到机器结论？

笔者认为，解决大数据分析结果可靠性难题，需要法律界与科技界的协同探索。当前实践中试行的一种技术方案是，由法庭组织司法鉴定机构或行业组织的专业人员进行黑箱测试。黑箱测试是在已知产品所应具有功能的前提下，通过测试来检测每个功能能否正常的一种测试方法。在测试时，把软件程序看作一个不能打开的黑盒子，在完全不考虑其内部结构和内部特性的情况下，在软件程序接口进行测试。[4] 例如，笔者所在团队在协助办理一起组织传销犯罪案件中，为借助某个大数据分析平台对后台数据库中海量的会员数据、资金数据等进行分析，通过模拟数据反复启动对该大数据分析平台的多轮黑箱测试，抽样验证过关后再用于检验鉴定，得出了传销犯罪的组织层级、成员关系等。[5]

另一种值得推行的法律方案，是由法庭组织控辩双方进行对抗。"就像法官判断一个新的、复杂的科学流程是否满足多伯特标准，需要

---

[1] Andrea Roth, Machine Testimony, 126 Yale L. J. 1972, 2034（2017）.

[2] TrueAllele 是一家公司开发的非常规 DNA 检测工具。其利用复杂的数学公式，从统计学的角度来测定案件中 DNA 样本是来自某人的可能性。

[3] Andrea Roth, Machine Testimony, 126 Yale L. J. 1972, 2035（2017）.

[4] 参见田培：《软件系统的黑箱测试》，载《计算机教育》2005 年第 8 期。

[5] 参见《某某大学物证技术鉴定中心司法鉴定意见书》某某鉴定（2018）电子第 14 号。

组织听证会听取各方专家意见一样，法官在评估一个（机器）算法的方法的可靠性时，同样可以召集听证会听取双方专家的意见。"[1] 为了使得这样的庭上对抗富有效率，法庭还应给出庭发表意见的双方专家提供必要的条件。具体来说，"控辩双方都可以审查可公开的机器（程序）代码、设计不同的输入指令、机器运行的不同参数，特别是测试与案件中当事人说法吻合的材料看看机器会产生什么样的报告"。[2] 这说明，面对大数据证据，司法领域的经典对抗制仍是一把金钥匙，可以帮助人们解开评价大数据证据之机器算法是否可靠的难题。

这里试举笔者调研的许某某诉淘宝（中国）软件有限公司、杭州阿里科技有限公司网络服务合同纠纷一案进行说明。为了维护淘宝客推广秩序，被告（淘宝）开发出反作弊系统，它可以通过抓取异常推广数据识别淘宝客的不正当推广行为。被告（淘宝）指称，原告的淘宝客 PID 在 2013 年 3 月、4 月、5 月的推广数据被反作弊系统抓取存在明显异常，三个月内共劫持淘宝流量 626 次、天猫流量 4952 次。法庭上，原告对被告（淘宝）通过机器算法——反作弊系统抓取淘宝客异常推广行为的做法表示强烈不服，双方产生了激烈的争议。那么，怎么处理这一争议呢？对抗式庭审是必不可少的，专业测试也极具价值。在该案中，被告（淘宝）提供了上海某计算机司法鉴定所出具的司法鉴定意见书一份，用以证明淘宝客反作弊系统异常检测方法的科学性、合理性及劫持流量的方法、统计依据的事实。[3] 该案虽然回避了公布淘宝反作弊算法模型

---

① Ric Simmons, Quantifying Criminal Procedure: How to Unlock the Potential of Big Data in Our Criminal Justice System, 2016 Mich. St. L. Rev. 947, 998（2016）.

② Andrea Roth, Machine Testimony, 126 Yale L. J. 1972, 2028（2017）.

③ 参见许某法与淘宝（中国）软件有限公司、杭州阿里科技有限公司网络服务合同纠纷案，浙江省余杭区人民法院（2014）杭余民初字第 3 号民事判决书。在该案中，鉴定意见书的结论包括：（1）系统可以找出推广数据异常的淘宝客；（2）系统所使用的异常检测方法是建立在大规模数据分布式计算基础之上的，有成熟的概率学理论作为支撑，通过该方法检测异常淘宝客并判定其推广行为为不正当推广行为，是科学合理的。

的问题，但同样通过庭上对抗的方式解决了大数据分析结果的真实性认定问题。当然，假如该鉴定所能够进行技术上的黑箱测试，则司法裁判更具有公信力。

（三）探索超越人类经验判断的大数据证据关联性规则

关联性是证据发挥证明作用的自然属性。只有对案件事实的证实与证否具有实质意义的证据，才具有关联性。大数据文件产生之初，早期的研究就提出："在小数据世界中，相关关系也是有用的，但在大数据的背景下，相关关系大放异彩。"[①] 但是，基于大数据分析得出的相关性，是否可以纳入证据法的相关性概念范畴？这是一个值得深究的问题。

一种观念认为："大数据相关性与证据相关性在概念上相差不大，核心差异在于面向的问题域，以及是否有人的参与因素。"[②] 相应地，许多人主张，大数据证据完全可以援引证据关联性的传统规则或标准进行审查。"传统的关联性判断标准还是可以用的，这个标准可以分为两个具体标准：一是指向标准，即这些数据和相关分析是不是指向案件的争点问题；二是功能标准，即这些数据和相关分析得出的结论，对于证明对象，有没有证明作用或者证明价值，亦即这个材料的存在使争议的问题是不是变得更有可能或者更无可能。"[③] 传统的判断方法对大数据证据的关联性审查具有应用价值。

实践表明，部分大数据分析所揭示的关联性结论，很可能是人类依靠经验一时无法确认的。例如，沃尔玛公司通过分析其历史交易记录的庞大数据库发现，每当在季节性飓风来临之前，不仅手电筒销售量增加

---

① ［英］维克托·迈尔·舍恩伯格:《大数据时代：生活、工作与思维的大变革》，周涛译，浙江人民出版社 2012 年版，第 71 页。

② 周蔚:《大数据在事实认定中作用机制分析》，载《中国政法大学学报》2015 年第 6 期。

③ 何家弘等:《大数据侦查给证据法带来的挑战》，载《人民检察》2018 年第 1 期。

了，而且 POP-Tarts 蛋挞（美式含糖早餐零食）的销量也增加了。① 英国学者维克托评价说："认识论意义上大数据分析运用的相关性理论是超脱于人类经验判断的'数据经验'……"② 我国有学者将这种现象称为"产生了一种不同于人类经验的新经验"。"大数据分析方法让我们看到了瞬间大批量处理非结构化信息的可能性，同时大数据分析方法能够弥补人类对庞大数据分析理解上的不足，为事实认定者提供了基于数据的'数据经验'或者'特殊经验'。"③ 而这就是大数据文件带给证据关联性规则的关键性挑战。

化解挑战须从整体数据与具体数据两个方面去构建规则。如果整个数据集同案件中的人、事、物、时、空没有关联，那么大数据证据的关联性就没有搭建起来。④ 至于具体数据的关联性判断，人们要学会认可机器的关联性判断，即由机器识别的关联性意见转化为人类接受和认同的因果关系认识。"传统证据的因果关系是一种强关联关系，而大数据的相关关系是一种弱关联关系。实际上，大数据的相关性是基于机器逻辑的相关关系。"⑤ "在大数据时代，因果关系不仅不会退居次于相关关系的地位，而且相反，作为因果派生关系，相关关系的当然基础是因果

---

① 参见［英］维克托·迈尔·舍恩伯格：《大数据时代：生活、工作与思维的大变革》，周涛译，浙江人民出版社 2012 年版，第 73 页。

② 周蔚：《大数据在事实认定中作用机制分析》，载《中国政法大学学报》2015 年第 6 期。

③ 周蔚：《大数据在事实认定中作用机制分析》，载《中国政法大学学报》2015 年第 6 期。

④ 在笔者调研的一起非法经营罪案件中，被告人被指控利用境外网站经营期货业务，指控证据是一份没有标明出处的期货交易清单。然而，由于有关证据不能反映出是来自涉案网站的特定账户，以及该账户确实属于被告人实施期货交易所单独使用，亦无法排除系模拟交易服务的记录截屏，因此无法建立证据的关联性锁链。

⑤ 刘品新：《电子证据的关联性》，载《法学研究》2016 年第 6 期。

关系。"①

人们对这一规律的认识需要一个过程。我国在以前治理网络犯罪，面对网络犯罪呈现的"事—机—人"特殊规律，经常遭遇无法依靠电子证据证明实际作案人的难题。从人类的因果逻辑认识上看，电子证据是由机器产生的，根据从中的信息只能追查到涉案机器，根本追不到作案人。但是，随着轨迹大数据分析②技术的出现，人们可以将得出的机器轨迹同行为人的轨迹进行匹配，实现关联性证明方面的认识跃升。如在徐某某、卢某走私、贩卖、运输、制造毒品一案中，控方举出的证据既包括几名被告人的住宿证明，也包括反映其驾驶车辆活动轨迹的智能轨迹分析材料。③两者相一致，就将贩毒的犯罪行为与具体的被告人关联起来了。

第三节　区块链存证样态及证据规则创新

在当下实践中，通过区块链存证化解各种证明难题，已经在许多场景中获得成功。其中，以杭州互联网法院、北京互联网法院、广州互联网法院的电子证据平台探索产生的影响最大。特别是自最高人民法院 2018 年 9 月出台《关于互联网法院审理案件若干问题的规定》以来，三家互联网法院获得了通过防篡改技术保证电子证据法律效力的专门赋权。区块链存证在以上三家互联网法院主导下得到了普遍的试行。三家法院分别搭建（或改进）了名为"司法区块链""天平链""网通法链"

---

① 王天思：《大数据中的因果关系及其哲学内涵》，载《中国社会科学》2016年第 5 期。

② 大数据轨迹分析意指根据海量的话单基站数据、车辆运行数据、出入境数据、航班车辆使用数据、GPS 定位数据等，确定行为人的历史活动轨迹。

③ 参见徐某朗、卢某走私、贩卖、运输、制造毒品案，云南省高级人民法院（2015）云高刑终字第 226 号刑事裁定书。

的电子证据平台,其以区块链技术累积存储的海量电子证据,大幅提升了办案效率,并产生了广泛的影响。"区块链技术特有的不可篡改、不可抵赖、多方参与等特性,与电子数据存证的需求天然契合。"[①] 2021年6月,最高人民法院发布的《人民法院在线诉讼规则》第16条至第19条对区块链存证电子数据的真实性如何判断作出了规定。2022年5月,最高人民法院进一步发布了《关于加强区块链司法应用的意见》,对人民法院区块链平台建设提出新要求,旨在到2025年,建成人民法院与社会各行各业互通共享的区块链联盟,形成较为完备的区块链司法领域应用标准体系。这样一来,区块链证据在我国已经是一种客观的事物。然而,如何理解区块链存证在电子文件管理平台的角色和运行状况,仍然有许多悬而未决的问题。下文以三家互联网法院的实践为研究对象,尝试着从电子文件管理与证据规则相结合的视角,对区块链存证的基础性问题作出跨专业的回答。

一、互联网法院区块链存证的试验性赋权

"网上案件网上审"是互联网法院的审理方式。与传统线下审理相比,在线审理运用电子证据办案会面临更为棘手的难题。互联网法院审案在证据方面的特点是,电子证据居多且往往是关键证据,取证、举证、质证乃至认证环节基本上都是远程进行。司法解释的制定者判断,传统上民事诉讼中运用电子证据"主要依靠公证程序""基本为形式审查""程序复杂繁琐",[②] 在互联网法院审案中应当"打破通过公证程序认定真实性的单一途径,通过技术手段和相关配套机制对电子数据真实

---

① 《区块链司法存证应用白皮书》(1.0版),来源:"可信区块链推进计划",2019年6月,前言部分第1页。

② 参见胡仕浩、何帆、李承运:《〈关于互联网法院审理案件若干问题的规定〉的理解与适用》,载《人民司法(应用)》2018年第28期。

性作实质性认定"①。"区块链存证"条款正是在这种考量下应运而生，为互联网法院审案划定了依法探索的空间。

（一）赋权条款的解释续造

《互联网法院审理规定》第 11 条第 2、3 款是我国关于区块链存证的主要法律规范。第 11 条第 2 款规定："当事人提交的电子数据②，通过电子签名③、可信时间戳④、哈希值校验、区块链等方式收集、固定和防篡改的技术手段或者通过电子取证存证平台认证，能够证明其真实性的，互联网法院应当确认。"此为区块链存证的规范依据，旨在"鼓励和引导当事人通过……区块链等技术手段……对证据进行固定、留存、收集和提取……提升电子数据的证据效力"。⑤ 第 11 条第 3 款规定："当事人可以申请具有专门知识的人就电子数据技术问题提出意见。……"这确立了区块链存证的专家辅助配套机制。为了具体落地试行，三家互联网法院还制定了相关的实施细则、技术标准等。其构成一个关于区块链存证的临时性规范体系。然而，由法律规范组成的法律文本需经过解释才能适用。作为公共理性行为的阐释，"以文本的意蕴呈现为核心。"⑥ 因此，我们有必要对区块链存证条款进一步解释续造。

---

① 胡仕浩、何帆、李承运：《〈关于互联网法院审理案件若干问题的规定〉的理解与适用》，载《人民司法（应用）》2018 年第 28 期。

② 法条术语"电子数据"与法学术语"电子证据"属于同义词。在本书中不作区分。下同。

③ 电子签名是指能够在电子文件中识别各方当事人的真实身份，保证网络行为的安全性、真实性以及不可抵赖性，并起到与传统签名同等作用的"签名"数据。其防篡改的技术点在于能够确定持有者身份的密码代号、密码、个人识别码 PIN、公私钥、特殊生物特征等。

④ 可信时间戳是指由高度权威的授时机构负责授时形成的"签名"数据。其防篡改的技术点在于证明原始文件在签名时间之前就已经存在。

⑤ 参见胡仕浩、何帆、李承运：《〈关于互联网法院审理案件若干问题的规定〉的理解与适用》，载《人民司法（应用）》2018 年第 28 期。

⑥ 易军：《原则 / 例外关系的民法阐释》，载《中国社会科学》2019 年第 9 期。

首先，该款限定的技术方案既包括区块链技术，也包括电子签名、可信时间戳、哈希值校验等其他防篡改技术，还包括电子取证存证平台的认证方法。这些方案是并存的，可以相互结合或共同作用。对于声誉最高的"区块链"方式，该款未就中心词的含义予以说明。人们可以援引日常或专业领域的表述。一般认为，"区块链"是指"由分布式计算机网络构成的去中心化的数据库"①，或者说是"一种由多方共同维护，使用密码学保证传输和访问安全，能够实现数据一致存储、防篡改、防抵赖的技术体系"②。简言之，它是一种高于传统上运用单一机器、服务器或数据库存储的技术，也是一种高于开展数据简单共享的技术。

其次，该款指向的对象是用作证据的"电子数据"。根据相关定义性规范，"电子数据"是指"案件发生过程中形成的，以数字化形式存储、处理、传输的，能够证明案件事实的数据"③。这是一种独立于传统证据（如书证、物证及各种笔录）的证据。《互联网法院审理规定》将该证据专列出来，意味着该款的"先行先试"并不当然地适用于传统证据。诚然，部分传统证据电子化后确有纳入区块链平台的需要，在技术上也是大同小异的。我国有研究者将之称为"电子化证据"④。若欲以此概念拓展探讨，需要寻找其他法源。

再次，该款针对的行为是"证据的收集、固定"，产生的法律效果是"确认证据效力"。其实，"存证"是一个非典型的法律术语。该款

---

① De Filippi, P. and Wright, A., Blockchain and the Law: The Rule of Code, Cambridge-Harvard University Press, 2018, p.13.

② 参见北京互联网法院制定的《天平链应用接入测评规范测评技术指南》2019年9月讨论稿第3条。

③ 最高人民法院、最高人民检察院、公安部《关于办理刑事案件收集提取和审查判断电子数据若干问题的规定》（法发〔2016〕22号）第1条。

④ 谢文静：《电子化证据问题研究》，吉林大学2018年硕士学位论文。在该文中，将电子化证据界定为一个类概念，包括电子化的书证、电子化的物证、电子化的勘验笔录等。

将"存证（平台）"与"取证（平台）"[①]并用，表明"存证"可以被简单理解为"保存证据"。[②] 这一含义自然落入"证据的收集、固定"范畴。至于纳入"区块链存证"的法律后果是什么？该款表述为"应当确认"，即法院认可有关证据的真实性，进而认可其法律效力。此意味着，区块链存证提供了一种保证电子证据真实性、进而保证其法律效力的特殊机制。这是一种从电子证据的真实性问题切入，拓展至其法律效力问题的整体思路。

最后，该款涉及的行为主体不仅指字面上的当事人、法院，也囊括未在字面上明示但作为区块链平台节点的存证公司、鉴定机构和公证机构等。宽松解释允许在解释规范时将该规范之意思延及至边缘地带，其往往关涉较为宽泛的案件应用领域。此处采取宽松解释符合搭建区块链存证平台的客观规律。在《互联网法院审理规定》颁行之前区块链存证就已存在，当时主要是一些存证公司等单位主导搭建平台，将当事人提交的电子证据"入链"存证。该司法解释的颁行，直接推动了互联网法院主导设立区块链存证平台，鼓励了曾经提供中介服务的公司或机构提交电子证据"入链"存证，并且对鉴定机构、公证机构或其他组织参与作为存证节点持开放态度。

由此可见，现在司法解释初步确定了严格意义上的区块链存证机制。它指的是由互联网法院等主体搭建基于区块链技术的平台，供当事人或其他组织收集、固定电子数据，并通过存证节点进行效力证实的证

---

① 有专家提出："取证行为与存证行为的根本差异在于证据固定纠纷是否可预见或是否已实际产生。""取证行为往往发生在诉讼准备阶段或诉讼发生之后……存证行为是指为预防可能发生的纠纷，提前固定证据并以一定方式储存，诉讼发生之后及时提交人民法院。"参见童丰：《公证介入区块链技术司法运用体系初探——从杭州互联网法院区块链存证第一案谈起》，载《中国公证》2018年第9期。

② "存证"的英文翻译经常被用作"Evidence's Storage and Authentication"。在这一语境下，"存"和"证"是并行的，"存"是指"证据保全"，"证"是指"证据验证"，因为区块链内部各个节点可以验证"入链"证据的真实性。这说明两种语境中对"存证"的理解有所不同，当然核心意思是相通的。

明机制。当然，由提供中介服务的存证公司等单位搭建基于区块链技术的平台开展相关的电子数据保存工作，也可以被理解为宽泛意义上的"区块链存证"。

（二）赋权规则的要件抽象

在区块链存证中，互联网法院履行着证据保全的职责，其行为可理解为"区块链＋证据保全"；提供中介服务的存证公司等单位充当着"见证人"的角色，其行为可理解为"区块链＋证据见证"；参与作为存证节点的鉴定机构、公证机构可以出具鉴定意见书、公证书，其行为可理解为"区块链＋司法鉴定、公证"；当事人直接或间接对证据进行提存保管，其行为可理解为"区块链＋证据保管"。由此可见，区块链存证的定位就是各种证据工作"多元混存"的集合。在个案适用中判断区块链存证合格与否，以及判断所存储电子证据之价值如何，还需从规则要件的角度进行抽象分析。

任何法律规则都是以逻辑结构的方式呈现的，即可以分解为法律规则的组成要素及其关系。一种主流学说认为，法律规则的逻辑结构可表示为 T → OR，其中 T 表示"构成要件"，OR 表示"法律后果"，→表示不构成独立逻辑要素的"包含或条件关系"。[1] 在《互联网法院审理规定》第 11 条第 2 款中，"法律后果"的要素是比较明确的，即"法院认可有关证据的真实性、进而认可其法律效力"。那么，满足什么样的"构成要件"才能导致该"法律后果"呢？这涉及规则适用的前提事实，需要透过字面文义进行概括（见图 6-1）。

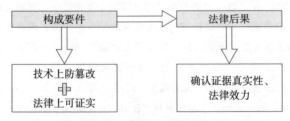

图 6-1　区块链存证规则的逻辑结构（探索方案）

---

① 参见雷磊：《法律规则的逻辑结构》，载《法学研究》2013 年第 1 期。

笔者认为，基于区块链存证之电子证据有效的构成要件之一是"技术上防篡改"。这是技术方面的要件。在该款中，将区块链技术同电子签名、可信时间戳、哈希值校验等技术并列表述，是对这几种技术的防篡改功能的认可。简单地展开，区块链技术依靠存证节点的共信机制实现该功能，而电子签名、可信时间戳、哈希值校验在实现防篡改功能的技术点方面各有千秋。同时，该款也将区块链等技术与电子取证存证平台认证并列起来。它们是从不同技术的角度承担收集、固定证据的功能。

基于区块链存证之电子证据有效的构成要件之二是"法律上可证实"。这是法律方面的要件。在该款中，"能够证明其真实性的"是一种同等重要的表述，指的是当事人等行为主体要承担证明有关证据属实的义务。这是一个不能被忽视的要件，因为任何证据具有法律效力的前提是满足真实性、关联性、合法性的标准，而"电子证据面临来自真实性方面的巨大挑战"[1]。互联网法院审理案件中使用电子证据亦要遵循此理，即不能因为"入链"的电子证据借助了防篡改技术而放松对其采纳标准，特别是真实性标准的要求。

诚然，该款在用语表述方面并非十分完美，如列举的方案交叉混同、有违技术中立原则、表意不尽清楚等。不过，瑕不掩瑜。在现行司法解释对区块链存证作出了试验性赋权后，关键在于实践中能否真正适用有关规定，以及能否形成可复制、可推广的经验。

二、互联网法院区块链存证的开创性实践

目前三家互联网法院均已上线基于区块链存证的电子证据平台。[2]

---

① 刘品新：《论电子证据的理性真实观》，载《法商研究》2018 年第 4 期。

② 吉林、山东等地区九个省高级法院、中级法院、基层法院亦上线了基于区块链存证的电子证据平台。

调研表明，三家的具体方案略有不同，[①] 其共同特点是不完全对外开放，仅允许经过授权的单位加入作为存证的节点。[②] 例如，北京互联网法院联合司法鉴定中心、公证处、行业组织、大型央企、大型金融机构、大型互联网平台等 17 家单位作为存证节点，吸引了来自技术服务、应用服务、知识产权、金融交易等 25 家应用接入机构加入，构成集数据生成、存证、验证、服务审判为一体的综合体系，以此支撑庭审并产生了大量的判决。在这种机制下，电子证据的运用通常会在各方主体之间构成一个可验证的闭环。该闭环的运行效果如何及能否满足区块链存证的构成要件，就是评价该探索实践的基本标尺。

（一）面临关键性的障碍

如前所述，三家互联网法院试行区块链存证的直接目的在于保障电子证据的真实性。而调研表明，在区块链存证的机制下，电子证据的真实性可分为入链前的真实性和入链后的真实性。入链后电子证据的真实性可以得到技术保障，而入链前电子证据的真实性如何保障是探索者面临的关键性障碍。

要深刻认识这一点，需要理解电子证据入链的一般流程：第一步，当事人直接或委托存证公司等单位保存电子证据。这一步通常于案件发生前完成。第二步，存证公司等单位同步将电子证据的哈希值写入存证链。第三步，存证链返回存证编号。第四步，一旦发生纠纷，当事人可

---

① 杭州互联网法院的做法是以蚂蚁区块链技术为依托，可对接第三方数据持有者、第三方数据提供商等多个数据接口；北京互联网法院的做法是由法院主导，与国内先进的区块链产业企业共建"天平链"；广州互联网法院的做法是依托工信部五所，由三大电信营运商各自建链，法院的外网平台再与其对接。

② 区块链可以根据网络去中心化的程度不同，分解为公链、私链与联盟链。公链也称为公有链，即全网公开、无用户授权机制的区块链；私链也称为私有链，即网络中的所有节点都掌握在一家单位或机构手中的区块链；联盟链也称为行业链，即允许授权的节点加入网络、可根据权限查看信息的区块链。按照这种分类法，三家互联网法院实行的是联盟链。

上传原始数据和存证编号，法官利用存证链平台在线计算哈希值，以判断电子证据是否发生篡改。通览这一流程不难发现，入链后电子证据的真实性确实得到了高度保障。这不仅是因为"哈希值不变，数据不变"乃是技术常识，更因为电子证据的哈希值被分散到联盟链的全部节点、多处存储，使得任何人修改入链后的电子证据几乎是不可能的。有技术专家分析，区块链技术通过向全网广播的方式，让每个参与维护的节点都能复制获得一份完整数据库的拷贝。除非能够同时控制整个系统中超过51%的节点，否则单个节点上对账本的篡改是无效的，也无法影响其他节点上的数据内容。[1] 这亦说明电子证据入链后就无法被篡改。

但问题在于，入链前电子证据源自何处、如何流转等均存在疑问。就像通过电子签名、可信时间戳、哈希值校验技术无法保证电子证据在采取这些技术措施前不被篡改，[2] 区块链技术也不可能保证电子证据在入链前不被造假。区块链存证既不能排除当事人全部或部分提供"虚假"证据的情形，也不能排除当事人单方聘请的存证公司等单位单纯服务于一方当事人利益而"冒险"的情形。实践中探索者普遍承认"入链前电子证据的真实性无法保证"。我国首部关于区块链存证的白皮书就指出："区块链技术可以保障电子证据的载体及载体上证据副本的真实性，但载体的真实和副本数据的真实，无法决定电子数据本身

---

① 参见李静彧、李兆森：《基于区块链存证的电子数据真实性探讨》，载《软件》2018年第6期。

② 我国法院对于采取可信时间戳技术固定的电子证据也担心固定前的真实性。如在一起侵害作品信息网络传播权纠纷案件中，法院指出："电子数据证据不同于传统的证据形式，具有真伪的脆弱性、传递的技术性、极强的可复制性等特殊属性，并非只要采用了上述技术手段所采集的电子证据就是真实可靠的，存在在抓取之前已因所处设备或网络环境存有问题而遭受'破坏'的可能性，导致存证下来的证据不具有可信力。这类'破坏'包括非真实的网络坏境、定向虚假链接访问、时间来源不明等问题。因此，当事人在用可信时间戳等技术手段采集证据时，应当严格遵守操作流程，确保电子数据的真实性。"参见北京阅图科技有限公司与上海东方网股份有限公司著作权权属、侵权纠纷案，北京互联网法院（2019）京0491民初1212号民事判决书。

的真实性。"[①]

这样的真实性疑虑主要是针对电子证据入链的第一步产生的，也部分涉及电子证据入链的第二步。通俗地说，"垃圾进，垃圾出"。具体来说，"一方面，在线提交证据导致法院无法核实电子证据的形成、存储、传送、收集等过程。一旦对方当事人对电子证据的真实性提出异议，提出该证据可能被篡改，法院的审查将无从入手；另一方面，电子证据在线提交的过程相当于证据的二次电子化，如何确保提交过程的可靠性，从而保证电子证据所载内容始终保持完整并未经篡改值得思考"[②]。因此，区块链存证尚未彻底地解决电子证据的真实性问题。

这就说明，当下的区块链存证虽满足了《互联网法院审理规定》第 11 条所确定的"技术上防篡改"的构成要件，但并不能充分满足"法律上可证实"的构成要件。这是赋权性规则转化为正式制度时不得不面对的"阿喀琉斯之踵"。

（二）取得超预想的收获

从实际效果来看，互联网法院的区块链存证探索在保障电子证据的真实性认定方面产生了显著的影响。不仅如此，这一探索还在很大程度上丰富了电子证据关联性、合法性标准的内涵，为完善证据审查判断规则提供了新鲜素材。这些是超过预期目的的实践收获。

1. 强化电子证据的关联性支撑

电子证据证明案件事实需满足内容和载体的双重关联性。内容关联性是电子证据的数据信息同案件事实间的关联性，主要是经验上的关联性；载体关联性是指电子证据的信息载体同案件当事人或其他诉讼参与

---

① 《区块链司法存证应用白皮书》（1.0 版），来源："可信区块链推进计划"，2019 年 6 月。

② 秦旺、谢欣欣、钟晨曦：《检视与构建：互联网法院审理模式下的电子证据认定规则——基于类型化研究的路径探索》，载胡云腾主编：《司法体制综合配套改革与刑事审判问题研究——全国法院第 30 届学术讨论会获奖论文集（上）》，人民法院出版社 2019 年版，第 720 页。

人相关，具体可分解为人、事、物、时、空的关联性。[①] 区块链存证强化关联性主要表现为对载体真实性的支撑，这与区块中记录的元数据、节点链、实名认证等信息密切相关。

一般来说，区块中记录的元数据会包含一些可供利用的信息。由于区块链依赖点对点网络和数字签名，所以其存储的数据是透明且不可否认的。在以区块链为基础的交易中，不仅入链保存的信息可以得到鉴真，而且人们可以审核有关的元数据或其他背景信息。[②] 有研究者举例说，电子病历共享区块链模型具有较强的可拓展性。每个区块记录患者的唯一身份识别信息、经过加密的病历及病历的时间戳。为改善数据通达效率，区块中以标签形式记录了数据格式等元数据内容。[③] 一旦发生医疗纠纷需要审查电子病历的，司法人员不仅可以审查链上的信息，还可以审查元数据。互联网法院的区块链存证亦呈现此规律。

与传统存证方式相比，区块链存证可以实现关联证据追溯。传统存证难以确认不同文件之间的关联关系。在区块链存证中，多份共同制作的系列文件，可以通过关联证据追溯相关技术，确认证据之间的关联性。[④] 特别是一类或一系列业务运行在区块链上的，更因其全流程留痕而使证据的关联更加明确。[⑤] 这就相当于区块链存证中的电子证据自然构成一个保管链，呈现为一个不同节点相关联的体系。这是传统存证所不能实现的。

---

① 参见刘品新：《电子证据的关联性》，载《法学研究》2016 年第 6 期。

② De Filippi, P. and Wright, A. Blockchain and the Law: The Rule of Code, Cambridge-Harvard University Press, 2018, p.37.

③ 参见闫树、卿苏德、魏凯：《区块链在数据流通中的应用》，载《大数据》2018 年第 1 期。

④ 参见《区块链司法存证应用白皮书》（1.0 版），来源："可信区块链推进计划"，2019 年 6 月。

⑤ 参见《区块链司法存证应用白皮书》（1.0 版），来源："可信区块链推进计划"，2019 年 6 月。

我国《网络安全法》提出的实名身份认证要求，[①] 也成为当下区块链存证的"标配"。例如，广州互联网法院制定的《可信电子证据平台电子数据存储和使用规范（试行）》第 7 条规定："第三方数据服务商应当按照《中华人民共和国网络安全法》的规定，对信息服务使用者进行基于统一社会信用代码、身份证件号码或者移动电话号码等方式的真实身份信息认证。"区块链存证中的实名身份认证可借助对应特定自然人的电子签名等予以实现。如果入链前的电子证据附加了使用者的电子签名，那么其关联性就获得了一种良好的保障。就像当事人以电子签名为基础签约开展电子交易一样，电子签名可以作为证据证明基于区块链技术的电子账户是谁的。这就压缩了账户使用者否认交易发生之事实的空间，除非账户使用者能够证明其与账户相关联的私钥被人盗用了。[②]

此外，在国外学术研究中，一些区块链研究者还提出了另一种思路：在以区块链为基础的网络行为中，当事人还可以选择披露他们的公开地址，以证明他们是信息源或网络行为实施者。这样的公开性能够进一步证明当事人是信息源的高概率。举例来说，2016 年末社会上掀起了一种阴谋论：著名的密码朋克和维基解密的创始人朱利安·阿桑奇是否还活着？这一论调是在因特网上蔓延开来的，有关"故事"是被张贴在诸如 Reddit and 8chan 的网上社区的。但是，最终阿桑奇没有直接露面就破除了这个谣言。他使用广为人知的同维基解密的比特币地址，执行了一系列交易行为，其中藏着隐语"我们很好。8 Chan 在胡说八

---

① 《网络安全法》第 24 条第 1 款规定："网络运营者为用户办理网络接入、域名注册服务，办理固定电话、移动电话等入网手续，或者为用户提供信息发布、即时通讯等服务，在与用户签订协议或者确认提供服务时，应当要求用户提供真实身份信息。用户不提供真实身份信息的，网络运营者不得为其提供相关服务。"

② W. Diffie and M. Hellman, New Directions in Cryptography, IEEE Transactions on Information Theory,1976（22），p.644-654.

道"。[1] 这为互联网法院提供了可资借鉴的"关联性认定"的高级模式。

2. 优化电子证据的合法性标准

传统的证据合法性审查标准包括主体合法性、形式合法性、程序合法性。区块链存证的合法性审查除了关注上述三个标准外，还需要关注存证的合法性。过去我国的区块链存证主要借助存证公司，它们虽具有技术优势，但其并不像司法机关那样具备国家公信力。这产生了诸如存证平台是否需要资质的"形式化"争议，也出现了截然对立的判决。在一起侵害作品信息网络传播权纠纷案中，法院通过肯定区块链技术以及该平台的中立性，从而实现了对存证平台的资质审查。[2] 而在一起著作权权属、侵权纠纷案中，法院则认为，存证平台是否获得电子认证许可证书，属于行政管理法规调整的范畴，不能直接以此否定存证平台的资质以及存证平台存证的合法性、真实性。[3]

与此形成鲜明对比的是，互联网法院开展区块链存证能够缓解存证公司因资质遭受质疑而引发的存证合法性问题。技术无党派，存证链无门户，当事人、法院、公证机构、鉴定中心以及专门的存证公司均是区块链存证的参与者。特别重要的是，存证公司接入天平链前需要接受严格的审查，从而确保了其权威性。

互联网法院在探索区块链存证制定规范性文件时已关注到存证合法性问题。2018 年 12 月 22 日北京互联网法院"天平链"发布，《北京互联网法院电子证据平台接入与管理规范》也于同日发布，对"接入平台"从机构资质、专业技术能力、平台安全性以及电子证据的生成、收

---

① Ronald L. Rivest, Adi Shamir, and Leonard Adleman, A Method for Obtaining Digital Signatures and Public-Key Cryptosystems, Communications of the ACM, 1978（2）, p.120-126.

② 参见杭州华泰一媒文化传媒有限公司诉深圳市道同科技发展有限公司侵害作品信息网络传播权纠纷案，杭州互联网法院（2018）浙 0192 民初 81 号民事判决书。

③ 参见北京全景视觉网络科技股份有限公司与深圳市康辉旅行社有限公司著作权权属、侵权纠纷案，北京互联网法院（2019）京 0491 民初 797 号民事判决书。

集、存储、传输过程的安全性、合规性等方面提出了明确的严格要求。2019 年 1 月，北京互联网法院等组建司法工作组，重点开展《天平链接入与管理规范细则》以及《天平链接入测评规范》研究，进一步规范了"天平链"接入方的资质要求、电子数据的存证规则等。① 同时，杭州、广州互联网法院关于区块链存证的规范建设，也形成了它们关于审查判断区块链存证中电子证据合法性的新标尺。

三、互联网法院区块链存证的制度化建构

《经济学人》将区块链描述为"信任机器"，区块链概念的布道者安东诺普洛斯也宣称区块链代表了从"可信的人"到"可信数学"的转变。② 这昭示了我国普遍推行区块链存证制度有望解决人们对电子证据信任不足问题的巨大前景。实践表明，区块链存证的初步探索已积累了超越法律文本的、可升级为制度的经验。我国应当以此为基础，在法秩序范围内展开理论探讨、优化制度供给，力争借助新一轮科技革命创造更高水平的司法文明。

（一）聚焦关键问题的理论跟进

在区块链存证的架构下，单凭技术方案无法解决入链前电子证据的真实性问题。这也显然不是纯技术问题。习近平总书记深刻地指出："科技创新、制度创新要协同发挥作用，两个轮子一起转。"③ 要化解区块链存证真实性的现实障碍亦同此理。人们需要在法律与技术的"目光往返流转"中寻找交错的智慧，必要时引进各种配套的法律制度。初步

---

① 参见郭晶霞、赵岩、董学敏：《"互联网 + 审判智慧"的北京方案》，载《人民法院报》2019 年 9 月 19 日。

② Vos, Jacob & Lemmen, Christiaan & Beentjes, Bert, Blockchain-based Land Administration: Feasible, Illusory or Panacae? 2017 World Bank Conference on Land and Poverty.

③ 习近平：《为建设世界科技强国而奋斗》，载《人民日报》2016 年 6 月 1 日。

来看，我国可以将区块链存证这一新生事物，同司法场景下旨在解决电子证据真实性问题的前端控制、司法推定、不利自认、补强佐证等理论嫁接起来。

1. "区块链存证＋前端控制"

前端控制被称为电子文件时代的新思维。法国档案学者 C. 诺加雷明确指出，档案工作者要重新考虑他们在文件生命周期中进行干预的时机，甚至重新思考这种生命周期本身。该观点是前端控制思想产生的根源。前端控制是指为了确保电子文件的完整齐全、真实可靠，档案部门和档案工作者应在电子文件生成之初（甚至是电子文件管理系统设计之初）就对电子文件进行前期的监督与控制。[1] 对电子文件实行前端控制的必要性包括电子文件的证据性之要求，设计阶段是确定电子文件归档范围的最佳时机，基于电子文件的利用要求等。[2]

前端控制理论显然能够弥补入链前电子证据的真实性疑虑。根据前端控制之要求，需要在电子证据产生之初就对其进行监控，从而保障其原始性、真实性、完整性，防止"多版本保留"[3] 等问题的发生。从证据法的视角看，之所以强调对电子文件实行前端控制，是因为电子文件的证据性需要由"内容、上下文关系和结构"三要素给予支持，而保留这些要素应该成为文件管理系统的必备功能。通过系统设定及时采集必要的"背景信息"和"元数据"，有助于证明文件的形成过程和真实可

---

① 参见冯惠玲、赵国俊:《中国电子文件管理:问题与对策》,中国人民大学出版社 2009 年版,第 62 页。

② 参见冯惠玲:《电子文件时代新思维〈拥有新记忆——电子文件管理研〉摘要之六》,载《档案学通讯》1998 年第 6 期。

③ 多版本保留是指存证方可以就某一个事实相关的电子证据（如电子合同等）生成多个版本,对每个版本分别计算哈希值并分别传至区块链保存,将来发生争议时,选择其中有利于自己的版本作为证据校验,而不提供其他对自己不利的版本。参见陈平祥、姜琪、朱冠琳:《论运用区块链技术提取和审查刑事电子数据》,载《网络信息法学研究》2019 年第 1 期。

靠性。① 基于此理，强调在区块链存证中实行前端控制，至少可以通过保留元数据和背景信息来保障电子证据的真实性。

2. "区块链存证 + 司法推定"

司法推定是降低证据真实性证明难题的一种方法。其通常模式是，案件中某一证据支撑之事实满足某种特定条件的，就可以推定另一事实是真实的，当然对方提出有效反证的除外。我国有研究者专门介绍过美国佛蒙特州的区块链推定规则。该州规定，通过区块链技术的有效应用而核实的事实或记录是真实的；当然该推定并不影响原先的证明责任配置。② 同理，在我国拓展使用推定规则可以降低关于入链前电子证据真实性的证明难度。③

笔者建议从以下方面设定符合国情的推定规则。其一是具有可靠来源之电子证据入链的真实性推定。传统上我国认可关于可靠来源的推定，如公文书证在效力上被认为要优于一般书证。现如今，假如国家档案部门、公证机关乃至鉴定机构等权威机关代替存证公司行使引导入链的职能，则所入链的电子证据可以被初步推定属实。其二是关于电子证据系统性入链的真实性推定。电子证据是由内容数据、附属信息、关联痕迹构成的一个完整的整体，④ 它们之间"有极强的规律性、协同

① 参见冯惠玲：《电子文件时代新思维〈拥有新记忆——电子文件管理研〉摘要之六》，载《档案学通讯》1998 年第 6 期。

② 参见施鹏鹏、叶蓓：《区块链技术的证据法价值》，载《检察日报》2019 年 4 月 17 日。

③ 有观点提出，区块链存证技术为证据审查提供新的逻辑脉络，即通过审查提取主体、证据同一性、完整性等形式要件，进而推定证据的实质真实。同时要看到，推理过程需依赖司法人员对经验法则的运用。推定的合理性一般应得到以下要素之一种的辅助。一是被告人认可，二是自被告人处依法获得，三是正常业务中形成，四是经推定加密处理，五是具有电子签名，六是进行专业数据恢复。参见吴美满、庄明源：《区块链存证技术在互联网金融犯罪治理中的应用》，载《人民检察》2018 年第 22 期。

④ 参见刘品新：《论电子证据的理性真实观》，载《法商研究》2018 年第 4 期。

性"。[①] 从这个意义上说，超越单纯的内容数据而将具有系统性的内容数据、附属信息、关联痕迹一并入链的，将可以推定该电子证据具有真实性。其三是关于即时入链的电子证据属实推定。电子证据入链时间的早晚关系到当事人造假的动机和可能性。电子证据在形成之际或此后不久入链的，当事人缺乏造假的动机，也缺少造假所需要的低限时间条件。对于这种电子证据，可以推定非为诉讼目的入链而具有可信度，进而赋予其优先的证据效力。其四是按照业务惯例入链的电子证据真实性推定。美加等国法律均规定对于系正常业务活动中生成并保存的电子证据，可以推定其是真实的。[②] 这就意味着，按照业务习惯产生的、通常为批量入链的电子证据，相比于非遵循业务习惯的、偶尔生成并入链的电子证据，更为可信。其五是经由电子签名而入链之电子证据的真实性推定。电子签名不仅可以防止对数据内容进行修改，而且可以同特定的人关联起来，即"电子签名为谁所持有"。经由电子签名的电子证据相当于在形成之时就获得了良好的保障，也就可以推定属实。

3. "区块链存证 + 不利自认"

区块链存证也可以跟自认制度相结合产生"化学反应"。一般来说，自认属于免证事实。免证事实虽属法院裁判的事实基础，但因其真实性得到了确认，故无须再用证据加以证明。我国三大诉讼领域均规定了自认方法，主要有最高人民法院《关于民事诉讼证据的若干规定》第 8 条、《关于行政诉讼证据若干问题的规定》第 65 条、《人民检察院刑事

---

① 参见刘品新：《论电子证据的理性真实观》，载《法商研究》2018 年第 4 期。

② 例如《加拿大 1998 年统一电子证据法》第 5 条规定："在任何法律程序中，如果没有相反证据，则可以通过下述证据或者在下述条件下，推定记录或存储电子记录的那一电子记录系统具有完整性：……（3）如果有证据证明，该电子记录系由除诉讼当事人以外的某人，在惯常而普通的业务活动中记录或存储的，而且其所进行的记录或存储并非根据意图引入该记录的当事人的指令。"这一法条中所说的"电子证据完整性"为直译，基本上等同于"电子证据的真实性"。参见刘品新主编：《国外网络犯罪法律制度选择》，中国人民公安大学出版社 2012 年版，第149 ～ 150 页。

诉讼规则》第 401 条第 4 项。需要指出的是，在刑事诉讼中自认并不当然产生免证的效力。我国《刑事诉讼法》第 55 条规定，只有被告人供述，没有其他证据的，不能认定被告人有罪和处以刑罚。这就说明，在刑事诉讼中原则上不承认被告人对案件实体事实的自认。当然，这并不意味着区块链存证完全不能与刑事自认相嫁接。

在民事诉讼和行政诉讼中，如果区块链存证的电子证据是由对其不利的一方当事人实施的，则可直接认定证据的真实性。区块链存证在刑事案件中同样有广阔的运用空间，司法机关亦不得拒绝采取区块链存证的方式。若被告人通过区块链存证提交了于已不利的证据，司法人员虽不能直接采信，尚需根据《刑事诉讼法》第 55 条之规定审查是否有其他佐证。但在有其他证据相印证的情况下，可以认定得到自认支撑的入链证据真实有效。

4. "区块链存证 + 补强佐证"

我国的证明模式被称为印证证明模式，它要求获得相互支持的其他证据，注重证明的"外部性"。若通过区块链存证获得的电子证据是孤证，补强佐证不失为一种强化其入链前真实性的有效手段。这也符合印证证明模式的要求。在"全国首例区块链存证案"中，法院指出："对于采用区块链等技术手段进行存证固定的电子数据……应重点审核电子数据来源和内容的完整性、技术手段的安全性、方法的可靠性、形成的合法性，以及与其他证据相互印证的关联度，并由此认定证据效力。"① 这里所说的"与其他证据相互印证的关联度"，属于一种依靠补强证据予以佐证的思路。

调研也表明，法院在认定区块链存证获得的电子证据之真实性时，也愿意结合勘验、检查、调查笔录及相关科技公司的说明等材料进行综合认定。在一起侵害作品信息网络传播权纠纷案中，法院认为："结合

---

① 参见杭州华泰一媒文化传媒有限公司与深圳市道同科技发展有限公司侵害作品信息网络传播权纠纷案，杭州互联网法院（2018）浙 0192 民初 81 号民事判决书。

勘验过程、某公司出具的说明及《司法鉴定及数据保全技术合作协议》等，每个电子数据文件在完成取证后，会存储于 IP360 云系统中，自动生成一个唯一对应且进行加密的数字指纹（Hash 值），该指纹将通过区块链系统同步备份于某鉴定中心，并生成由其与某数据保全中心联名签发的载有数字指纹、取证时间等信息的数据保全证书，证明电子数据自申请时间起已经存在且内容保持完整，未被篡改。"[①] 这说的就是多份证据的合力补强。

（二）致力全面推行的规则升级

学术观点认为，区块链存证预示着法治主义与技治主义互动的"新型证据法治形态"。[②] 这一观点对证据制度走向的评估是否过于乐观还不得而知。但是，无论区块链存证探索对中国证据法律制度的影响有多大，人们都必须针对入链电子证据的真实性、关联性、合法性规则进行全面建设。这就需要大力改善《互联网法院审理规定》第 11 条第 2 款所设定的区块链存证规则之逻辑结构。

现在人们需要思考，在区块链存证满足"技术上防篡改""法律上可证实"两项构成要件之后，赋权规则所设定的法律后果部分应当如何调整？笔者以为，可以从以下三项内容着手：一是区分入链前后的电子证据真实性，分别建立辅助性的规则，特别是关于入链前电子证据真实性的推定规则；二是增加关于入链后电子证据关联性、合法性的规定，强调区块链存证对电子证据关联性、合法性内涵的丰富或优化，完善相关的证明机制。在三家互联网法院分别草拟的具体细则中，广州互联网法院的《可信电子证据平台电子数据存储和使用规范（试行）》有着较完整的表述，当然也面临着亟待解决的适用范围狭窄、表义抽象等问

---

① 参见中文在线数字出版集团股份有限公司与广州市动景计算机科技有限公司侵害作品信息网络传播权纠纷案，北京市东城区人民法院（2018）京 0101 民初 3826 号民事判决书。

② 参见张玉洁：《区块链技术的司法适用、体系难题与证据法革新》，载《东方法学》2019 年第 3 期。

题。① 基于改进方案所设定区块链存证规则的逻辑结构见图 6-2。

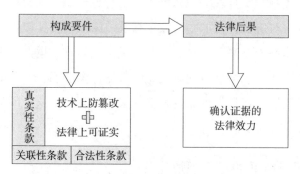

图 6-2　区块链存证规则的逻辑结构（改进方案）

此外，区块链存证探索中出现了值得关注的新动向，即入链存证范围不断拓展。一方面，入链存证的证据形式实际上已经不限于电子证据，少量的传统证据电子化材料业已"混迹其中"。例如，当事人可以借助平台将书证扫描成 PDF 版本入链，将物证拍照或录像后入链，各种笔录证据以电子形式呈现的亦有入链的空间。另一方面，入链存证的内容同样可以向电子卷宗等各种电子文件延伸。我国法律上并不禁止做

---

① 《可信电子证据平台电子数据存储和使用规范（试行）》第 12 条规定："电子证据平台对业务数据进行加密运算所获得的密文，与电子证据平台已经存储的密文进行自动对比验证。密文经电子证据平台比对一致的，推定电子证据平台接入方的数据在保存过程中未被篡改，具有真实性，但有相反证据足以否定其真实性的除外。"第 13 条规定："平台接入方发生诉讼时，向本院诉讼平台提交拟作为证据使用的电子数据密文存证编号，电子证据平台通过存证编号查询到的业务数据，推定具有真实性，但有相反证据足以否定其真实性的除外。"第 14 条规定："当事人在本院诉讼平台提交电子证据调查取证申请，本院通过内网业务处理平台审核申请并发送《协助调查函》，证据持有机构或组织在电子证据平台确认函件，传输相关证据密文后，在诉讼平台显示完整的证据内容及存证信息，推定具有真实性，但有相反证据足以否定其真实性的除外。"这些反映出通过区块链存证获得的电子证据之真实性可以依靠推定和反证方式实现。该规范第 18 条规定："电子证据的合法性、关联性及其能否实现证明目的，由本院根据案情依法审查认定。"这指涉基于区块链存证的电子证据关联性、合法性判断问题，但基本上没有体现特色。

这样的尝试。概言之，电子文件管理部门或档案部门应当积极争取加入存证链，成为一个新的重要存证节点，打通区块链节点之间电子证据、传统证据电子化材料以及电子卷宗的分布式存储通道，以专业优势积极参与区块链存证大平台的建设。

第四节　面向新样态、新规则的电子文件管理应对

如果承认人类社会正在急速迈入大数据文件的时代，那就不会对各种机关、团体、企事业单位所产生的电子文件成指数级增长的趋势与现实熟视无睹。一方面，海量数据的增长带来电子文件管理系统、设备的存储容量、处理速度等性能上的挑战；另一方面，海量电子文件的汇集将引发数据保护、个人隐私保护、网络安全等方面的风险。特别是在新的电子文件样态、新的证据规则仍处于继续变动的时期，电子文件管理将何去何从？回答这一问题需要从具体业务场景出发进行实践探索，也需要从宏观层面进行应对纲要的策略考量。

一、针对数据安全挑战的应对

伴随着电子文件数据量激增的是数据安全风险，尤其随着大数据时代的深入发展，数据泄露、黑客攻击、病毒感染等网络风险时刻威胁着数据安全。因此，必须将数据治理、数据安全保障体制纳入电子文件管理制度中。我国应当遵守《网络安全法》的相关规定，从数据境内存储、数据备份加密等方面完善数据保护措施。同时，针对不同类别、重要程度不同的数据进行分类、分级管理，建立起科学化的数据管理体系。[①]

---

① 参见《网络安全法》第 21 条与第 37 条。

随着海量电子文件的增长，个人信息、个人隐私保护问题也必将日渐凹显。在电子文件生成、保存阶段，海量电子文件、电子数据的汇聚中含有大量个人信息乃至国家秘密，对信息安全保障提出了更严格的要求。可以根据电子文件的不同私密程度，设定权限制度，通过密码、口令的管理，加强对访问电子文件人员身份的控制。在电子文件利用阶段，电子文件的开放、共享成为大数据时代文件利用的重要方式，而开放共享将给个人信息、个人隐私保护带来更不可控的风险。为兼顾数据开放与信息保护之间的平衡，可对开放文件中的个人信息采取匿名化技术；对于一定范围内共享的文件，还可通过查阅权限控制、身份认证等方式来保障不同主体的信息安全。

二、针对网络安全挑战的应对

除保障数据本身安全外，还应当保障电子文件所形成、存储的环境即网络运行安全。应确保与电子文件管理相关的设备、产品及服务等软硬件设施符合安全要求，具体可参考《网络安全法》的相关规定。首先，相关部门应按照网络安全等级保护制度的要求，履行安全保护义务，保障电子文件管理系统的网络免受干扰、破坏或者未经授权的访问；其次，电子文件管理系统所采购、使用的网络设备或产品应符合国家标准的强制性要求，不得存在安全缺陷、漏洞等风险；最后，涉及关键信息基础设施的能源、交通、水利、金融、公共服务、电子政务等行业，还应当遵守关键信息基础设施网络运行安全的特殊要求，在人员管理、设备采购、数据备份、应急预案、风险评估等方面有更可控的标准。①

三、针对共享开放挑战的应对

大数据时代，数据开放共享运动正在全球范围内兴起。党的十八届

---

① 参见《网络安全法》第 22 条至第 23 条，第 31 条至第 39 条。

五中全会上正式提出国家大数据战略，"十三五"规划纲要再次强调要把大数据作为基础性战略资源，加快政府数据开放，加快推动数据资源共享开放和开发应用。电子文件作为数据开放、共享的重要资源，必然需要顺应数据开放共享的时代要求，将开放共享理念贯穿到电子文件管理体系中。

为适应电子文件的开放共享机制的建立，就必然要打破长期以来的数据壁垒、数据孤岛现象，改变各自为政的零散化文件管理机制。对此，可以参照已经较为成熟的政府数据开放共享标准体系。为促进政府数据开放共享，我国先后出台了《政务信息系统整合共享实施方案》《政务信息资源目录编制指南》《国务院办公厅关于印发政府网站发展指引的通知》等文件，完善数据采集、数据质量、目录分类与管理、共享交换接口、共享交换服务、多级共享平台对接、平台运行管理、网络安全保障等标准体系。电子文件标准体系的构建，需要对电子文件管理机制进行顶层式、统一化的设计，需要不同地区、行业、部门之间的互联互通。同时兼顾不同文件的特殊管理需求，兼顾共享开放与个性特征的管理制度。[①] 重点保障电子文件在类型、格式、元数据、技术、流程等方面具有统一的标准，为电子文件共享制度的发展奠定坚实基础。

---

① 参见冯惠玲、钱毅：《关于电子文件管理顶层设计的若干设想》，载《中国档案》2007 年第 4 期。

第七章

从体系到平台：
电子文件立法改进的
重点建议

第一节　电子文件立法是改善电子文件管理的重要路径

电子文件立法是建设网络强国、数字中国、智慧社会的一项基础工程。其任务是明确各类电子文件的法律效力，鼓励、引导和促进有关单位在履职中使用电子文件，规范相应的电子文件管理行为。以 2009 年中共中央办公厅、国务院办公厅印发《电子文件管理暂行办法》（中办国办厅字〔2009〕39 号）为标志，迄今为止我国已经形成包括部门性规章、地方性法规、关联性法律等在内的一套颇具规模的框架制度。自2010 年开始，国家电子文件管理部际联席会议办公室（以下简称国电联办）提出电子文件专项立法计划，开展了关于"电子文件管理条例"的专题调研、必要性论证、意见征询、草案拟定与修改等推动工作。这是电子文件法律在国家立法层面的提级。此项工作遇到了不少疑难理论问题，促成了不同学科间的对话。

电子文件的重要价值不仅在于保存国家记录和社会记忆，更在于形成法律活动中的有效证据。这是档案学领域"证据神圣性"[1] 重要思想在当代的要义。"进入 21 世纪之后，随着电子文件的大量产生，理论和实践领域不断发展，而悬挂在档案人面前的重要目标之一就是确立电子文件的法律证据地位，即电子文件有资格、有能力在法庭上呈堂作证。"[2] 如何科学确立经由管理的电子文件用作证据的专门规则，就成为

---

[1] "证据神圣性"是英国档案学家希拉里·詹金逊的代表性思想。简单地说，文件管理工作的第一价值应该是证据价值和法律价值，第二价值才是历史价值。参见谭必勇：《"证据的神圣性"：希拉里·詹金逊古典档案思想成因探析》，载《档案学通讯》2017 年第 2 期。

[2] 刘越男、李静雅：《电子数据、电子文件相关概念的比较与对接》，载《档案学研究》2017 年第 S1 期。

一个非常重要的课题。目前，档案学界很多学者对此表示出浓厚的兴趣。作为法律学者，笔者注意到此域跨界难免引发一些认识分歧，进而影响电子文件法律建设的质量。为了推动电子文件系列立法及制度调整，本书以智慧司法及其创新为基本背景阐述管见。

第二节　电子文件立法中证据效力条款的现实风格

电子文件是一类内涵特殊的电子形式数据，用于证明时也就成为一种范围特定的电子证据。[①] 目前，在我国属于依法管理范围的电子文件包括电子公文、电子证照、电子发票、电子合同、电子病历、电子图纸等各种业务记录。通过管理方式保证电子文件的证据效力，不仅取决于国家关于电子证据运用的通用规则体系，更直接依赖于不同层级的电子文件立法中特别证据条款。

一、长期惯性下的宣示性体例

推动"电子文件管理条例"出台是当前我国电子文件立法的核心任务。一种权威性的判断是"我们还缺少一部高位阶综合性基本法，全面认定电子文件的法律证据力和行政有效性，用以引领指导各领域的立法立规，保障电子文件在应用和运行中畅通无阻"[②]。当前，学术界普遍期望该条例能够拿出针对性的证据条款。在多次专业讨论中，许多与会专

---

① 在法学领域，电子证据与电子数据是一对同义的法律术语。电子文件是电子证据或电子数据的一部分，即"被用作或可能被用作证据的、电子形式的文件或文书"。为行文便利，本书限定于讨论"电子文件证据"的相关问题，除引用原文外将直接使用"电子文件证据"术语进行展开。

② 冯惠玲:《走向单轨制电子文件管理》，载《档案学研究》2019年第1期。

家纷纷主张将"电子文件管理条例"打造为电子文件用作证据的规则渊源。也就是说，该条例要成为专门的电子文件证据法，而不仅仅是成为专门的电子文件管理法。

关于如何实现这一目标，人们的惯常建议是在"电子文件管理条例"的条文中明示"不得否定或歧视电子文件的证据地位"。2015 年 1 月国电联办推出的"电子文件管理条例"草稿最早版本中就出现了此种表述。其第 5 条被设计为："不得仅因为文件是以电子、光学、磁或者类似手段生成、发送、接收或者存储的而否定其法律效力。法律法规另有规定的除外。"通俗地说，就是不能对电子文件的证据效力给予不同于传统文件的差别性待遇。该条文建议可以被理解为"同等对待"原则或"非歧视"原则的落实。在之后若干更新版本中，这一建议条文保持未变。这些草案表述从风格上归属于宣示性的立法例。

其实，这一风格的立法建言在电子文件法律领域中并非新创之举，而是各种部门性规章、地方性法规的惯性呈现。在部门性规章层面，典型的例子是市场监管总局《电子营业执照管理办法（试行）》第 2 条规定："……电子营业执照与纸质营业执照具有同等法律效力……"第 15 条又规定："市场主体使用电子营业执照可以对数据电文进行电子签名，符合《电子签名法》第十三条规定条件的，电子签名与手写签名或者盖章具有同等的法律效力。"国务院《电子公文传输管理办法》第 5 条[①]、《电子招标投标办法》第 2 条[②]等亦有同类的规定。在地方性法规层面，采用此立法例更是一道流行色。有的规定于电子文件或证照管理的规范中，如福建省《促进电子证照应用管理暂行办法》第 3 条第 2 款规定："符合有关法律、法规、规章规定，并且按照安全规范要求生成的电子证照（含其附属的电子签章）与纸质证照具有同等效力，可以作为法定办事依据和归档材料。"有的规定于数据开放或应用的规范中，如贵

---

① 该条规定："电子公文与相同内容的纸质公文具有同等法定效力。"
② 该条第 3 款规定："数据电文形式与纸质形式的招标投标活动具有同等法律效力。"

阳市政府《数据共享开放条例》第 16 条规定："行政机关通过共享平台获取的文书类、证照类、合同类政府数据，与纸质文书原件具有同等效力，可以作为行政管理、服务和执法的依据。"浙江省、上海市、河南省等地方多有类似规定，形成相当的规模。如此密集的电子文件法律沿袭使用"具有同等法律效力"或近似表述，其意涵在于"重申"一种抽象的原则。这些部门性规章、地方性法规属于我国电子文件法律的有机组成部分，在当下该进行何种修缮是我国电子文件立法的配套任务。

从宽泛意义上讲，我国电子文件法律的外延可扩大囊括关联性法律①中的电子文件条款。其中，宣示性方案亦较为突出。最有代表性的是《电子商务法》，其第 14 条规定："电子发票与纸质发票具有同等法律效力。"2020 年我国新修订《档案法》，第 37 条第 2 款也明确"电子档案与传统载体档案具有同等效力，可以以电子形式作为凭证使用"。类似的例子还有《国务院关于在线政务服务的若干规定》，第 8 条规定："政务服务中使用的符合《中华人民共和国电子签名法》规定条件的可靠的电子签名，与手写签名或者盖章具有同等法律效力。"第 9 条规定："电子印章与实物印章具有同等法律效力，加盖电子印章的电子材料合法有效。"对于关联性法律中相关条款如何调整，也应当纳入我国电子文件立法的补充任务。

追根溯源，不难发现我国电子文件立法中宣示性方案的体例设定暗合了网络时代人类开展网络法建设的早期习惯。在我国，至少从 2004 年制定《电子签名法》开始，便以此方式确定了"数据电文""可靠电子签名"的法律地位。其第 7 条规定："数据电文不得仅因为其是以电子、光学、磁或者类似手段生成、发送、接收或者储存的而被拒绝作为证据使用。"这里的表述是"不得仅因为……而被拒绝"。第 14 条规定：

---

① 在这里，"关联性法律"采取狭义的概念，指涉及电子文件管理应用的实体性或综合性法律规范，不包括涉及电子文件管理应用的证据法规范。后者如《最高人民法院、最高人民检察院、公安部关于办理刑事案件收集提取和审查判断电子数据若干问题的规定》，它们是承载电子证据规则的直接法律渊源。

"可靠的电子签名与手写签名或者盖章具有同等的法律效力。"这里的表述是"具有同等的法律效力"。在国际上此种立法例出现得更早。1996年《联合国国际贸易法委员会电子商务示范法》第5条就作出规定："不得仅仅以某项信息采用数据电文形式为理由而否定其法律效力、有效性或可执行性。"①

仅从字面上看，此种立法例带有"宣示性""原则性""简单化"的鲜明特点。首先，该表述结构旨在展示法律彰显某种价值观念的态度，但不涵盖行为模式、法律后果等要素；其次，该表述结构涉及的内容比较抽象，仅仅指出对于电子文件、电子票证、电子签名、数据电文等电子材料的法律效力比照传统处理，并不涉及具体标准或规则；最后，有关规定多是从简单"不否定"法律效力、或确认"具有同等"法律效力的角度立规，而非基于具体"肯定""赋予"法律效力的立场。相比而言，"宣示性"是其立法用语的本质特征，"原则性""简单化"是派生特征。

二、宣示性体例的否定性评价

宣示性立法是同实质性立法相对的一个概念。前者指的是制定宣言性质的法律条文，以确定法律调整的风向标；后者指的是制定具有可操作性的法律条文，以确认权利、义务关系与制裁、救济措施。两种范式各有千秋，适用的立法主体、立法时机往往有不同侧重。一般而言，国际组织多采用宣示性立法，以便妥善调和各成员法律不统一且无法强行统一的矛盾。如《联合国国际贸易法委员会电子商务示范法》就是"宣示性立法"，该法第5条更是"宣示性立法"之中的"宣示性条款"。主权国家则多采用实质性立法，借此创设刚性的法律规则。仅就主权国

---

① UNCITRAL, Model Law on Electronic Commerce with Guide to Enactment 1996 with additional article 5 bis as adopted in 1998, Article 5 bis. "Incorporation by reference" and it's remarks in paras. 46, p24.

家的立法而言，在法律调整的对象产生不久、人们对该事物认识不明的情况下，宣示性立法亦会有一定的用武之地，用以倡导一种法律秩序；而在人们对法律调整的对象有深刻认识的情况下，就要尽可能地采用实质性立法。

事易时移，在新的历史时期我国是否适合沿袭基于宣示性立法例的方案打造"电子文件管理条例"中证据效力规则？现有部门性规章、地方性法规、关联性法律中的宣示性方案应否加以延续？回答这些问题需要进行法理解析。

其一，宣示性立法例同我国现阶段相关法律法规的发达水平不相适应。对于处于信息化萌芽阶段的国家或社会而言，出台宣示性条款具有"从无到有"的实际意义，比如推动各行各业对"数据电文""电子签名""电子文件""电子证照"等各种材料的认可和使用。但当今社会已经进入信息化深度发展阶段，现行法律规范对电子文件的证据价值等法律效力已经做出层级丰富的确认，再行此类立法例顶多具有从"N"到"N+"的量增意义。据不完全统计，目前关于电子文件证据价值的各类法律规范已经近百部，具体可以界分为法律、司法解释[①]、行政法规[②]、部门规章[③]以及地方性法规等，构成一种效力层级完整、涵盖面广、涉及所有形态电子文件证据的法律体系。其中，《刑事诉讼法》《民事诉讼法》《行政诉讼法》《电子签名法》《审计法》《出境入境管理法》《海关法》《行政许可法》等基本法律的相关规定确立了电子文件等材料在

[①] 司法解释层面包括《最高人民法院关于适用〈中华人民共和国民事诉讼法〉的解释》《关于民事诉讼证据的若干规定》《最高人民法院关于适用〈中华人民共和国刑事诉讼法〉的解释》、最高人民检察院公布的《人民检察院刑事诉讼规则》等，相关条款主要规定了电子数据的收集、审查程序等。

[②] 行政法规层面包括《审计法实施条例》《国际海运条例》《海关行政处罚实施条例》《进出口商品检验法实施条例》等。

[③] 部门规范性文件层面主要包括公安部发布的《公安机关办理刑事案件电子数据取证规则》《公安机关刑事案件现场勘验检查规则》《公安机关电子数据鉴定规则》《关于办理刑事案件收集提取和审查判断电子数据若干问题的规定》等，相关条款主要规定了电子数据的证据属性、收集程序等。

法律活动中的证据地位，搭建了电子文件证据制度的主体架构。仅就具体内容而言，现行法律规范（如《关于办理刑事案件收集提取和审查判断电子数据若干问题的规定》等）业已对基本术语、原件规则、真实性规则、关联性规则与合法性规则作出了明确规定。单论对电子文件的证据效力进行宣示承认的话，最权威的法律渊源首推 2004 年《电子签名法》，其对"数据电文"[①] 的原件、完整性、可采性与真实性规则作了明文规定。如今在"电子文件管理条例"中推出宣示性条款，无疑会被《电子签名法》相关条款的影响力所遮蔽，因为后者的法阶高于前者。其实，在后续出台的部门性规章、地方性法规、关联性法律中多次列明宣示性条款，只能算简单的重复、复制。

其二，宣示性立法例同我国证据法之通用规则不相称。传统上，我国奉行的法律规则一直是"经由（档案）管理文件的证据效力居于优先的地位"。《最高人民法院关于民事诉讼证据的若干规定》第 94 条规定，"以档案管理方式保管"的电子文件证据，人民法院可以确认其真实性。《最高人民法院关于行政诉讼证据若干问题的规定》第 63 条规定："证明同一事实的数个证据，其证明效力一般可以按照下列情形分别认定：……（二）鉴定结论、现场笔录、勘验笔录、档案材料以及经过公证或者登记的书证优于其他书证、视听资料和证人证言……"以上两部司法解释中均申明，档案材料的证明效力优于一般证据，属于优先证据。这里的"档案"，通常理解为包括经过正式归档管理或类似管理的电子文件。这一立场也为法律学者们所秉持。[②] 从这个意义上讲，在

---

① 这部法律中所说的"数据电文"，基本上可以囊括"电子文件"。相应地，其确立的数据电文运用规则亦适用于电子文件。这样的理解可以参照国际上的先例，如菲律宾在 2001 年出台《电子证据规则》。其规则 2 明确规定，"电子文件"（electronic document）与"数据电文"（electronic data message）可以互换使用。参见 Rules on Electronic Evidence of Philippines, Rule 2, Section 1. http://www.chanrobles.com/rulesonelectronicevidence.htm#.XYonkC276QU，2020 年 9 月 4 日访问。

② 参见高宏雷、仝蕾：《档案证据的民事适用》，载《人民法院报》2012 年 11 月 14 日。

电子文件法律中仅仅"宣示"电子文件的证据地位不受歧视，很容易被解读为实际上消减经由管理的电子文件之证据效力。可见，对经管理的电子文件占有"优势"效力加以具体确认而非降格追求"非歧视待遇"，应当成为建设电子文件证据规则的理性选择。

其三，宣示性立法例同国际上电子文件法律建设的规律亦不相符。从各国和地区的实践来看，电子文件立法主要存在两种方式：一是在证据法律渊源中设置或包含关于经由管理的电子文件等材料的特殊证据规则。例如，印度《1872 年证据法》经由 2000 年《印度信息技术法》修改后，第 81A 条明确规定，"对依法管理、正确存放的电子记录可以推定其真实性"。① 又如，在美国证据判例法中，"业务档案、公共档案被认为具有良好的可靠性而不会被作为传闻予以排除"②，这样的处理可以被理解为电子文件不适用传闻排除的规则。二是在电子文件法律中设置相关的规则。例如，2014 年非洲国家博茨瓦纳通过《电子文件（证据）法》，对电子文件用作证据所涉及的鉴真、最佳证据、自认、完整性推定、证明力评价等问题作了规则设计，③ 这就从专门立法的角度为电子文件确立了有别于电子证据一般性规则的特殊规则。又如，早年加拿大制定有《加拿大统一电子证据法》（1998 年），在"不改变关于记录可采性的任何普通法规则或成文法规则"的情况下，对电子文件的鉴证规则与最佳证据规则作了调适。④ 该法实际上也是一部"电子文件（证据）

---

① The Indian Evidence Act, 1872, art. 81A, https://www.indiacode.nic.in/bitstream/123456789/6819/1/indian_evidence_act_1872，2020 年 9 月 4 日访问。

② ［美］乔恩·R. 华尔兹：《刑事证据大全》，何家弘等译，中国人民公安大学出版社 1993 年版，第 118～126 页。

③ The Botswana Electronic Records（Evidence）Act, 2014, https://www.bocra.org.bw/sites/default/files/documents/Electronic%20Records%20and%20Evidence%20Act%202014.pdf，2020 年 9 月 4 日访问。该国制定有关于电子证据一般规则的证据法律，如博茨瓦纳《刑事诉讼与证据法》。

④ The Canada Uniform Electronic Evidence Act（1998），art. 2, https://www.ulcc.ca/en/older-uniform-acts/electronic-evidence/1924-electronic-evidence-act，2020 年 9 月 4 日访问。

法"，产生了广泛的示范影响。不难看出，有关国家在设定电子文件的证据规则时，无论采取哪一种方式，均需跳出电子证据一般性规则进行实质性建设。我国当前开展电子文件立法，若不能为"赋予电子归档管理材料等以证据效力"建立具体规则，就背离了国际共通规律。

这就表明，"电子文件管理条例"拟稿应当弃用虚化的原则范式，走向实质的规则创设；关于电子文件管理应用的部门性规章、地方性法规、关联性法律，亦应当及时作出配套、补充的调整。概言之，我国应当从实际情况出发，在不同层级的电子文件法律中设计并践行符合逻辑与规律的可操作性方案。而完成这样的任务离不开对人类社会所处时代及其脉络的洞察。

第三节　智慧司法作为电子文件立法的
时代背景

自从进入 21 世纪以来，人类社会急剧向智慧形态转型，国家治理也快速迈向智能化。大数据、人工智能、区块链、5G 移动通信技术等新兴科技源源不断产生，冲击并重塑着社会关系。习近平总书记深刻指出："当今世界，信息技术创新日新月异，数字化、网络化、智能化深入发展，在推动经济社会发展、促进国家治理体系和治理能力现代化、满足人民日益增长的美好生活需要方面发挥着越来越重要的作用。"[①] 作为探索国家治理现代化的阵地之一，智慧司法创新不仅提升了司法信息化水平，丰富了电子文件证据规则，更提出了电子文件管理的新要求。智慧司法已然成为电子文件依法管理的前沿场域，可作为电子文件系列立法的一个基本面向，支撑完成其核心、配套和辅助任务。

---

① 《习近平致首届数字中国建设峰会的贺信》，载新华网，http://www.xinhuanet.com/politics/leaders/2018-04/22/c_1122722225.htm，2020 年 9 月 4 日访问。

一、智慧司法大探索要求电子文件管理落地

我国学者指出，智慧司法是指"公安司法机关为实现司法的公正高效，充分运用互联网、大数据、云计算、人工智能等信息技术，以推进司法运行和管理体系的信息化、智能化与现代化"[①]。这说的是典型意义上的智慧司法，即司法机关积极拥抱新兴智慧科技形成的一种司法形态。[②] 现阶段我国智慧司法的普遍性探索如火如荼，以智慧法院、智慧检务为主战场。它源于又高于传统的司法信息化——宽泛意义上的智慧司法，即司法工作引入各种信息科学的长期转型。智慧司法在我国的发展过程，呈现出一个从宽泛意义到典型意义的迭代过程。

在这个历史进程中，我国的电子文件证据规则亦得到了成长。早期电子文件证据规则的创建几乎就是与司法信息化同步发生的。一般认为，第一部电子证据法律规范是最高人民法院 2001 年发布的《关于民事诉讼证据的若干规定》，该规定第 22 条中规定："调查人员调查收集计算机数据或者录音、录像等视听资料的，应当要求被调查人提供有关资料的原始载体。"这里以"计算机数据"为关键词初建了电子文件证据的原件规则。[③] 几乎是在同期，我国检察系统通过《关于在大中城市加快科技强检步伐的决定》（2000 年），法院系统召开第一次全国法院信息化工作会议全面启动信息化建设（2002 年）。将电子文件证据规则建设的起步与司法信息化关联起来分析，看似两者只是时间上的巧合，

---

① 冯姣、胡铭：《智慧司法：实现司法公正的新路径及其局限》，载《浙江社会科学》2018 年第 6 期。

② 相关的概念还有大数据司法、人工智能司法等。参见刘品新：《大数据司法的学术观察》，载《人民检察》2017 年第 23 期；高学强：《人工智能时代的中国司法》，载《浙江大学学报（人文社会科学版）》2019 年第 49 期。

③ 2019 年《关于民事诉讼证据的若干规定》第 23 条第 1 款将原来的第 22 条修改为："人民法院调查收集视听资料、电子数据，应当要求被调查人提供原始载体。"

实则有着内在的联系——它们均属于法律领域顺应社会信息化的重要举措。自此之后，伴随着法院信息化[①]、检察信息化升级换代[②]，电子文件证据制度建设走上快车道，形成一套庞杂的专门法律规范体系。

尽管如此，现有电子文件证据规则体系依然不能满足智慧司法大探索的根本要求。具体地说，智慧司法在全国范围内的普遍性探索呈现出一些共同特征。一是证据材料的电子化运用。电子化运用中的"化"字是转化的意思，即由传统证据形式转化为电子形式，如电子化的书证、电子化的物证、电子化的勘验笔录等。[③] 随着智慧司法的持续发展，电子文件证据在诉讼中得到广泛采用早已不是问题，传统证据材料的电子化运用亦成为新宠。在智慧司法的一些具体场景如远程庭审、远程提审、远程询问中，各种言词证据、实物证据都可以通过电脑屏幕传达信息，并以扫描文本、原物模型或摄像录像片等形式使用和存档，用以辅助司法办案。二是案件办理的网络化运转。最高人民检察院研发了全国检察机关统一业务应用系统，自 2014 年 1 月以来"四级检察机关 3600多个检察院、20 多万名检察人员按照一个标准、运用一个程序、在一个平台办理案件"，[④] 做到了由"纸上办案"向"网上办案"的信息化变革；同样，截至 2016 年 11 月，全国所有法院、派出法庭全部接入法院专网，实现"一张网"办公办案。[⑤] 三是电子卷宗的深度应用。智慧司法离不开电子卷宗，要对电子卷宗进行多维度的深层挖掘、人工分析

---

① 任勇：《加快建设人民法院信息化 3.0 版促进审判体系和审判能力现代化》，载《中国审判》2015 年第 21 期。

② 一般认为，我国人民法院信息化已经进入以智慧法院为建设目标的 3.0 阶段，我国检察机关信息化已经跃升至以智慧检务为建设目标的 4.0 阶段。

③ 参见谢文静：《电子化证据问题研究》，吉林大学 2018 年硕士学位论文。

④ 参见周斌：《最高检通报检察机关"智慧检务"建设情况：全国 20 多万检察人员同一平台办案》，载法制网，http://www.legaldaily.com.cn/index/content/2017-02/16/content_7016492.htm，2020 年 9 月 4 日访问。

⑤ 参见周强：《最高人民法院关于人民法院全面深化司法改革情况的报告》，载中国人大网，http://www.npc.gov.cn/npc/c30834/201711/d8a86adedaad4765bb812b9831576014.shtml，2020 年 9 月 4 日访问。

以及机器学习。譬如，作为司法体制综合配套改革的试点地区，上海市2017 年研发了"刑事案件智能辅助办案系统"等，将统一适用的证据标准嵌入数据化的程序中，减少司法任意性。诸如此类的"智能辅助办案系统"都以大面积使用电子卷宗为前提。

以上三个特点均对电子文件管理及相关的证据规则提出了专门挑战。一大挑战是如何通过电子文件系列立法去除"证据材料的电子化"运用引发的障碍，即要将电子化证据材料视作电子形式证据，一并纳入电子文件证据的范围，赋予其档案化管理的效力。更大的挑战则是，如何通过电子文件系列立法将办案平台文书材料、电子卷宗材料纳入依法管理的轨道，即要依法认可电子卷宗的法律地位并确认其深度挖掘的价值。这看似与电子文件证据问题无关，其实也涉及电子文件档案化管理或证据保全规则的完善问题。以智慧司法大探索的前沿阵地江苏省苏州市为例，该市于 2004 年被中央政法委员会确定为跨部门网上办案试点地区，根据授权开发了跨公检法部门办案的"政法信息管理平台"，能够实现办案信息的及时、快速、全程的网上流转。其中流转的既有电子文件证据、电子化证据材料，也有办案平台文书材料、电子卷宗材料。这种依靠电子化证据材料、电子卷宗办案的苏州经验具备在全国推开的成熟度，而关键在于国家电子文件法律能否提供制度配套。

这不仅关涉电子文件管理概念的形式问题，更涉及依照什么标准或规则进行管理的电子文件能够得到司法认可的实质问题。当前，我国法律上并不否定电子文件管理的概念，行业组织也开发了一些电子文件管理标准，但是司法机关普遍对电子文件管理信心不足。笔者最近组织了一次案例文本研究：从中国裁判文书网随机抓取了 117 份关于电子文件管理的裁判文书，[①] 筛选后发现涉及电子文件管理的有效案例共

---

① 此次抓取采取自动加人工筛选相结合的方法，标准之一是裁判文书正文中含有"电子病历""电子合同""电子文档""电子文件"等关键词，标准之二是裁判文书正文中司法人员表明对上述材料作出"予以采纳""不予采纳""予以采信""不予采信""予以支持""不予支持""予以确认""不予确认""予以认定""不予认定"等司法处理的。

25 个，进行逐案统计分析发现，法官对经过管理的电子文件均未赋予优先的效力，而是普遍用两种模式作了"降效"处理：一是以"存在矛盾点"[①]"未能提供充分证据"[②] 等为由根本不认可其证据效力；二是以"未能履行举证责任"[③]"未申请鉴定"[④]"未及时申请鉴定"[⑤]"可结合历

[①] 如爱坦国际贸易（上海）有限公司与罗某丽劳动合同纠纷案，上海市第一中级人民法院（2014）沪一中民三（民）终字第 994 号民事判决书。具体表述为，"原告现提供的该三封电子邮件的发送时间虽前后间隔两个多月，但具体发送时间却均在 15 时 39 分的前一分钟或后两分钟，时间的趋同性亦有违常理"。

[②] 如智迈企业（亚洲）有限公司等与潮州市展翠食品有限公司国际货物买卖合同纠纷上诉案，广东省高级人民法院（2011）粤高法民四终字第 22 号民事判决书。具体表述为，"智某公司对该 18 份电子邮件不予认可，展某公司也未能提供充分的证据证实智某公司或智某公司授权向其发送了该 18 份电子邮件，因此，该 18 份电子邮件不能作为本案认定事实的证据"。

[③] 如潘某某与广东医学院附属医院医疗损害责任纠纷上诉案，广东省湛江市中级人民法院（2014）湛中法民一终字第 503 号民事判决书。具体表述为，"上诉人潘某某主张医院隐匿、伪造、篡改病历资料，但未能举证……缺乏事实依据，不予采信"。

[④] 如深圳市中庆微科技开发有限公司与苏州日月成科技有限公司买卖合同纠纷案，广东省深圳市中级人民法院（2014）深中法商终字第 1788 号民事判决书。具体表述为，"虽然电子邮件证据具有脆弱性，很容易被删除、篡改，但根据最新发展的计算机技术，任何被删除、篡改的电子邮件证据都能够通过技术手段找到痕迹并加以分析认定和恢复。但因当事人中庆微公司没有申请鉴定机构进行鉴定，应承担举证不能的法律责任"。

[⑤] 如李某军、李某锋等与贵港市人民医院医疗损害责任纠纷案，广西壮族自治区贵港市中级人民法院（2015）贵民一终字第 412 号民事判决书。具体表述为，"上诉人主张对医院提供的相关电子病历进行计算机司法鉴定。但是……上诉人在一审举证期限内未提出对被上诉人提供的相关电子病历进行计算机司法鉴定，对该鉴定申请本院依法不予支持"。

史判断"[①]"不属于审理范围"[②] 等为由仅仅认可附条件的证据效力。为什么法庭不愿给予经管理的电子文件以应然的优先效力？简答之，在相关法条叙述空洞的情况下，司法人员无法判断满足哪些要求的电子文件管理是合格的。

在我国，电子文件管理制度在实践中落空是长期的现实，特别是"经由（档案）管理的电子文件享有优先效力"的通用规则处于束之高阁的状态。这一现象出现在建有完整的国家档案业务体系的我国，是尤其值得反思的。此类问题由来已久，而现阶段智慧司法的普遍性探索使之更加突出。因此，我国电子文件立法必须立足现实，针对"按照什么标准管理的电子文件是法律优先认可的"的难题给出明确答案。这一任务可以在"电子文件管理条例"中统一作答，也可以通过修改相关部门性规章、地方性法规、关联性法律针对各种具体场域分别"交卷"。

二、智慧司法新试验吁求电子文件管理升级

近年来，智慧司法创新出现了新气象，突出表现为智慧司法的先行先试。我国智慧司法创新的集大成者首推杭州互联网法院、北京互联网法院、广州互联网法院，它们被喻为智慧司法的试验田。互联网法院的

---

① 如上海企垠信息科技有限公司与卓晖追索劳动报酬纠纷案，上海市第一中级人民法院（2014）沪一中民三（民）终字第1192号民事判决书。具体表述为，"查证 zhu.××@7linc.com 邮箱发送给卓某的电子邮件时间跨度自2011年至2013年，数量亦有近十封；该邮箱用户名系"朱某某"汉语拼音，邮件内容与朱某某的工作岗位职责相匹配，邮件显示的卓某每月实发工资金额与卓某每月实际已收到的工资金额相一致；该邮箱的域名与某某公司网络域名以及对外服务邮箱、校园招聘简历投递邮箱的域名均一致。据此，法院认定邮件即为某某公司财务朱某某所发"。

② 如潘某某与广东医学院附属医院医疗损害责任纠纷上诉案，广东省湛江市中级人民法院（2014）湛中法民一终字第503号民事判决书。具体表述为"对某附院是否已实行电子病历，是否已建立配套的相关设施，电子病历是否规范以及执业医生是否已在电子病历上签名，应由相关职能部门进行认定，该认定不属于本案的审理范围，不予认定"。

使命是"探索涉网案件诉讼规则""健全完善诉讼规则，构建统一诉讼平台，推动网络空间治理法治化"等。三家互联网法院负有最大程度地探索智慧审案机制的使命，故享有开展突破现行法律之创新的特别授权。它们在寻找彻底解决电子文件证据效力的方案方面进行了大胆的创新，产生了一批具有参考价值的电子文件证据案例。这些案例涉及"可信时间戳存证"[①]"完整性校验值""区块链存证"[②]"电子公证"[③] 等电子文件管理中的防篡改机制，从不同角度积累了司法经验。特别是从新的实践动态来看，互联网法院已不限于仅仅关注一份又一份电子文件管理的老问题，而是建立海量电子文件管理的新机制。这既是一种特色，也代表着一种方向。

对于海量电子文件如何管理，三家互联网法院的共同做法是成立"电子证据平台"，每天自动化接纳来自不同主体提交的、数量巨大的电子文件。基于这些平台管理的电子文件证据，可以直接运用于互联网法院办案。截至 2020 年 5 月，北京互联网法院利用其"天平链"平台"上链数据上亿条"、该院审案过程中"验证跨链存证数据 6512 条"。

---

① 2018 年 4 月，杭州互联网法院对优视科技（中国）有限公司诉杭州趣得网络技术有限公司侵害作品信息网络传播权纠纷案进行宣判，为可信时间戳或类似工具的运用提供了重要的操作标准。参见杭州互联网法院（2017）浙 0192 民初 674 号民事判决书。

2019 年 4 月，北京互联网法院对北京阅图科技有限公司诉上海东方网股份有限公司侵害信息网络传播权纠纷案进行宣判，确立了"关键步骤缺失所取不被采信"的规则。参见北京互联网法院（2019）京 0491 民初 1212 号民事判决书。

② 2018 年 6 月，杭州互联网法院对杭州华泰一媒文化传媒有限公司诉深圳市道同科技发展有限公司侵害作品信息网络传播权纠纷案进行宣判，确立通过司法区块链形成证据的认定规则。参见杭州互联网法院（2018）浙 0192 民初 81 号民事判决书。

③ 2019 年 1 月，杭州互联网法院对浙江淘宝网络有限公司诉黄晓阳网络服务合同纠纷案进行宣判。该案中，法院结合司法区块链平台的五个层级架构及技术特征，以电子数据生成、收集、存储、传输过程审查的相关法律标准为基础，对上传司法区块链的电子公证书确立了审查电子数据提供者的资质、可信度、完整性的规则。参见杭州互联网法院（2018）浙 0192 民初 9066 号民事判决书。

从一定意义上讲，三家互联网法院建立平台面向各类主体提供存证服务，就是为了大幅提升电子文件证据运用的效力和效率。这样的探索已经超越了专门的电子档案管理机构的做法，[①] 本质上就是在创造海量电子文件的管理方式。

三家互联网法院还以平台管理实践为依托开展了规则建设工作。2018年，杭州互联网法院出台《电子证据平台规范（试行）》，确立电子文件证据的审查标准和相关平台的建设、管理机制。北京互联网法院发布《电子证据平台接入与管理规范》，明确当事人通过电子诉讼平台所提交的材料全部通过"天平链"进行存证。2019年，广州互联网法院《关于电子数据存储和使用的若干规定》，规定电子文件证据存储和使用规则。这些规范性文件各有千秋，均代表着智慧司法试验田的创新智慧。互联网法院证据平台展示了一种旨在解决海量电子文件证据效力问题的高级方案。该方案不仅适用于零散的电子文件证据，更适用于海量电子文件证据；不仅适用于纯粹的电子文件证据，也适用于传统证据的电子化。这昭示了我国电子文件管理亟待升级的情势。

其实，通过平台管理来保障电子文件证据的效力，并非互联网法院的"专利"。据调研了解，我国公安系统经侦条线已经初步建成关于违法犯罪资金查控平台，汇聚了数量相当可观的涉案主体、账户数的资金数据。该平台还通过电子签名等技术保障其准确性，以便办案人员直接打印作为证据使用。违法犯罪资金查控平台面向办案人员调取海量资金数据的需求，追求的是通过平台管理海量资金数据确保其证据效力的目的。这样的创新是革命性的，其属于智慧司法的先行先试场景。类似的侦查数据库还有很多。其中查询的电子文件能否由用作线索转变为用作证据，均与海量电子文件平台管理机制密切相关。人们有理由相信，今

---

① 我国"一些数字档案馆系统的主要功能是管理数字化档案，而不具备对原生电子文件实行在线接收管理和开发利用的能力，各类系统功能的规范力度也远不及标准要求。从中央到地方的一些机构和档案馆甚至尚未启动部署系统的基本需求研究。"参见冯惠玲：《走向单轨制电子文件管理》，载《档案学研究》2019年第1期。

后各大侦查数据库平台的电子文件将越来越多地可以直接查询打印为证据。但是，我国需要及时配套设置基于海量电子文件管理的有效机制。

互联网法院、经侦条线可以依靠平台进行海量电子文件管理，这一做法的背后经验能否复制铺开呢？目前的实践已经做出了初步的回答，得到了积极的响应。2018 年 9 月，最高人民法院通过了《关于互联网法院审理案件若干问题的规定》（以下简称为《互联网法院司法解释》），第 11 条明确了电子文件证据的审查判断规则，特别是确立了基于电子签名、可信时间戳、哈希值校验、区块链等防篡改手段或电子取证存证平台认证的电子文件证据真实性的直接判断规则。《互联网法院司法解释》的立法导向就是鼓励将互联网法院的探索经验向全国推广。对此，我国的"电子文件管理条例"及相关部门性规章、地方性法规、关联性法律应当在规则建立健全方面作出有力的呼应。

第四节　基于智慧司法视角的电子文件立法方向

《"十三五"国家信息化规划》指出："统筹发展电子政务，建立国家电子政务统筹协调机制，统筹共建电子政务公共基础设施，加快推进人大信息化建设，加快政协信息化建设，大力推进'智慧法院'建设，积极打造'智慧检务'，加强国家电子文件管理。"这里将"智慧法院""智慧检务"同"电子文件管理"放在一起，说明智慧司法同电子文件管理之间具有不可割裂的关系。作为国家治理现代化的一个重要组成部分，智慧司法创新给电子文件立法提出了老问题，指引了新方向。在新的历史时期，无论是制定"电子文件管理条例"，还是修改相关法律规范，均应当顺应社会智能化的态势，从智慧司法的丰硕成果中汲取营养展现作为。

一、针对电子文件证据规则体系的细则补位

有学者指出："缺少证据意识的电子文件管理如同把大厦建立在沙滩之上，根基不牢，松散摇摆。"[①] 面对司法领域电子文件证据得到普遍承认及传统证据电子化日渐成势的现状，我国电子文件管理领域显得观念保守，并存在认知偏差。现阶段电子文件立法关于电子文件证据规则的建设任务不可能在真空下完成，必须同现行丰富的证据法规则——主要是有关电子文件的证据规则——相契合。在电子文件证据规则既有框架体系基本完整的情况下，我国需要补充制定关于经有效管理的电子文件享有优先效力的证据细则。对证据保全制度中缺失的电子文件管理规则加以补齐，就带有明显的填充制度"洼地"之意味。

细则补位的要义在于，电子文件立法应当吸收证据法关于证据采用的"四性"要求。如前所述，我国电子文件效力优先制度是虚置的。究其原因，在于电子文件管理同证据法的要求脱节。一般认为，电子文件管理遵循档案管理的"四性"要求（真实性、可靠性、完整性和可用性），[②] 满足此"四性"要求就是可信的电子文件。同样，我国证据法对包括电子文件在内的证据也存在着"四性"要求（客观性、合法性、关联性、证明力）。这两种"四性"标准并不一致。我国有学者敏锐地捕捉到了这一点，论证"电子文件'真实性、可靠性、完整性、可用性'四性，并不能简单等同于电子文件证据的'真实性、关联性、合法性、证明力'四性，可信电子文件的四性整体接近于电子证据的'真

---

① 冯惠玲等:《电子文件管理国家战略刍议》，载《档案学通讯》2006 年第 3 期。

② 2011 年联合国教科文组织第 36 届大会通过了《档案共同宣言》（Universal Declaration on Archives）。其中专门强调指出："档案是行政管理、文化与思维活动的唯一可靠证据，档案全面地记录了人类活动的各个领域……要以正确的方式管理和保护档案，以保证其真实性、可靠性、完整性和可用性。"真实性、可靠性、完整性和可用性是整个国际社会对档案管理的最基本要求，也是对电子文件管理的最基本要求。

实性'要求；对电子文件作为证据的合法性、关联性及证明力尚关注不多"①。这一观点值得关注。当然，电子文件管理同证据法追求的真实性标准不尽一致，也需要在立法中予以兼顾。

案例分析表明，我国司法人员之所以不愿采信经管理的电子文件，是因为法律未能设计出一套具有兼容性质的标准体系。2016年，笔者曾经对"某市政府采购中心招投标系统的电子文件归档方案"进行调研、评审。该中心的招投标采购业务在招投标系统中完成，能够实现采购业务全程无纸化管理，对涉及的采购业务文件完全以单轨制电子形式归档保存。那么，归档的电子文件应当符合哪些条件才具有证据效力呢？现场评审专家组认为，不仅要考察该归档方案能否保证电子文件的真实性，还要考察该归档方案能否保证电子文件的合法性（如申请主体、归档机构、归档范围、保存期限是否符合法律要求等）、关联性（如归档范围内的电子文件能够证明政府采购招投标的主要环节及法律事实等）、证明力（如招标公告中的附件、链接等是否一并抓取、保存等）。② 这说明实务中业务部门在建立电子文件管理方案时往往只关注电子文件的真实性因素，而忽视其作为证据的合法性、关联性及证明力因素。回到前述筛选的25个司法案例中，也有法官对按照流程管理的电子邮件文件、电子病历材料、电子公证书予以认可，就是审查认为有关材料在合法性、关联性与证明力标准方面均通过检验。③

基于此，我国在电子文件系列立法活动中，应当适当设计保证电子文件用作证据的合法性、关联性、证明力的基本条款，要重点关照电子

---

① 王燃：《电子文件管理与证据法规则的契合研究》，载《档案学通讯》2018年第5期。

② 参见王燃等：《天津市政府采购中心电子档案合法性专家论证报告》，天津市档案局、天津大学2016年10月印制。

③ 如烽火通信科技股份有限公司与深圳中天信电子有限公司合同纠纷案，湖北省武汉东湖新技术开发区人民法院（2016）鄂0192民初232号民事判决书。在该案中，法庭对原告管理系统电子文件及电子邮件从合法性、真实性、关联性、证明力审查方面均予以确认。

文件管理在合法性、关联性、证明力方面的特殊要求。至于具体条款的表述方式，可以考虑电子文件管理领域的专业习惯和认可程度。

此外，我国法律应当对电子文件的外延进行拓展，将纸面文件电子化/纸质档案数字化的情形也纳入法律调整的范围。实践中，电子文件用作定分止争的证据已经成为普遍现实，传统证据的电子化运用也成为新的动向。在法治中国建设正在走向智慧司法的当代，电子卷宗得到了扩大使用和试点探索，电子卷宗能否替代纸面卷宗等问题已成为新的热点，将纸面文件电子化情形纳入法律调整的范围乃必然之选。当然，条款表述中可以使用技巧性的语言。比如，法条可以在明确界定"电子文件""电子文件管理"后，特别规定"对纸面文件电子化/纸质档案数字化进行管理的，参照本法执行"。参照适用条款的立法技巧，能够起到全面认可电子文件效力的作用。

二、针对电子文件平台集约管理的规则共频

互联网法院的"电子证据平台"是一种自动化管理平台，旨在解决海量电子文件的证据等法律效力问题。它借助区块链、校验值、可信时间戳、电子签名等技术，通过自动接入海量电子文件证据，实现上述功能。该平台并非对第三方存取证、电子公证、司法鉴定、当事人保管方式等的替代，而是对上述方式进行强化。因此，除了互联网法院之外，第三方存取证公司、公证机关、司法鉴定机构甚至当事人都被纳入"电子证据平台"的节点或环节。然而，尽管互联网法院平台运用防篡改技术能够有效保证海量数据的真实性，但时间节点仅限于海量数据进入法院证据平台之后，进入平台之前的电子文件的真实性如何得到确认？经侦条线的违法犯罪资金查控平台等大数据平台，同样面临着如何拓展使用的问题。这一障碍得不到解决，智慧司法的试验田探索就难以取得可复制、可推广的经验。

问题解决的关键在于给"电子证据平台"加上"数据可完整溯源"的功能，并进行配套的制度建设。强调"电子证据平台"中"数据可完

整溯源"，就是要强调电子文件真实性监测及保障的时间起点尽可能地前移。如果一个平台仅仅被定位为事后管理或保全平台，电子文件的真实性监测及保障时间起点就被限定为自电子文件进入平台之后起，技术上依靠区块链、可信时间戳、完整性校验值、可靠电子签名等即可。如果再行增加"数据可完整溯源"的功能，电子文件的真实性监测及保障时间起点应扩展自电子文件生成之时起，就需要技巧性地推行电子文件前端控制的理念和机制。[①]

所谓电子文件前端控制，是指"在文件形成阶段就实现或部分实现文件管理功能"[②]。照此思路，"电子证据平台"对电子文件的接收，应当是电子文件的内容、背景与结构三要素信息，特别是电子文件的元数据要被固定下来。元数据是"描述电子文件内容、背景、结构及其管理过程的信息"[③]，它同电子文件的关系是"信封"与"信"的关系，能够保证后者的真实性。"前端控制理念应用在电子证据的保全中，就要求电子证据的保全突破传统的事后保全模式，即不是当事人在发现自己的合法权益遭到损害后才提出保全申请，而是在当事人生成或拥有电子证据时，就预先对其进行证据保全。"[④] 技术原理表明，假如在进入管理平台前实行了良好的电子文件前端控制，那么有关电子文件的真实性就可以得到确认。若将这一做法同司法实践中电子文件证据的溯源性鉴定、时间鉴定、痕迹鉴定与碎片鉴定结合起来，保证真实性的效果会更好。[⑤]

为管理平台增加"数据可完整溯源"的功能并引入电子文件前端控

---

① 参见刘品新：《论区块链存证的制度价值》，载《档案学通讯》2020年第1期。

② 冯惠玲：《电子文件管理100问》，中国人民大学出版社2014年版，第6～8页。

③ 《国家电子文件管理知识与政策干部读本》编委会：《国家电子文件管理知识与政策干部读本》，人民出版社2019年版，第29页。

④ 祁天娇：《基于电子文件管理视角的互联网电子证据保全研究》，载《档案与建设》2018年第3期。

⑤ 参见刘品新：《论电子证据的理性真实观》，载《法商研究》2018年第4期。

制理念和机制，必将产生化学反应，即实现一批批电子文件的完全自动化、平台集成化归档或管理。浙江省已经发布了关于建立类似电子文件管理平台的规定。《浙江政务服务网电子文件管理暂行办法》第15条规定："行政机关一般应通过本级国家综合档案馆电子文件统一平台，对浙江政务服务网办结的电子文件进行归档移交和集中管理，并按标准规范做好分类、整理、存储、封装、鉴定、检测等工作。"这样的平台被正式称为"电子文件归档管理平台"，"确定了电子文件采用统一平台管理的原则"，就是要"改变原来各单位各自为政、一个单位一个系统的情况，要求自行开发系统的单位要负责做好与统一平台的技术对接，减少了档案部门的对接工作量，档案部门仅需出台标准、开放接口即可"。[①] 这也给我国通过国家立法认可面向海量电子文件的自动化管理平台，提供了地方性法规范本。

从单一管理到集约管理，这是智慧司法试验田的探索导向，也是我国电子文件管理的完善方向。譬如，我国可以在"电子文件管理条例"中，对传统的电子文件前端控制规则进行改造设计，使之适用于海量电子文件的自动化管理活动，形成一种新的电子文件前端控制规则。这样的规则可以简称为电子文件平台的前端控制规则。同样，我国在修改完善相关部门性规章、地方性法规及关联性法律时，也可以立足于具体场域中海量电子文件的自动化管理，引入改造后的前端控制规则进行条文调整。

---

① 梁绍红、占晖：《〈浙江政务服务网电子文件管理暂行办法〉有关档案工作的职责、任务和要求解读》，载《浙江档案》2017年第3期。

第八章

电子文件管理与
证据规则对接建议

第一节　立场与观点纲要

"凡是过往，皆为序曲。"[1] 莎士比亚道出了历史与当下的关系。在世界处于百年未有之大变局的今天，电子文件管理工作究竟应该何去何从？特别是如何敏锐应对时代变迁带来的重大挑战与机遇？这离不开专家学者们进行"仰望星空"式的思索。我国一些理论贤达给出了自己的答案。例如，国务院图书情报与档案管理学科评议组召集人、中国人民大学一级教授冯惠玲指明的方向是放弃我国推行多年的纸质、电子双套制文档管理，"走向单轨制电子文件管理"。她明确指出："迄今为止国内外电子文件管理实践告诉我们，独立地用电子方式管理和保存电子文件是毋庸置疑的方向，中国正在向着这个方向行进，逐步跨越障碍，缩短距离。"[2] 她也多次呼吁，"我们需要一个国家层面的发展目标和战略框架，确定不依赖纸质文件的电子文件管理方针，并据此制定相关法律、政策和实施策略"[3]；"在人类义无反顾地走向数字生存的道路上，用数字方式完整地保留并强化文件、档案功能是一场没有选择的战役，用电子方式管理文件、档案的单轨制渐行渐近也就是一种历史的必然了"[4]。这些论点代表了从电子文件管理学科发展的角度所作出的专业判断。

2009 年，中央办公厅、国务院办公厅联合印发《电子文件管理暂行办法》，明确了党政机关、企事业单位等开展电子文件管理工作的要求。2009 年 12 月，我国建立了国家电子文件管理部际联席会议制度，"联席会议"由中共中央办公厅牵头，国务院办公厅、国家发展和改革委员会、工业和信息化部、财政部、国家档案局、国家保密局、国家密

---

[1] William Shakespeare, The Tempest, Cambridge University Press, 2013, p.160.

[2] 冯惠玲：《走向单轨制电子文件管理》，载《档案学研究》2019 年第 1 期。

[3] 冯惠玲：《走向单轨制电子文件管理》，载《档案学研究》2019 年第 1 期。

[4] 冯惠玲：《走向单轨制电子文件管理》，载《档案学研究》2019 年第 1 期。

码管理局、国家标准化管理委员会等相关部门为成员单位，负责组织协调全国电子文件管理工作。之后，国家电子文件管理部际联席会议办公室开展了"电子文件管理条例"的相关研究工作，各部门、各省区纷纷出台不同层级的电子文件管理规范，电子文件社会化服务能力明显提升。① 一个特别重要的事件是，2019 年 4 月 30 日国务院发布了第 716 号令《国务院关于在线政务服务的若干规定》，围绕促进和保障一体化在线平台建设，就需要从行政法规层面解决的问题作出了有针对性的回应，明确国家加快建设全国一体化在线政务服务平台，推进各地区、各部门政务服务平台规范化、标准化、集约化建设和互联互通，推动实现政务服务事项全国标准统一、全流程网上办理，形成全国政务服务"一张网"，即"一网通办"。这将极大地提升我国电子文件管理和应用的水平，实现从理念到实践的质的飞跃。

将电子文件管理作为国家信息化、智能化建设的支撑基石是一种战略性质的选择，而要完成这样艰巨的任务，同样离不开具体学科部门"脚踏实地"式的学术研究。笔者在此书中开展的专门研究便属于此种性质的助推。其研究视域属于"法学 + 档案学"的交叉领域，研究方法包括"主辅"相承的两条脉络：一是基于电子证据规则视角的电子文件管理制度研究，即抓牢电子文件管理与证据规则有何隔阂、如何契合的"主线"，开展概念界定、类型比较与"四性"对接；二是基于大数据等新兴科技引发的电子文件管理、电子证据规则应变的时代脉搏，即兼顾厘清大数据文件、大数据证据、区块链存证、区块链证据等新事物的"辅线"，探讨在时代巨变的背景下，电子文件管理与证据规则对接中如何革新再造相关的制度与理论。这是本项研究所持的基本立场。

笔者在前述论证中，较为充分地阐述了基本概念内涵、法条案例差距、实践做法对接、改革完善思路、时代革新再造以及立法方案优化等体系化内容。这些论证汇总起来，足以支撑起电子文件管理工作、理论

---

① 如 2017 年 1 月 6 日，浙江省政府办公厅出台了《浙江政务服务网电子文件管理暂行办法》。

应当同电子证据工作、规则深度结合这一核心观点。行文至此，本项研究得出的学术建议已经"水到渠成"：除了前一章所述的立法改进建议外，另有三项具体建议跃然纸上，分别是"电子文件管理范围应当覆盖证据性普通文件""电子文件平台建设可以探索融通式取证制度""电子文件管理制度必须进行契合式基准改造"。

第二节　电子文件管理范围应当覆盖证据性普通文件

如何圈定电子文件管理范围，是依法管理电子文件的工作起点。这一范围不能太大，对所有电子文件均进行管理，特别是将其纳入统一管理的范围，是不现实的，也是不必要的；这一范围也不能太小，纳入管理范围的电子文件不能仅仅是档案文件，应该说凡是具有凭证、查考作用的电子文件均有被依法保管的必要性。我国现行法律规范《电子文件管理暂行办法》中纳入管理范围的电子文件是"机关、团体、企事业单位和其他组织在处理公务过程中，通过计算机等电子设备形成、办理、传输和存储的文字、图表、图像、音频、视频等不同形式的信息记录"。需要指出的是，《电子文件管理暂行办法》并未将"私人文件"纳入管理范围，但有些私人文件也确有纳入管理的需要。根据实践中所涉及的常见业务领域来看，纳入管理范围的电子文件通常包括电子公文、电子证照、电子发票、电子合同、电子病历、电子照片等。但此种归纳方式必然有疏漏，因为按照涉及业务范围进行梳理显然是不完整的。

笔者在前面章节中提出的"电子文件证据"概念，完全可填补按照涉及常见业务领域进行归纳和梳理所带来的不足。所谓电子文件证据，是指"作为证据使用的电子文件""通常指代的是作为证据使用的电子文档"。这一概念既能衔接电子文件管理与证据规则的相关理论，也能跳出按照涉及业务范围进行梳理的泥沼。这意味着具有司法证明价值的任何电子文件，均能通过扩大解释被纳入依法管理的范围。也就是说，形成了一种确定电子文件管理范围的新标准，即以法律上是否具有证据性为标准。依照这一标准，无论是"私人文件"，还是不属于"电子公文、电子证照、电子发票、电子合同、电子病历、电子照片"之列的电子文件，均可以进行依法管理。这一标准可以理解为一种全新角度的兜底标准，其所圈定的"私人文件"以及非"电子公文、电子证照、电子发票、电子合同、电子病历、电子照片"文件，可以简称为"证据性普通文件"。

"电子文件管理范围应当覆盖证据性普通文件"，这一建言具有重要的现实意义。它不仅能从形式上解决传统上电子文件管理范围相对偏狭的问题，更能到从实质上解决实践中的一些工作偏差与顽疾。以往对"私人文件"的管理无据可依，对不带有典型"内容、背景、结构"三要素的非完整文件的管理做法失范，均可以参照典型电子文件管理方法进行处理，并起到电子文件管理的功效。

为加深人们对这一范围拓展建言之意义的认识，下面以实践中普遍出现的政府信息公开案件为例进行补充说明。政府信息公开是保障公民、法人和其他组织依法获取政府信息的重要途径。我国《政府信息公开条例》也明确了"以公开为常态、不公开为例外"的原则。虽然政府信息客观存在是行政机关公开政府信息的前提，若政府信息不存在则不具备信息公开的基础。但目前来看，"经查找发现政府信息不存在"已经成为政府机关拒绝公开信息的最常用理由之一。[①] 其中就除电子档案以外的电子文件究竟是否存在往往成为诉辩双方争议的焦点，许多相对人对政府作出的"信息不存在"答复持完全不理解、不信任的态度。从理论上讲，政府机关主张依申请公开的政府信息不存在的，应当承担说

---

① 参见陆某某等 4 人诉中华人民共和国自然资源部（原国土资源部）土地信息公开再审案，最高人民法院（2019）最高法行申 1727 号行政裁定书。该案反映出，在政府机关不能对除电子档案以外的电子文件进行管理的情况下，老百姓对于政府机关所主张的"经查找发现政府信息不存在"理由存在着习惯性的不信任心理。这一现象制度性地引发了社会公众的不信任和司法资源的浪费，亟待采取电子文件管理做法进行化解。

明、解释的责任。如果我国能够推行对于除电子档案以外的电子文件纳入依法管理范围的政策，就能极大地缓解公众不理解、不信任政府工作的现象，同时也为政府机关承担说明、解释的责任提供了重要保障。

第三节 电子文件平台建设
可以探索融通式取证制度

电子文件平台或系统是电子文件管理的硬件基础。从世界范围来看，没有功能齐备的电子文件平台，就没有电子文件管理。我国学者的研究表明，2015 年美国所有联邦机构均部署了电子文件管理系统，全面采用电子方式管理公务电子邮件，[①] 国家档案馆历经 20 年的电子文件档案馆项目（ERA）已投入使用多年并进入二期研发，其他电子文件管理先进国家无一例外均大面积部署了机构电子文件管理系统和档案馆的长期保存系统。[②] 相比而言，我国"功能齐备的 ERMS 和针对电子文件长期保存的规范系统均不多见，很多机构尚以计算机辅助管理系统为主，一些数字档案馆系统的主要功能是管理数字化档案，而不具备对原生电子文件实行在线接收管理和开发利用的能力，各类系统功能的规范力度也远不及标准要求"[③]。由此可见，我国需要全面部署电子文件管理和长期保存系统，启动电子文件管理的全方位变革，以最终促进国家治理能力现代化水平的提升。

就如何看待电子文件平台及其建设依然存在一个认识问题。在纸质文件的时期，文件平台的功能比较单一，基本就是管理功能；在电子文件的时代，特别是大数据文件的时代，文件平台的功能则可以多元化。

---

① 参见刘越男、杨建良:《美国联邦政府文件管理与信息资源管理的整合路径及启示》，载《电子政务》2018 年第 11 期。

② 参见冯惠玲:《走向单轨制电子文件管理》，载《档案学研究》2019 年第 1 期。

③ 冯惠玲:《走向单轨制电子文件管理》，载《档案学研究》2019 年第 1 期。

少数在我国先行先试的电子文件平台已经展示了这一规律，杭州、北京、广州互联网法院的电子证据平台即如此。例如，北京互联网法院的电子证据平台"天平链"，自2018年建成之日就通过17个司法区块链节点、24个应用接入机构，形成了一个集数据生成、存证、取证、采信为一体的综合服务体系。其中的接入机构不仅包括北京互联网法院、北京市高级人民法院，还包括有关公证机构、鉴定中心、行业组织、大型央企、大型金融机构、大型互联网平台、"第三方存证机构"等20多家单位。这意味着任何电子文件一旦存入北京互联网法院"天平链"平台，就同步完成了电子文件管理、电子公证、电子数据司法鉴定及电子文件保全等行为；之后，北京互联网法院"天平链"平台还可以对入链的电子文件（电子证据）进行自动、半自动审查，相当于行使了电子证据举证、质证、认证的部分功能。可见，三家互联网法院的电子文件平台可以被理解为一个融各种取证行为于一体的计算机管理系统。

不仅司法机关的电子证据平台如此，许多"第三方存证"启用的电子证据平台亦然。2018年杭州互联网法院宣判的"全国首例区块链存证案"[1] 是一起典型的案例。在该案中，杭州华泰一媒文化传媒有限公

---

① 杭州华泰一媒文化传媒有限公司诉深圳市道同科技发展有限公司侵害作品信息网络传播权纠纷案，杭州互联网法院（2018）浙0192民初81号民事判决书。

在该案中，法院认为，对于采用区块链等技术手段进行存证固定的电子数据，应秉承开放、中立的态度进行个案分析认定。既不能因为区块链等技术本身属于当前新型复杂技术手段而排斥或者提高其认定标准，也不能因该技术具有难以篡改、删除的特点而降低认定标准，而应根据电子数据的相关法律规定综合判断其证据效力；其中应重点审核电子数据来源和内容的完整性、技术手段的安全性、方法的可靠性、形成的合法性，以及与其他证据相互印证的关联度，并由此认定证据效力。本案中，数泰公司作为独立于当事人的民事主体，其运营的保全网是符合法律规定的第三方存证平台，保全网通过可信度较高的谷歌开源程序进行固定侵权作品等电子数据，且该技术手段对目标网页进行抓取而形成的网页截图、源码信息、调用日志能相互印证，可清晰反映数据的来源、生成及传递路径，应当认定由此生成的电子数据具有可靠性。同时，保全网采用符合相关标准的区块链技术对上述电子数据进行了存证固定，确保了电子数据的完整性。这一认定结果，实际上是对第三方存证、司法鉴定意见书共同认定的结论。

司为证明深圳市道同科技发展有限公司在其运营的网站中发表了其享有著作权的相关作品，通过第三方存证平台——保全网，进行了侵权网页的自动抓取及侵权页面的源码识别，并将该两项内容和调用日志等的压缩包计算成哈希值上传到 Factom 区块链和比特币区块链中，基于此请求道同公司承担侵权责任。该案中的电子证据主要被存储在保全网的区块链电子存证平台中，保全网将有关截图、网页源码进行打包并计算其SHA256 哈希值，并同步上传至 Factom 区块链和比特币区块链中，浙江千麦司法鉴定中心对上述抓取过程运用的技术内容进行了说明并予以确认，出具了司法鉴定意见书，载明其受浙江数秦科技有限公司委托，对有关电子文件在保全后有无被修改进行鉴定。最终，法院对区块链存证的结果及鉴定意见均予采纳。

综上可见，新时期我国电子文件平台建设可以践行新思路，将电子文件管理同电子文件审查、运用、公证、鉴定等功能结合起来，亦可以探索将电子文件的勘验、检查、搜查、扣押、实验、仿真等各种取证措施相结合。这一变化是以前无法想象的，将以电子文件管理之"壳"推出融通式取证之"实"。无论是对电子文件管理领域还是对电子证据取证领域而言，这一变化均会带来革命性的进步！

第四节　电子文件管理制度必须进行契合式基准改造

长期以来，我国电子文件管理领域一直沿袭纸面文件管理的"四性"标准。该标准源于 ISO 15489（《文件管理国际标准》），强调文件管理需要满足真实性、可靠性、完整性和可用性的要求。而传统上，我国法律规范与司法实践中已经形成以"真实性、关联性、合法性及证明力"为框架的电子证据规则。电子文件"真实性、可靠性、完整性、可用性"四性，并不能简单等同于电子证据的"真实性、关联性、合法性、证明力"四性；可信电子文件的四性整体接近于电子证据的"真实性"要求，而对电子文件作为证据的合法性、关联性及证明力理论尚处于缺失状态。对此，电子文件管理制度应当根据证据法规则进行调整，有针对性地吸收电子证据中真实性、合法性、关联性、证明力等规则和理念，同时结合电子文件本身的特征进行有机回应。简言之，电子文件管理制度必须进行契合式基准改造。

在实现路径上，前文已经抽象出电子文件管理领域对合法性、关联性、证明力标准缺乏关注的问题，重点讨论两种"真实性"标准的差距，并分别基于证据真实性、合法性、关联性、证明力标准提出了电子文件管理制度改进的"一揽子"方案。有关内容，在此不再赘述。笔者期望，我国能够尽早提出兼容电子文件管理与证据规则的新标准，使电子文件管理制度可符合证据法要求。完成这一任务，既解决了我国电子文件管理同司法办案之间的实践和理论脱节的长期难题，也是积极应对电子文件管理工作和学科研究面临新兴数据科技带来机遇与挑战的时代任务。

第五节 《电子文件应用管理条例》（学者建议篇）

第一章 总则

第一条 【立法宗旨和目的】为了促进电子文件的广泛应用和规范电子文件依法管理，确保电子文件的证据法价值，保存国家和社会历史记录，根据《中华人民共和国民事诉讼法》《中华人民共和国网络安全法》《中华人民共和国电子签名法》《中华人民共和国档案法》等有关法律法规，制定本条例。

第二条 【适用范围】本条例适用于机关、团体、企事业单位和其他组织（以下简称机构组织）在公务活动中进行的电子文件应用管理。

机构组织或其他主体在非公务活动中进行的电子文件应用管理，可以参照本条例执行。

第三条 【电子文件的定义】本条例所称电子文件，是指机构组织在公务活动中，通过电子设备或电子账号生成、传输、存储、办理的文字、表格、图像、音频、视频、多媒体、数据、程序、超文本等不同形式的信息记录。

电子文件包括但不限于电子公文、电子证照、电子发票、电子合同、电子病历、电子照片以及用作证据的其他电子材料等。电子档案属于电子文件的范围。电子文件可以分解为内容要素、背景要素和结构要素。

对纸面文件电子化、纸质档案数字化进行管理的，可以参照本条例执行。

第四条 【电子文件管理的定义】本条例所称电子文件管理，是指政府等专业主管机关对所有机构组织电子文件管理工作的统筹和指导管理，以及机关、企事业单位等文件生成机构和档案馆等文件长期保存机构实施的具体管理。

第五条 【电子文件应用的定义】本条例所称电子文件应用，是指机构组织直接使用电子文件从事公务活动产生法律后果的行为。它主要是传统上使用纸面文件从事公务活动的行为。

第六条 【基本原则】电子文件的应用管理应当遵循鼓励创新、依法推开、管用结合、安全高效的原则。

第二章 电子文件的应用

第七条 【电子文件的应用鼓励】国家鼓励机构组织使用电子文件处理行政权力事项、司法权力事项和公共服务事项。

机构组织应当积极推进电子文件管理信息系统建设，与办公自动化系统、业务系统等相互衔接。机构组织原则上可以使用电子文件从事公务活动，法律、行政法规另有规定的除外。

机构组织应当对公务活动中形成的电子文件进行规范管理，按照档案管理要求及时以电子形式归档并向档案部门移交。机构组织已经移交电子档案的，不再以纸质形式归档和移交，法律、行政法规另有规定的除外。

第八条 【电子文件的法律效力】电子文件与纸面文件具有同等法律效力。不得对公务活动中使用电子文件设置不同于使用纸面文件的限制条件。

经由管理的电子文件符合客观性、合法性、关联性、证明力标准的，可以在诉讼或其他法律活动中用作证据使用。

第九条 【电子文件的应用探索】国家鼓励机构组织探索使用区块链、校验值、可信时间戳、电子签名等防篡改技术对海量电子数据纳入集约平台进行管理。自动接入平台接受集约管理的海量电子文件或其中部分电子文件，可以在诉讼或其他法律活动中用作证据使用。

第十条 【电子文件的应用系统】机构组织可以制定详细的电子文件应用权限规定。应用权限可以在电子文件应用系统中实现，并经过确认。

电子文件可以根据授权通过电子文件应用系统在线或离线提供应用。必要时，电子文件应用系统可以设置日志或其他方式记录应用过程，记录信息包括使用者、使用方式、文件编号、文件名、使用时间等。

第十一条 【电子文件的应用标准】国家鼓励机构组织推动制定配套的电子文件应用标准规范。在国家电子文件管理部际联席会议和相关机制统筹协调下，完善电子印章、电子签名、电子合同、电子发票、电子会计档案等电子文件信息管理及真伪验证制度规范，建立跨区域电子文件互认共享机制和标准规范。

第十二条 【电子文件的资源价值】国家鼓励机构将电子文件汇总作为一种资源使用。

未经法律授权或者主管机关审批，任何单位或者个人不得将电子文件资源传输到境外。

第三章 电子文件的管理

第十三条 【电子文件管理的专责部门】国家设立电子文件管理部门，对电子文件的生成、保管和利用等实施监督、执法和管理。

第十四条 【机构组织的职责】机构组织对所管理的电子文件的真实、完整、可用、安全负责。

机构组织对本单位电子文件管理工作进行统筹规划，建立管理制度，规范工作流程，落实保障措施。

第十五条 【电子文件管理的专门人员】机构组织应当配备一定数量的、与电子文件管理任务相适应的专门人员，负责电子文件的形成、整理、立卷、归档等工作。

开展电子文件管理的专门人员应当具备相关的专门知识与技能。鼓励社会有关单位对电子文件管理专门人员进行专业培训。

第十六条 【电子文件的安全与保密管理】电子文件的安全与保密包括物理安全与保密、系统安全与保密、信息安全与保密。电子文件管理过程可以实施全方位的安全与保密措施。

对于涉密的电子文件进行管理的，有关管理系统应当通过国家有关机构评测合格后方可投入使用，参照国家有关计算机信息系统保密管理和信息安全等级保护管理等相关规定执行。

第十七条 【电子文件管理的经费】电子文件管理部门履行职责所需的经费，列入同级财政预算。

机构组织开展电子文件管理所需经费列入年度财政预算或年度收支计划。

第十八条 【电子文件存储、传输、交换中的管理】在电子文件存储、传输、交换时，机构组织应当采用符合电子文件管理相关标准要求的文件格式，确保不出现未经授权的更改，对存储、传输、交换过程应予以记录。

第十九条 【电子文件的归档管理】对于需要立卷归档的电子文件，机构组织应当按照规定，及时向有关档案机构或者档案工作人员移交，实现集中管理，任何个人不得据为己有。

机构组织应当按照国家有关规定，定期向档案馆移交拟纳入归档管理的电子文件。

第二十条 【电子文件的长期保存和迁移管理】电子文件要进行长

期保存时，机构组织应当提供可靠稳定的存储设备和环境，采用适合长期保存的国家或行业标准格式，并实施持续的检查和维护。

电子文件要进行迁移时，发生的形式变化不影响电子文件内容的真实性，并确保迁移前后电子文件内容一致。

第二十一条 【电子文件的销毁要求】电子文件要进行销毁的，应当遵守有关法律、法规和相关标准的规定，确保销毁后的数据内容不可复原。

第二十二条 【电子文件的测试和认证管理体系】国家探索建立电子文件管理的测试和认证管理体系。

第四章 法律责任

第二十三条 【违法行为及其处理】有下列行为之一的，由县级以上电子文件管理部门以及有关主管部门责令限期整改；情节严重的，对直接负责的主管人员或其他责任人员依法给予行政处分：

（一）电子文件管理不符合法律要求的；

（二）不按照规定生成、移交、接收或者管理电子文件的；

（三）损毁、丢失、篡改、窃取、伪造电子文件的；

（四）玩忽职守，造成电子文件损失或者其他严重后果的。

对于机构组织在电子文件应用管理过程中，出现前款第三项、第四项违法行为且造成损失后果的，可以责令赔偿损失。

第二十四条 【妨碍执法检查的处理】电子文件管理部门依法对机构组织电子文件管理情况进行检查的过程中，有关机构组织及其工作人员以拒不配合、弄虚作假等方式逃避、妨碍检查的，可以追究机构组织的行政责任，并对直接负责的主管人员和其他直接责任人员依法给予行政处分。

第二十五条 【未履行职责的处理】电子文件管理部门未依法履行职责，或者滥用职权、玩忽职守、徇私舞弊的，对直接负责的主管人员和其他直接责任人员依法给予行政处分。

第五章 附则

第二十六条 【解释权限】国家电子文件应用管理部门负责本条例

的解释。

第二十七条　【制定细则】中央有关部门、各省级人民政府可以根据本条例制定实施细则。各机构组织可以根据本条例制定细化方案及相关规程。

第二十八条　【实施日期】本条例自印发之日起施行。

附录

国内外电子文件证据相关法律法规汇编

附录一　中国电子文件证据法律法规汇编

一、电子文件证据法律

【**相关规定 1**】《中华人民共和国电子签名法》（根据 2019 年 4 月 23 日第十三届全国人民代表大会常务委员会第十次会议《关于修改〈中华人民共和国建筑法〉等八部法律的决定》第二次修正）（节录）

第二条　本法所称电子签名，是指数据电文中以电子形式所含、所附用于识别签名人身份并表明签名人认可其中内容的数据。

本法所称数据电文，是指以电子、光学、磁或者类似手段生成、发送、接收或者储存的信息。

第三条　民事活动中的合同或者其他文件、单证等文书，当事人可以约定使用或者不使用电子签名、数据电文。

当事人约定使用电子签名、数据电文的文书，不得仅因为其采用电子签名、数据电文的形式而否定其法律效力。

前款规定不适用下列文书：

（三）法律、行政法规规定的不适用电子文书的其他情形。

第四条　能够有形地表现所载内容，并可以随时调取查用的数据电文，视为符合法律、法规要求的书面形式。

第五条　符合下列条件的数据电文，视为满足法律、法规规定的原件形式要求：

（一）能够有效地表现所载内容并可供随时调取查用；

（二）能够可靠地保证自最终形成时起，内容保持完整、未被更改。但是，在数据电文上增加背书以及数据交换、储存和显示过程中发生的形式变化不影响数据电文的完整性。

第六条　符合下列条件的数据电文，视为满足法律、法规规定的文件保存要求：

（一）能够有效地表现所载内容并可供随时调取查用；

（二）数据电文的格式与其生成、发送或者接收时的格式相同，或者格式不相同但是能够准确表现原来生成、发送或者接收的内容；

（三）能够识别数据电文的发件人、收件人以及发送、接收的时间。

第七条　数据电文不得仅因为其是以电子、光学、磁或者类似手段生成、发送、接收或者储存的而被拒绝作为证据使用。

第八条　审查数据电文作为证据的真实性，应当考虑以下因素：

（一）生成、储存或者传递数据电文方法的可靠性；

第九条　数据电文有下列情形之一的，视为发件人发送：

（三）收件人按照发件人认可的方法对数据电文进行验证后结果相符的。

当事人对前款规定的事项另有约定的，从其约定。

【相关规定2】《中华人民共和国档案法》（中华人民共和国主席令第四十七号，第十三届全国人民代表大会常务委员会第十九次会议于2020年6月20日修订通过，自2021年1月1日起施行）（节录）

第五章　档案信息化建设

第三十五条　各级人民政府应当将档案信息化纳入信息化发展规划，保障电子档案、传统载体档案数字化成果等档案数字资源的安全保存和有效利用。

档案馆和机关、团体、企业事业单位以及其他组织应当加强档案信息化建设，并采取措施保障档案信息安全。

第三十六条　机关、团体、企业事业单位和其他组织应当积极推进电子档案管理信息系统建设，与办公自动化系统、业务系统等相互衔接。

第三十七条　电子档案应当来源可靠、程序规范、要素合规。

电子档案与传统载体档案具有同等效力，可以以电子形式作为凭证使用。

电子档案管理办法由国家档案主管部门会同有关部门制定。

第三十九条　电子档案应当通过符合安全管理要求的网络或者存储

介质向档案馆移交。

档案馆应当对接收的电子档案进行检测，确保电子档案的真实性、完整性、可用性和安全性。

档案馆可以对重要电子档案进行异地备份保管。

【相关规定3】《中华人民共和国疫苗管理法》（中华人民共和国第十三届全国人民代表大会常务委员会第十一次会议于2019年6月29日通过，自2019年12月1日起施行）（节录）

第三十八条　疫苗上市许可持有人在销售疫苗时，应当提供加盖其印章的批签发证明复印件或者电子文件；销售进口疫苗的，还应当提供加盖其印章的进口药品通关单复印件或者电子文件。

二、电子文件证据行政法规及其他规范性文件

【相关规定1】《国务院关于在线政务服务的若干规定》（国务院令第716号）（节录）

第十二条　政务服务机构应当对履行职责过程中形成的电子文件进行规范管理，按照档案管理要求及时以电子形式归档并向档案部门移交。除法律、行政法规另有规定外，电子文件不再以纸质形式归档和移交。

符合档案管理要求的电子档案与纸质档案具有同等法律效力。

第十五条　本规定下列用语的含义：

（三）电子证照，是指由计算机等电子设备形成、传输和存储的证件、执照等电子文件。

（四）电子档案，是指具有凭证、查考和保存价值并归档保存的电子文件。

【相关规定2】《国务院办公厅关于全面推行行政执法公示制度执法全过程记录制度重大执法决定法制审核制度的指导意见》（国办发〔2018〕118号）（节录）

（七）完善文字记录。文字记录是以纸质文件或电子文件形式对行政执法活动进行全过程记录的方式。要研究制定执法规范用语和执法文

书制作指引，规范行政执法的重要事项和关键环节，做到文字记录合法规范、客观全面、及时准确。

【相关规定3】《国务院办公厅关于以新业态新模式引领新型消费加快发展的意见》（国办发〔2020〕32号）（节录）

（四）进一步培育壮大各类消费新业态新模式。建立健全"互联网＋服务"、电子商务公共服务平台，加快社会服务在线对接、线上线下深度融合。有序发展在线教育，推广大规模在线开放课程等网络学习模式，推动各类数字教育资源共建共享。积极发展互联网健康医疗服务，大力推进分时段预约诊疗、互联网诊疗、电子处方流转、药品网络销售等服务。

【相关规定4】《国务院办公厅关于印发进一步深化"互联网＋政务服务"推进政务服务"一网、一门、一次"改革实施方案的通知》（国办发〔2018〕45号）（节录）

（二）加快完善相关法规制度。

各部门要抓紧梳理"互联网＋政务服务"急需的以及与开展"一网通办"不相适应的法律法规和规章制度，加快推动立改废。推动制定完善信息保护的法律制度，切实保护政务信息资源使用过程中的个人隐私和商业秘密。研究制订政务服务事项电子文件归档规范，推动开展相关试点，逐步消除电子化归档的法规制度障碍。

【相关规定5】《国务院关于印发"十三五"国家信息化规划的通知》（国发〔2016〕73号）（节录）

完善电子文件管理服务设施。加强哲学社会科学图书文献、网络、数据库等基础设施和信息化建设，提升国家哲学社会科学文献在线共享和服务能力。

统筹发展电子政务。建立国家电子政务统筹协调机制，完善电子政务顶层设计和整体规划。统筹共建电子政务公共基础设施，加快推进国家电子政务内网建设和应用，支持党的执政能力现代化工程实施，推进国家电子政务内网综合支撑能力提升工程。完善政务外网，支撑社会管理和公共服务应用。支持各级人大机关信息化建设，有效满足立法和监督等工作需求，为人民代表大会及其常委会履职提供信息技术支撑。支持政协信息化建设，推进协商民主广泛多层制度化发展。支持"智慧法院"建设，推行电子诉讼，建设完善公正司法信息化工程。实施"科技强检"战略，积极打造"智慧检务"。创新电子政务投资、建设及服务模式，探索建立第三方建设运行维护机制。完善国家电子政务标准体系，建立电子政务绩效评估监督制度。加强国家电子文件管理，促进电子文件规范应用。

【相关规定6】《国务院办公厅关于印发"互联网＋政务服务"技术体系建设指南的通知》（国办函〔2016〕108号）（节录）

五、政务服务事项的一体化办理

3. 用户（自然人和法人）信息管理

（3）第三方报告

第三方报告主要为中介机构等第三方机构出具的评估、检验、检测等报告。

【数据内容】第三方报告的数据内容主要由第三方报告名称和电子文书组成。

【数据来源】第三方报告主要由中介机构用户维护上传，并转换成电子文件格式，有条件的地区可以对接中介机构管理系统，通过数据交换的方式同步中介服务成果。

（4）用户自制信息

【数据内容】用户自制信息的数据内容主要由名称和电子文书组成。

【数据来源】主要来源用户上传的各类电子文书，但需限制EXE等可执行程序的上传。用户上传自制信息需进行限制，超过固定容量的，用户需清理后才能上传。

（二）政务服务管理和业务办理（内部办理）

1. 基础业务功能

（1）政务服务事项管理

⑧归档管理

审批事项办结后，将审批形成的电子证照、决定及回执，申请人上传的各类电子文书及提报的审批项目基本信息，实施行政审批受理（或者不予受理）、审查、办理等过程形成的电子表单，行政审批关键业务行为的受理人、受理时间、办理情况等过程描述元数据，按照档案管理有关要求在线或离线进行电子归档。

七、关键保障技术

（一）平台支撑技术

3. 电子文书

电子文书主要是政务服务流转过程中形成的各类电子文件，如申请材料、电子证照等。

（1）形成方式

电子文书根据形成方式及信任级别，分为两种类型：

一是由政务服务管理平台产生或有其他可信平台共享形成，该类电子文书可直接应用于系统、无需核对信息，电子证照属于该类型电子文书。

二是由用户上传或窗口工作人员通过高拍仪上传，申请人提交的各类电子材料属于该类型电子文书。

（2）文件格式

电子文书采用安全通用的文件格式，并对文件类型、大小、图片拍摄、分辨率等有严格的限制。系统具备上传电子文书自动检查功能，如扫描件的分辨率、文书版面大小、文档格式等。若上传文件不符合材料格式上传要求，则系统自动提示申请人重新上传。

（3）数据保存与归档

数据保存与归档应具备防篡改、历史数据备查备用、电子文书归档等功能，促进网上办事、审批办理和档案管理的无缝衔接。

（4）应用规则

对电子文书在政务服务中的应用，需建立规范的制度和工作程序并采取相应的技术措施。电子文书应用于政务服务的网上申请、受理、审批、办结等环节，应具备权限控制、痕迹保留功能，保证电子文书的产生、处理等过程符合规范。

4. 电子印章

政务服务申请人在线提交各类电子表单和电子文档材料时，根据所申请服务事项的要求，在电子表单和电子文档材料上加盖申请人的电子印章。

【**相关规定 7**】《国务院办公厅关于促进电子政务协调发展的指导意见》（国办发〔2014〕66 号）（节录）

三、加强顶层设计，统筹电子政务协调发展

（七）完善法律法规和标准规范。研究制定政府信息资源管理办法，及时总结经验，建立信息共享制度，为持续稳步推进信息共享提供制度保障；研究制定政务活动中使用电子签名的具体办法，积极推动电子证照、电子文件、电子印章、电子档案等在政务工作中的应用；加强现有成熟标准规范在电子政务中的运用，研究制定网络、安全、应用、信息资源等方面的技术和业务标准规范，促进电子政务健康持续发展。

四、深化应用，提升支撑保障政府决策和管理的水平

（五）完善办公业务应用。围绕优化再造政务流程、提高行政效能，进一步拓展深化网上办公，运用电子印章、电子签名、电子文件密级标志等技术，实现公文、信息、简报等电子文件的上传下达和横向传递，以及公文办理、信息采编、会议组织、值班管理等日常工作的信息化；积极开展视频会议、移动办公等应用。

【**相关规定 8**】《国务院办公厅关于加强和规范政府信息公开情况统计报送工作的通知》（国办发〔2014〕32 号）（节录）

各省（自治区、直辖市）人民政府、国务院各部门办公厅（室）应于每年 3 月底前，将上一年度全年统计数据报送国务院办公厅政府信息公开办公室。《政府信息公开情况统计表》采用纸质文件和电子文件两种形式报送，电子文件采用 Excel 格式，刻成光盘随纸质文件一并报送。政府信息公开统计报送信息系统建成后，对报送时间及相关工作的要求另行通知。

【**相关规定 9**】《国务院办公厅转发商务部等部门关于实施支持跨境电子商务零售出口有关政策意见的通知》（国办发〔2013〕89 号）（节录）

建立电子商务出口新型海关监管模式并进行专项统计。海关对经营主体的出口商品进行集中监管,并采取清单核放、汇总申报的方式办理通关手续,降低报关费用。经营主体可在网上提交相关电子文件,并在货物实际出境后,按照外汇和税务部门要求,向海关申请签发报关单证明联。将电子商务出口纳入海关统计。

【相关规定 10】《国务院关于大力推进信息化发展和切实保障信息安全的若干意见》(国发〔2012〕23 号)(节录)

四、加快社会领域信息化,推进先进网络文化建设

(一)提升电子政务服务能力。围绕提升服务和监管能力,促进政府管理创新,加强电子政务顶层设计。以互联互通为重点,形成统一的国家电子政务网络,完善项目建设管理、绩效评估和运行维护机制。扎实推进药品、食品、住房、能源、金融、价格等重要监管信息系统建设。推动重点领域信息共享和业务协同,加快电子政务服务向街道、社区和农村延伸,支持基层政府和社区开展管理和服务模式创新试点示范。加强地理空间和自然资源、人口、法人、金融、税收、统计等基础信息资源的开发利用,促进共享。全面提升电子政务技术服务能力,鼓励业务应用向云计算模式迁移。加强电子文件管理与应用。

三、电子文件证据司法解释与最高人民法院、最高人民检察院工作文件

【相关规定 1】《最高人民法院关于民事诉讼证据的若干规定》(2020 年 5 月 1 日起施行)(节录)

第十四条 电子数据包括下列信息、电子文件:

(一)网页、博客、微博客等网络平台发布的信息;

(二)手机短信、电子邮件、即时通信、通讯群组等网络应用服务的通信信息;

(三)用户注册信息、身份认证信息、电子交易记录、通信记录、登录日志等信息;

（四）文档、图片、音频、视频、数字证书、计算机程序等电子文件；

（五）其他以数字化形式存储、处理、传输的能够证明案件事实的信息。

【相关规定2】《最高人民法院、最高人民检察院、公安部关于办理刑事案件收集提取和审查判断电子数据若干问题的规定》（2016年10月1日起施行）（节录）

第一条　电子数据是案件发生过程中形成的，以数字化形式存储、处理、传输的，能够证明案件事实的数据。

电子数据包括但不限于下列信息、电子文件：

（一）网页、博客、微博客、朋友圈、贴吧、网盘等网络平台发布的信息；

（二）手机短信、电子邮件、即时通信、通讯群组等网络应用服务的通信信息；

（三）用户注册信息、身份认证信息、电子交易记录、通信记录、登录日志等信息；

（四）文档、图片、音视频、数字证书、计算机程序等电子文件。

以数字化形式记载的证人证言、被害人陈述以及犯罪嫌疑人、被告人供述和辩解等证据，不属于电子数据。确有必要的，对相关证据的收集、提取、移送、审查，可以参照适用本规定。

第二十九条　本规定中下列用语的含义：

（五）数字证书，是指包含数字签名并对电子数据来源、完整性进行认证的电子文件。

【相关规定3】《人民法院诉讼档案管理办法》（2014年1月1日起施行）（节录）

第六条　各级人民法院审判业务部门应当在案件办理完毕后三个月内，将全案诉讼文书材料、电子文件、庭审录音录像等移交归档。因特殊情况需要延期归档的，最迟不得超过六个月。

【相关规定4】《人民法院电子诉讼档案管理暂行办法》（2014年1

月 1 日起施行）

第一条 为规范人民法院电子诉讼档案管理，确保电子诉讼档案的真实、完整、有效与安全，促进档案信息资源开发利用，根据《中华人民共和国档案法》《中华人民共和国档案法实施办法》《人民法院档案工作规定》《电子文件归档与管理规范》等有关规定，结合人民法院电子诉讼档案的特点，制定本办法。

第二条 本办法所称电子诉讼档案，是指人民法院在诉讼活动中形成的、具有保存价值且应归档保存的电子诉讼文件，以及案卷归档后经数字化处理产生的纸质诉讼档案的电子版本。

第三条 电子诉讼档案的管理应当根据信息化条件下电子诉讼档案形成和利用的规律，遵循以下基本原则：

（一）统一管理。对电子诉讼档案实行统筹规划，统一管理，各级人民法院档案机构负责对电子诉讼档案进行集中保存和管理。

（二）全程管理。对电子诉讼档案的形成、传输、保存、利用、销毁等实行全过程管理，确保电子诉讼档案始终处于受控状态。

（三）规范标准。对电子诉讼档案制定统一标准，规范管理。

（四）便于利用。发挥电子诉讼档案高效、便捷的优势，提供分层次、分类别共享应用。

（五）安全保密。按照国家有关法律法规和规范标准的要求，采取有效技术手段和管理措施，确保电子诉讼档案信息安全。

第四条 各级人民法院应当对电子诉讼档案管理工作进行统筹规划，建立管理制度，明确管理职责，规范工作流程，落实保障措施。

各级人民法院审判部门负责案件办理过程中的电子诉讼文件的形成、整理、立卷、归档；档案机构负责电子诉讼档案的检查、接收、整合、保管、利用和监督指导，以及案卷归档后的数字化处理工作；技术部门负责提供技术支持。

各级人民法院应当配备一定数量事业心强、有信息化知识、与电子诉讼档案管理任务相适应的专职档案干部。

第五条 最高人民法院应当建立全国统一的人民法院电子诉讼档案

查阅服务平台，逐步实现电子诉讼档案远程异地查阅。

第六条 各高级人民法院应当对辖区内法院电子诉讼档案管理实行统一软件平台，统一技术标准，统一操作规范。

第七条 电子诉讼文件是指在案件办理过程中，通过计算机等电子设备形成、办理、传输和存储的文字、图表、图像等电子文件，包括法律文书的电子文本、电子证据、电子庭审录音录像，以及同步数字化产生的纸质诉讼材料的电子版本等。

第八条 电子诉讼文件归档应当符合下列要求：

（一）在案件审结后按时将有保存价值的电子诉讼文件归档，归档期限与纸质诉讼材料的归档期限相同。

（二）电子诉讼文件以案件为单位进行整理，分立正、副卷。纸质诉讼材料经同步数字化处理形成的电子诉讼文件，应遵照第三章有关条款执行。

（三）建立案卷级和卷内文件级目录数据，并将目录数据与电子诉讼文件对应关联。目录数据与电子诉讼文件同步归档。

（四）采用符合国家规定的通用格式存储。原始格式是非通用格式的电子诉讼文件，一般应当转换成通用格式。如确实无法转换的，应当将相关软件及说明一并收集归档。

（五）电子诉讼文件元数据是描述电子诉讼文件的内容、结构、背景和管理过程的数据。电子诉讼文件元数据应当和电子诉讼文件一并归档。

（六）采用技术手段加密的电子诉讼文件应当解密后归档，压缩的电子诉讼文件应当解压缩后归档。

（七）准确划分密级。

第九条 电子诉讼文件在归档时，应当进行真实、完整、有效方面的鉴定、检测，并参照纸质诉讼文件立卷归档的规定，由归档部门相关责任人确认。

第十条 电子诉讼文件归档后，可采用在线或者离线方式存储。归档部门可以通过在线或者离线方式将电子诉讼档案数据及其管理权转移至档案机构。

第十一条　各级人民法院档案机构应当配备必要的软硬件设备，对接收的电子诉讼文件进行质量检查，检查结果形成记录保存备查。质量检查包括数据的准确性、完整性、可用性和安全性等。对检查不合格的，应当退回归档部门重新制作提交。

第十二条　各级人民法院有关部门在建立、完善与电子诉讼文件归档相关的信息系统时，应当征求档案机构的意见。

第十三条　纸质诉讼档案的电子版本制作可以采用案卷归档后对卷内材料进行集中数字化的方式，也可以采用在案件办理过程中对纸质诉讼材料进行同步数字化的方式。

第十四条　纸质诉讼档案的电子版本制作应当符合下列要求：

（一）纸质诉讼档案的电子版本应当与原纸质诉讼档案保持一致。

（二）一般应当对纸质诉讼档案的正、副卷材料从封面至封底进行完整数字化；确实不宜数字化的材料可以不予数字化，但应当登记备查。

（三）对纸质诉讼档案数字化直接产生的图像文件应当采用未加密的 TIFF 或者 JPEG 格式，并且永久留存。提供查询应用时，可以转存为 PDF 等其它格式。

（四）纸质诉讼档案的数字化加工一般采用黑白二值模式进行扫描；对材料中有多色、红头、印章、插有照片图片、字迹清晰度较差、黑白扫描模式下无法辨识清晰的页面，以及年代较为久远的历史档案，应当采用彩色模式进行扫描。扫描分辨率不低于 200dpi。

（五）在纸质诉讼档案的电子版本制作过程中，一般应当建立案卷级和卷内文件级目录数据。目录数据应当真实、准确、完整。目录数据项目参见附件 1。

（六）库藏纸质诉讼档案没有完整电子目录数据的，一般应当在纸质诉讼档案的电子版本制作过程中，形成库藏纸质诉讼档案的完整电子目录数据。

（七）应当对纸质诉讼档案的电子版本进行质量检查，检查结果形成记录保存备查。质量检查的内容包括目录数据、图像文件以及数据挂接等。质量检查不合格的应当及时退回纠正。

（八）应当符合国家保密管理有关规定。

第十五条　采用集中数字化方式制作纸质诉讼档案的电子版本时，由档案机构牵头负责实施和管理。

采用同步数字化方式制作纸质诉讼档案的电子版本时，诉讼材料形成部门负责对纸质诉讼材料数字化形成的电子版本进行真实性、有效性和完整性的认定；归档部门负责电子案卷的整理合成，确保电子案卷与纸质案卷同步归档；档案机构负责电子案卷的质量验收和归档接收。

第十六条　纸质诉讼档案的电子版本制作过程中，其目录数据已经存在于审判管理系统或者其他信息系统中的，可以从审判管理系统或者其他信息系统中获取。被获取方应当提供目录数据管理所要求的系统信息、交换数据、程序接口等。数据交换格式一般应当符合附件1要求。

第十七条　具备条件的法院在纸质诉讼档案的电子版本制作过程中，可以为原纸质诉讼档案逐册加贴与信息系统相关联的条形码、二维码、无线射频等机读标签。

第十八条　各级人民法院档案机构保存电子诉讼档案可以采用在线或者离线方式。在线存储应当使用档案专用存储服务器；离线存储可以选择使用数据磁带、档案级光盘、固态硬盘、硬磁盘等耐久性好的载体。重要电子诉讼档案可以转换成纸质或者缩微胶片进行异质备份。

第十九条　使用数据磁带、档案级光盘、固态硬盘、硬磁盘等作为归档载体、电子诉讼档案离线存储或者异质备份载体时，应当符合下列要求：

（一）载体制作工作可以结合电子诉讼档案的形成过程开展，也可以通过服务器下载数据进行集中制作。制作载体一般不少于两份，一份用于保存，另一份用于利用。档案机构应当制定电子诉讼档案离线保存的数据操作、载体转移等方面的管理制度。

（三）电子诉讼档案在载体上一般按照案号排列，按照案号排列的存储结构应当符合附件 2 要求，或者能够转换成附件 2 要求的存储结构。

第二十条　保管电子诉讼档案的离线存储载体，应当符合下列条件：

（一）载体一般应当作防写处理，避免擦、划、触摸记录涂层。

（二）单片载体应当单个装盒，竖立存放，且避免挤压。

（三）存放时应当远离强磁场、强热源，并与有害气体隔离。

（四）环境温度选定范围为 17℃～20℃；相对湿度选定范围为 35%～45%。

归档前离线存储载体在各部门的保管，应当参照上述条件。

第二十一条　各级人民法院信息技术部门负责为电子诉讼档案管理系统的有效安全管理提供技术支撑。档案机构会同信息技术部门做好电子诉讼档案的在线和离线备份工作，制定备份方案和恢复演练方案，并按照要求实施。

各级人民法院档案机构应当对离线存储的电子诉讼档案定期进行抽样机读检查或者转存，发现问题及时采取恢复措施。

第二十二条　未经各级人民法院档案机构批准，任何部门或者个人不得擅自获取、利用、迁移、修改、删除以各种形式存储的电子诉讼档案及其备份数据。

第二十三条　各级人民法院应当加强电子诉讼档案管理的基础设施建设，按照不同载体的保管要求配备相应的库房、设备。

第二十四条　最高人民法院应当建立人民法院重要电子诉讼档案备份中心，异地、异质保管全国法院重要电子诉讼档案。

有条件的高级人民法院应当集中保管辖区内法院重要电子诉讼档案的备份数据，并统筹考虑辖区内法院重要电子诉讼档案的远程异地备份工作。

有条件的高级人民法院之间开展重要电子诉讼档案远程异地备份工作，应当制定方案并签订协议，报最高人民法院备案。

第二十五条　诉讼档案销毁或者移交国家综合档案馆时，除按照有关规定不允许留存的以外，人民法院档案机构应当留存相应的电子副本。

第二十六条　涉密电子诉讼档案应当使用符合保密规定的载体存储，并按照保密要求进行管理使用。

第二十七条　各级人民法院档案机构应当遵循统一管理、分级审批、区别利用的原则，为利用主体提供真实可靠的电子诉讼档案。

各级人民法院档案机构应当充分利用信息技术手段，深入挖掘电子诉讼档案价值，积极开展电子诉讼档案的著录和检索工作，扩大电子诉讼档案资源的应用范围。

各级人民法院档案机构可以采取多种方式提供利用电子诉讼档案，包括在线阅览、数据传输与移转、打印输出等。

第二十八条　各级人民法院档案机构应当优先将电子诉讼档案提供利用。电子诉讼档案能够满足工作需要时，一般不再提供纸质原件。

第二十九条　各级人民法院档案机构提供的电子诉讼档案经打印输出的纸质副本，一般应当覆有表明其为复制件的水印，在加盖人民法院档案证明专用章后，具有与档案原件同等的效力。

人民法院之间按照有关规定移转的纸质诉讼档案的电子版本，可以视同为原件使用。

第三十条　各级人民法院档案机构提供电子诉讼档案在线使用时，应当满足下列要求：

（一）电子诉讼档案在呈现时应当有案卷、册次、卷内目录的分级列表，并能够按照案卷、册次、卷内目录等项目分别设置使用权限。

（二）电子诉讼档案上一般覆有表明其为复制件的水印。

（三）电子诉讼档案的展示界面一般使用不带专用插件的浏览器模式。界面基本要素符合附件 3 要求。

第三十一条　各级人民法院电子诉讼档案的利用范围参照纸质诉讼档案执行。各级人民法院应当根据电子诉讼档案的保密等级和不同查阅主体的实际需要，规定相应的审批程序。

各级人民法院及其工作人员利用电子诉讼档案时，档案机构应当根据利用主体的身份和职责，设置跨合议庭、跨部门、跨法院等利用权限。

当事人及其诉讼代理人查阅涉及国家秘密、商业秘密、个人隐私和可能造成不良影响、后果的电子诉讼档案，档案机构在提供利用前应当交相关审判业务部门进行审查，严格限制利用范围。

第三十二条　最高人民法院通过一级网调阅电子诉讼档案，按照以下要求执行：

（一）高级人民法院收到调阅要求后，一般应当在三个工作日内完成报送工作。因协调下级法院等原因需要延期的，最迟不超过十个工作日完成报送工作。

（二）最高人民法院调取电子诉讼档案时，各高级人民法院及其辖区法院尚未形成电子诉讼档案的，由高级人民法院负责电子诉讼档案的形成、制作。

（三）相关案件审结后，电子诉讼档案在线提供查阅的，提供方应当停止相应查阅权限；电子诉讼档案离线提供查阅的，使用方应当及时销毁。

第三十三条　各级人民法院档案机构应当做好电子诉讼档案的利用登记。使用信息系统提供电子诉讼档案查阅的，信息系统应当有利用登记、利用统计等功能。

第三十四条　各级人民法院应当提供必要的电子诉讼档案阅览场所，并配备相应设施设备。

第三十五条　人民法院应当建立电子诉讼档案管理工作考核制度，对在电子诉讼档案管理工作中取得突出成绩的单位和个人，给予表彰奖励。

第三十六条　人民法院电子诉讼档案管理工作中，有下列情形之一的，责令限期整改；情节严重的，对直接负责的主管人员或者其他直接责任人员按照有关规定给予相应处分：

（一）电子诉讼档案管理不符合真实、完整、有效和安全保密要求的；

（二）不按照规定归档或者接收电子诉讼文件的；

（三）不按照规定提供电子诉讼档案的；

（四）损毁、丢失、篡改、伪造电子诉讼档案的；

（五）擅自提供、复制、公布、销毁电子诉讼档案的；

（六）擅自出卖电子诉讼档案的；

（七）其他严重不负责任，造成电子诉讼档案损失的。

有前款（四）至（七）项情形构成犯罪的，依法追究刑事责任。

【相关规定 5】《最高人民法院办公厅关于做好 2019 年智慧法院建设工作的通知》（法办〔2019〕243 号）（节录）

以电子卷宗随案同步生成为基础推动深度应用，为审判执行工作网络化办理提供智能化手段。完善电子卷宗生成功能和机制，丰富电子卷宗内容，支持电子卷宗随案同步上传案件管理系统，自动进行排版、编目和归类，支持复用数字化电子文件，优化电子卷宗浏览、操作体验，实现低成本电子卷宗生成管理；完善电子卷宗全程网上应用和阅卷功能，实现自动提取回填校核案件信息、辅助法官生成法律文书和关联案件自动推送，支持电子卷宗信息公开、网上监督和案件质量评查等审判管理，支持电子卷宗自动转换为电子档案归档，支持部门间业务协同。支持电子卷宗汇聚至大数据管理和服务平台，实现案件上诉、移送、再审电子卷宗远程调阅。

【相关规定 6】《最高人民法院司法责任制实施意见（试行）》（法发〔2017〕20 号印发）（节录）

24. 信息中心应当健全完善电子卷宗调取通道，支持实时调取一审、原审案件的电子卷宗，并导入办案平台。

38. 案件审理中收集到的证据材料，由书记员负责同步扫描形成电子文档并上传办案平台。

57. 庭审录像和案件卷宗正卷应当向当事人及诉讼代理人公开。

查阅庭审录像的，出诉讼服务中心在核实查阅人员身份信息后直接提供查阅；查阅已归档电子档案的，经承办法官和档案管理部门批准后提供查阅，查阅未归档电子卷宗的，经承办法官批准后提供查阅。

【相关规定 7】《人民法院在线诉讼规则》（2021 年 8 月 1 日起施行）（节录）

第十七条　当事人对区块链技术存储的电子数据上链后的真实性提出异议，并有合理理由的，人民法院应当结合下列因素作出判断：

（一）存证平台是否符合国家有关部门关于提供区块链存证服务的相关规定；

（二）当事人与存证平台是否存在利害关系，并利用技术手段不当干预取证、存证过程；

（三）存证平台的信息系统是否符合清洁性、安全性、可靠性、可用性的国家标准或者行业标准；

（四）存证技术和过程是否符合相关国家标准或者行业标准中关于系统环境、技术安全、加密方式、数据传输、信息验证等方面的要求。

第十八条　当事人提出电子数据上链存储前已不具备真实性，并提供证据证明或者说明理由的，人民法院应当予以审查。

人民法院根据案件情况，可以要求提交区块链技术存储电子数据的一方当事人，提供证据证明上链存储前数据的真实性，并结合上链存储前数据的具体来源、生成机制、存储过程、公证机构公证、第三方见证、关联印证数据等情况作出综合判断。当事人不能提供证据证明或者作出合理说明，该电子数据也无法与其他证据相互印证的，人民法院不予确认其真实性。

第十九条　当事人可以申请具有专门知识的人就区块链技术存储电子数据相关技术问题提出意见。人民法院可以根据当事人申请或者依职权，委托鉴定区块链技术存储电子数据的真实性，或者调取其他相关证据进行核对。

【相关规定8】《最高人民法院关于加强区块链司法应用的意见》（2022年5月23日起施行）（节录）

三、充分运用区块链数据防篡改技术，进一步提升司法公信力

（九）保障司法数据安全。推进人民法院电子卷宗、电子档案、司法统计报表、案件结案状态等司法数据上链存储，确保司法数据防篡改，提升数据安全水平。

（十）保障电子证据可信。健全完善区块链平台证据核验功能，支

持当事人和法官在线核验通过区块链存储的电子证据，推动完善区块链存证的标准和规则，提升电子证据认定的效率和质量。

（十一）保障执行操作合规。推动执行案件信息、当事人信息、组织机构信息、执行通知、财产查控、财产处置、案款收发、信用惩戒、执法取证、执行互动、案件报结、卷宗归档等数据和操作上链存证，常态化开展执行全业务流程操作安全审计，进一步规范执行操作行为，探索开展执行查控等敏感操作在线闭环验证，确保可靠无误。

（十二）保障司法文书权威。推动人民法院送达的诉讼文书和送达回执在司法区块链平台统一存储，支持在互联网端查验送达文书，保证送达全流程安全可靠，维护司法权威。

四、电子文件证据部门规章与部门规范性文件

【**相关规定 1**】《电子文件归档与管理规范》（2003 年 5 月 1 日起施行）（节录）

本标准规定了在公务活动中产生的，具有保存价值的电子文件的形成、积累、归档、保管、利用、统计的一般方法。

本标准适用于党政机关产生的电子文件的归档与管理，其他社会组织的电子文件管理可参照本标准。

3.1　电子文件

指在数字设备及环境中生成，以数码形式存储于磁带、磁盘、光盘等载体，依赖计算机等数字设备阅读、处理，并可在通信网络上传送的文件。

3.2　归档电子文件

指具有参考和利用价值并作为档案保存的电子文件（3.1）。

3.3　背景信息

指描述生成电子文件（3.1）的职能活动、电子文件的作用、办理过程、结果、上下文关系以及对其产生影响的历史环境等信息。

3.4 元数据

指描述电子文件（3.1）数据属性的数据，包括文件的格式、编排结构、硬件和软件环境、文件处理软件、字处理和图形工具软件、字符集等数据。

3.5 逻辑归档

指在计算机网络上进行，不改变原存储方式和位置而实现的将电子文件（3.1）的管理权限向档案部门移交的过程。

3.6 物理归档

指把电子文件（3.1）集中下载到可脱机保存的载体上，向档案部门移交的过程。

3.7 真实性

指对电子文件（3.1）的内容、结构和背景信息（3.3）进行鉴定后，确认其与形成时的原始状况一致。

3.8 完整性

指电子文件（3.1）的内容、结构和背景信息（3.3）和元数据（3.4）等无缺损。

3.9 有效性

指电子文件（3.1）应具备的可理解性和可被利用性，包括信息的可识别性、存储系统的可靠性、载体的完好性和兼容性等。

3.10 捕获

指对电子文件（3.1）进行实时收集和存储的方法与过程。

3.11 迁移

指将源系统中的电子文件（3.1）向目的系统进行转移存储的方法与过程。

4.1 电子文件自形成时应有严格的管理制度和技术措施，确保其真实性、完整性和有效性。

4.2 应对电子文件的形成、收集、积累、鉴定、归档等实行全过程管理与监控，保证管理工作的连续性。

4.3 应明确规定电子文件归档的时间、范围、技术环境、相关软件、版本、数据类型、格式、被操作数据、检测数据等要求，保证归档电子文件的质量。

4.4 归档电子文件同时存在相应的纸质或其他载体形式的文件时，就在内容、相关说明及描述上保持一致。

4.5 具有永久保存价值的文本或图形形式的电子文件，如没有纸质等拷贝件，必须制成纸质文件或缩微品等。归档时，应同时保存文件的电子版本、纸质版本或缩微品。

4.6 应保证电子文件的凭证作用，对只有电子签章的电子文件，归档时应附加有法律效力的非电子签章。

5 电子文件的真实性、完整性和有效性保证

5.1 应建立规范的制度和工作程序并结合相应的技术措施，从电子文件形成开始不间断地对有关处理操作进行管理登记，保证电子文件的产生、处理过程符合规范。

5.1.4 登记电子文件传递、交接过程中的其他标识。

5.2 应采取可靠的安全防护技术措施，保证电子文件的真实性。

5.2.1 建立对电子文件的操作者可靠的身份识别与权限控制。

5.2.3 对电子文件采用防错漏和防调换的标记。

5.3 应建立电子文件完整性管理制度并采取相应的技术措施采集背景信息和元数据。

5.4 应建立电子文件有效性管理制度并采取相应的技术保证措施。

5.5 电子文件的处理和保存应符合国家的安全保密规定，针对自然灾害、非法访问、非法操作、病毒侵害等采取与系统安全和保密等级要求相符的防范对策，主要有：网络设备安全保证；数据安全保证；操作安全保证；身份识别方法等。

6.1 收集积累要求

6.1.1 记录了重要文件的主要修改过程和办理情况，有查考价值的电子文件及其电子版本的定稿均应被保留。正式文件是纸质的，如果保管部门已开始进行向计算机全文的转换工作，则与正式文件定稿内容相同的电子文件应当保留，否则可根据实际条件或需要，确定是否保留。

6.1.2 当公务或其他事务处理过程只产生电子文件时，应采取严格的安全措施，保证电子文件不被非正常改动。同时应随时对电子文件进行备份，存储于能够脱机保存的载体上。

6.1.3 对在网络系统中处于流转状态，暂时无法确定其保管责任的电子文件，应采取捕获措施，集中存储在符合安全要求的电子文件暂存存储器中，以防散失。

6.1.4 对用文字处理技术形成的文本电子文件，收集时应注明文件存储格式、文字处理工具等，必要时同时保留文字处理工具软件。文字型电子文件以 XML、RTF、TXT 为通用格式。

6.1.5 对用扫描仪等设备获得的采用非通用文件格式的图像电子文件，收集时应将其转换成通用格式，如无法转换，则应将相关软件一并收集。扫描型电子文件以 JPEG、TIFF 为通用格式。

6.1.6 对用计算机辅助设计或绘图等设备获得的图形电子文件，收集时应注明其软硬件环境和相关数据。

6.1.9 对通用软件产生的电子文件，应同时收集其软件型号、名称、版本号和相关参数手册、说明资料等。专用软件产生的电子文件原则上应转换成通用型电子文件，如不能转换，收集时则应连同专用软件一并收集。

6.1.10 计算机系统运行和信息处理等过程中涉及的与电子文件处理有关的参数、管理数据等应与电子文件一同收集。

6.1.11 对套用统一模板的电子文件，在保证能恢复原形态的情况下，其内容信息可脱离套用模板进行存储，被套用模板作为电子文件的元数据保存。

6.1.12 定期制作电子文件的备份。

7 电子文件的归档

7.1 归档要求

文件形成部门或信息管理部门应定期把经过鉴定符合归档条件的电子文件向档案部门移交，并按档案管理要求的格式将其存储到符合保管期限要求的脱机载体上。

7.2.1 电子文件的鉴定工作，应包括对电子文件的真实性、完整性、有效性的鉴定及确定密级、归档范围和划定保管期限。

7.2.2 归档前应由文件形成单位按照规定的项目对电子文件的真实性、完整性和有效性进行检验，并由负责人签署审核意见，检验和审核结果填入《归档电子文件移交、接收检验登记表》（见附录 A 的表 A.3）。如果文件形成单位采用了某些技术方法保证电子文件的真实性、完整性和有效性，则应把其技术方法和相关软件一同移交给接收单位。

7.2.3 电子文件的归档范围参照国家关于纸质文件材料归档的有关规定执行，并应包括相应的背景信息和元数据。

7.2.4 电子文件保管期限和密级的划分工作，参照国家关于纸质文件材料密级和保管期限的有关规定执行。电子文件的背景信息和元数据的保管期限应当与内容信息的保管期限一致。应在电子文件的机读目录上逐件标注保管期限的标识。

7.4 检测

在进行电子文件归档工作时，应对归档电子文件的基本技术条件进行检测，检测内容包括：硬件环境的有效性，软件环境的有效性及其信息记录格式、有无病毒感染等。

7.5 归档

电子文件的归档，按照鉴定标识进行。电子文件的归档可分两步进行，对实时进行的归档先做逻辑归档，然后定期完成物理归档。归档时，应充分考虑电子文件的技术环境、相关软件、版本、数据类型、格式、被操作数据、检测数据等技术因素。

7.5.1 逻辑归档

将电子文件的管理权从网络上转移至档案部门，在归档工作中，存储格式和位置暂时保持不变。

7.5.2 物理归档

7.5.2.1 凡在网络中予以逻辑归档的电子文件，均应定期完成物理归档。

9.1 移交、接收与保管要求

对归档电子文件，应按有关规定进行认真检验。在检验合格后将其如期移交至档案馆等档案保管部门，进行集中保管。在已联网的情况下，归档电子文件的移交和接收工作可在网络上进行，但仍需履行相应的手续。

9.2 移交、接收检验

9.2.1 文件形成单位在移交电子文件之前，档案保管部门在接收电子文件之前，均应对归档的每套载体及其技术环境进行检验，合格率达到100%时方可进行交接。

9.7 利用

9.7.1 归档电子文件的封存载体不应外借。未经批准任何单位或人员不允许擅自复制电子文件。

9.7.2 利用时应使用拷贝件。

9.7.3 利用时应遵守保密规定。对具有保密要求的归档电子文件采用联网的方式利用时，应遵守国家或部门有关保密的规定，有稳妥的安全保密措施。

9.7.4 利用者对归档电子文件的使用应在权限规定范围之内。

【相关规定2】《关于专利电子申请的规定》（2010年10月1日起施行）（节录）

第一条 为了规范与通过互联网传输并以电子文件形式提出的专利申请（以下简称专利电子申请）有关的程序和要求，方便申请人提交专利申请，提高专利审批效率，推进电子政务建设，依照《中华人民共和国专利法实施细则》（以下简称专利法实施细则）第二条和第十五条第二款，制定本规定。

第七条 申请人办理专利电子申请各种手续的，应当以电子文件形式提交相关文件。除另有规定外，国家知识产权局不接受申请人以纸件形式提交的相关文件。不符合本款规定的，相关文件视为未提交。

第九条 采用电子文件形式向国家知识产权局提交的各种文件，以国家知识产权局专利电子申请系统收到电子文件之日为递交日。

对于专利电子申请，国家知识产权局以电子文件形式向申请人发出的各种通知书、决定或者其他文件，自文件发出之日起满15日，推定为申请人收到文件之日。

【相关规定3】《税务稽查案卷管理暂行办法》（2015年1月1日起施行）（节录）

第二十八条　税务稽查案卷电子文件与纸质文件材料的收集、整理、归档应当同步进行。

前款所称税务稽查案卷电子文件，是指税务局及其稽查局在依法履行税务稽查职责过程中，通过计算机等电子设备取得、形成、处理、传输、存储的文字、图表、图像、音频、视频等文件，包括税收执法文书和内部管理文书的电子文本、电子数据、数码照片等。

第二十九条　税务稽查案卷电子文件管理应当遵循以下规则：

（一）统筹规划，统一标准，集中保存，规范管理；

（二）对电子文件取得、形成、处理、传输、存储、利用、销毁等实行全过程管理，确保电子文件始终处于受控状态；

（三）方便利用，提供分层次、分类别共享应用；

（四）依照国家规定标准，采取有效技术手段和管理措施，确保电子文件信息安全。

第三十条　取得或者形成的税务稽查案卷电子文件，应当具备国家规定的原件形式，并符合以下要求：

（一）能够有效表现所记载的内容并可供调取查用；

（二）采用符合国家规定标准的文件存储格式，确保能够长期有效读取；

（三）能够保证电子文件及其元数据自形成起完整无缺、来源可靠，未被非法更改；

（四）在信息交换、存储和显示过程中发生的形式变化不影响电子文件内容真实、完整。

涉密电子文件的原件形式应当符合国家保密规定。

第三十一条　税务稽查过程中取得或者形成的税务稽查案卷电子文

件，应当符合以下要求：

（一）从税务稽查对象取得的作为证据的电子文件，应当保持文件原貌，及时封存；

（二）检查人员制作的电子文件，应当注明电子文件的形成背景、证明对象、格式、大小、制作人等；

（三）数据分析过程中产生的电子文件，应当注明数据分析的数据源、数据分析和处理方法、数据处理过程以及数据分析结论。

第三十二条　税务稽查案卷电子文件归档应当符合以下要求：

（一）与相对应的纸质案卷的归档期限相同；

（二）不得低于相对应的纸质案卷保管期限；

（三）电子文件及其元数据应当同时归档；

（四）可以随案卷保存的录音带、录像带、光盘等载体，应当在装具上标注相关信息；

（五）已经真实性、完整性、有效性鉴定、检测，并由相关责任人确认；

（六）具有永久保存价值或者其他重要价值的电子文件，应当转换为纸质文件或者缩微品同时归档；

（七）冲印的数码照片，应当标注照片相关信息；

（八）采用技术手段加密的电子文件应当解密后归档，压缩的电子文件应当解压缩后归档；

（九）准确划分密级；

（十）涉密电子文件应当使用符合国家保密规定的载体存储，并按照保密要求进行管理和使用。

第三十三条　通过税收管理信息系统审批运转、对税务定性处理处罚具有直接决定作用的电子文件，应当连同审批单打印成纸质文件材料，归入相对应的纸质税务稽查案卷；无可靠电子签名的纸质文件材料，由相关人员手写补充签名；确有特殊情况无法手写补充签名的，应当注明缘由。

【相关规定 4】《税务稽查案卷电子文件管理参考规范》（2015 年 1

月 1 日起施行）（节录）

第一条　为了指导税务稽查案卷电子文件安全规范管理，根据《中华人民共和国税收征收管理法》《中华人民共和国档案法》有关规定，制定本规范。

第二条　本规范是指引税务稽查案卷电子文件管理的一般路径和基本方法，本规范未涉及或者未作说明的相关事项，依照国家有关规定执行。

第三条　收集税务稽查案卷电子文件，应当符合以下要求：

（一）收集电子文件应当同时制作记录每份电子文件的元数据、背景信息的电子文件登记表；

（二）收集的电子文件同时存在相对应的纸质或者其他载体形式的文件的，应当在内容、相关说明及描述上保持一致；

（三）收集具有永久保存价值的文本或者图形形式的电子文件，应当制成纸质文件或者缩微品等；

（四）收集只有电子签名的电子文件，应当尽量同时收集具有法律效力的非电子签名；

（五）收集记录重要文件的修改过程和办理情况、有查考价值的电子文件，应当同时收集电子文件及其电子版本的定稿；

（六）收集在网络系统中处于流转状态，暂时无法确定其保管责任的电子文件，应当采取捕获措施，集中暂存在符合安全要求的电子文件存储器中，以防散失；

（七）收集使用文字处理技术形成的文本电子文件，应当采用文字型电子文件通用的 XML、RTF、TXT 格式，并注明文件存储格式、文字处理工具等，必要时应当同时保留文字处理工具软件；

（八）收集使用扫描仪、数码相机等设备获得的图像电子文件，应当采用扫描型电子文件通用的 JPEG、TIFF 格式；采用非通用文件格式的，收集时应当将其转换成通用格式；无法转换的，应当将相关软件一并收集；

（九）收集使用数码相机拍摄的照片，反映重要内容的，应当冲洗出纸质照片，与数码照片一并归档；反映一般内容的，可只归档数码照片；

（十）收集使用计算机辅助设计或者绘图等设备获得的图形电子文件，应当注明其软硬件环境和相关数据；

（十一）收集使用视频或者多媒体设备获得的电子文件以及使用超媒体链接技术制作的电子文件，应当采用视频和多媒体电子文件通用的MPEG、AVI格式；采用非通用文件格式的，应当同时收集其非通用格式的压缩算法和相关软件；

（十二）收集使用音频设备获得的声音文件，应当采用音频电子文件通用的 WAV、MP3 格式，并同时收集其属性标识、参数和非通用格式的相关软件；

（十三）收集使用通用软件产生的电子文件，应当同时收集其软件型号、名称、版本号和相关参数手册、说明资料等；

（十四）收集使用专用软件产生的电子文件，应当转换成通用型电子文件；确实不能转换的，应当连同专用软件一同收集；

（十五）收集套用统一模板的电子文件，在保证能够恢复原形态的情况下，其内容信息可脱离套用模板进行存储，被套用模板作为电子文件的元数据保存；

（十六）收集电子文件一般不加密；加密的，应当将密钥同时归档；

（十七）计算机系统运行和信息处理过程中涉及的与电子文件处理有关的参数、管理数据等，应当与电子文件一并收集。

第四条　税务稽查案卷电子文件可以采用在线或者离线存储。在线存储应当使用专用存储服务器，实行电子文件在线管理。离线存储应当符合以下要求：

（一）可以选择使用只读光盘、一次写光盘、磁带、可擦写光盘、硬磁盘等耐久性好的载体，一式两套，一套封存保管，一套供查阅使用；有条件的，可另制作一套异处保存；

（二）加密电子文件，应当在解密后再制作拷贝；

（三）不允许使用软磁盘作为归档电子文件长期保存的载体；取得证据原件为软磁盘的，应当将软磁盘中数据拷贝到耐久性好的载体，并将软磁盘原件与拷贝后的载体一并归档；

（四）电子文件存储载体或者装具上应当有标签，标签上应当注明相对应的案卷全宗号、载体序号、类别号、密级、保管期限、存入日期等；需要在光盘标签面书写的，应当使用光盘标签笔；需要通过光盘打印标签的，应当通过计算机排版后，使用能够支持光盘盘面打印的打印机打印。

第五条　保管税务稽查案卷电子文件离线存储载体，应当符合下列条件：

（一）载体应当作防写处理，避免擦、划、触摸记录涂层；

（二）单片载体应当装盒，竖立存放，避免挤压；

（三）存放时应当远离强磁场、强热源，与有害气体隔离；

（四）环境温度及相对湿度应当适宜。

第六条　税务稽查案卷电子文件的利用，依照国家税务总局《税务稽查案卷管理暂行办法》有关规定办理。

第七条　传递、保管、利用、销毁税务稽查案卷电子文件，应当严格遵守国家保密规定，采取相应的安全保密措施。

【相关规定5】《企业电子文件归档和电子档案管理指南》（2015年12月2日印发）（节录）

1.5　本指南采用如下术语与定义。

1.5.1　电子文件是指企业在履行其法定职责或处理事务过程中，通过计算机等电子设备形成、办理、传输和存储的数字格式的各种信息记录。

1.5.2　电子文件归档是指将具有保存价值且办理完毕、经系统整理的电子文件及其元数据、管理权限向档案部门提交的过程。

1.5.3　电子档案是指具有凭证、查考和保存价值并归档保存的电子文件。

1.5.4　电子档案管理系统是指对电子文件、电子档案进行捕获、维护、利用和处置的计算机信息系统。

1.5.5　业务系统是指形成或管理企业活动数据的计算机信息系统。包括：办公自动化系统、电子商务系统、财务系统、人力资源系统、产品数据管理系统、网站系统、电子邮件系统等促进企业产品开发、生产、销售和经营管理事务处理的应用系统。就本指南而言，电子档案管理系统有别于业务系统。

1.5.6 归档接口是指业务系统与档案管理系统之间传送数据、交换信息的程序，以电子文件和应用程序的形式实现。

1.5.7 数据包是指将电子文件及其元数据按指定结构形成的数据单元。

1.6 管理原则

具有保存价值的电子文件是企业文件的一部分，必须纳入归档范围，经过收集、鉴定、整理后交档案部门保存并提供利用，以维护企业档案的齐全、完整、系统。

电子文件归档和电子档案管理以真实、可靠、完整、可用为目标，贯彻全程管理、前端控制、统一管理原则。真实是指电子文件和电子档案能够被证实与其本来的内容相符；确由生成者或发送者生成或发送；在其所称的生成或发送时间内生成或发送。可靠指电子文件、电子档案的内容完全和正确地表达其所反映的事务、活动或事实的性质。完整是指电子文件或电子档案内容、结构和背景信息齐全且没有破坏、变异或丢失的性质。可用是指电子文件或电子档案能够得以检索、呈现和理解的性质。

5 电子文件归档管理的前端控制与归档接口

5.1 业务系统建设要求企业在业务系统建设时应充分考虑电子文件归档以下要求。

（一）选择合适的电子文件存储格式，以利于向电子档案存储格式转换；为保证业务系统产生电子文件的顺利归档，系统实施时尽可能采用符合归档要求的数据结构和文件存储格式作为系统运行时的存储格式，如确无法采用符合归档要求的格式，应在系统实施时对所运用的数据结构和文件存储格式进归档格式可转换性评估。电子文件无法转换成符合电子档案存储要求格式的业务系统应谨慎使用。

（二）对元数据捕获节点与内容进行规划，将应由业务系统捕获的电子文件元数据全部形成并捕获。有关要求可参考本指南第9章有关内容。

（三）根据系统技术架构选择可行的电子文件归档方式，具体方式见本指南5.2。

（四）确定业务系统生成电子文件归档时的数据包格式。

5.2 业务系统与电子档案管理系统衔接

电子文件归档和电子档案管理主要是借助信息系统的功能来实现。根据国内外现有实践，电子文件归档和电子档案管理工作既可以通过电子档案管理系统来实现，也可以通过在业务系统中设计执行电子文件归档和电子档案管理功能来实现，还可以将相关功能分别设计在业务系统和电子档案管理系统中。

5.3 电子文件归档接口采用独立的电子档案管理系统或采用分别由业务系统和独立的电子档案管理系统共同执行电子文件归档和电子档案管理功能，这两种方法都需要开发系统间接口来实现电子档案管理系统和业务系统的衔接。

6 电子文件收集、鉴定、整理与归档移交

6.1 归档方式电子文件的收集可以在线自动、手动等方式进行，但归档传递过程必须安全可控，应有相应措施防止传递过程中电子文件丢失、信息损失和发生非法篡改，以保证电子文件的真实性。

（一）提交归档的电子文件应属于归档范围并已经办理完毕。

（二）接收电子文件归档时应通过相应的技术或人工手段确定电子文件来源可靠。

（三）通过业务系统与电子档案管理系统的 WEB Server 机制、数据包交换、数据库交换等方式归档的，应确认电子文件从业务系统向电子档案管理系统传递过程中不会被非法截获和篡改，并通过系统安全保密设置与运行管理等措施保证归档电子文件在到达电子档案管理系统后不会被非法篡改、丢失、替换等。

（四）通过载体移交、拷贝、邮件发送等方式收集的应通过现场多人监督等方式确保移交过程中电子文件不被非法篡改。

（五）电子文件归档移交过程中必须将元数据一同移交归档，元数据齐全完整。

6.2　归档时间

不同的企业对于各类电子文件归档时的收集、鉴定、分类、整理等工作职责设置有不同的选择，有的企业将它设置在业务部门，而有的企业将它设置在档案部门。不论做何种设置选择，电子文件只有经过收集、鉴定、分类、整理等过程，然后将控制权移交档案部门方才完成归档。不同种类电子文件完成归档时间确定原则如下：

（一）经营管理、行政管理、生产技术管理、党群工作等管理类电子文件归档时间应为次年6月30日前。

（二）业务系统形成电子文件归档时间可根据业务的特点、电子文件的数量和相关联电子文件的形成时间确定归档时间，形成数量少的电子文件归档时间可适当延长，但最长不得超过一年；形成数量大的电子文件应将归档时间设置为季、月或周，电子文件形成数量特别大应每日归档。

（三）零散形成的电子文件（包括外单位移交的）应与同批次其他非电子载体档案或同类型其他载体档案同时归档。

6.3　归档鉴定电子文件归档鉴定是指对电子文件划定保管期限，并对电子文件的真实性、可靠性、完整性和可用性进行检测，检测合格方可归档。

6.3.1　划定保管期限

任何电子文件在归档时必须划定保管期限，划定依据应根据企业制定的保管期限表来进行。

6.3.2　真实性、可靠性、完整性和可用性检测

真实性、可靠性、完整性和可用性检测可通过系统的检测功能完成，具体检测方法参见附录。

8　电子档案管理过程中真实性和长期可用性保障

8.1　真实性管理要求

《中华人民共和国电子签名法》第七条规定，"数据电文不得仅因为其是以电子、光学、磁或者类似手段生成、发送、接收或者储存的而被

拒绝作为证据使用"，符合该法的电子文件和电子档案与纸质载体具有同等的法律效力。企业应根据《中华人民共和国电子签名法》等有关法律、制度等制定电子文件归档和电子档案管理过程中的真实性保障管理制度，并得到有效执行，以保证电子档案的真实性。

8.2 真实性形式要求

根据《中华人民共和国电子签名法》，电子文件及电子档案的真实性是指满足法律、法规规定的原件形式要求，具体要求有：

（一）电子文件或电子档案能够有效地表现所载内容并可供随时调取查用。

（二）电子文件或电子档案能够可靠地保证自形成时起，内容保持完整、未被更改。但是，在电子文件及电子档案上增加背书以及数据交换、储存和显示过程中发生的形式变化不影响电子文件及电子档案的完整性。

8.3 保存过程中的真实性要求

根据《中华人民共和国电子签名法》规定，符合下列条件的电子文件及电子档案，视为满足法律、法规规定的文件保存要求：

（一）能够有效地表现所载内容并可供随时调取查用。

（二）电子文件及电子档案的格式与其生成、发送或者接收时的格式相同，或者格式不相同但是能够准确表现原来生成、发送或者接收的内容。

（三）能够识别电子文件及电子档案的发件人、收件人以及发送、接收的时间。

8.4 真实性管理方法

企业应采用技术和管理相结合的方式，保证电子文件在收集、移交、检测、整理和电子档案保管、利用、迁移、移交进馆等过程中操作的不可抵赖性、数据存储的完整性、用户身份的真实性，并妥善管理在运行过程中使用的密码、密钥等认证数据，保证电子文件和电子档案信息不被非法更改。

8.4.1 制定相应的风险控制策略，防止业务系统、电子档案管理系统在运行和业务处理过程中发生有意或无意的危害信息完整性和真实性的变化，并具备有效的业务容量、业务连续性计划和应急计划。

8.4.2　电子文件收集过程真实性保证

保证接收归档的电子文件来源可靠，即归档的电子文件来自于可靠的系统或人员。采用在线归档时，应保证与电子档案管理系统衔接的业务系统的可靠性。采用离线或手工归档时，通过多人监督保证归档移交过程中，归档电子文件不被非法更改。

8.4.3　电子文件鉴定、整理、移交过程中真实性保证

8.4.3.1　采用电子档案管理系统管理电子档案的真实性保证完善的系统功能是保证电子档案真实性的有效措施，因此，电子档案管理系统必须符合以下真实性保证功能需求：

（1）电子档案管理系统必须能够确保电子档案保存完整且不被修改，对电子档案进行的任何非常规的改动均能记录在相关的元数据中；能维持系统中电子档案及其元数据的技术、结构和关系的完整性。

（2）电子档案管理系统必须能够进行访问控制，即能够根据用户角色，限定对某些系统功能的使用权限，并严格系统地监管控制。

（3）电子档案管理系统必须建立安全控制机制，仅允许授权的档案管理员设定用户参数文件，并分配用户组成员；限定特定的用户或用户组访问电子档案及其元数据，修改单份文件的密级，更改用户组或用户的安全属性（如访问权限、安全级别、优先权、初始密码的分配和管理）。

（4）电子档案管理系统必须划定安全级别，仅允许授权的档案管理员对用户的参数文件属性进行设定，这些属性决定了用户可以使用的功能、可以访问的元数据、可以访问的文件或案卷。这些属性具有的功能包括：禁止未能通过用户参数文件属性身份认证的用户访问电子档案管理系统，限制用户访问特定的文件或案卷；能够根据用户的安全许可限制用户的访问，限制用户使用某些特定的功能（例如读取、更新／删除特定的电子档案的管理元数据字段），超过规定的日期之后拒绝访问，将用户分配到一个或多个用户组内；能够为用户提供控制功能那样为角色提供相同的控制功能；能建立与某一电子档案或案卷相关的用户组；

允许某一用户成为多个用户组的成员；能够限制用户对部分目录的访问；允许某一用户规定由其负责的文件可以由哪些用户或用户组访问。

（5）电子档案管理系统能够执行安全控制，任何一份电子档案的安全等级一旦出现下调，系统必须能够及时发出警示，并在完成该操作前等待确认；对电子档案密级做出任何改变的所有细节都能记录在所涉及的电子档案或案卷的元数据中；当某一用户超过权限访问电子档案时，系统要么只显示该电子档案的标题和元数据，或只显示存在该电子档案但不显示其标题或元数据，或不显示任何信息，或不以任何方式表明其存在；其中涉密的电子档案发生超权限访问，应不显示任何信息，并不以任何方式表明其存在；能够杜绝在全文搜索或其他搜索的目录中包含该用户无权访问的任何文件；如果管理设定允许用户对电子档案进行超权限访问或访问尝试，系统必须能够将这些访问记录在电子档案的元数据中。

（6）电子档案管理系统能够对电子档案管理过程元数据进行有效管理，包括：对电子档案实施的管理操作能生成不可更改的元数据，记录操作的类型、具体操作的内容、执行操作的日期和时间；元数据管理功能无需人工干预便可追踪事件并存储元数据；依据规定的保管期限保存元数据；确保元数据在得到请求时随时供审查；导出电子档案不影响已形成的元数据；能够对违规行为或未遂的违规行为予以识别并记录。

（7）电子档案管理系统能够追踪电子档案的移动，系统具有追踪功能以监控和记录有关电子档案的位置及其移动的信息，这些信息包括文件或档案号、当前位置及用户定义的先前编号的位置、电子档案从该位置移动发送的日期、电子档案从该位置移动接收的日期、实施该项移动操作的用户。

8.4.3.2　手工管理电子档案的真实性保证通过多人监督、特征比对等方式确保电子档案在整理、移交、鉴定、保管、利用等过程中电子档案不被非法更改；采用存储环境管理等方式确保离线存储的电子档案不被非法更改。

8.4.4　采用实时连续监控、信息确认技术等措施确保离线备份和离线传递的电子档案不被非法更改。

8.4.5　保证电子档案管理系统运行维护过程中电子档案真实、不被非法更改；应制定有效的运行维护管理制度，保证对系统维护更改都必须经过审批；对电子档案管理系统施行的任何维护性更改都应事先在测试环境中进行测试并确保不会对电子档案及其元数据施加影响方可在正式的电子档案管理系统中实施更新。

8.4.6　企业应采取有效措施保证电子档案管理系统中的职责分离：

（1）电子档案管理系统开发人员与系统用户维持分离状态；电子档案管理系统用户、系统管理员、日志审核员等维持分离。

（2）电子档案管理流程和管理制度的设计应确保本企业任何单个雇员都无法独立完成一条记录的操作。

（3）对电子档案管理系统进行测试，确保职责分离的实现。

9.　元数据管理

9.1　管理原则

元数据是电子文件、电子档案不可缺少的组成部分，在电子文件归档和电子档案管理中具有重要的作用，应与电子文件同时归档。

9.2　管理依据

企业应制定电子文件元数据管理制度或元数据管理标准规范，对各类电子文件及电子档案元数据项进行定义，实现元数据规范化管理。各企业可参照《文书类电子文件元数据方案》（DA/T40）制定不同存储格式电子档案的元数据项。

9.3　管理方法

系统开发时应对元数据捕获节点进行规划，明确业务系统、电子档案管理系统需捕获的元数据项及其捕获方式。企业常用电子文件和电子档案元数据项及捕获节点可参照《文书类电子文件元数据方案》（DA/T46）《照片类电子档案元数据方案》结合管理需要做好规划。需要特别指出的是，元数据与档案目录数据，既有相同之处，但又不完全重合，元数据的范围一般大于档案目录数据的范围。

9.4 元数据捕获节点规划

根据《文书类电子文件元数据方案》(DA/T46)的定义的元数据项,元数据来源主有业务系统(电子文件的形成系统)和电子档案管理系统。本着最便利原则和前端控制原则,文书类电子文件元数据捕获节点规划可作如下规划。

(一)下列元数据应在业务系统(电子文件生成系统)捕获:题名、并列题名、副题名、说明题名文字、文件编号、责任者、日期、文种、紧急程度、主送、抄送、密级、保密期限、件数、页数、语种;格式信息、计算机文件名、计算机文件大小、文档创建程序、信息系统描述、数字化对象形态、扫描分辨率、扫描色彩模式、图像压缩方案;电子签名数据(包括签名规则、签名时间、签名人、签名结果、证书、证书引证、签名算法标识)。

(二)下列元数据应在电子档案管理系统中生成或捕获:档案馆名称、档案馆代码、全宗名称、立档单位名称、全宗号、目录号、年度、保管期限、室编案卷号、馆编案卷号、室编件号、馆编件号、文档序号、页号、摘要、当前位置、脱机载体编号、脱机载体存址、缩微号。

(三)下列元数据在业务系统和电子档案管理系统任何一方形成和捕获均可:主题词、关键词、人名、机构或问题、类别号、分类号,知识产权说明、授权对象、授权行为、控制标识。

(四)下列元数据可能会在业务系统和电子档案管理系统均有形成并捕获:机构和人员元数据(包括机构人员类型、机构人员名称、组织机构代码、个人职位),业务实体元数据(包括业务状态、业务行为、行为时间、行为依据、行为描述),实体关系元数据(包括实体标识符、关系类型、关系、关系描述)。其他类型电子文件和电子档案元数据的形成捕获节点可参照上述方法规划。元数据也有必备项和选择项,对于标准中规定的必备项,在管理过程中必须形成和捕获。

【相关规定6】《建设项目电子文件归档和电子档案管理暂行办法》(2016年11月4日起施行)(节录)

第一条 为规范建设项目电子文件归档和电子档案管理,维护电子文件和电子档案的真实、完整、可用和安全，提高管理效率，促进信息共享，便于长期保存，按照国家有关法律法规，制定本办法。

第二条　本办法适用于中央和省级政府投资主管部门审批、核准和备案的建设项目，其他建设项目可参照执行。

第三条　本办法所称建设项目电子文件（以下简称项目电子文件）是指建设项目在建设过程中通过计算机等电子设备产生的文字、图表、图像、音频、视频等不同形式的信息记录。

本办法所称建设项目电子档案（以下简称项目电子档案）是指建设项目建设过程中产生的、具有保存价值并归档保存的一组有联系电子文件及其相关过程信息的集合。

第十三条　项目管理信息系统应当具备电子文件管理及归档功能，并能够对项目电子文件形成与流转实施有效控制，保障其真实、完整和安全；能够在形成、流转过程中及时跟踪、检查和补充与项目设计、设备、材料、施工等变更相关的项目电子文件及其元数据。

第十四条　项目电子文件应当采用符合国家标准或能够转换成国家标准的文件格式，利于信息共享和长期保存。项目电子文件归档保存的格式应当符合国家规定的电子档案长期保存的要求。

第十五条　各参建单位采用电子签名等技术手段时，应当符合国家相关法律、法规和标准要求，并得到建设单位的认可。

第十六条　建设单位和各参建单位应当对项目电子文件形成、流转过程中形成的重要变更依据性文件材料、过程稿进行保存，对有关处理操作进行登记，并对其留存作出明确规定。

第十九条　项目电子文件在办理完毕后，应当按照归档要求实时收集完整；项目电子文件整理时，应当按照项目电子档案分类体系，组成文件信息包，应当包含项目电子文件及过程信息、版本信息、背景信息等元数据。

第二十条　项目电子文件完成整理后，由形成部门负责对文件信息包进行鉴定和检测；鉴定和检测后，由相关责任人确认归档，赋予归档标志。归档标志中应当含有归档责任人、归档时间、文件信息包名称等信息。

项目电子文件同时存在纸质文件稿本时，归档时应保证两者内容信息一致，并建立对应关系。

第二十四条　建设单位应当建立项目电子档案管理系统，管理项目全部电子档案，系统应当具备接收登记、分类组织、鉴定处置、权限控制、检索利用、安全备份、统计打印、移交输出、系统管理等基本功能。

【相关规定7】《安全生产监管监察部门音像电子文件归档管理规定》（2017年1月1日起施行）（节录）

第二条　本规定所指音像电子文件由能够反映有关安全生产监管监察部门工作的数码照片、数码录音、数码录像文件组成，是指使用数字设备拍摄获得的，以数字形式存储于磁带、磁盘、光盘等载体，依赖计算机等数字设备阅读、处理，并可在通信网络上传送的静态图像文件、数字音频文件和数字视频文件，包括经数字化转换的纸质照片、模拟声音信号（如录音带）、模拟影像信号（如录像带）所形成的电子文件。

第三条　本规定所指音像电子档案是指具有查考和利用价值并归档保存的音像电子文件，由内容、结构和背景组成。

第四条　音像电子档案实行集中统一管理。拍摄者或承办单位负责对音像电子文件及时整理，并著录详细说明信息，档案部门对整理归档工作进行监督和业务指导，负责音像电子档案的接收、保管、统计和提供利用。

第五条　归档范围。

（七）其他具有保存价值的音像类电子文件。

第六条　归档要求。

（一）归档的音像电子文件应齐全、完整，记录客观、系统，主题明确、画面完整、音像清晰。

（二）数码照片应是用数字成像设备直接拍摄形成的原始图像文件，未经过裁剪、修饰等操作。对反映同一内容的若干张数码照片，应选择其中具有代表性和典型性的数码照片作为一组归档，反映同一场景的数码照片一般只归档一张。

（三）以活动中直接形成的数码录音、数码录像文件为素材，遵循活动时序与客观事实编辑制作的电子文件也应收集归档。

（四）音像电子文件应以通用或长期保存格式归档。数码照片为JPEG、TIFF 或 RAW 格式，数码录音文件为 WAV、MP3 格式，数码录像文件为 MPEG、AVI 格式。

（五）音像电子文件归档时，应参照《电子文件归档与管理规范》（GB/T18894-2002）由移交人员和档案部门共同进行电子文件真实性、完整性、可用性以及病毒感染的鉴定和检测，并办理移交。重大活动有宣传报道的，应将与拍摄内容相关的宣传报道材料电子版一并归档。

第七条　音像电子文件在拍摄或转换完成后，应及时整理和归档，最迟不超过次年 3 月底。

各单位应不定期开展档案征集活动，收集与本单位及所属机构有关的、反映安全生产监管监察工作的音像电子文件。

第十三条　音像电子文件整理过程中应采取有效的病毒防护措施，免受计算机病毒的感染。

第十四条　音像电子档案著录应真实、完整、详细，便于检索。题名和文字说明应综合运用时间、地点、人物、事由、背景等要素。数码照片档案和数码录音、录像档案著录项目及说明见附件 1、附件 2。

第十五条　音像电子档案可分别存储在计算机硬盘、一次写光盘和专用移动硬盘上。

第十八条　对存储音像电子档案的光盘、移动硬盘每满 4 年进行一次抽样机读检验，抽样率不低于 10%，如发现问题应及时采取恢复措施。

第十九条　对存储在光盘、移动硬盘上的音像电子档案，应每 4 年转存一次，原载体同时保留时间不少于 4 年。

第二十条　音像电子档案的利用按各单位档案利用借阅制度进行，利用时应确保档案信息安全。

【相关规定 8】《各级各类档案馆收集档案范围的规定》（2011 年 11月 21 日起施行）（节录）

第八条　档案馆要适应信息化建设的需要，收集电子档案和纸质档案的数字化副本。有条件的档案馆应根据国家灾害备份的要求，建立电子文件备份中心，开展电子文件备份工作。

【相关规定9】《海上国际集装箱运输电子数据交换管理办法》（1997年5月4日起施行）（节录）

第五条　EDI中心的基本职责是：

（一）负责将用户发送的电子报文传输至接收方；

（七）负责新的电子报文的研究和开发，掌握电子报文的变更情况，并对变更的信息及时进行处理；

第六条　入网用户应遵守以下规定：

（二）确保发送和接收电子报文信息的设施保持良好稳定有效的运行状态；

第十五条　协议的履行：

（三）任何当事人在履行本协议书规定的义务时，因不可抗拒力的作用，无法履行或按时履行与协议有关的事项，应立即通知对方，并尽力采用其他方式通讯。在这期间，电子文件发生延迟、脱漏或错误或偶发的不良后果不负责任。

第十九条　入网用户从事EDI运行管理的岗位人员需经EDI中心培训，培训的主要内容是：（三）电子报文的格式。

第二十条　EDI的电子报文替代纸面单证必须符合《海上国际集装箱运输电子数据交换电子报文替代纸面单证规则》的规定。

第二十二条　EDI接收、处理、存储、交换和传输的电子报文应符合交通部有关规范要求。

第二十三条　符合规范要求的电子报文具有与书面单证同等的效力。

第二十八条　电子数据交换和传输系统的运行必须制订严格的保密制度，对电子报文特别是对EDI中心数据库的访问应设定密级，为用户保密。

【相关规定10】《海上国际集装箱运输电子数据交换协议规则》（1997年5月4日起施行）（节录）

第五条　EDI 协议应包括以下基本内容：

（一）所传递的电子报文的种类和范围；

（二）电子报文所采用的报文标准、代码标准、安全保密标准和管理标准；

（三）对电子报文的安全保密要求和准确性、可靠性要求；

（四）电子报文的传递程序；

（五）电子报文的交接确认手续。

第六条　当事人在协议内所采用的电子报文必须符合《海上国际集装箱运输电子数据交换电子单证替代纸面单证管理规则》的要求。

第七条　电子报文的传输，需符合国家技术监督局颁布的《海上国际集装箱运输电子数据交换标准体系表》中的报文标准、代码标准、安全保密标准、管理标准。

交换的电子报文，应采用 UN/EDIFACT 电子报文国际标准或国家标准和行业标准。

第九条　电子报文的安全性

（一）为了保证 EDI 系统的安全，确保电子报文传输安全可靠，必须采取充分的安全措施，共同维护好系统。

第十条　为确保电子报文在交换和传输过程中可靠、完整，当事人可根据需要设置如下安全保密机制：

（一）身份鉴别机制，应采用 EDI 中心软件提供的口令字方法进行简单鉴别。

（二）确保数据完整性机制，必须采用 EDI 应用软件对报文格式进行检查；对有特殊要求的报文必须作特殊处理。

（三）数据加密机制，对保密有特殊要求的 EDI 报文，可采用数据加密方法对整个或部分报文内容进行加密后传输。

（四）防止责任抵赖机制，除了保存 EDI 报文传输日志外，当事人可协议采用数字签名的方法。

第十三条　当传送电子报文的当事人要求协议对方给予收到的确认时，对方必须接受该项要求。

第十四条　对电子报文内容准确性的认可：

（一）接收方发现所接收的报文不符合标准，应及时通知发送方并要求重新发送。

（二）当事人如需要对其发出的电子报文履行数字签名，则应在EDI协议中加以明确。

（三）接收报文的当事人，有义务留存对方发送来的电子报文，并应在发来的电子报文上注明发送人、接收人、传送日期、时间和地点。

（四）电子报文进入指定接收人信息系统的时间为收到时间。发送人和接收人的作业地点分别为发、收电子报文的地点。

第十五条　协议的履行：

（一）协议当事人应在各自的操作部位指定专人负责，记录、保管反映系统运行情况以及所交换的全部电子报文清单输入EDI日志）。EDI日志应由各方的专职人员作书面证明。用户可根据需要到EDI中心查询。

【相关规定11】《海上国际集装箱运输电子数据交换电子报文替代纸面单证管理规则》（1997年5月4日起施行）（节录）

第一条　为规范海上国际集装箱运输电子数据交换电子报文替代纸面单证的运作，制订本规则。

第三条　在海上国际集装箱运输EDI运作过程中，电子报文逐步替代传统纸面单证。

电子报文是EDI当事人按照协议和规定，对具有一定结构特征的标准信息，经数据通讯网络，在各自的计算机系统之间进行交换和处理的一种电子文件。

第四条　电子报文必须符合语法标准，其报文格式及代码数据须符合《海上国际集装箱运输电子数据交换管理办法》的规定。

电子报文还须保证其所载信息的完整性和确定性。

第五条　电子报文替代纸面单证时当事人可按协议使用电子签名技术。

第六条　电子报文替代纸面单证时，电子报文与纸面单证具有同等效力；电子报文的保存期与纸面单证相同。

第七条　以下 23 种电子报文替代相应的纸面单证。

第八条　电子报文的流转顺序按《海上国际集装箱运输电子数据交换报文传递和进出口业务流程规定》执行。

第九条　电子报文替代纸面单证的安全保密问题，由安全技术提供保证，一旦发现擅自破译、篡改报文或冒充用户、抵赖责任等行为，将根据有关法律和法规，给以相应的处罚。

第十条　以下情况应由当事人在协议中予以明确并报 EDI 中心备案：

（一）电子报文的保存地点和时间；

（二）电子签名的有效期和有效范围；

（三）对有正本、副本之区分的纸面单证，其相应电子报文的替代；

（四）对特殊需要的电子报文的流转顺序。

第十二条　EDI 运作初期，允许电子报文与纸面单证并行并存，暂未入网的单位仍可使用现行的纸面单证并以纸面单证为准。EDI 稳定运作后，交通部将根据实际情况陆续直至全部取消纸面单证。

【相关规定 12】《海上国际集装箱运输电子数据交换报文传递和进出口业务流程规定》（1997 年 5 月 4 日起施行）（节录）

第二条　本规定所称的海上国际集装箱运输 EDI 报文传递和进出口业务流程是指海上国际集装箱运输电子报文的传递程序，包括进口电子报文和出口电子报文的流转程序。

第三条　海上国际集装箱运输 EDI 报文传递和进出口业务流程应遵循以下原则：

（一）电子报文的传递和进出口业务流程应当减少环节、简化手续、高速有效；

（二）进口和出口电子报文传递程序在业务流程中不得互为交错、互为通用；

（三）电子报文传递的信息必须准确、及时、可靠、完整；

（四）电子报文的处理必须安全、保密；

（五）电子报文必须按双方协议规定的方式传递；

（六）除根据协议规定必须有电子签名外，电子报文在传递时，收端人必须将接收回执传给发端人方为有效。

第五条　进口类电子报文的业务流转按以下程序进行。

第六条　出口类电子报文的业务流转按以下程序进行。

第七条　海上国际集装箱运输 EDI 的有关当事方在业务交往过程中传递电子报文时，必须互相配合，共同遵守本规定第五条、第六条所规定的进出口电子报文传递程序。

【相关规定 13】《中国证监会国际互联网站信息发布规程》（1999年 5 月 25 日起施行）（节录）

一、发布需经统一审核的信息

1. 会内各部门信息员将拟发布信息（中、英文）的电子文件存入 3寸软盘，连同该文件的纸版一起送给办公厅信息管理员。信息员送文时，应附本部门主任签字的《发文申请工作单》。

4. 办公厅信息管理员将办公厅领导同意发布的文件（包括电子文件和纸质文件），随同附有办公厅领导签字的《发文工作单》，一同送达信息中心信息管理员。

二、各部门自行发布的信息

1. 信息员可将拟发布的中文信息和已翻译好的英文信息的电子文件放在信息中心信息管理员计算机上的共享子目录中，并将该文件的纸版送给信息中心信息管理员；也可将电子文件存入 3 寸软盘，连同该文件的纸版一起送给信息中心信息管理员。

【相关规定 14】《金融统计管理规定》（2002 年 12 月 15 日起施行）（节录）

第二十六条　金融机构统计部门履行下列职责：

（七）执行中国人民银行规定的统一的统计指标编码和电子文件接口规则。

【相关规定 15】《出口加工区加工贸易管理暂行办法》（2006 年 1月 1 日起施行）（节录）

第九条　在具备条件的地区，企业应通过"口岸电子执法系统"向管委会报送申请报告和所附清单，管委会通过"口岸电子执法系统"核准企业报送的申请和所附清单，海关凭管委会核准的电子文件进行注册备案。

【相关规定 16】《婚姻登记档案管理办法》（2006 年 1 月 23 日起施行）（节录）

第十二条　使用计算机办理婚姻登记所形成的电子文件，应当与纸质文件一并归档，归档要求参照《电子文件归档与管理规范》（GB/T18894–2002）。

【相关规定 17】《城市规划编制办法》（2006 年 4 月 1 日起施行）（节录）

第二十六条　城市规划成果文件应当以书面和电子文件两种方式表达。

【相关规定 18】《省域城镇体系规划编制审批办法》（2010 年 7 月 1 日起施行）（节录）

第十九条　省域城镇体系规划成果应当包括规划文本、图纸，以书面和电子文件两种形式表达。

【相关规定 19】《中国人民银行执法检查程序规定》（2022 年 6 月 1 日起施行）

第四十三条　中国人民银行及其分支机构通过函询，或者在线上检查中通过信息化系统获取的信息、电子数据、文件和资料等可以作为认定被检查人是否存在违法违规行为的证据使用。

【相关规定 20】《企业文件材料归档范围和档案保管期限规定》（2013 年 2 月 1 日起施行）（节录）

第十三条　企业对于无相应纸质或确实无法输出成纸质的电子文件应纳入归档范围并划分保管期限。

企业对归档的电子文件的元数据要进行相应归档。

【相关规定 21】《电子招标投标办法》（2013 年 5 月 1 日起施行）（节录）

第二条　在中华人民共和国境内进行电子招标投标活动，适用本办法。

本办法所称电子招标投标活动是指以数据电文形式，依托电子招标投标系统完成的全部或者部分招标投标交易、公共服务和行政监督活动。

第三条　电子招标投标系统根据功能的不同，分为交易平台、公共服务平台和行政监督平台。

交易平台是以数据电文形式完成招标投标交易活动的信息平台。公共服务平台是满足交易平台之间信息交换、资源共享需要，并为市场主体、行政监督部门和社会公众提供信息服务的信息平台。行政监督平台是行政监督部门和监察机关在线监督电子招标投标活动的信息平台。

第十四条　电子招标投标交易平台运营机构应当采取有效措施，验证初始录入信息的真实性，并确保数据电文不被篡改、不遗漏和可追溯。

第十八条　招标人或者其委托的招标代理机构应当及时将数据电文形式的资格预审文件、招标文件加载至电子招标投标交易平台，供潜在投标人下载或者查阅。

第十九条　数据电文形式的资格预审公告、招标公告、资格预审文件、招标文件等应当标准化、格式化，并符合有关法律法规以及国家有关部门颁发的标准文本的要求。

第二十五条　投标人应当通过资格预审公告、招标公告或者投标邀请书载明的电子招标投标交易平台递交数据电文形式的资格预审申请文件或者投标文件。

第三十三条　评标中需要投标人对投标文件澄清或者说明的，招标人和投标人应当通过电子招标投标交易平台交换数据电文。

第三十四条　评标委员会完成评标后，应当通过电子招标投标交易平台向招标人提交数据电文形式的评标报告。

第三十六条　招标人确定中标人后，应当通过电子招标投标交易平台以数据电文形式向中标人发出中标通知书，并向未中标人发出中标结果通知书。

招标人应当通过电子招标投标交易平台，以数据电文形式与中标人签订合同。

第四十条　招标投标活动中的下列数据电文应当按照《中华人民共和国电子签名法》和招标文件的要求进行电子签名并进行电子存档。

第六十二条　电子招标投标某些环节需要同时使用纸质文件的，应当在招标文件中明确约定；当纸质文件与数据电文不一致时，除招标文件特别约定外，以数据电文为准。

【相关规定 22】《电子招标投标系统技术规范第 1 部分》（节录）

数据电文形式与纸质形式的招标投标活动具有同等法律效力。

3　术语和定义

下列术语和定义适用于本规范。

3.1　电子招标投标 e-bidding

根据招标投标相关法律法规规章，以数据电文为主要载体，应用信息技术完成招标投标活动的过程。

数据电文是指以电子、光学、磁或者类似手段生成、发送、接收或者储存的信息。本规范中的"电子文件"是指按照特定用途和规定的内容格式要求编辑生成的数据电文。

3.2　交易平台 transaction platform

招标投标当事人通过数据电文形式完成招标投标交易活动的信息平台。交易平台主要用于在线完成招标投标全部交易过程，编辑、生成、对接、交换和发布有关招标投标数据信息，为行政监督部门和监察机关依法实施监督、监察和受理投诉提供所需的信息通道。

3.15　电子签名 e-signature

运用电子密码技术，在数据电文中以电子形式所含，用于识别签名人身份并表明签名人认可其中内容的数据。本规范中的"签署"是指招标投标当事人对数据电文进行电子签名的行为。

3.19　电子评标 e-bidding evaluation

招标项目评标委员会通过交易平台的电子评标系统，按照招标文件约定的评标标准和方法，对电子投标文件评审，并形成评标报告电子文件的工作程序。

3.20 回执 receipt

电子文件接收人通过交易平台向发送人反馈的数据电文形式的签收单据。

3.22 归档 e-archiving

按国家档案管理部门电子档案管理要求整理、保存、移交招标投标过程中产生的数据电文的工作。

3.23 编辑 edit

运用交易平台提供的功能编写、修改、生成电子文件，或者利用其他专业工具生成并导入电子文件的工作。

3.32 时间戳 time stamp

应用电子签名技术，对电子文件提供日期和时间信息的安全保护和证明。

8.2.2 电子签名

电子签名管理要求应满足以下要求：

a）应通过电子签名来确保数据电文的完整性和不可抵赖性，电子签名应用的数字证书应采用合法的电子认证服务机构颁发的 CA 证书。

b）应使用电子签名的数据电文包括：招标公告（资格预审公告）、投标邀请书、资格预审文件（澄清和修改）、资格预审申请文件（澄清和修改）、资格审查报告、招标文件（澄清和修改）、投标文件（补充、修改、撤回、澄清）、开标记录、评标报告、中标通知书、合同（协议书）及相关文件的签收回执等具有法律约束力的文件。

c）应提供按照国家授时中心的标准时间源对需要电子签名的数据电文生成时间戳的功能。

d）应执行统一规范的数据接口标准，并可通过公共服务平台协议联机等方式，支持不同的合法电子认证服务机构颁发的 CA 数字证书的兼容互认。

8.2.3 电子加密和解密

应使用合法的电子认证服务机构颁发的数字证书，并能够根据招标文件选择确定的操作方式和责任主体，对需要保密的数据电文进行加密和解密，以确保数据电文的保密性。

通信安全管理应满足以下要求：

a）应能够检测传输过程中数据电文的完整性，在检测到完整性错误时，应提示用户采取必要的措施。

b）应采用加密或其它有效措施实现数据传输的保密性。

【相关规定 23】《集体林权制度改革档案管理办法》（2013 年 6 月 22 日起施行）（节录）

第十四条　录音、录像材料要保证载体的有效性，电子文件和使用信息系统采集、贮存的专业性数据以及航空照片、遥感数据应当用可记录式光盘保存，重要的应制成纸质拷贝同时归档保存。

照片和图片应当配有文字说明，标明时间、地点、人物和事件。

电子文件产生的软硬件环境及参数须符合有关要求。

第二十二条　县级以上林业行政主管部门和档案行政管理部门应当推进林改档案的信息化建设，加强林改电子文件归档和电子档案的规范化管理，提供网上信息查询服务。

【相关规定 24】《国家秘密定密管理暂行规定》（2014 年 3 月 9 日起施行）（节录）

第二十四条　在纸介质和电子文件国家秘密载体上作出国家秘密标志的，应当符合有关国家标准。没有国家标准的，应当标注在封面左上角或者标题下方的显著位置。光介质、电磁介质等国家秘密载体和属于国家秘密的设备、产品的国家秘密标志，应当标注在壳体及封面、外包装的显著位置。

【相关规定 25】《税款缴库退库工作规程》（2014 年 9 月 1 日起施行）（节录）

第十一条　《税收缴款书（银行经收专用）》、《税收缴款书（出口货物劳务专用）》和《税收电子缴款书》是税款缴库的法定凭证。

第十二条　开具依据包括纳税申报表、代扣代收税款报告表、延期缴纳税款申请审批表、税务事项通知书、税务处理决定书、税务行政处罚决定书、税务行政复议决定书、生效的法院判决书以及其他记载税款缴库凭证内容的纸质资料或电子信息。

第十三条　税务机关将记录纳税人、扣缴义务人、代征代售人应缴税款信息的《税收电子缴款书》通过横向联网电子缴税系统发送给国库，国库转发给银行，银行据以收纳报解税款后缴入国库的缴库方式为电子缴库。

第二十一条　《税收收入退还书》《税收收入电子退还书》是税款退库的法定凭证。

税务机关向国库传递《税收收入退还书》，由国库据以办理税款退还的方式为手工退库。

税务机关通过横向联网电子缴税系统将记录应退税款信息的《税收收入电子退还书》发送给国库，国库据以办理税款退还的方式为电子退库。

第二十六条　退税申请相关资料包括：签有退税核实部门意见的退税申请书、原完税凭证、出口退（免）税汇总申报表、减免税审批文书、纳税申报表、税务稽查结论、税务处理决定书、纳税评估文书、税务行政复议决定书、生效的法院判决书、税务机关认可的其他记载应退税款内容的资料或电子信息。

税收征管系统中可以查询到纳税申报表、税款缴库等电子信息的，可以不再通过书面资料复核。

第二十七条　手工退库的，《税收收入退还书》应当经税务机关主要负责人签发并加盖在国库预留的退税专用印鉴，连同退税申请书，由税务机关送国库办理退库手续；电子退库的，《税收收入电子退还书》应当经税务机关复核人员复核授权，连同相关电子文件，由税务机关向国库发送办理退库手续。

第三十五条　税款调库可以采用传递纸质调库凭证的手工调库方式办理，也可以采用通过横向联网电子缴税系统发送电子调库凭证的电子调库方式办理。

第四十一条　根据税款缴库、退库和调库业务的处理方式，销号和对账可以由税务机关根据国库返回的纸质凭证或电子凭证信息，手工进行销号、对账或者由税收征管系统自动进行电子销号、对账。

【**相关规定 26**】《历史文化名城名镇名村街区保护规划编制审批办法》（2014 年 12 月 29 日起施行）（节录）

第十七条　保护规划成果应当包括规划文本、图纸和附件，以书面和电子文件两种形式表达。

第二十条　国家历史文化名城、中国历史文化名镇、名村保护规划经依法批准后 30 日内，组织编制机关应当报国务院城乡规划主管部门和国务院文物主管部门备案。报送备案时，应当提交下列材料：

（三）以书面和电子文件两种形式表达的规划文本、图纸和附件；

【**相关规定 27**】《国家级风景名胜区规划编制审批办法》（2015 年 12 月 1 日起施行）（节录）

第十四条　国家级风景名胜区规划成果应当包括规划文本、规划图纸、规划说明书、基础资料汇编、遥感影像图，以书面和电子文件两种形式表达。

【**相关规定 28**】《城市社区档案管理办法》（2016 年 1 月 1 日起施行）（节录）

第二条　本办法所称社区档案，是指城市社区党组织、居民委员会、社区服务机构、社区社会组织（以下简称社区各类组织）和居民在社区建设中形成的具有保存价值的各种文字、图表、声像、电子数据等不同形式和载体的历史记录。

第十条　社区文件材料的归档，应当符合以下要求：

电子文件按照《电子文件归档与管理规范》（GB/T18894）和《电子文件归档光盘技术要求和应用规范》（DA/T38）的要求整理。

第十三条　对声像档案和电子档案，要定期检查信息记录的安全性，确保档案可读可用；有条件的地方要及时对声像档案进行数字化转化，以利于长期使用。

【**相关规定 29**】《国土资源部关于进一步加强和做好国土资源档案工作的通知》（国土资发〔2015〕151 号）（节录）

三、积极推进档案"三个体系"建设

（五）完善国土资源档案资源体系建设。

完善归档制度。部办公厅要抓紧研究制定国土资源业务档案管理办法，加快制定国土资源电子文件归档办法和技术标准。及时修订文件材料的归档范围和保管期限表。各省级国土资源主管部门、各直属单位、各派驻地方的国家土地督察局、部机关各司局（以下简称各单位）要细化并严格落实相关制度规定，确保文件材料应归尽归、应收尽收。凡是应归档的文件材料（包括应归档的电子文件及传统的照片、音像等），要严格按规定归档，任何单位和个人不得据为己有或拒绝归档。

加大档案收集整理力度。各级国土资源档案机构要加强对档案收集整理工作的监督指导，文件材料形成部门要切实执行"谁形成谁收集、谁立卷谁归档"的原则，特别是在开展重点工作、重大活动、重大建设项目时，同步做好文件材料的收集、整理、归档工作。积极推进电子文件归档工作，参照国家关于纸质文件归档的有关规定，开发建设相应的归档接口，按照统一规范的标准，确保电子文件及时归档。

（七）加强国土资源档案安全体系建设。

保障档案信息安全。各单位要按照信息系统安全等级保护和分级保护工作要求，建立档案信息管理系统安全保密防护体系及档案灾难恢复机制，确保电子档案的长期保存和利用。

【相关规定30】《中国保监会电子文件传输系统管理暂行办法》（2012年12月25日起施行）（节录）

第三条　通过传输系统传输的电子文件与纸质文件具有同等效力，传输系统内行文规则应与纸质文件的行文规则相同。对电子文件的收发、签批、分办、归档等均应当参照纸质文件管理规定执行。

第四条　电子文件传输系统实施商用密码保护，各单位应当认真执行商用密码管理相关规定，确保电子文件和密码设备的安全。

第十九条　电子文件传输系统使用人员要严守秘密，不得向无关人员透露系统登录、公章使用及客户端加密机密码，严禁空发或空打公章。

【相关规定31】《环境保护档案管理办法》（2017年3月1日起施行）（节录）

第二条　本办法所称环境保护档案，是指各级环境保护主管部门及其派出机构、直属单位（以下简称环境保护部门），在环境保护各项工作和活动中形成的，对国家、社会和单位具有利用价值、应当归档保存的各种形式和载体的历史记录，主要包括文书档案、音像（照片、录音、录像）档案、科技档案、会计档案、人事档案、基建档案及电子档案等。

第十四条　环境保护部门的档案管理机构应当履行下列职责：

（四）负责本部门档案信息化工作，参与本部门电子文件全过程管理工作，组织实施本部门档案数字化加工、电子文件归档和电子档案管理以及重要档案异地、异质备份工作。

第十八条　环境保护文件材料归档工作一般应于次年3月底前完成。文件（项目）承办单位根据下列情形，按要求将应归档文件及电子文件同步移交本部门档案管理机构进行归档，任何人不得据为己有或者拒绝归档。

第二十条　环境保护档案的分类、著录、标引，依照《中国档案分类法　环境保护档案分类表》《环境保护档案著录细则》《环境保护档案管理规范》等文件的有关规定执行，其相应的电子文件材料应当按照有关要求同步归档。

电子文件的整理归档，依照《电子文件归档与电子档案管理规范》（GB/T 18894–2016）、《CAD电子文件光盘存储、归档与档案管理要求》（GB/T 17678.1–1999）等文件的有关规定执行。重要电子文件应当与纸质文件材料一并归档。

【相关规定32】《出版物市场管理规定》（2016年6月1日起施行）（节录）

第二十三条　从事出版物发行业务的单位、个人，应查验供货单位的出版物经营许可证并留存复印件或电子文件，并将出版物发行进销货清单等有关非财务票据至少保存两年，以备查验。

第二十六条　提供出版物发行网络交易平台服务的经营者，应当对申请通过网络交易平台从事出版物发行业务的经营主体身份进行审查，核实经营主体的营业执照、出版物经营许可证，并留存证照复印件或电子文档备查。不得向无证无照、证照不齐的经营者提供网络交易平台服务。

【相关规定 33】《金融机构大额交易和可疑交易报告管理办法》（2017 年 7 月 1 日起施行）（节录）

第八条　金融机构应当在大额交易发生之日起 5 个工作日内以电子方式提交大额交易报告。

第十五条　金融机构应当在按本机构可疑交易报告内部操作规程确认为可疑交易后，及时以电子方式提交可疑交易报告。

第十七条　可疑交易符合下列情形之一的，金融机构应当在向中国反洗钱监测分析中心提交可疑交易报告的同时，以电子形式或书面形式向所在地中国人民银行或者其分支机构报告，并配合反洗钱调查。

第十八条　金融机构应当对下列恐怖活动组织及恐怖活动人员名单开展实时监测，有合理理由怀疑客户或者其交易对手、资金或者其他资产与名单相关的，应当在立即向中国反洗钱监测分析中心提交可疑交易报告的同时，以电子形式或书面形式向所在地中国人民银行或者其分支机构报告，并按照相关主管部门的要求依法采取措施。

第二十七条　金融机构应当按照本办法所附的大额交易和可疑交易报告要素要求（要素内容见附件），制作大额交易报告和可疑交易报告的电子文件。具体的报告格式和填报要求由中国人民银行另行规定。

【相关规定34】《村级档案管理办法》（2018年1月1日起施行）（节录）

第八条　村级档案一般包括文书、基建项目、设施设备、会计、音像、实物等类别。各类文件材料整理方法和归档时间如下：

（六）电子文件应当按照《电子文件归档与电子档案管理规范》（GB/T 18894–2016）收集归档并管理。

第十条　档案管理人员应当定期检查档案的保管状况，确保档案安全。对音像档案和电子档案，要定期检查信息记录的安全性，确保档案可读可用。

【相关规定 35】《外国公共航空运输承运人运行合格审定规则》（2018 年 1 月 29 日起施行）（节录）

第 129.23 条　申请运行规范需要提交的材料

（c）申请人提交的上述文件应当使用中文或者英文版本的纸质或者电子文件。其中，申请书应当是由法定代表人或者其授权人签署的原件或者其扫描件。

【相关规定36】《机关档案管理规定》（2019年1月1日起施行）（节录）

第二十三条　机关档案包括：

（一）文书、科技（科研、基建、设备）、人事、会计档案；

（二）机关履行行业特有职责形成的专业档案；

（三）照片、录音、录像等音像档案；

（四）业务数据、公务电子邮件、网页信息、社交媒体档案；

（五）印章、题词、奖牌、奖章、证书、公务礼品等实物档案；

（六）其他档案。

前款（一）（二）（三）项包含传统载体档案和电子档案两种形式。电子档案与传统载体档案具有同等效力。

第三十条　电子文件应当连同元数据一并收集。收集的元数据应当符合《数字档案室建设指南》、《电子文件归档与电子档案管理规范》（GB/T 18894）、《文书类电子文件元数据方案》（DA/T 46）、《照片类电子档案元数据方案》（DA/T 54）、《录音录像类电子档案元数据方案》（DA/T 63）等规定。

第三十五条　归档时交接双方根据归档目录清点核对，并履行交接手续。机关档案实现随办随归的，还应当按规定履行登记手续，记录电子文件归档过程元数据。

第三十六条　归档文件材料应当为原件。电子文件需要转换为纸质文件归档的，若电子文件已经具备电子签名、电子印章，且电子印章按照规定转换为印章图形的，纸质文件不需再行实体签名、实体盖章。

满足本规定第五章规定且不具有永久保存价值或其他重要价值的电子文件，以及无法转换为纸质文件或缩微胶片的电子文件可以仅以电子形式进行归档。

第五十七条　档案数字化应当符合真实性管理要求，数字化过程的元数据应当收集齐全，数字复制件应当保持原貌并纳入电子档案管理系统统一管理。

第六十三条　电子档案的文件格式和质量应当符合标准要求，元数据应当齐全完整，满足长期保存和同级国家综合档案馆进馆要求。

第六十四条　机关应当为电子档案安全存储配置在线存储系统。在线存储系统应当实施容错技术方案，定期扫描、诊断存储设备。

第六十五条　机关应当制定电子档案备份方案和策略，采用磁带、一次性刻录光盘、硬磁盘等离线存储介质对电子档案实行离线备份。具备条件的，应当对电子档案进行近线备份和容灾备份。

机关应当根据需要制定电子档案转换与迁移方案和策略，转换与迁移活动应当记入电子档案管理过程元数据。

第六十六条　机关应当统筹开展传统载体档案数字化、电子文件归档与电子档案管理的安全保密工作，采取有效措施严防信息篡改、丢失、外泄。涉密档案进行数字化、涉密电子文件归档与电子档案管理应当严格遵守保密规定。

【相关规定37】《药品注册管理办法》（2020年7月1日起施行）（节录）

第一百二十四条　药品监督管理部门制作的药品注册批准证明电子文件及原料药批准文件电子文件与纸质文件具有同等法律效力。

【相关规定38】《高等学校档案管理办法》（2008年9月1日起施行）（节录）

第八条　高校档案机构的管理职责是：

（五）组织实施档案信息化建设和电子文件归档工作；

第十五条　高等学校应当对纸质档案材料和电子档案材料同步归档。

高等学校可以根据学校实际情况确定归档范围。归档的档案材料包括纸质、电子、照（胶）片、录像（录音）带等各种载体形式。

第十六条　高等学校实行档案材料形成单位、课题组立卷的归档制度。

学校各部门负责档案工作的人员应当按照归档要求，组织本部门的教学、科研和管理等人员及时整理档案和立卷。立卷人应当按照纸质文件材料和电子文件材料的自然形成规律，对文件材料系统整理组卷，编制页号或者件号，制作卷内目录，交本部门负责档案工作的人员检查合格后向高校档案机构移交。

第十七条　归档的档案材料应当质地优良，书绘工整，声像清晰，符合有关规范和标准的要求。电子文件的归档要求按照国家档案局发布的《电子公文归档管理暂行办法》以及《电子文件归档与管理规范》（GB/T18894-2002）执行。

第二十一条　高校档案机构应当采用先进的档案保护技术，防止档案的破损、褪色、霉变和散失。对已经破损或者字迹褪色的档案，应当及时修复或者复制。对重要档案和破损、褪色修复的档案应当及时数字化，加工成电子档案保管。

第三十七条　存放声像、电子等特殊载体档案，应当配置恒温、恒湿、防火、防渍、防有害生物等必要设施。

【相关规定 39】《运输机场运行安全管理规定》（2022 年 4 月 1 日起施行）（节录）

第十五条　机场管理机构应当制定各项工作的记录，详细记录各项检查和维护情况。记录应当包括电子文件和纸质文件。纸质记录需保存两年以上，电子记录应当保存十年。

第三十二条　机场管理机构应当将生效的手册的完整版本（包括电子版本）发放给驻场的航空运输企业或其代理人及其他运行保障单位，发放手册应当做记录。机场使用手册分发单位列表应当至少包括分发单位（部门）、联系人、联系电话等栏目。

【相关规定 40】《电子病历应用管理规范（试行）》（2017 年 4 月 1 日起施行）（节录）

第二条　实施电子病历的医疗机构，其电子病历的建立、记录、修改、使用、保存和管理等适用本规范。

第三条　电子病历是指医务人员在医疗活动过程中，使用信息系统生成的文字、符号、图表、图形、数字、影像等数字化信息，并能实现存储、管理、传输和重现的医疗记录，是病历的一种记录形式，包括门（急）诊病历和住院病历。

第四条 电子病历系统是指医疗机构内部支持电子病历信息的采集、存储、访问和在线帮助，并围绕提高医疗质量、保障医疗安全、提高医疗效率而提供信息处理和智能化服务功能的计算机信息系统。

第六条 医疗机构应用电子病历应当具备以下条件：

（一）具有专门的技术支持部门和人员，负责电子病历相关信息系统建设、运行和维护等工作；具有专门的管理部门和人员，负责电子病历的业务监管等工作；

（二）建立、健全电子病历使用的相关制度和规程；

（三）具备电子病历的安全管理体系和安全保障机制；

（四）具备对电子病历创建、修改、归档等操作的追溯能力；

（五）其他有关法律、法规、规范性文件及省级卫生计生行政部门规定的条件。

第七条 《医疗机构病历管理规定（2013 年版）》、《病历书写基本规范》、《中医病历书写基本规范》适用于电子病历管理。

第八条 电子病历使用的术语、编码、模板和数据应当符合相关行业标准和规范的要求，在保障信息安全的前提下，促进电子病历信息有效共享。

第九条 电子病历系统应当为操作人员提供专有的身份标识和识别手段，并设置相应权限。操作人员对本人身份标识的使用负责。

第十条 有条件的医疗机构电子病历系统可以使用电子签名进行身份认证，可靠的电子签名与手写签名或盖章具有同等的法律效力。

第十一条 电子病历系统应当采用权威可靠时间源。

第十二条 医疗机构使用电子病历系统进行病历书写，应当遵循客观、真实、准确、及时、完整、规范的原则。

第十三条 医疗机构应当为患者电子病历赋予唯一患者身份标识，以确保患者基本信息及其医疗记录的真实性、一致性、连续性、完整性。

第十四条 电子病历系统应当对操作人员进行身份识别，并保存历次操作印痕，标记操作时间和操作人员信息，并保证历次操作印痕、标记操作时间和操作人员信息可查询、可追溯。

第十五条　医务人员采用身份标识登录电子病历系统完成书写、审阅、修改等操作并予以确认后，系统应当显示医务人员姓名及完成时间。

第十六条　电子病历系统应当设置医务人员书写、审阅、修改的权限和时限。实习医务人员、试用期医务人员记录的病历，应当由具有本医疗机构执业资格的上级医务人员审阅、修改并予确认。上级医务人员审阅、修改、确认电子病历内容时，电子病历系统应当进行身份识别、保存历次操作痕迹、标记准确的操作时间和操作人信息。

第十七条　电子病历应当设置归档状态，医疗机构应当按照病历管理相关规定，在患者门（急）诊就诊结束或出院后，适时将电子病历转为归档状态。电子病历归档后原则上不得修改，特殊情况下确需修改的，经医疗机构医务部门批准后进行修改并保留修改痕迹。

第十八条　医疗机构因存档等需要可以将电子病历打印后与非电子化的资料合并形成病案保存。具备条件的医疗机构可以对知情同意书、植入材料条形码等非电子化的资料进行数字化采集后纳入电子病历系统管理，原件另行妥善保存。

第十九条　门（急）诊电子病历由医疗机构保管的，保存时间自患者最后一次就诊之日起不少于15年；住院电子病历保存时间自患者最后一次出院之日起不少于30年。

第二十条　电子病历系统应当设置病历查阅权限，并保证医务人员查阅病历的需要，能够及时提供并完整呈现该患者的电子病历资料。呈现的电子病历应当显示患者个人信息、诊疗记录、记录时间及记录人员、上级审核人员的姓名等。

第二十一条　医疗机构应当为申请人提供电子病历的复制服务。医疗机构可以提供电子版或打印版病历。复制的电子病历文档应当可供独立读取，打印的电子病历纸质版应当加盖医疗机构病历管理专用章。

第二十二条　有条件的医疗机构可以为患者提供医学影像检查图像、手术录像、介入操作录像等电子资料复制服务。

第二十三条　依法需要封存电子病历时，应当在医疗机构或者其委托代理人、患者或者其代理人双方共同在场的情况下，对电子病历共同进行确认，并进行复制后封存。封存的电子病历复制件可以是电子版；也可以对打印的纸质版进行复印，并加盖病案管理章后进行封存。

第二十四条　封存的电子病历复制件应当满足以下技术条件及要求：

（一）储存于独立可靠的存储介质，并由医患双方或双方代理人共同签封；

（二）可在原系统内读取，但不可修改；

（三）操作痕迹、操作时间、操作人员信息可查询、可追溯；

（四）其他有关法律、法规、规范性文件和省级卫生计生行政部门规定的条件及要求。

第二十五条　封存后电子病历的原件可以继续使用。电子病历尚未完成，需要封存时，可以对已完成的电子病历先行封存，当医务人员按照规定完成后，再对新完成部分进行封存。

第二十七条　本规范所称电子病历操作人员包括使用电子病历系统的医务人员，维护、管理电子病历信息系统的技术人员和实施电子病历质量监管的行政管理人员。

第二十八条　本规范所称电子病历书写是指医务人员使用电子病历系统，对通过问诊、查体、辅助检查、诊断、治疗、护理等医疗活动获得的有关资料进行归纳、分析、整理形成医疗活动记录的行为。

【相关规定 41】《电子公文归档管理暂行办法》（2018 年 12 月 24 日起生效）

第一条　为了加强对电子公文的归档管理，有效维护电子公文的真实性、完整性、安全性和可识别性，根据《中华人民共和国档案法》、《中华人民共和国档案法实施办法》和《国家行政机关公文处理办法》，制定本办法。

第二条　本办法所称的电子公文，是指各地区、各部门通过由国务院办公厅统一配置的电子公文传输系统处理后形成的具有规范格式的公文的电子数据。

第三条　电子公文形成单位应指定有关部门或专人负责本单位的电子公文归档工作，将电子公文的收集、整理、归档、保管、利用纳入机关文书处理程序和相关人员的岗位责任。

机关档案部门应参与和指导电子公文的形成、办理、收集和归档等各工作环节。

第四条　副省级以上档案行政管理部门负责对电子公文的归档管理工作进行监督和指导。

电子公文的真实性、完整性、安全性和可识别性，移交前由形成部门负责，移交后由档案部门负责。

第五条　电子公文参照国家有关纸质文件的归档范围进行归档并划定保管期限。

第六条　电子公文一般应在办理完毕后即时向机关档案部门归档。

第七条　符合国家有关规定要求的电子公文可以仅以电子形式归档。电子公文归档应当符合电子文件归档和电子档案管理的要求。

第八条　需要永久和长期保存的电子公文，应在每一个存储载体中同时存有相应的符合规范要求的机读目录。

第九条　电子公文的收发登记表、机读目录、相关软件、其他说明等应与相对应的电子公文一同归档保存。

第十条　电子公文的归档应在"全国政府系统办公业务资源网电子邮件系统"平台上进行，各电子公文形成单位档案部门应配置足够容量和处理能力及相对安全的系统设备。

第十一条　电子公文形成单位应在运行电子公文处理系统的硬件环境中设置足够容量、安全的暂存存储器，存放处理完毕应归档保存的电子公文，以保证归档电子公文的完整、安全。

第十二条　电子公文形成单位应在电子公文处理系统中设置符合安全要求的操作日志，随时自动记录对电子公文实时操作的人员、时间、设备、项目、内容等，以保证归档电子公文的真实性。

第十三条　电子公文形成单位应在电子公文归档时按照国家有关要求对其真实性、完整性、可用性和安全性进行检查。

第十四条　归档电子公文的移交形式可以是交接双方之间进行存储载体传递或通过电子公文传输系统从网上交接。

第十五条　通过存储载体进行交接的归档电子公文，移交与接收部门均应对其载体和技术环境进行检验，确保载体清洁、无划痕、无病毒等。

第十六条　归档电子公文应存储到符合保管要求的脱机载体上。归档保存的电子公文一般不加密，必须加密归档的电子公文应与其解密软件和说明文件一同归档。

第十七条　归档的电子公文，应按本单位档案分类方案进行分类、整理，并拷贝至耐久性好的载体上，一式3套，一套封存保管，一套异地保管，一套提供利用。

第十八条　档案部门应加强对归档电子公文的管理，提供利用有密级要求的归档电子公文，应严格遵守国家有关保密的规定，采用联网的方式提供利用的，应采取稳妥的身份认定、权限控制及在存有电子公文的设备上加装防火墙等安全保密措施。

第十九条　超过保管期限的归档电子公文的鉴定和销毁，按照归档纸质文件的有关规定执行。对确认销毁的电子公文可以进行逻辑或物理删除，并应由档案部门列出销毁文件目录存档备查。

第二十条　其他类型电子公文的归档管理可参照本办法。

第二十一条　本办法未尽事宜，参照国家其他有关电子文件的标准和规定。

第二十二条　本办法由国家档案局负责解释。

第二十三条　本办法自2003年9月1日起施行。

【相关规定42】《会计档案管理办法》（2016年1月1日起施行）（节录）

第三条　本办法所称会计档案是指单位在进行会计核算等过程中接收或形成的，记录和反映单位经济业务事项的，具有保存价值的文字、图表等各种形式的会计资料，包括通过计算机等电子设备形成、传输和存储的电子会计档案。

第八条　同时满足下列条件的，单位内部形成的属于归档范围的电子会计资料可仅以电子形式保存，形成电子会计档案：

（一）形成的电子会计资料来源真实有效，由计算机等电子设备形成和传输；

（二）使用的会计核算系统能够准确、完整、有效接收和读取电子会计资料，能够输出符合国家标准归档格式的会计凭证、会计账簿、财务会计报表等会计资料，设定了经办、审核、审批等必要的审签程序；

（三）使用的电子档案管理系统能够有效接收、管理、利用电子会计档案，符合电子档案的长期保管要求，并建立了电子会计档案与相关联的其他纸质会计档案的检索关系；

（四）采取有效措施，防止电子会计档案被篡改；

（五）建立电子会计档案备份制度，能够有效防范自然灾害、意外事故和人为破坏的影响；

（六）形成的电子会计资料不属于具有永久保存价值或者其他重要保存价值的会计档案。

第九条　满足本办法第八条规定条件，单位从外部接收的电子会计资料附有符合《中华人民共和国电子签名法》规定的电子签名的，可仅以电子形式归档保存，形成电子会计档案。

纸质会计档案移交时应当保持原卷的封装。电子会计档案移交时应当将电子会计档案及其元数据一并移交，且文件格式应当符合国家档案管理的有关规定。特殊格式的电子会计档案应当与其读取平台一并移交。

单位档案管理机构接收电子会计档案时，应当对电子会计档案的准确性、完整性、可用性、安全性进行检测，符合要求的才能接收。

第十八条　电子会计档案的销毁还应当符合国家有关电子档案的规定，并由单位档案管理机构、会计管理机构和信息系统管理机构共同派员监销。

第十九条　保管期满但未结清的债权债务会计凭证和涉及其他未了事项的会计凭证不得销毁，纸质会计档案应当单独抽出立卷，电子会计档案单独转存，保管到未了事项完结时为止。

第二十四条　电子会计档案应当与其元数据一并移交，特殊格式的电子会计档案应当与其读取平台一并移交。档案接受单位应当对保存电子会计档案的载体及其技术环境进行检验，确保所接收电子会计档案的准确、完整、可用和安全。

【相关规定 43】《电子档案移交与接收办法》（2012 年 8 月 29 日起施行）（节录）

第一条　为规范电子档案移交与接收工作，确保电子档案的真实、完整、可用和安全，保存党和国家历史记录，促进档案信息资源开发利用，按照国家有关法律法规和相关规定，制定本办法。

第二条　本办法所称电子档案，是指机关、团体、企事业单位和其他组织在处理公务过程中形成的对国家和社会具有保存价值并归档保存的电子文件。

第三条　移交与接收的电子档案应当真实可靠、齐全完整和安全可用；涉密电子档案的移交与接收应当符合国家有关保密安全的要求。

第十一条　在线移交电子档案的单位应当通过与管理要求相适应的网络传输电子档案，传输的数据应当包含符合要求的电子档案及其元数据，数据结构一般为一张或多张光盘载体内电子档案的存储结构组合，单张光盘的数据量小于光盘的实际容量。

第十二条　档案移交单位在向国家综合档案馆移交电子档案之前，应当对电子档案数据的准确性、完整性、可用性和安全性进行检验，合格后方可移交。

第十三条　国家综合档案馆应当建立电子档案接收平台，进行电子档案数据的接收、检验、迁移、转换、存储等工作。

第十四条　电子档案接收的主要流程是：检验电子档案数据、办理交接手续、接收电子档案数据、著录保存交接信息、迁移和转换电子档案数据、存储电子档案数据等步骤。

第十五条　国家综合档案馆应当对接收的电子档案数据的准确性、完整性、可用性和安全性进行检验，合格后方可接收。

第十六条　电子档案检验合格后办理交接手续，填写《电子档案移交与接收登记表》（见附件 3），由交接双方签字、盖章，各自留存一份；

《电子档案移交与接收登记表》可采用电子形式并以电子签名方式予以确认。

第十七条 国家综合档案馆应当将电子档案交接、迁移、转换、存储等信息补充到电子档案元数据中。

第十八条 国家综合档案馆应当对电子档案数据迁移和转换前后的一致性进行校验。

第十九条 国家综合档案馆应当对接收的电子档案载体保存 5 年以上。

【相关规定 44】《机关文件材料归档范围和文书档案保管期限规定》（2006 年 12 月 18 日起施行）（节录）

第十条 机关对应归档电子文件的元数据、背景信息等要进行相应归档。

【相关规定 45】《金融企业业务档案管理规定》（2015 年 7 月 1 日起施行）（节录）

第十一条 归档范围和保管期限的确定，应当满足国家对金融活动的监管要求以及维护企业利益和客户权益的需求；业务档案保管期限不得短于相关法律、法规明确规定的保管期限；电子业务档案的保管期限不短于同类纸质档案的保管期限。

第十七条 纸质和电子文件同步归档的，在文件内容、相关说明及描述上应保持一致；仅为电子载体形式的业务档案，须遵照国家有关电子文件归档和电子档案管理的规定和标准执行。

第十八条 金融企业建设业务信息系统时，应当有档案部门参与，由档案部门提出电子文件归档管理的相关需求，确保所形成电子文件能够归档，归档后电子文件符合电子档案管理要求。

第二十二条 金融企业应当按有关要求做好电子业务档案的存储和安全管理，保证电子业务档案的真实、完整、安全和可用，并对重要业务档案进行异质、异地备份，确保业务档案安全。金融企业对档案信息安全负最终责任。

第二十五条 金融企业应当建立业务档案管理信息系统，逐步提高对电子业务档案的管理水平。业务档案管理信息系统的功能应当符合国家有关规定。

【相关规定 46】《科学技术研究档案管理规定》（2020 年 11 月 1 日起施行）（节录）

第十六条　科研电子文件的形成、收集、整理、归档及科研电子档案的保管、利用、鉴定、处置等应当按照国家电子文件归档和电子档案管理的有关规定进行。

第十七条　各单位建设或使用科研项目管理系统时，应当充分考虑科研档案管理需要，设置科研电子文件归档管理功能或接口，并确保归档电子文件真实、完整、可用、安全。归档的科研电子文件及其存储格式、元数据等应当符合国家相关规范要求。

第十八条　符合下列条件的单位，科研电子文件可仅以电子形式归档保存。

（一）形成的科研电子文件来源真实有效，由计算机等电子设备形成和传输。

（二）形成科研电子文件的系统能够准确、完整、有效接收和读取电子文件，能够输出符合国家标准归档格式的电子文件，设定了经办、审核、审批等必要的审签程序。

（三）使用的电子档案管理系统能够有效接收、管理、利用电子文件，功能符合电子档案的长期保管要求。

（四）采取有效措施，防止科研电子档案被篡改。

（五）建立科研电子档案备份制度，能够有效防范自然灾害、意外事故和人为破坏的影响。

（六）从外部接收的电子文件来源可靠、程序规范、要素合规。

第十九条　科研档案应当按照《科学技术档案案卷构成的一般要求》（GB/T11822）进行整理，科研电子档案应当按照《电子文件归档与电子档案管理规范》（GB/T18894）进行整理。有条件的单位可以开展科研档案数字化。

【相关规定 47】《证券投资顾问业务暂行规定》（2020 年 10 月 30

日起施行）（节录）

第十一条　证券公司、证券投资咨询机构向客户提供证券投资顾问服务，应当按照公司制定的程序和要求，了解客户的身份、财产与收入状况、证券投资经验、投资需求与风险偏好，评估客户的风险承受能力，并以书面或者电子文件形式予以记载、保存。

第二十七条　证券公司、证券投资咨询机构应当对证券投资顾问业务推广、协议签订、服务提供、客户回访、投诉处理等环节实行留痕管理。向客户提供投资建议的时间、内容、方式和依据等信息，应当以书面或者电子文件形式予以记录留存。

【相关规定 48】《水利档案工作规定》（2003 年 3 月 14 日起施行）（节录）

第九条　各单位档案管理部门的基本任务是:（五）负责档案信息化建设工作，统筹推动传统载体档案数字化和电子文件、电子档案规范管理。

第十五条　各单位应当按照档案信息化要求，建设和配备能够满足库房现代化管理、档案数字化、电子文件及电子档案管理需求的基础设施设备。档案整理用房、阅览用房、档案数字化用房应当安装视频监控设备。

第三十条　各单位可按照相关标准规范开展数字档案馆（室）建设，统筹传统载体档案数字化、电子文件归档与电子档案管理工作，不断提升档案信息化水平。

第三十一条　各单位应按照国家有关规定及《电子文件归档与电子档案管理规范》（GB/T18894）等标准规范开展电子文件归档与电子档案管理工作，建立管理制度，配备软硬件设施，完善电子档案管理系统。电子档案的文件格式和质量应当符合标准要求，元数据应当齐全完整，满足长期保存和档案馆进馆要求。

第三十五条　涉密档案进行数字化、涉密电子文件归档与电子档案管理应当严格遵守保密规定。

【相关规定 49】《商标注册档案管理办法》（2020 年 8 月 20 日起施

行）（节录）

第七条　商标电子注册文件归档工作，应当按照国家有关电子文件管理标准执行。

【相关规定 50】《疫苗生产车间生物安全通用要求》（2020 年 6 月18 日起施行）（节录）

9　文件管理

9.2　文件控制

9.2.5　应制定针对电子文件的管理类文件，以确保电子文件的受控。

【相关规定 51】《药物临床试验质量管理规范》（2020 年 7 月 1 日起施行）（节录）

第十一条　本规范下列用语的含义是：

（二十二）病例报告表，指按照试验方案要求设计，向申办者报告的记录受试者相关信息的纸质或者电子文件。

【相关规定 52】《关于认真落实分区分级精准防控策略做好重大水利工程前期工作的指导意见》（2020 年 3 月 5 日起施行）（节录）

中央负责审批的项目，地方要主动与审查审批部门联系，及时沟通情况，通过在线审批监管平台进行项目申报，先将电子文件报送有关部门预审，按要求修改后争取一次性受理审批，加快办理进度。

【相关规定 53】《发布证券研究报告暂行规定》（2020 年 3 月 20 日起施行）（节录）

第二条　证券研究报告主要包括涉及证券及证券相关产品的价值分析报告、行业研究报告、投资策略报告等。证券研究报告可以采用书面或者电子文件形式。

【相关规定 54】《医疗机构内部价格行为管理规定》（2019 年 12 月26 日起施行）（节录）

第二十三条　医疗机构应当加强医疗服务价格电子信息档案管理，包括电子文件的存储、备份及保管。

【相关规定 55】《司法部全面推行行政执法公示制度执法全过程记

录制度重大执法决定法制审核制度实施办法》（2019年12月31日起施行）（节录）

三、工作机制

（二）全面落实执法全过程记录制度。

采用纸质文件或电子文件形式对执法全过程进行文字记录的，要结合各自的执法实际，制定完善各类执法行为的执法文书基本格式标准，并交行政执法协调监督局汇总制作部机关执法文书基本格式标准汇编。

【相关规定56】《儿童福利机构业务档案管理办法》（2020年1月1日起施行）（节录）

第二十六条　儿童福利机构应当加强业务档案信息化工作。按照国家档案信息化要求，开展传统载体业务档案数字化工作，配备必要的档案管理软件。对于直接形成的电子文件应当按照国家有关规定归档。

【相关规定57】《国家顶级域名争议解决办法》（2019年6月18日起施行）（节录）

第十二条　投诉书应当采用电子文件形式提交

第十八条　答辩书应以电子文件形式提交

【相关规定58】《关于在深化国有企业改革中加强档案工作的意见》（2019年1月3日起施行）（节录）

在档案信息化和数字档案馆（室）建设中，积极创新档案管理方法，确保档案部门实现对电子文件形成、积累和归档的全程监督指导。要准确把握深化国有企业改革对档案的利用需求，做好企业在重大决策、资产评估、资产划拨、人员安置等工作中的档案利用服务。创新服务机制，简化档案利用审批手续，推行企业档案利用"一站式"服务。改进服务方式，主动开发档案信息服务企业发展。要充分利用信息化手段，有针对性地建设档案专题数据库和档案开放平台，更好地服务企业改革发展。

【相关规定59】《关于全面推行烟草专卖行政执法公示制度执法全过程记录制度重大执法决定法制审核制度的实施意见》（2019年3月28日起施行）（节录）

文字记录是以纸质文件或电子文件形式对行政执法活动进行全过程记录的方式。

【相关规定 60】《电子营业执照管理办法（试行）》（2018 年 12 月 17 日起施行）（节录）

第十条　电子营业执照适用于需要提供市场主体身份凭证的场合，包括但不限于下列情形：

（五）以市场主体身份对电子文件、表单或数据等进行电子签名的。

【相关规定 61】《检验检测机构资质认定生态环境监测机构评审补充要求》（2019 年 5 月 1 日起施行）（节录）

第十四条　生态环境监测机构可采取纸质或电子介质的方式对文件进行有效控制。采用电子介质方式时，电子文件管理应纳入管理体系，电子文件亦需明确授权、发布、标识、加密、修改、变更、废止、备份和归档等要求。与生态环境监测机构的监测活动相关的外来文件，包括环境质量标准、污染排放或控制标准、监测技术规范、监测标准（包括修改单）等，均应受控。

【相关规定 62】《企业境外档案管理办法》（2018 年 11 月 1 日起施行）（节录）

第十五条　归档文件材料应当符合如下要求：

（一）归档文件材料形成符合有关技术标准，完整、准确、系统，使用耐久、可靠的记录载体和记录方式。

（二）归档文件材料为原件；因故无原件的，将具有凭证作用的复制件归档并作出说明。

（三）电子文件与其元数据一并归档，文件格式符合电子文件归档和电子档案管理有关要求。

（四）非纸质文件与其文字说明一并归档；外文文件材料若有中文译文的，应当一并归档；没有中文译文的，译出标题和目录后归档。

（五）归档文件材料一般一式一份；重要的、利用频繁的和有专门需要的可适当增加份数。

第十七条　境外单位业务信息系统应当具备电子文件归档管理功

能，符合电子档案管理要求。

第二十条 境外档案应当建立机读目录，重要档案进行全文数字化，并定期做好备份。有条件的可应用电子档案管理系统。

【相关规定63】《水体污染控制与治理科技重大专项档案管理实施细则》（2018年7月18日起施行）（节录）

第十条 水专项文件材料归档整理要求：

（三）电子文件应与纸质文件材料同步归档。

【相关规定64】《公安部关于进一步深化"放管服"改革 推进审批服务便民化的实施意见》（公通字〔2018〕16号）（节录）

积极推动完善网上实名身份认证体系，加强电子签名、电子印章应用，研究探索电子证照应用，做好电子文件归档工作，建立网上评价、电子监察体系，不断扩大全流程网上办事事项范围。要充分运用大数据精准分析和评估审批服务办件情况，有针对性地改进办理流程，努力让办事更快捷、服务更优质。

【相关规定65】《证券公司投资银行类业务内部控制指引》（2018年7月1日起施行）（节录）

第四十九条 立项决议应当制作书面或电子文件，并由参与表决委员确认。

第五十八条 问核情况应当形成书面或者电子文件记录，由问核人员和被问核人员确认，并提交内核会议。

第五十九条 证券公司应当明确内核会议的具体规则和表决机制。内核会议应当制作内核决议和会议记录等书面或电子文件，并由参会的内核委员确认。

第六十八条 决策结果应当制作书面或电子文件，并由参与决策的人员确认。

第七十条 包销决议应当制作书面或电子文件，并由参与决策人员确认。

第九十条 立项、内核决议应当制作书面或电子文件，并由参与决策人员确认。

【相关规定 66】《内地与澳门关于建立更紧密经贸关系的安排》经济技术合作协议（2017 年 12 月 18 日起施行）（节录）

第十三条　电子商务合作

五、继续合作推广符合《粤澳电子签名证书互认证书策略》等互认策略的电子签名证书，保障服务和贸易的跨境电子文件签署及电子交易的安全可靠。

【相关规定 67】《网络零售标准化建设工作指引》（2017 年 11 月 21 日起施行）（节录）

（六）加强电子证照互认共享标准建设

鼓励网络零售企业发展从线上交易、线上签约、线上支付到电子发票一体化服务，推动制定配套的电子证照使用标准规范。在国家电子文件管理部级联席会议和相关机制统筹协调下，完善电子印章、电子签名、电子合同、电子发票、电子会计档案等电子证照信息管理及真伪验证制度规范，建立跨区域电子证照互认共享机制和标准规范。支持电子合同公共服务平台为各类网络零售市场主体提供规范化的电子合同相关服务，制定电子合同及档案管理相关标准规范。

【相关规定 68】《关于促进中国林业移动互联网发展的指导意见》（2017 年 10 月 23 日起施行）（林信发〔2017〕114 号）（节录）

林业移动办文。包括智能文档管理，智能搜索技术，智能匹配筛选，智能会务总结，掌上智能写手。智能文档管理具有文字存储和语音转换功能，能够实现对各种电子文件自动分类保存并进行加密，确保使用安全。智能搜索技术采用垂直对象搜索技术，搜索指向某一个特定的领域，并将各个页面中的相关信息按照用户的需求集合成一个完整的项目，提高智慧化和实用性。智能匹配筛选通过分类技术，从不同的网页中将搜索的结果提取出来，按照需求提供应用。智能会务总结采用利用移动设备端或芯片植入方式，进行智能分类记录和总结。掌上智能写手是在数据库基础上，利用网络与掌上终端进行连接，根据内容选择文件格式生成报告文章。

【相关规定 69】《体育标准制修订工作实施细则》（2017 年 10 月

23 日起施行）（节录）

第二十三条　负责标准业务范围的专业标准化技术委员会对标准报批稿复核后，会同其他报批材料（纸质文件和电子文件）一并报装备中心进行程序性审核。

【相关规定 70】《卫生计生行政许可档案管理规定（试行）》（2017年 10 月 13 日起施行）（节录）

第二条　本规定所称许可档案，是指卫生计生行政部门在依法实施行政许可行为过程中形成的，具有保存价值的文字、图表、声像和电子文件等不同形式和载体的历史记录。

第十七条　有条件的许可办理机构应当开展行政许可电子档案的建立和管理工作。

第十八条　照片、音像材料分别按照《照片档案管理规范》（GB/T11821）和《磁性载体档案管理与保护规范》（DA/T15）的要求整理；许可工作中形成的电子文件按照《电子文件归档与管理规范》（GB/T18894）和《电子文件归档光盘技术要求和应用规范》（DA/T38）的要求整理。

【相关规定 71】《企业数字档案馆（室）建设指南》（2017 年 9 月1 日起施行）（节录）

1.1　概念

本指南所称的企业数字档案馆（室），是指企业运用现代信息技术固化档案工作业务流程，对本企业或与其具有资产隶属关系企业的电子档案或其他数字资源进行收集、整理、保存，并通过网络提供档案信息服务和共享利用的集成管理系统平台。

1.2　基本特征

与企业传统档案馆（室）相比，企业数字档案馆（室）具有以下特征：

1）档案资源数字化

通过对企业各类信息系统中形成的电子文件归档和对纸质等传统载体档案进行数字化加工，以数字形式存储各种档案信息。

2）档案管理信息化

企业数字档案馆（室）将档案管理业务流程固化在电子档案管理系统中，实现数字档案资源的自动化管理，档案的收、管、存、用通过信息技术手段来实现。

4.1　收集功能

1）电子文件登记

具备电子文件手工登记功能，元数据项在满足国家有关标准要求的前提下，可根据需要增减，具有元数据手工登记校验功能；可对电子文件元数据根据权限进行更改、删除、检索、全文挂接等操作。

2）电子文件和电子档案在线接收

应具有符合《企业电子文件归档和电子档案管理指南》有关要求，从业务系统接收电子文件及其元数据的接口。具有从其他电子档案管理系统接收电子档案的功能，功能符合《电子档案移交与接收办法》有关要求。

3）电子文件和电子档案离线接收

应具备电子文件、电子档案和其他数字资源离线批量导入功能，支持常见的 XLS、DBF、MDB、XML、TXT 等文件格式元数据文件及符合长期保存要求的文件格式全文文件的导入接收，并实现元数据、目录数据与对应电子文件、电子档案的自动关联。

数据导入过程中应支持数据的校验，如是否唯一、是否可以为空、日期格式是否正确等。当出现部分数据导入失败，应提供报告，指明哪些数据导入失败。如出现中断（如：断电、断网、死机等），应支持断点续传，再次导入时从中断记录处接续导入。电子档案的离线接收功能符合《电子档案移交与接收办法》有关要求。

4）电子文件和电子档案接收检测

应具备电子文件和电子档案接收的检测功能，能根据电子文件归档和电子档案接收的检测要求对接收的电子文件的"四性"和电子档案的有关属性进行检测，对检测不符合要求的电子文件或电子档案进行标记。

5）传统载体档案全文信息上传挂接

具备传统载体档案全文信息上传挂接功能，支持单个、批量文件上传等方式，能建立目录与其对应全文间的关联关系，并保持关联关系稳定。

4.4　统计功能

应支持按照全宗、分类、时间、文件格式、利用情况等设定规则进行统计、结果显示和打印，并以电子文件形式输出统计数据，支持自定义报表功能。统计结果能按《全国档案事业统计年报制度》给定格式输出统计数据。

4.5.2　浏览

应支持对常见格式电子档案或其他数字资源进行浏览，支持常见格式多媒体电子档案或数字化档案信息的播放。应具有电子档案或数字化档案信息按权限下载功能。

4.5.3　借阅

支持电子档案借阅申请、审批、授权，具有实体档案借阅预约、催还、归还等功能，审批流程符合档案利用管理制度。

4.5.6　复制管理

具有电子档案复制申请、审批功能，能够进行复制；具有实体档案复制申请、审批、复制件分发登记等功能。

5.2　电子文件归档

企业电子文件归档范围应包括各业务活动中形成的各种结构化和非结构化数据，以独立文档形式存储的具有保存价值的信息记录，包括办公自动化系统、产品或业务系统、财务会计管理信息系统、人力资源管理信息系统、门户网站、微博、微信、公务邮件系统及本企业其他职能活动业务系统中形成的电子文件，以及从外部接收的电子文件。企业有些信息系统有可能通过租用基础设施或以云计算服务的形式存在，所形成的电子文件不一定存在于本企业的服务器中，但其产生的电子文件也应纳入本企业文件材料归档范围予以归档。企业已实施的支撑主营业务的信息系统均应具有归档功能，导出的归档电子文件存储格式、元数据等均应符合电子文件归档和电子档案管理的有关要求。数字档案馆

（室）建设期间应完成办公自动化系统形成的电子文件归档并实现至少一个核心业务系统电子文件归档。

9.3.8　电子文件归档实施

在电子文件归档和电子档案管理现状评估的基础上，制定详细的技术方案和电子文件归档计划，提出系统和设备改造方案，在系统和设备改造到位后有步骤地开展电子文件归档工作。

电子文件归档有关工作和要求参照《企业电子文件归档和电子档案管理指南》和国家有关规定的要求进行。

正在实施或将要实施的信息系统应按照《企业电子文件归档和电子档案管理指南》和国家有关规定的要求做好相关工作，待投入运行后根据该类电子文件形成的数据特点开展电子文件归档。

对接收的电子文件和电子档案要按照《企业电子文件归档和电子档案管理指南》有关要求和国家有关规定进行真实性、完整性、可靠性、可用性检测，确保其长期可用。

【相关规定 72】《测绘地理信息档案管理规定》（2017 年 7 月 24 日起施行）（节录）

第二条　测绘地理信息档案是指测绘地理信息系统各单位在履行管理职能和开展各项业务活动中直接形成的，对国家、社会和本单位具有保存价值的各种文字、图表、音像、电子数据等形式和载体的历史记录。

测绘地理信息档案是测绘地理信息事业的重要信息资源，是各单位履行职责、开展业务的信息支持和保障，是国家档案资源建设的组成部分。

第六条　国家测绘地理信息局办公室归口负责测绘地理信息档案工作。国家测绘地理信息局办公室、测绘成果管理司按照分工履行以下职责：

（五）负责国家测绘地理信息局机关档案信息化工作，开发机关档案信息资源，参与机关电子文件全程管理，负责局机关电子文件归档和电子档案管理。

第七条　各单位应当按照国家规定设立与本单位档案工作相适应的档案工作机构，并履行以下职责：

（四）负责本单位档案信息化工作，参与本单位电子文件全程管理工作，负责本单位电子文件归档和电子档案管理。

第十二条　各单位应当按照相关档案管理规定，确定档案的具体接收范围，并接收本单位在工作中直接形成的各种门类、形式和载体的档案。

应当归档的文件材料由各单位有关部门按照职责分工负责收集齐全并按相关规定进行整理，定期向本单位档案部门归档。与纸质或其他载体形式的文件相对应的电子文件应当一并归档。

任何单位、部门或个人不得将应当归档文件材料据为己有或拒绝归档。

第二十三条　各单位应当建立健全档案安全保密管理制度，为档案保管保密提供条件保障，确保档案信息系统、档案实体、电子档案安全有效，严防档案损毁和失泄密事件发生。

第二十五条　重要测绘地理信息档案应当实行异地备份保管，重要电子档案应当实行异质备份保管。

第二十八条　各单位应当加强电子档案利用基础设施建设，保证电子档案得到方便快捷的利用。对已完成数字化的档案，其原件一般不再提供利用。

【相关规定 73】《"十三五"信息化标准工作指南》（2017 年 11 月 21 日起施行）（节录）

（十四）电子政务。加快开展国家电子政务标准化（二期）工作，修订完善电子政务标准化指南，制定集约化建设指南、政务数据共享协议等标准。推动"互联网＋政务服务"业务支撑体系、一体化平台和关键保障技术标准规范建设。加快推进电子政务内网标准化建设。加快电子文件标准研制，开展电子发票、电子证照、电子病历、居民电子健康档案、电子票据、电子图纸、电子合同等标准研制。加快建设安全生产风险预警体系和社会治安立体防控标准体系。扩展和完善会计、审计信息化标准体系，加强会计审计数据接口、计算机会计审计技术、应用支撑和系统运维等标准研制。完善涉密信息系统标准体系。加强社会信用体系标准化建设。

【相关规定 74】《安全监管监察部门许可证档案管理办法》（2017年 3 月 22 日起施行）（节录）

第五条　许可机关应保证许可证档案工作开展所必需的人员、经费、库房、设施设备，确保档案安全。在建立、完善许可证网上审批系统时，要按规定做好电子文件归档及电子档案的管理。

第九条　实现许可证管理全程网上申报和审批的，其通过行政审批系统形成的电子文件应当归档。归档电子文件应符合以下条件：

（一）电子文件及其元数据自形成起真实、完整、未被非法修改。许可证申请、流转审批、用印等业务行为，以及相应的责任人、行为时间等管理元数据应在日志文件中予以记录。

（二）归档电子文件与纸质文件原貌保持一致，以开放格式存储，确保能长期有效读取。申报表归档时应转换为 PDF 格式，上传的文字材料采用 TIFF、JPFG、OFD、PDF、PDF/A 等格式，图纸材料采用DWG、Auto Cad 格式，日志文件采用 LOG 格式。特殊格式的电子文件应连同其读取平台一并归档。

（三）同一事由形成的全部电子文件及其元数据齐全、完整，一般采用基于 XML 的封装方式组织数据。电子文件封装包应确定统一命名规则，封装的编码数据不加密。

第十条　电子文件可采用在线或离线方式归档。审批过程中形成纸质档案的，归档电子文件应与其相关联的纸质档案建立检索关系。

第十一条　归档电子文件应在不同存储载体和介质上储存备份至少两套，并建立备份策略，包括增量备份或全量备份、备份周期、核验和检测机制、离线备份介质及其管理等。

第十二条　具有重要价值的电子文件，应当转换为纸质文件同时归档。

第十八条　档案鉴定工作结束后，应形成鉴定意见。经鉴定涉及未了事项或仍有保存价值的档案，重新确定保管期限。保管期满，确无继续保存价值的档案，应遵循保密原则和有关规定进行销毁。

需销毁的许可证档案,应编制销毁清册,列明拟销毁档案的年度、档号、案卷题名、许可证号、应保管期限、已保管期限等内容,经单位分管负责人审查批准后销毁。电子档案的销毁还应符合国家有关电子档案管理的规定。

第十九条　销毁档案时,档案管理部门和许可证承办部门共同派员监销。涉及电子档案销毁,还需要信息系统管理部门派员监销。监销人员应按照销毁清册所列内容进行清点核对,现场监督整个销毁过程,销毁工作完成后在销毁清册上签字。销毁清册永久保存。

【相关规定 75】《关于加强地质资料管理的通知》(2017 年 1 月 18 日起施行)(节录)

地质资料汇交人应按照国务院令第 349 号的规定,履行汇交义务。国家出资开展的地质工作项目,项目主管部门或所属专项的项目组织实施单位应督促项目承担单位依法汇交地质资料。汇交人对汇交的存档文件、源电子文件的真实性、完整性、有效性负责。

全国馆和省级馆藏机构要做好地质资料安全保管和相应的电子文件管理工作。开展纸质地质资料模糊破损修复及数据集成整理和更新维护工作,定期对数据进行检查、迁移和修复,建立健全数据备份机制,保证数据长期有效可用。

【相关规定 76】《收养登记档案管理暂行办法》(2003 年 12 月 18 日起施行)(节录)

第六条　收养登记文件材料的归档应当符合以下要求:

(三)在收养登记工作中形成的电子文件,应当按照《电子文件归档和管理规范》(G8/T18894—2002)进行整理归档,同时应当打印出纸质文件一并归档。

【相关规定 77】《国家标准化管理委员会关于加强国家标准报批工作的通知》(2006 年 6 月 9 日起施行)(节录)

一、国家标准报批要求

(一)凡报批的国家标准必须是列入国家标准制、修订计划的项目。

(二)报批国家标准,必须报送电子文件及纸质文件,并且应确保纸质文件和电子文件的一致性。

（三）应通过"国家标准制修订工作管理信息系统"上报国家标准电子文件，纸质文件应在电子文件提交并确认"已上报的标准项目"在"审查部"状态后，送国家标准技术审查部。

（四）国家标准化管理委员会国家标准技术审查部对报送的国家标准报批文件进行审查，报送单位应给予积极配合。对存在问题的国家标准报批稿，国家标准技术审查部将根据具体情况通知报送单位，报送单位应在 15 个工作日内予以解决。对于存在问题较多或报送单位 15 个工作日内未予答复的国家标准，退回报送单位。电子文件同时退回。

（五）国家标准报批稿中的技术内容不得随意改动。

【相关规定 78】《油气勘探与开发地质资料立卷归档质量要求》（2006 年 11 月 17 日起施行）（节录）

E.2.2 电子文件立卷归档质量要求

E.2.2.1 电子文件向档案部门移交，应按档案管理要求的格式存储到可长期保存的脱机载体上。

E.2.2.2 归档电子文件载体应采用耐久性强的只读光盘、磁带等存储介质。禁用软磁盘归档。提交时应无损伤、无划痕、无病毒感染。

E.2.2.3 存储电子文件的载体或包装盒上应贴有标签，标签内应标明电子档案号、载体编号、内容题名、形成时间等。

E.2.2.4 归档电子文件格式应通用、标准，并附配套的软件、硬件环境说明。

E.2.2.5 归档电子文件应填写地质资料电子文件登记表。

E.2.2.6 归档电子文件应与纸质文件内容相同，电子文件信息应完整、准确、齐全、可读、可拷贝。电子文件一般不加密。

E.2.2.7 归档电子文件一式三套，一套封存保管，一套提供利用，另一套异地保管。

E.2.2.8 归档载体应作防写处理，不得擦、划记录涂层。

E.2.2.9 电子档案应定期进行有效性检查，保存其检查结果和更改记录。

【相关规定 79】《进口化妆品境内收货人备案、进口记录和销售记录管理规定》（2017 年 3 月 1 日起施行）（节录）

第二条　本规定适用于进口化妆品境内收货人（以下简称收货人）的备案、进口记录和销售记录（以下简称"进口和销售记录"）管理，以及为完成进口和销售记录所必需的生产经营信息记录的监督管理；其中进口记录是指收货人记载化妆品及其相关进口信息的纸质或者电子文件，销售记录是指记载收货人将进口化妆品提供给化妆品经营者的纸质或者电子文件。

【相关规定 80】《关于进一步提高国家标准报批材料质量的通知》（2016 年 6 月 6 日起施行）（节录）

电子文件报送要求。报送单位要及时通过国家标准制修订工作管理信息系统（http://zxd.sacinfo.org.cn）填报标准基本信息并上传标准报批公文、报批稿等电子文件（文件及格式要求见附件 1）。填报时应确保基本信息完整准确，并与纸质材料内容一致，对于"基本信息"填写不完整、电子文件上报不齐备的，系统将自动拒收。

【相关规定 81】《关于印发海绵城市专项规划编制暂行规定的通知》（2016 年 3 月 11 日起施行）（节录）

第十四条　海绵城市专项规划成果应包括文本、图纸和相关说明。成果的表达应当清晰、准确、规范，成果文件应当以书面和电子文件两种方式表达。

【相关规定 82】《科学技术保密规定》（2015 年 11 月 16 日起施行）（节录）

对涉密科研文件资料，包括过程文件、电子文件等涉密载体，要进行全面清理、完整归档，严禁个人擅自留存或销毁。

【相关规定 83】《关于落实〈国务院关于"先照后证"改革后加强事中事后监管的意见〉做好"双告知"工作的通知》（2015 年 12 月 8 日起施行）（节录）

对不具备信息交换和数据共享条件的地区，可以在地方党委政府领导下，结合地方实际，通过纸质文书、电子文件等方式告知，尽早搭建信息告知共享平台，保证"双告知"工作稳步推进。

【相关规定 84】《国防科技工业档案工作管理暂行规定》（2001 年 2 月 12 日起施行）（节录）

第二条 国防科技工业档案是指国防科技工业各军工集团公司、各军工集团公司所属各企业事业单位（以下简称"各军工企事业单位"）、国防科学技术工业委员会委管各单位（以下简称"委管各单位"）在从事各项职能活动中直接形成的具有保存价值的各种文字材料、电子文件、图表、声像材料以及其他不同载体、不同形式的历史记录。

第二十二条 应用计算机信息管理系统和 CAD/CAM 技术产生的电子文件，其文件的收集与归档按国家有关标准执行。

【相关规定 85】《关于加强和改进新形势下农业档案工作的实施意见》（2015 年 11 月 19 日起施行）（节录）

建立健全文件材料归档制度。加强预归档工作，强化文件资料日常管理。及时制定或修订本单位、本系统各类文件材料的归档范围和保管期限表，做到应归尽归、应收尽收。凡是应归档的文件材料（包括应归档的电子文件及传统载体的照片、录音、录像、实物等），均应向本单位档案机构移交，任何部门和个人不得据为己有或拒绝归档。

建立档案安全应急处置协调机制和档案安全应急管理制度，制定应急预案，把档案室列入重点保护范围。严格审查，严防把涉密文件、档案传输到非涉密网络上；严防电子文件、电子档案在传输过程中失泄密；严防数字化过程中信息丢失、外泄和秘密泄露。对涉密档案、重要档案的存储介质定期进行检验和认证，确保长期可用。对拒归、损毁、丢失档案的，依据《档案管理违法违纪行为处分规定》等有关法规进行处理。

【相关规定 86】《关于进一步规范税收个案批复类文件办理工作的通知》（2015 年 10 月 8 日起施行）（节录）

七、包括税收个案批复在内标注"主动公开"的行政类发文在正式印制成文后，由办公厅（室）按照公文处理有关规定和程序封发，同时应向本单位政府信息公开主管部门发送纸质文件和电子文件。政府信息公开主管部门应及时办理信息公开审查，并提交本单位网站管理部门在税务机关网站上公布。

【相关规定 87】《关于加强政务服务档案管理工作的意见的通知》（档办发〔2015〕2 号）（节录）

归档的文件材料查阅必须按规定办理利用手续。利用网络平台受理的办件，应符合电子文件管理归档和利用要求。采取切实有效的措施，确保档案的实体安全和信息安全。

【相关规定 88】《关于境外投资备案实行无纸化管理和简化境外投资注销手续的通知》（商办合函〔2015〕197 号）（节录）

一、境外投资备案实行无纸化管理

企业将营业执照和通过"境外投资管理系统"（以下简称"系统"）打印并盖章的《境外投资备案表》扫描后，以图片或 PDF 格式上传到"系统"中，作为《境外投资备案表》的附件，不再提交纸质文件。如其提交的电子文件符合《境外投资管理办法》规定，商务主管部门予以备案并颁发《企业境外投资证书》。

【相关规定 89】《关于支持中国（广东）自由贸易试验区建设的若干意见》（工商办字〔2015〕76 号）（节录）

二、支持广东自贸试验区推行电子营业执照和全程电子化登记管理。实现以电子营业执照为支撑的网上申请、网上受理、网上审核、网上发照和网上公示的全程电子化登记模式，真正体现工商注册制度便利化的改革成果。加具电子签名的电子文件、电子档案与纸质形式材料具有同等法律效力。

【相关规定 90】《关于切实做好 106 个重点城市周边永久基本农田划定工作有关事项的通知》（国土资厅发〔2015〕14 号）（节录）

四、证明材料要求

（二）实际地类为耕地但不能划为永久基本农田的

核实举证材料原件应扫描成电子文件，按图 1 要求进行目录组织。不同的图斑，如果证明材料相同，可共用同一个电子文件，在"核实举证材料"字段中填写相同文件路径。

318

【相关规定 91】《中国国际经济贸易仲裁委员会证据指引》（2015年 3 月 1 日起施行）（节录）

第六条　书证

（一）除纸质文件外，书证包括数据电文（如电子文件、电子邮件）等具有可读性的电子版证据。

（二）当事人提交书证的，可提交与原件相同的纸质复印件或数据电文的打印件。当事人亦可同时提交书证的电子版。

（三）除当事人另有约定或仲裁庭经征求当事人意见后另有决定外，提交在中国内地以外形成的书证，无需经过公证与认证。

【相关规定 92】《关于进一步加强信息化工作统筹的若干意见》（国土资发〔2015〕16 号）（节录）

（四）拓展政务办公平台的服务范围。在信息网络安全可控的范围内扩大部政务办公平台服务对象，为部机关与省级国土资源主管部门、国家土地督察机构、部各直属单位之间的文件传输交换、在线查询、电子文件归档提供服务，为相关直属单位协助部机关开展业务工作创造技术条件。省级国土资源主管部门要积极推进本地三级联网审批。

【相关规定 93】《生活无着的流浪乞讨人员救助档案管理办法》（2015 年 1 月 1 日起施行）（节录）

第二条　本办法所称救助档案是指救助管理机构在对流浪乞讨求助人员进行甄别和实施救助服务过程中形成的具有保存价值的各种文字、图表、声像、电子文件等不同形式和载体的历史记录。

第七条　救助管理机构街头救助形成的照片、录音、录像材料，救助热线电话录音、监控录像材料和救助管理信息系统形成的电子文件应当按照国家有关规定整理归档。

第十一条　照片、音像材料分别按照《照片档案管理规范》（GB/T 11821—2002）和《磁性载体档案管理与保护规范》（DA/T 15—1995）的要求整理；救助管理工作中形成的电子文件按照《电子文件归档与管理规范》（GB/T 18894—2002）和《电子文件归档光盘技术要求和应用规范》（DA/T 38—2008）的要求整理。

【相关规定94】《农村土地承包经营权确权登记颁证档案管理办法》（2014年11月20日起施行）（节录）

第十二条　归档的非纸质材料，应当单独整理编目，并与纸质材料建立对应关系。

录音、录像材料要保证载体的安全可靠性，电子文件和利用信息系统采集、贮存的数据以及航空航天遥感影像应当用不可擦写光盘等可靠方式保存。

照片和图片应当配有文字说明，标明时间、地点、人物和事由。

电子文件生成的软硬件环境及参数须符合《农村土地承包经营权调查规程》（NY/T 2537—2014）、《农村土地承包经营权要素编码规则》（NY/T 2538—2014）、《农村土地承包经营权确权登记数据库规范》（NY/T 2539—2014）及相关电子档案管理的要求。

第十七条　县级以上农村土地承包管理部门和档案行政管理部门应当积极推进承包地确权档案的数字化和信息化建设，加强承包地确权电子文件归档和电子档案的规范化管理，通过农村档案信息资源共享平台，提供网上服务、方便社会查询。

【相关规定95】《安全生产工作国家秘密定密管理暂行办法》（2014年8月29日起施行）（节录）

第二十四条　在纸介质和电子文件国家秘密载体上作出国家秘密标志的，应当符合有关国家标准。没有国家标准的，应当标注在封面左上角或者标题下方的显著位置。光介质、电磁介质等国家秘密载体和属于国家秘密的设备、产品的国家秘密标志，应当标注在壳体及封面、外包装的显著位置。

【相关规定96】《电信设备进网专家评审管理规定》（2001年8月29日起施行）（节录）

第六条　生产企业应当按要求准备评审材料，同时附送电子文件，以供存档。

【相关规定97】《关于加强和改进新形势下交通运输档案工作的意见》（交办办〔2014〕140号）（节录）

（四）完善交通运输档案资源体系建设

要完善并落实归档制度。建立健全文件材料归档制度，及时制定或修订本单位文件材料的归档范围和保管期限表，做到应归尽归、应收尽收。凡是应归档的文件材料（包括照片、录音、录像、实物等），均要向本单位档案机构移交，任何部门和个人不得据为己有或拒绝归档。要将电子文件纳入档案资源体系，确保档案部门实现对电子文件形成、积累和归档的全程监督、指导，保证电子文件收集齐全、归档及时。

【相关规定 98】《关于加强安全监管监察档案工作的意见》（安监总厅〔2014〕56 号）（节录）

（三）切实提高档案部门依法履职能力。各单位要设置或明确与工作任务相适应的档案工作机构，支持档案工作机构加强统筹协调和业务指导，确保做好本单位的文件收集、整理、归档工作，特别是电子文件的全程管理和归档工作。

（四）坚持各类型档案集中统一管理。坚持对文书档案、专业档案、基建档案、照片档案、电子音视频档案、电子文件等各类型、不同载体形式的档案实行集中统一管理。按照《安全监管监察部门档案业务建设规范》要求，切实解决档案室建设中存在的困难，做到库房面积达标、设施设备完善、利于档案保密和保护，为档案集中统一管理提供保障条件。

【相关规定 99】《税务机关国内公务接待管理办法》（2014 年 1 月 7 日起施行）（节录）

第七条　公函按照公文运转程序，经内设机构负责人签发，由内设机构出具。局领导外出执行公务的公函，由办公室出具。税务系统内部公函，通过税务综合办公信息系统发送电子文件，不加盖印章。对其他单位的公函，制作纸质文件，加盖内设机构印章；内设机构没有印章的，由办公室出具公函，加盖办公室印章。

【相关规定 100】《企业会计信息化工作规范》（2014 年 1 月 6 日起施行）（节录）

第十三条　会计软件应当具有会计资料归档功能，提供导出会计档案的接口，在会计档案存储格式、元数据采集、真实性与完整性保障方面，符合国家有关电子文件归档与电子档案管理的要求。

【相关规定 101】《行政事业单位国有资产管理信息系统管理规程》（2014 年 1 月 31 日起施行）（节录）

第二十三条　中央级行政事业单位办理资产管理事项时，系统申请、审核和审批应当与报送纸质文件同步进行，并确保纸质文件和电子文件一致。各地方应当结合本地区资产管理信息系统推广使用情况，逐步实现资产管理事项网上办理和报送纸质文件同步进行。有条件的地方和部门可以探索通过资产管理信息系统实现无纸化办理。

【相关规定 102】《国家统计质量保证框架》（2013 年 9 月 24 日起施行）（节录）

（十）整理归档环节的质量控制

2. 保证归档统计资料规范完整。各级统计机构要按照相关规定，按时将统计调查项目的通知、方案、统计数据和元数据等纸介质和电子文件进行归档，按照标准化的流程和要求进行分类、备份或清理。要及时建立和完善统计数据库，建立查询和检索机制，提供数据的转换和交换服务。统计资料保管场所及其存储环境要符合档案管理的要求。

【相关规定 103】《国库集中支付业务电子化管理暂行办法》（2013 年 10 月 1 日起施行）（节录）

第十二条　制作电子凭证时使用的电子印章应当满足以下条件：

（一）保证该电子印章为签署者或者签署机构所独有；

（二）签署电子文件时电子印章制作数据仅由签署者或者签署机构所控制；

（三）能够可视化甄别所签署的电子文件是否被篡改；

（四）有效控制所签署的电子文件的打印份数及电子印章形态。

【相关规定 104】《关于进一步改进公开文件发送方式的通知》（农机综〔2013〕20 号）（节录）

（三）因特殊原因确需印制纸质文件的，一般不在寄发纸质文件后再补发电子文件，避免收文单位对电子文件和纸质文件进行重复处理，影响正常公文运转秩序。

【相关规定 105】《民航档案工作规定》（2020 年 12 月 8 日起施行）（节录）

第十五条　各单位实行文件材料形成单位归档制度。本单位文书处理部门或业务部门应当将归档文件材料收集齐全，并按规定进行整理，定期向本单位档案部门移交。电子文件应当一并归档。

第二十二条　各单位档案部门应当按照国家电子文件管理相关规定管理归档电子文件。

【相关规定 106】《食品进口记录和销售记录管理规定》（2012 年 10 月 1 日起施行）（节录）

第三条　食品进口记录是指记载食品及其相关进口信息的纸质或者电子文件。

进口食品销售记录是指记载进口食品收货人（以下简称"收货人"）将进口食品提供给食品经营者或者消费者的纸质或者电子文件。

【相关规定 107】《药物临床试验生物样本分析实验室管理指南（试行）》（2011 年 12 月 2 日起施行）（节录）

第三十四条　数据以电子文件形式产生、记录、处理、存储和修改时，应采用经过验证的计算机系统；记录所有操作以及操作的实验人员、时间；确保数据的真实、可靠及可溯源性。

【相关规定 108】《国家税务局系统会计档案管理暂行办法》（2012 年 1 月 1 日起施行）（节录）

第三条　会计档案是指各单位在财务管理和会计活动中形成的会计凭证、会计账簿、财务报告、电子会计资料和其他会计资料，是记录和反映各单位经济业务的重要史料和证据。

第九条　会计档案分为会计凭证、会计账簿、财务报告、电子会计资料和其他会计资料等五类，具体包括：

（四）电子会计资料。是指国税系统统一应用的或经税务总局备案的程序文件和会计数据。

第十四条　电子会计资料的收集、整理和备份。

（三）存储在磁性介质上的电子会计资料应注意保管环境，定期进行转存。特殊格式的电子文件应在存储载体中同时存有相应的应用程序。年终要将当年形成的所有电子会计资料整理归类,随同相应的财务软件光盘保存到会计档案盒中,归档要求参照会计账簿有关要求。

【相关规定 109】《关于加强档案安全建设的通知》(2011 年 5 月 16 日起施行)(节录)

五、严格电子数据管理,确保档案信息安全

各单位要配备档案专用计算机对档案条目、数字化档案及归档电子文件等电子数据进行管理。电子数据应备份一式三套,其中两套封存保管(存储载体分别为档案级光盘和移动硬盘),一套提供利用。档案专用计算机不得与国际互联网连接。参加各级政府电子政务建设的单位,内部局域网不得挂接涉密档案信息。

【相关规定 110】《殡葬服务单位业务档案管理办法》(2010 年 12 月 1 日起施行)(节录)

第十六条 殡葬服务单位应当不断提高殡葬档案的信息化管理水平。在殡葬服务过程中形成的电子文件资料,应当按照国家有关电子文件归档和管理的要求和标准进行整理归档。

【相关规定 111】《司法部机关文件材料归档范围和文书档案保管期限规定》(2010 年 11 月 8 日起施行)(节录)

第九条 对应归档文件材料的电子文件元数据、背景信息等要一并进行归档。

【相关规定 112】《中华全国供销合作总社文件材料归档范围和文书档案保管期限规定》(2010 年 11 月 30 日起施行)(节录)

第九条 应归档电子文件的元数据、背景信息等要进行相应归档。

【相关规定 113】《社会组织登记档案管理办法》(2010 年 7 月 15 日起施行)(节录)

第十五条 使用电子计算机办理社会组织登记、备案、年检等工作所形成的电子文件的归档,参照《电子文件归档与管理规范》(GB/T18894-2002)要求进行整理归档。

【相关规定 114】《南水北调工程征地移民档案管理办法》(国调办

征地〔2010〕57号）（节录）

第二条　征地移民档案是指负责或参与南水北调工程征地移民工作的各有关单位在征地移民工作中所形成的有价值的文字、图表、声像、照片、电子文件、实物等不同形式与载体的历史记录。

【相关规定115】《关于正式实行无纸化办公有关事宜的通知》（办发字〔2010〕78号）（节录）

（四）切实做好文件归档工作。归档是公文流转的最后一个环节。按照国家有关规定，各司局、各单位在通过《国家林业局电子档案管理系统》随时进行电子文件归档的同时，要将需归档的电子文件的最后版本，打印1份纸质稿按档案工作有关要求于次年6月底前向档案部门移交归档。归档电子文件与纸质文件要保持完全一致。

【相关规定116】《伤残抚恤人员档案管理办法》（2010年3月17日起施行）（节录）

第七条　在新办、补办评定和调整残疾等级工作、以及办理伤残抚恤关系转移、发放抚恤金工作过程中形成的电子文件，应当按照《电子文件归档和管理规范》（GB/T 18894—2002）要求进行整理归档，重要的电子文件应当同时打印出纸质文件一并归档。

【相关规定117】《水利科学技术档案管理规定》（2010年3月12日起施行）（节录）

第十一条　各单位应结合实际，制定本单位或系统水利科技档案分类方案，细化归档范围，明确整编要求。归档的水利科技文件材料应为正本，重要或有专门需要的水利科技文件材料，可适当增加保管份数，其相应的电子文件材料应按有关要求同步归档。

第十四条　电子文件归档，参照《电子文件归档与管理规范》（GB/T 18894—2002）、《CAD电子文件光盘存储、归档与档案管理要求》（GB/T 17678.1—1999、GB/T 17678.2—1999）执行。重要的电子文件归档时，应形成相应的纸质文件材料一并归档。

【相关规定118】《煤矿安全监察机构机关文件材料归档范围和文书档案保管期限规定》（2010年1月1日起施行）（节录）

第九条　机关对应归档电子文件的元数据、背景信息等要相应归档。

【相关规定 119】《关于进一步加强中央企业档案工作的意见的通知》（档发〔2009〕6 号）（节录）

（十七）稳步推进企业档案信息化建设。中央企业应将档案信息化建设纳入企业信息化建设，同步规划、分步实施、合理整合、有效利用。中央企业档案部门应参照国家电子文件、电子档案管理的有关标准，积极研究并加强对企业 OA、ERP、PDM、MES 等信息系统形成的电子文件和数据的管理与归档保存；坚持技术与管理并重的原则，加强对电子文件存储系统和档案数据库建设；有步骤、分阶段地实施重要纸质档案的数字化工作；积极探索建立中央企业电子文件管理中心、数字档案馆，有效整合和管理企业各类电子文件；构建中央企业档案信息化服务平台，实现和强化档案信息资源网络化的共享服务，使档案在中央企业的生产经营和资产保值增值中发挥最大效益；做好电子文件的备份、安全防护和灾难恢复工作，促进档案工作逐步从传统手工操作与管理，向自动化、信息化、网络化转变。高度重视档案信息化中的保密工作，档案信息化过程中要严格执行保密工作的相关规定。

【相关规定 120】《商标网上申请试用办法》（2009 年 1 月 20 日起施行）（节录）

第一条　为了规范通过互联网以电子文件形式提出商标申请（以下简称商标网上申请）的有关程序和要求，根据《商标法》及其实施条例的有关规定，制定本办法。

【相关规定 121】《中国科学院企业档案管理工作规范》（2001 年 10 月 22 日起施行）（节录）

第十四条　（五）具有重要保存价值的电子文件，应与内容相同的纸质文件同时归档。

【相关规定 122】《全国税务机关文件材料归档范围和文书档案保管期限规定》（2008 年 6 月 6 日起施行）（节录）

第九条　应归档电子文件的元数据、背景信息等与电子文件一并进行归档。

【相关规定 123】《污染源普查档案管理办法》（2007 年 12 月 12 日起施行）（节录）

第八条　污染源普查文件材料归档要求：

（四）归档的电子文件数据应与相应纸质文件数据保持一致，电子文件应物理归档，一式三套；

【相关规定 124】《关于加强民生档案工作的意见》（2008 年 7 月 21 日起施行）（节录）

有条件的档案部门电子文件中心和政府公开信息查阅中心可以作为本地区民生档案的数据平台，将不同行业、部门的相关民生档案信息进行集中整合，向社会各界提供服务，为建立广泛、完备的档案服务体系，推进民生档案信息共享创造条件。

【相关规定 125】《国家海洋局公文处理办法》（2015 年 6 月 29 日起施行）（节录）

第六十八条　公文处理中涉及电子文件的规定另行制定。

【相关规定 126】《国家级风景名胜区监管信息系统建设管理办法（试行）》（2007 年 10 月 26 日起施行）（节录）

第十条　省级建设（园林）主管部门应按照监管信息系统建设有关技术规定，组织辖区内国家级风景名胜区管理机构及时提供风景名胜区经纬度坐标、核心景区范围、总体规划、地形图等基础信息资料的印刷文件和电子文件。

【相关规定 127】《安全生产监管档案管理规定》（2007 年 7 月 1 日起施行）（节录）

13.归档文件质量要求：

（5）电子文件形成单位必须将具有永久和长期保存价值的电子文件，制成纸质文件与原电子文件的存储载体一同归档，并使两者建立互联；

（6）归档的电子文件应存储到符合保管要求的脱机载体上。归档保存的电子文件一般不加密，必须加密归档的电子文件应与其解密软件和说明文件一同归档。

26. 对电子文件采用网络的方式利用时，应采取身份认证、权限控制等安全保密措施，并遵守有关的借阅规定。

【相关规定 128】《关于加强银行档案工作的意见》（2007 年 5 月 15 日起施行）（节录）

要进一步深入研究电子文件归档和电子档案管理相关问题，确保信息技术条件下各类档案得以全面收集、安全保管、有效提供利用。各银行要按照国家有关电子文件归档及管理规范、档案数字化技术规范等技术标准，统一本行系统档案数据库的建设，统一档案信息的存储格式，有效推进多形式多层次的档案信息共享平台建设，建立档案信息化建设的长效发展机制。

【相关规定 129】《关于加强中小城市城乡建设档案工作的意见》（2007 年 3 月 8 日起施行）（节录）

四、加快城建档案信息化建设步伐

（三）加快电子文件的归档工作。城建档案管理机构要按照国家标准的有关要求，做好接收、保存城乡建设电子文件和电子档案的相关工作。要加强对电子文件和电子档案的监督和指导，保证城乡建设电子文件的真实、完整和有效。

【相关规定 130】《水利工程建设项目档案管理规定》（2021 年 6 月 25 日起施行）（节录）

第三十一条　项目法人应根据项目文件归档范围，结合工程建设实际情况，确定项目电子文件归档范围。项目电子文件形成部门负责电子文件的归档工作，项目法人档案管理机构负责项目电子文件归档的指导、协调和电子档案接收、保管、利用等工作。

第三十二条　项目电子文件在办理完毕后，应按照归档要求及时收集完整；项目电子文件整理应按照档案分类方案分别组成多层级文件信息包，文件信息包应包含项目电子文件及过程信息、版本信息、背景信息等元数据。

第三十三条　项目电子文件完成整理后，由形成部门负责对文件信息包进行鉴定和检测，包括内容是否齐全完整、格式是否符合要求、与纸质或其他载体文件内容的一致性等；项目法人档案管理机构在接收电子文件归档时，应进行真实性、可靠性、完整性、可用性检验，检验合格后，办理交接手续。

第三十四条　项目法人应按照国家有关规定及《电子文件归档与电子档案管理规范》（GB/T 18894）等标准规范开展电子文件归档与电子档案管理工作，完善管理制度，配备软硬件设施，建立电子档案管理系统。电子档案管理系统应当功能完善、适度前瞻，满足电子档案管理要求。

【相关规定 131】《中国人民银行档案保管办法》（2005 年 9 月 19 日起施行）（节录）

第二十二条　归档的电子文件应拷贝到光盘上，一式三套保管，一套封存保管，一套提供利用，一套异地备份。

【相关规定 132】《中国人民银行文书档案管理办法》（2000 年 11 月 30 日起施行）（节录）

第十二条　档案部门对集中接收或即时接收的文书档案应逐件进行审核。审核的内容为：归档文件是否齐全完整，盒内文件之间是否保持历史联系，是否区分保存价值、分类整理，文件与电子文件是否内容相符，档案实物与目录是否相符，档案盒书写是否规范等。对不符合归档要求的档案应要求业务部门及时采取措施重新整理。

【相关规定 133】《内河船员技术档案管理暂行办法》（2004 年 10 月 15 日起施行）（节录）

第十四条　作为档案保存的业务电子档案，除船员基本信息数据库外，应转化为纸质文件材料与电子文件分别立卷，归档按国家档案局颁布的《电子公文归档管理暂行办法》执行。

【相关规定 134】《关于切实加强对档案工作的领导认真做好行业档案管理工作的通知》（2004 年 6 月 21 日起施行）（节录）

档案部门要对企业信息化的规划和建设提出建议和要求，并对电子文件的形成、积累、归档、档案数字化、档案数据库的建立以及电子档案的安全保管、利用等工作进行监督与指导。同时，要注意研究解决信息化建设给档案工作带来的新情况、新问题，切实加强电子文件的归档管理。既要注意防止文档不分，将电子文件全部转化为档案，又要避免出现"大信息、小档案"的状况，留存的档案信息一定要反映本单位活动尤其是重要活动的面貌。要正确认识和把握纸质文件和电子文件的关系问题，坚持电子文件与纸质文件长期并存原则，在做好电子文件归档管理的同时，继续做好纸质文件的收集归档工作。为确保电子文件和电子档案的安全保管和有效利用，档案部门应将归档电子文件拷贝至耐久性好的载体上，并采取一式两套，即一套封存保管，一套提供利用。归档电子文件的封存件不得外借。要严格控制电子文件和电子档案的使用权限，正确处理电子文件和电子档案安全保密与实现资源共享的关系。

【相关规定 135】《全国重点文物保护单位记录档案工作规范（试行）》（2003 年 12 月 3 日起施行）（节录）

第二条　记录档案包括对全国重点文物保护单位本身的记录和有关文献。内容分为科学技术资料和行政管理文件。形式有文字、图纸、照片、拓片、摹本、电子文件等。

第四条　主卷包括：文字、图纸、照片、拓片及摹本、保护规划及保护工程方案、文物调查及考古发掘资料、文物保护工程及防治监测、文物展示、电子文件、续补等十种案卷。

第十三条　电子文件卷包括以下内容：

与本处全国重点文物保护单位有关的各类电子文件。

第二十九条　全国重点文物保护单位记录档案必须按下列要求归档：

（六）电子文件，一律采用通用格式存储于不可擦除型光盘（一式两套）。各种磁带、磁盘、幻灯片、电影胶片、录像带、录音带等其他载体的信息必须转换成光盘存储。光盘内应编制文件目录。

【相关规定 136】《国家电网公司公文处理办法》（2003 年 5 月 20 日起施行）（节录）

第四十条　具有长期或永久保存价值的电子文件，须将电子文件与相应的纸质文件一并归档，没有纸质文件的，必须制成纸质文件。

第五十九条　公文处理中涉及电子文件的有关规定另行制定。

【相关规定 137】《商业银行中间业务统计制度》（2003 年 1 月 1 日起施行）（节录）

七、各商业银行应按中国人民银行的要求，将报送的统计数据加工成标准接口格式的电子文件，以计算机通讯方式，将电子文件独立发送至人民银行统计部门，通讯文件命名规则、文件结构及通讯方式与"金融统计监测管理信息系统"的要求一致。

【相关规定 138】《企业档案管理规定》（2002 年 9 月 1 日起施行）（节录）

第八条　归档的文件材料应完整、准确、系统。文件书写和载体材料应能耐久保存。文件材料整理符合规范。归档的电子文件，应有相应的纸质文件材料一并归档保存。

【相关规定 139】《出入境检验检疫业务统计规范》（2002 年 9 月 10 日起施行）（节录）

第二十四条　下级机构向上级机构报送电子数据应当采用广域网数据库传递方式，不具备广域网传递或情况特殊的，可用电子邮件或电子文件存储介质报送，并附情况说明。

第三十三条　统计档案的保存环境应达到防火、防盗、防高温、防潮、防蛀、防尘等要求，以电子文件存储介质形式归档的统计档案还应具备电子文件存储介质的要求（如防磁化、防光直照等）。

【相关规定 140】《脐带血造血干细胞库技术规范（试行）》（卫办医发〔2002〕80 号）（节录）

6.4　应有能力复制出记录的真实副本，包括书面形式和电子文件方式，以便于检查和审核。

【相关规定 141】《海域勘界档案管理规定》（国海发〔2002〕25 号）（节录）

第九条　（三）航片、手簿、音像材料及光盘等电子文件应与纸质档案对应编号，并附文字说明。电子文件应以只读光盘形式归档。

【相关规定 142】《进口药品注册的有关要求（暂行）》（2002 年 2 月 8 日起施行）（节录）

七、进口药品质量标准复核的要求

（二）说明

4. 复核后的质量标准由中检所连同电子文件一并送药审中心审评，药审中心对已复核过的质量标准和其他资料审评后，提出书面意见，连同其他审评意见上报注册司。

五、电子文件证据相关党内法规

【相关规定1】《电子文件管理暂行办法》（厅字〔2009〕39号）

第一条　为规范电子文件管理，确保电子文件的真实、完整、可用和安全，保存国家历史记录，促进信息资源开发利用，推动国家信息化健康发展，按照国家有关法律法规，制定本办法。

第二条　本办法所称电子文件，是指机关、团体、企事业单位和其他组织在处理公务过程中，通过计算机等电子设备形成、办理、传输和存储的文字、图表、图像、音频、视频等不同形式的信息记录。

第三条　电子文件管理应当遵循信息化条件下电子文件形成和利用的规律，坚持下列基本原则：

（一）统一管理。对电子文件管理工作实行统筹规划，统一管理制度，对具有保存价值的电子文件实行集中管理。

（二）全程管理。对电子文件形成、办理、传输、保存、利用、销毁等实行全过程管理，确保电子文件始终处于受控状态。

（三）规范标准。制定统一标准和规范，对电子文件实行规范化管理。

（四）便于利用。发挥电子文件高效、便捷的优势，对有价值的电子文件提供分层次、分类别共享应用。

（五）安全保密。按照国家有关法律法规和规范标准的要求，采取有效技术手段和管理措施，确保电子文件信息安全。

第四条　建立国家电子文件管理部际联系会议制度，由中共中央办公厅牵头，国务院办公厅、国家发展和改革委员会、工业和信息化部、财政部、国家档案局、国家保密局、国家密码管理局、国家标准化管理委员会等相关部门为成员单位，负责组织协调全国电子文件管理工作。国家电子文件管理部际联席会议的主要职责是：

（一）负责统筹规划和组织协调全国电子文件管理工作；

（二）研究制定电子文件管理方针政策；

（三）审定电子文件管理规章　制度、重要规划、重大项目方案；

（四）组织起草相关标准；

（五）研究解决全国电子文件管理中的其他重大问题。

第五条　国家电子文件管理部际联席会议日常工作由中共中央办公厅承担。

第六条　县以上党委、政府要结合实际，明确负责电子文件管理部门，承担本地区电子文件管理工作的组织协调和监督检查。

第七条　各有关部门应当为电子文件管理提供必要的保障措施。

各级信息化行政管理部门应当将电子文件管理工作纳入信息化发展规划，为电子文件管理工作提供信息化保障。各级发展改革、机构编制等部门负责为电子文件管理工作提供政策保障各级财政部门应当为电子文件管理工作提供资金保障。

第八条　电子文件形成单位应当对本单位电子文件管理工作进行统筹规划，建立管理制度，明确管理职责，规范工作流程，落实保障措施。

各单位文秘和业务部门负责电子文件日常处理；档案部门负责归档电子文件管理；信息化部门负责为电子文件管理提供信息化支持；保密部门负责涉密电子文件的保密监督管理。

第九条　各级国家综合档案馆负责接收和保管本馆接收范围内各单位形成的具有永久保存价值的电子文件，并依法提供利用；有条件的应当根据国家灾害备份的要求，建立本机电子文件备份中心或者异地备份库。

第十条　电子文件形成单位在建立和完善信息系统时，应当组织文秘、业务、档案、信息化、保密等部门提出电子文件管理的功能需求。

第十一条　电子文件在形成和办理过程中，应当具备国家法律法规规定的原件形式，并符合下列要求：

（一）能够有效表现所载内容并可供调取查用；

（二）能够保证电子文件及其元数据自形成起完整无缺、来源可靠，未被非法更改；

（三）在信息交换、存储和显示过程中发生的形式变化不影响电子文件内容真实、完整。涉密电子文件的原件形式应当符合国家有关保密法律法规的规定。

第十二条　电子文件应当采用符合国家标准的文件存储格式，确保能够长期有效读取。

第十三条　电子文件形成单位应当对电子文件形成的过程稿及其相关信息的留存和安全保密等作出明确规定。

第十四条　在电子文件传输、交换时，应当遵循相关要求，对传输、交换过程予以记录。

第十五条　电子文件形成单位应当根据国家有关规定明确电子文件归档范围和保管期限，并对具有保存价值的电子文件及时进行归档，由本单位档案部门负责管理。

第十六条　电子文件归档应当符合下列要求：

（一）电子文件应当在办理完毕后实时或定期归档，定期归档应当在第二年6月底前完成；

（二）归档电子文件的保管期限划分准确；

（三）电子文件及其元数据应当同时归档；

（四）电子文件归档时，应当进行真实、完整、可用方面的鉴定、检测，并由相关责任人确认；

（五）电子文件应当以国家规定的标准存储格式进行归档，属于国家秘密的电子文件应当使用专用保密存储介质存储，并按保密规定办理归档手续；

（六）具有永久保存价值或者其他重要价值的电子文件，应当转换为纸质文件或者缩微胶卷同时归档。

第十七条　归档电子文件应当按照相关管理要求进行分类和整理。

第十八条　属于国家综合档案馆接受范围的电子文件，应当按照规定时限向同级国家综合档案馆移交。已建立电子文件备份中心的，应当按照其要求进行移交。

第十九条　电子文件形成单位和各级国家综合档案馆应当配备电子文件管理、利用的设施设备。

第二十条　电子文件保管应当符合下列要求：

（一）按照国家信息安全等级保护标准和涉密信息系统分级保护管理规定建立电子文件管理系统和信息内容安全保密防护体系，执行严格的安全保密管理制度；

（二）定期对电子文件的保管情况、可读取状况等进行测试、检查，发现问题及时处理；

（三）电子文件运行的软硬件环境、存储载体等发生变化时，应当将其及时迁移、转换；

（四）电子文件应当实行备份制度；

（五）根据电子文件不同载体保管环境的要求，选择适宜的保管条件。

第二十一条　反映电子文件保管、利用过程的相关信息应当记录和保存。

第二十二条　加强电子文件利用基础设施建设，建立健全相关制度，采取有效措施促进信息资源共享，保证电子文件在规定时间、地域、机构、人员范围内得到方便快捷的利用。

第二十三条　属于信息公开范围的电子文件的利用，应当按照国家有关规定执行；不属于信息公开范围的电子文件，按照国家有关档案、保密、信息安全、知识产权保护等方面法律法规的要求，可在规定范围内提供利用。

第二十四条　应当为利用者提供真实、可靠的电子文件，并采取有效措施确保电子文件不受损害。

第二十五条　电子文件的销毁应当履行有关审批手续；涉密电子文

件的销毁应当按照国家保密法律法规的规定处理。

第二十六条　负责电子文件管理的部门和电子文件形成单位对在电子文件管理工作中取得突出成绩的单位或者个人，应当给予表彰或者奖励。

第二十七条　有下列情形之一的，由县级以上负责电子文件管理的部门责令限期整改；情节严重的，由有关主管部门对直接负责的主管人员或者其他责任人员按照有关规定给予相应的处分：

（一）电子文件管理不符合真实、完整、可用和安全保密要求的；

（二）不按照规定移交或者接收电子文件的；

（三）不按照规定提供电子文件的；

（四）损毁、丢失、篡改、伪造电子文件的；

（五）擅自提供、复制、公布、销毁电子文件的；

（六）擅自出卖电子文件的；

（七）玩忽职守，造成电子文件损失的。

有前款第四、五、六、七项情形，涉嫌犯罪的，要依法追究其刑事责任。

第二十八条　本办法所称元数据，是指描述电子文件内容、结构、背景和管理过程的数据。

第二十九条　军队系统的电子文件管理参照本办法执行。

第三十条　本办法由中共中央办公厅负责解释。

第三十一条　本办法自印发之日起施行。

【相关规定2】《国家信息化发展战略纲要》（2016年7月27日起施行）（节录）

49.有序推进信息化立法进程。坚持急用先行，加快出台急需法律法规和规范性文件。强化网络基础设施保护，加快制定网络安全法、电信法、电子商务法，研究制定密码法。加强网络用户权利保护，研究制定个人信息保护法、未成年人网络保护条例。规范网络信息服务与管理，修订互联网信息服务管理办法。研究制定电子文件管理条例。完善司法解释，推动现有法律延伸适用到网络空间。

【相关规定 3】《关于加强和改进新形势下档案工作的意见》（2014年 2 月 27 日起施行）（节录）

一、完善档案工作体制机制

各级党政机关、企事业单位要大力支持档案部门加强统筹协调和业务指导，确保归档文件材料符合要求；把档案信息化纳入本单位信息化建设整体规划，统一部署、同步实施，确保档案部门实现对电子文件形成、积累和归档的全程监督指导。村、社区及其区域内的非公有制经济组织、社会组织要设立档案室或指定专人负责档案工作，收集保管本单位档案并提供利用。

二、建立健全覆盖人民群众的档案资源体系

凡是应归档的文件材料（包括应归档的电子文件及传统载体的照片、录音、录像等），要向本单位档案机构移交，任何部门和个人不得据为己有或拒绝归档。对损毁、丢失档案的，档案行政管理部门要依法查处，并督促档案形成单位积极予以补救。

四、建立健全确保档案安全保密的档案安全体系

（十九）保障档案信息安全。建立标准，采取措施，确保电子文件、电子档案长期保存和利用。

【相关规定 4】《"十四五"全国档案事业发展规划》（厅字〔2021〕21 号）（节录）

完善档案主管部门与行业主管部门协同配合的专业档案管理体制，强化各类专业文件材料、电子数据归档监督指导。

六、电子文件证据地方性法规和地方政府规章

【相关规定 1】《济南市档案管理若干规定》（2000 年 10 月 26 日起施行）（节录）

第十九条　综合档案馆、专门档案馆、单位档案机构和档案工作人员应当采用先进技术，做好磁带、磁盘、光盘等电子文件及照片、缩微胶片、录音带、录像带等新型载体文件材料的收集、整理和保护工作。

【**相关规定 2**】《武汉市人民代表大会代表议案和建议工作条例》（2004 年 5 月 1 日起施行）（节录）

第十五条　代表可以通过书面和电子文件两种方式提出建议。

对代表以电子文件方式提出建议的，可以通过适当方式予以确认，具体办法另行规定。

【**相关规定 3**】《青岛市人民代表大会代表建议、批评和意见工作条例》（2006 年 7 月 1 日起施行）（节录）

第八条　以代表建议、批评和意见专用纸提出的，应当工整填写规定栏目并亲笔签名；以电子文件方式提出的，应当符合有关要求。

【**相关规定 4**】四川省《中华人民共和国档案法》实施办法（2009 年 3 月 27 日起施行）（节录）

第十五条　各单位应当加快档案信息化建设，加强电子文件归档和管理。

【**相关规定 5**】《吉林省档案条例》（1999 年 1 月 1 日起施行）（节录）

（2018 年 11 月 30 日吉林省第十三届人民代表大会常务委员会第八次会议通过，自 2018 年 11 月 30 日起施行）

第十一条　国家规定应当归档的文件材料（包括文字、照片、录音录像带以及电子文件等），由单位文书部门或者业务部门收集齐全，整理立卷，在国家和省规定的期限内移交单位档案机构或者档案工作人员集中管理。

【**相关规定 6**】《陕西省档案条例》（2009 年 5 月 27 日起施行）（节录）

第二条　本条例所称档案，是指过去和现在的国家机关、社会团体、企业事业单位及其他组织（以下统称各单位）和个人从事政治、经济、军事、科学、技术、文化、教育、宗教等活动，直接形成的对国家和社会有保存价值的各种文字、图表、声像、电子文件等不同形式的历史记录。

第十四条　省档案行政管理部门应当统一档案信息数据标准，规范档案信息化管理。各级各类档案馆以及各单位档案机构，应当加强电子文件归档和管理，建立档案信息网络和档案信息资源数据库。

各单位档案保管机构应当按照电子档案汇交制度要求，向综合档案馆汇交电子档案和电子档案目录。电子档案汇交制度由省档案行政管理部门会同有关部门制定。

【相关规定7】《甘肃省档案条例》（2010年2月1日起施行）（节录）

第十三条　机关、团体、企业事业单位和其他组织举办有重大影响的社会活动时，应当做好纸质、声像、电子等档案的收集、整理、移交工作。其中声像档案应当在活动结束后30日内向本单位档案馆（室）或者同级综合档案馆移交。

第三十条　档案馆和机关、团体、企业事业单位应当加强电子文件的归档和管理，有效维护电子文件的真实性、完整性、安全性和可识别性。

电子文件的归档和管理按照国家有关规定执行。

【相关规定8】《陕西省档案条例》（2009年5月27日起施行）（节录）

第二条　本条例所称档案，是指过去和现在的国家机关、社会团体、企业事业单位及其他组织（以下统称各单位）和个人从事政治、经济、军事、科学、技术、文化、教育、宗教等活动，直接形成的对国家和社会有保存价值的各种文字、图表、声像、电子文件等不同形式的历史记录。

第十四条　省档案行政管理部门应当统一档案信息数据标准，规范档案信息化管理。各级各类档案馆以及各单位档案机构，应当加强电子文件归档和管理，建立档案信息网络和档案信息资源数据库。

各单位档案保管机构应当按照电子档案汇交制度要求，向综合档案馆汇交电子档案和电子档案目录。电子档案汇交制度由省档案行政管理部门会同有关部门制订。

【相关规定9】《云南省档案条例》（2007年9月29日起施行）（节录）

第二十七条　档案馆以及机关、社会团体、企业事业单位和其他组织的档案机构应当使用符合国家和本省规范标准的档案管理软件，建立电子文件与电子档案的管理制度，对电子文件的形成、归档和电子档案进行管理，保证档案信息的规范、有效、安全和共享。

有条件的单位应当对电子文件和电子档案实行异地保管。

第二十八条 县级以上人民政府应当在同级综合档案馆建立电子文件、电子档案灾难备份基地，确保电子文件和电子档案的完整与安全。

【相关规定10】《内蒙古自治区档案条例》（2007年9月29日起施行）（节录）

第二十三条 向国家综合档案馆移交档案时，纸质和电子档案应当同时移交。

第二十七条 机关、社会团体、企业事业组织和其他组织应当建立健全电子文件与电子档案的管理制度，使用符合国家和自治区规范标准的档案管理软件，定期向同级国家综合档案馆报送档案电子目录信息。

【相关规定11】《广东省档案条例》（2007年9月1日起施行）（节录）

第二条 本条例所称档案，是指过去和现在的国家机构、社会组织以及个人从事政治、军事、经济、科学、技术、文化、宗教等活动直接形成的对国家和社会具有保存价值的文字、图表、声像、电子文件等形式的历史记录。

【相关规定12】《山东省档案条例》（2004年5月1日起施行）（节录）

第二条 本条例所称的档案，是指过去和现在的国家机构、社会组织以及个人从事政治、军事、经济、科学、技术、医学、文化、宗教等活动直接形成的对国家和社会有保存价值的各种文字、图表、声像、电子等不同形式的历史记录。

【相关规定13】《福建省档案条例》（2003年2月1日起施行）（节录）

第十二条 机关、团体、企业事业单位应当建立健全电子文件与电子档案的管理制度，加强对电子文件形成、归档和电子档案的管理。

【相关规定14】《苏州市档案条例》（2010年10月1日起施行）（节录）

第二条 本条例所称档案，是指国家机构、社会团体、企业事业单位和其他组织以及个人从事政治、军事、经济、教育、科学、技术、文化、卫生、宗教等活动直接形成的，对国家和社会有保存价值的各种文字、图表、声像、电子文件、实物等不同形式的历史记录。

第十六条 进馆单位向综合档案馆、专门档案馆、部门档案馆移交档案时，应当同时报送电子文件和各种载体的检索工具以及与档案有关的参考材料。

第三十五条　利用重要、珍贵档案时，档案馆（室）应当以电子文件、缩微品或者其他形式的复制件代替原件。

【相关规定15】《珠海市档案条例》（2011年1月1日起施行）（节录）

第三条　本条例所称档案，是指过去和现在的国家机关、公民、法人和其他组织从事政治、经济、科学、技术、教育、文化、宗教等活动直接形成的对国家、社会和本市有保存价值的各种文字、图表、声像、电子文件及其他形式的历史记录。

本条例所称文件是指国家机关、事业组织、社会团体形成的尚未移交档案馆保管的文书材料。

本条例所称电子文件是指在数字设备及环境中生成，以数码形式存储于磁带、磁盘或者光盘等载体，依赖计算机等数字设备阅读、处理，并可在通信网络上传送的文件。

本条例所称的电子档案是指已归档的电子文件及相应的支持软件、参数和其他相关数据。

第十二条　市、区档案馆的主要职责是：（二）建立档案信息资源库，保存和管理电子档案；

市档案馆是中心档案馆，区档案馆应当向市档案馆报送档案目录及其电子文件。

第十四条　市城建档案馆收集和保管城市建设档案资料，向市档案馆报送档案目录及其电子文件，并向社会提供利用。

第二十七条　应当归档的文件资料，实行档案、文件实体与电子文件同步管理。向档案馆、文件中心移交档案、文件时，应当将档案、文件目录和其它检索工具、参考资料以及相对应的电子文件一并移交。档案馆、文件中心对接收的电子文件应当及时封存。

第四十六条　有下列行为之一的，由档案行政管理部门、有关主管部门责令限期改正，对直接负责的主管人员或者其他直接责任人员给予行政处分；构成犯罪的，依法追究刑事责任：

（三）不按规定报送档案、文件目录或者电子文件的；

【**相关规定 16**】《昆明市档案条例》（2010 年 5 月 1 日起施行）（节录）

第二十六条　市级档案行政主管部门应当会同相关部门，按照国家、省有关规定和业务规范，统一电子公文和电子档案的有关数据标准。

专业档案馆、部门档案馆的上级主管部门按照行业标准和规范，制定专业电子档案的有关数据标准。

第二十七条　国家机关、社会团体、企业事业单位和其他组织应当使用符合国家和省、市数据标准的档案管理系统。建立电子档案管理制度，并实行实体档案和电子档案双套管理，确保档案信息的规范、有效、安全和共享。

第二十八条　国家机关、社会团体、企业事业单位和其他组织应当对电子数据及时进行收集、整理；其档案机构及其工作人员对电子档案实行规范化管理，确保电子档案的完整、真实、有效、安全。

第二十九条　移交、报送实体档案时，应当同时移交归档电子档案，并确保与实体档案一致。

具有永久和长期保存价值的归档电子文件的电子目录和本单位制发公文的原文数据，应当于次年 6 月 30 日前报送同级国家综合档案馆。

第三十条　电子档案的鉴定销毁应当按照国家有关规定实施。销毁前应当编制销毁清册，指定监销人，确保信息彻底销毁。

第三十一条　涉密的电子档案管理依照保密法律、法规的规定执行。

第三十二条　市、县（市、区）国家综合档案馆是集中利用电子档案的专门场所和同级人民政府的电子档案灾难备份基地。

电子档案应当实行异地备份。

第三十八条　依法利用电子档案时，使用拷贝件。封存的电子档案载体不得查阅。

第三十九条　属于公开的信息文件材料自发布之日起 20 日内，应当向同级国家综合档案馆送交纸质原件及电子文件。

【**相关规定 17**】《南京市档案条例》（2006 年 1 月 1 日起施行）（节录）

第三条　本条例所称档案，是指法人、其他组织和个人从事政治、军事、经济、科学、技术、文化、宗教等活动直接形成的，对国家和社会有保存价值的各种文字、图表、声像、电子文件等不同形式的历史记录。

第十九条　法人、其他组织向地方国家档案馆移交档案时，应当一并移交相关的电子文件。电子文件应当符合国家、省档案行政管理部门制定的规范要求和数据标准。

【相关规定 18】《徐州市档案条例》（2006 年 3 月 1 日起施行）（节录）

第九条　机关、团体、企业事业单位和其他组织应当按照下列规定管理或者移交档案：

（二）建立健全电子文件与电子档案的管理制度，加强对电子文件的形成、归档和电子档案的管理；

（三）向综合档案馆移交档案时，按照有关标准与规范将档案、文件目录和其他检索工具、参考资料以及相对应的机读目录、电子文件一并移交。

第二十二条　综合档案馆应当收集、保管和提供利用本行政区域的电子文件，建立电子文件同城备份基地和电子档案中心。

【相关规定 19】《无锡市档案管理条例》（2011 年 8 月 1 日起施行）（节录）

第二条　本条例所称档案，是指本市行政区域内过去和现在的国家机构、社会组织以及个人从事政治、军事、经济、教育、科学、技术、文化、卫生、体育、宗教等活动直接形成的，对国家和社会有保存价值的各种文字、图表、声像、实物、电子文件等不同形式的历史记录。

【相关规定 20】《贵阳市档案管理规定》（2004 年 6 月 8 日起施行）（节录）

第五条　县级以上档案馆应当承担下列职责：

（一）做好各种载体档案及电子文件的收集、整理、归档和管理工作；

【相关规定 21】《深圳经济特区个人破产条例》（2021 年 3 月 1 日起施行）（节录）

第九十八条　债务人存在下列情形之一的，不得免除未清偿债务：

（四）隐匿、毁弃、伪造或者变造财务凭证、印章、信函文书、电子文档等资料物件；

第一百六十七条　债务人违反本条例规定，有下列行为之一的，由人民法院依法予以训诫、拘传、罚款、拘留；构成犯罪的，依法追究刑事责任：

（五）隐匿、毁弃、伪造，或者变造财务凭证、印章、信函文书、电子文件等资料物件的；

【相关规定22】《宁波市档案工作条例》（2005年9月30日起施行）（节录）

第十八条　档案馆和其他档案工作机构应当建立健全档案管理制度，采用先进技术管理档案，加强档案信息化建设，并按照国家电子文件归档的要求规范电子档案的管理。

【相关规定23】关于转发《公安机关信访卷宗管理规范》的通知（青公信访〔2008〕14号）（节录）

第二条　公安机关信访卷宗（下称信访卷宗）是指公安机关按照《信访条例》和《公安机关信访工作规定》在处理公民、法人或者其他组织以来信、来访、电子邮件、传真、电话等方式反映具体信访事项过程中形成，具有依据凭证作用或查考使用价值的各种文件材料，按规范顺序整理、装订的卷册。包括与该信访事项有关的文字材料、声像资料、电子文件等。

【相关规定24】《浙江省保障"最多跑一次"改革规定》（2019年1月1日起施行）（节录）

第三十八条　行政机关应当按照国家和省有关规定对公共数据和电子文件进行归档和登记备份。

【相关规定25】《广东省各级人民代表大会常务委员会规范性文件备案审查条例》（2021年9月1日起施行）（节录）

第十条　报送规范性文件备案，应当报送纸质文件和电子文件。纸质文件应当按照规定的格式、数量报送，电子文件应当通过省人民代表大会常务委员会规范性文件备案审查信息平台报送。

【相关规定 26】《杭州市档案管理条例》（2008 年 5 月 1 日起施行）（节录）

第十四条　本市各级国家机关应当将电子文件的收集、整理、归档、利用纳入机关文书处理程序和相关人员的岗位责任，实现档案管理信息化和办公自动化。

有关单位向档案馆移交档案时，应当一并移交相应的电子文件。

各级各类档案馆和其他档案机构应当加强对电子文件的归档管理，有效维护电子文件的真实性、完整性、安全性和可识别性。

【相关规定 27】《吉林市档案管理条例》（2013 年 1 月 1 日起施行）（节录）

第二条　本条例所称档案，是指过去和现在国家机关、社会团体、企业事业单位和其他组织（以下称各单位）及个人从事各种活动直接形成的对国家和社会具有保存价值的文字、图表、声像、电子文件等不同形式的历史记录。

第七条　市、县（市）、区人民政府应当对在档案工作中做出显著成绩及向国家捐献重要、珍贵档案资料（包括文字、图表、声像、电子文件、实物等）的单位和个人给予表彰或者奖励。

【相关规定 28】《太原市档案管理条例》（1997 年 9 月 28 日起施行）（节录）

第九条　市、县（市、区）档案行政管理部门应当建立、完善电子文件归档、电子档案移交和长久保存的标准及制度，加强对电子档案流转全过程的监督指导，确保电子档案规范管理。

各单位应当加强电子文件的管理，在移交档案时应当同时移交其电子文本和电子目录。

【相关规定 29】《西安市档案管理条例》（2006 年 7 月 1 日起施行）（节录）

第二条　本条例所称档案，是指过去和现在的国家机构、社会组织以及个人从事政治、军事、经济、科学、技术、文化、宗教等活动直接形成的对国家和社会有保存价值的各种文字、图表、音像、实物、电子文件等不同形式的历史记录。本条例所称档案管理，是指档案的收集、移交、保管、鉴定、利用和行政管理。

第十四条　各单位应当按照下列规定对各类文件材料进行归档：

（四）电子文件在形成后 3 个月内归档；

【相关规定 30】《太原市城乡建设档案管理条例》（2012 年 3 月 1 日起施行）（节录）

第三条　本条例所称城乡建设档案，是指在城乡规划、建设、管理活动中直接形成的，对国家和社会具有保存价值的文字、图纸、图表、声像等纸质、电子文件和其他载体形式的历史记录。

第十六条　县（市）城乡建设档案管理机构应当在每年三月三十一日前，向市城乡建设档案管理机构报送上年度城乡建设档案电子文件。

第十九条　城乡建设档案管理机构应当遵守下列规定：

（四）电子文件档案的存放，符合信息安全要求，具备载体存放环境，同时进行异地备份；

【相关规定 31】《淄博市城乡建设档案管理条例》（2021 年 12 月 10 日起施行）（节录）

第三条　本条例所称城乡建设档案，是指在城乡建设活动中直接形成的对国家和社会有保存价值的文字、图纸、图表、声像、电子文件、实物等各种形式和载体的历史记录。

【相关规定 32】《中国（上海）自由贸易试验区条例》（2014 年 8 月 1 日起施行）（节录）

第四十四条　在自贸试验区推进电子政务建设，在行政管理领域推广电子签名和具有法律效力的电子公文，实行电子文件归档和电子档案管理。电子档案与纸质档案具有同等法律效力。

【相关规定 33】《中国（海南）自由贸易试验区商事登记管理条例》（2019 年 1 月 1 日起施行）（节录）

第八条　对申请人填报的格式化登记信息，由登记平台自动审核；对申请人申报的非格式化电子文件，登记机关从本自由贸易试验区范围内随机选派注册官依法审核。

【相关规定 34】《珠海市地下管线管理条例》（2009 年 8 月 1 日起施行）（节录）

第四十二条　管线产权、管理单位应当向市城市建设档案管理机构移交原有地下管线已形成的专业管线现状图、竣工图、竣工测量成果及其电子文件。对已建成而未有档案资料记录的地下管线，管线产权、管理单位应当负责查明管线现状。

测量成果及其电子文件应当自本条例实施之日起一年内移交市城市建设档案管理机构。

【相关规定 35】《银川市地下管线管理条例》（2013 年 11 月 1 日起施行）（节录）

第二十三条　建设单位应当在新建、改建、扩建的地下管线工程竣工验收合格后九十日内，向城市建设档案管理机构移交以下档案资料：

（三）其他应当归档的文件资料（电子文件、工程照片、录像等）。

【相关规定 36】《合肥市地下管线条例》（2019 年 3 月 1 日起施行）（节录）

第三十九条　地下管线工程竣工验收备案前，地下管线建设单位应当向市、县（市）城乡建设行政主管部门报送下列资料：

（三）电子文件、工程照片、录像等其他资料。

【相关规定 37】《西安市城乡建设档案管理条例》（2021 年 1 月 18 日起施行）（节录）

第三条　本条例所称城乡建设档案，是指在城乡规划、建设、管理活动中直接形成的具有保存价值的文字、图纸、图表、声像、电子文件、实物等各种形式和载体的历史记录。

第十八条　报送纸质档案的同时，应当一并报送电子档案。

电子档案内容应当与纸质档案一致，其存储格式、载体和保存应当符合国家有关建设电子文件与电子档案管理标准。

第三十四条　城建档案馆应当采用数字化信息管理技术，逐步将实体档案转换成数字档案。需要永久保存的城乡建设档案，还应当采用电子文件及其他先进技术手段保存和保护，并进行异地备份。

【相关规定 38】《长春市城市建设档案管理条例》（2022 年 1 月 1 日起施行）（节录）

第二条　本条例所称城市建设档案（以下简称城建档案），是指在城市规划、建设、管理活动中直接形成的具有保存价值的文字、图纸、图表、声像、电子文件等各种载体的文件材料。

【相关规定 39】《南昌市城乡建设档案管理条例》（2006 年 3 月 1 日南昌市第十二届人民代表大会常务委员会第四十二次会议通过，2006 年 3 月 30 日江西省第十届人民代表大会常务委员会第二十次会议批准，2018 年 12 月 28 日南昌市第十五届人民代表大会常务委员会第十九次会议通过，2019 年 3 月 28 日江西省第十三届人民代表大会常务委员会第十二次会议批准修订）（节录）

第二条　本条例所称城建档案，是指在城乡规划、建设及其管理活动中直接形成的对国家和社会具有保存价值的文字、图纸、图表、声像、电子文件等各种载体的文件材料。

【相关规定 40】《珠海经济特区地下综合管廊管理条例》（2016 年 2 月 1 日起施行）（节录）

第二十七条　管廊建设单位应当在管廊工程验收合格后三个月内，按照有关规定向市城建档案管理机构移交竣工档案资料、测绘成果及其电子文件。

【相关规定 41】《南宁市地下综合管廊管理条例》（2019 年 6 月 28 日南宁市第十四届人民代表大会常务委员会第二十一次会议通过，2019 年 9 月 27 日广西壮族自治区第十三届人大常委会第十一次会议批准，自 2019 年 11 月 1 日起施行）（节录）

第十四条　管廊建设单位应当在管廊建设工程验收合格后三个月内，向城建档案管理机构和管廊运营单位移交竣工档案、测绘成果及其电子文件等资料。移交的资料应当真实、准确、完整。

【相关规定 42】《广东省商事登记条例》（2019 年 11 月 29 日起施

行）（节录）

第四十九条　登记机关应当逐步推行全程电子化商事登记。

全程电子化登记是指申请人通过登记机关的全程电子化登记网站，以电子文档的形式向登记机关申请，登记机关在网上受理、审查、发照和存档的登记方式。

电子营业执照与纸质营业执照具有同等法律效力。

第五十条　全程电子化登记中，加具电子签名的电子文件、电子档案与纸质形式材料具有同等法律效力。

第五十一条　申请人可以使用符合法律规定的电子认证服务机构发放的数字证书进行电子签名。

全程电子化登记涉及的电子签名与手写签名或者盖章具有同等的法律效力。一经电子签名，提交的申请材料和身份证明文件即为有效。

电子签名人对依法签名的电子文档的真实性、合法性负责。

【相关规定43】《福建省各级人民代表大会常务委员会规范性文件备案审查条例》（2021年1月1日起施行）（节录）

第九条　报送备案应当提供纸质文件和电子文件。纸质文件应当按照规定的格式、数量报送，电子文件应当通过人大常委会备案审查信息平台报送。

【相关规定44】《河北省各级人民代表大会常务委员会规范性文件备案审查条例》（2020年5月1日起施行）（节录）

第六条　报送规范性文件备案，应当报送纸质文件和电子文件。纸质文件应当按照统一格式、一式五份报送；电子文件应当通过河北省人民代表大会常务委员会规范性文件备案审查信息平台报送，报送的电子文本应当符合格式标准和要求。

【相关规定45】《深圳市电子文件归档及管理办法》（2003年8月1日起施行）（节录）

第二条　我市各级国家机关、团体、事业单位的电子文件归档及管理，适用本办法。

企业电子文件的归档及管理，可以参照本办法执行。

第三条　本办法下列术语的含义分别为：

（一）电子文件：以数字形式存储于磁带、磁盘、光盘等载体，依赖计算机系统阅读、处理、存取并可在通信网络上传输的文件；

（二）归档电子文件：指经过鉴定具有保存价值的电子文件以及相应的支持软件参数和其他相关数据；

（三）在线式归档：指通过计算机网络，在不改变原存储方式和位置的情况下，实现电子文件向档案部门移交的过程；

（四）可卸载式归档：指将应归档的电子文件卸载到脱机载体上，向档案部门移交的过程；

（五）元数据：关于数据的数据，是一种信息资源组织和管理工具，它可以对文件进行详细、全面、规范的描述，保证电子文件能够被准确理解与有效检索，支持电子文件的管理、利用和长期存取。

第六条　电子文件的归档范围、保管期限和密级划分均参照国家关于纸质文件归档的有关规定执行。

第七条　电子文件基本数据类型及其类别代码分别为：

（一）文本文件（Text，代码为 T）；

（二）图形文件（Graphic，代码为 G）；

（三）图像文件（Image，代码为 I）；

（四）视频文件（Video，代码为 V）；

（五）音频文件（Audio，代码为 A）；

（六）数据库文件（Database，代码为 D）；

（七）计算机程序文件（Program，代码为 P）；

（八）多媒体文件（Multimedia，代码为 M）。

归档的电子文件应按本办法提供的《归档电子文件存储格式及载体》（参见附录一）选择存储格式和载体，存储电子文件的载体应标明载体编号、类别代码、密级、保管期限等。

第八条　加密的电子文件归档前应做解密处理，明文归档。

第十条　保管期限属于"永久"、"长期"的电子文件，必须制作至少一份该电子文件的纸质文本同时归档，并建立准确、可靠的标识与之对应。

第十一条　电子文件的归档可采用在线式归档方式或者可卸载式归档方式。

第十二条　电子文件在线式归档应符合以下要求：

（一）电子文件形成单位应当设定查询归档电子文件的权限；

（二）办理完毕的电子文件应由经办人及时注明标识；

（三）归档电子文件的物理地址应由网络管理人员存放在指定的服务器上，并采取备份措施。

第十五条　归档电子文件的移交内容包括归档电子文件、电子文件元数据表及有关材料。

专用软件产生的电子文件原则上应转换为通用型电子文件，若不能转换，必须将专用软、硬件及相关技术资料送文件中心备案，并填写《专用软、硬件设备登记表》（参见附录四）。今后若采用新型软、硬件设备或系统升级，应当到文件中心办理相关手续，并在规定期限内移交原有软、硬件设备及相关资料。

【相关规定 46】《昆明市电子文件管理与归档办法》（2010 年 9 月 19 日起施行）（节录）

第三条　本办法所称电子文件是指机关、团体、企业事业单位和其他组织在处理公务过程中，通过计算机等电子设备形成、办理、传输和存储的文字、图表、图像、音频、视频等不同形式的信息记录。

本办法所称电子档案是指具有参考和利用价值并作为档案保存的电子文件，以及实体档案经数字化处理后形成的文字、图表、图像、音频、视频等不同形式的历史记录。

第四条　电子文件管理与归档应当遵循信息化条件下电子文件形成和利用的规律，坚持"分级管理、规范标准、便于利用、安全保密"的原则。

第七条　市、县（市）区信息化行政主管部门应当为电子文件管理与归档工作提供信息化保障，统一电子文件数据标准，指导制定档案信息化建设规划，做好档案信息化项目立项管理、组织协调、技术论证和项目建设评估工作。

第十二条　电子文件形成单位应当实时收集电子文件，并即时备份，存储于能够脱机保存的载体上，确保电子文件安全、完整、真实、有效。

第十三条　电子文件形成单位的档案管理机构对符合下列归档范围的电子文件，应当进行收集：

（一）反映本机关主要职能活动和基本历史面貌的，对本机关工作、国家建设和历史研究具有利用价值的；

（二）机关工作活动中形成的在维护国家、集体和公民权益等方面具有凭证价值的；

（三）本机关需要贯彻执行的上级、同级机关的文件材料，下级机关的重要报送件；

（四）本单位工作活动中形成的正式电子文件及电子文件的形成过程稿；

（五）其他对本机关工作具有查考价值的。

电子文件在收集时，应当同时收集相应的背景信息和元数据。

第十四条　收集的电子文件类型包括：

（一）文本文件：用文字处理技术形成的文字文件、表格文件；

（二）图像文件：用扫描仪、数码相机等获得的静态图像文件；

（三）图形文件：用计算机辅助设计或绘图获得的静态图形文件；

（四）影像文件：用视频设备获得并经计算机处理的动态影像文件；

（五）音频文件：用音频设备获得并经计算机处理的声音文件；

（六）多媒体文件：用计算机多媒体技术制作的文件，其中包含文字（表格）、图像、图形、声音、影像等两种以上的复合信息形式；

（七）数据文件（数据库文件）：用计算机软、硬件系统进行信息处理过程中形成的各种管理数据、参数等；

（八）其他应当收集归档的电子文件。

第十六条　电子文件归档应当符合以下要求：

（一）归档的电子文件应当齐全、完整，能够有效表现所载内容并可供调取查用；

（二）符合本市电子文件和电子档案数据格式标准，能够长期有效读取；

（三）具有永久保存价值或者其他重要价值的文本文件、图像文件、图形文件，应当制成纸质档案或者缩微胶卷同时归档，并建立互联；

（四）加密传送、存储的电子文件应在解密后进行归档，压缩电子文件应在解压缩后进行归档；

（五）归档电子文件应当设置成禁止改写状态；

（六）规定电子文件、电子档案的开放级别。

前款第（二）项所称电子文件和电子档案数据格式标准，由市档案行政主管部门会同质监、信息化、保密等行政主管部门，依据国家、省的相关标准制定，报市人民政府批准后，向社会公布执行；专业档案馆、部门档案馆的主管部门可以按照行业标准和规范，制定专业电子档案的数据标准，报市档案行政主管部门备案。

第十八条　电子文件形成单位和档案馆应当配备满足电子文件、电子档案存储和保管的设施设备。采用只读光盘、磁带、硬磁盘等符合国家要求的存储介质作为保存载体。

第十九条　存储电子文件、电子档案的载体或装具上应当标注存储介质类型、盘号、全宗号（或者形成单位）、存入日期、密级、保管期限等标识。

第二十七条　应当向档案馆移交的电子档案范围：

（一）属于政府公开信息的电子文件、电子档案；

（二）具有永久保存价值的电子档案；

（三）本地区重大政治、经济、文化、社会等活动形成的电子档案；

（四）专业电子档案；

（五）其他属于移交范围的电子文件、电子档案。

第二十九条　属于信息公开范围的和开放的电子档案查阅、利用，应当按照国家有关规定执行；不属于信息公开范围的和未开放的电子档案查阅、利用，按照国家有关档案、保密、信息安全、知识产权保护等方面法律、法规的要求，可在规定范围内提供查阅、利用。

第三十条　提供查阅利用的电子文件和电子档案应当为只读文件。查阅利用电子档案时，使用拷贝件，电子档案封存载体和电子档案备份载体不得查阅、外借。

不得擅自复制、修改电子文件、电子档案。

第三十一条　联网利用要有安全防范措施和可靠的监管保障。

禁止在互联网络提供涉密和未开放的电子文件、电子档案。

第三十二条　本市档案馆已开放的电子档案、现行公开文件和政府公开信息，单位和个人可以持介绍信、身份证等有效证件在许可范围内查阅、利用。

第三十三条　电子文件形成单位在办公自动化系统的终端上提供电子文件、电子档案，应当设定查阅利用权限。

第三十四条　电子文件形成单位和档案馆，应当按年度对政府公开信息、电子文件和电子档案的移交、接收、保管、利用和鉴定销毁情况进行统计。

【相关规定47】《福建省电子文件归档与电子档案管理办法（试行）》（2003年5月6日起施行）（节录）

第三条　电子文件，指在数字设备及环境中生成，以数码形式存储于磁带、磁盘、光盘等载体，依赖计算机等数字设备阅读、处理，并可在通信网络上传送的文件。

电子档案，指经过鉴定，具有保存价值的已归档的电子文件及相应的支持软件产品和软、硬件说明。

第十四条　为保证电子文件的真实性，文件形成单位应在计算机系统中设置安全防护技术措施。

（一）建立对电子文件操作者的身份识别与权限控制，防止非法侵入。

（二）设置符合安全要求的操作日志，随时自动记录实施操作的人员、时间、设备、项目、内容等。

（三）对电子文件采用可靠的防错漏和防调换的标记。

（四）对电子印章、数字签署等采取防止非法使用的措施。

第十五条　为保证电子文件的完整性，文件形成单位应建立电子文件完整性管理制度，并采取相应的技术措施采集背景信息和元数据。

（一）开列属于归档范围相关的电子文件表单，通过采用信息管理系统功能和人工监控相结合的方式，将具有有机联系的电子文件收集齐全。

（二）建立相应的制度，对在不同系统中分散形成的、不同媒体的，或通过非正式渠道传递的具有内容相关性的电子文件收集和捕获。

第十六条　为保证电子文件的有效性，文件形成单位应建立电子文件有效性管理制度，并采取相应的技术保证措施。

（一）根据电子文件的类型和特点注明文件格式、软硬件环境、相关的数据及参数等。对于采用通用软件或专用软件产生的电子文件收集归档要求，应按照本规定的第二十三、二十四条执行。

（二）对于加密电子文件，应解密后再收集归档，确实需要以加密方式保存的，应将其解密程序同时归档。

（三）定期对脱机保管的电子文件进行抽样读取检验，发现问题及时采取恢复措施，并根据软硬件升级换代情况适时对电子文件进行迁移作业。

第十七条　在公文处理过程中所使用的电子签章程序能够证明以下事项的，为安全的电子签章：

（一）能够确认该电子签章的签署者的身份；

（二）能够证实该电子签章是签署者独有的；

（三）能够证实电子签章签署的电子文件的内容未被改动。

第三十三条　电子文件形成单位在内部局域网或系统专用网的办公自动化系统中设置了鉴定工作的程序与实时逻辑归档功能的，其鉴定工作可由系统自动完成。

第五十一条　电子档案的利用应注意以下事项：

（一）封存的电子档案载体不得外借使用，利用时使用拷贝件；

（二）应严格遵守保密制度，对利用具有保密要求的电子档案时，必须符合国家或有关部门的保密规定；

（三）查阅或复制应在权限规定的范围之内，未经批准任何单位或人员不得擅自复制电子文件。

【相关规定48】《深圳市电子文件归档及管理办法》（2003年8月1日起施行）（节录）

第二条　我市各级国家机关、团体、事业单位的电子文件归档及管理，适用本办法。

企业电子文件的归档及管理，可以参照本办法执行。

第三条　本办法下列术语的含义分别为：

（一）电子文件：以数字形式存储于磁带、磁盘、光盘等载体，依赖计算机系统阅读、处理、存取并可在通信网络上传输的文件。

（二）归档电子文件：指经过鉴定具有保存价值的电子文件以及相应的支持软件参数和其他相关数据。

（三）在线式归档：指通过计算机网络，在不改变原存储方式和位置的情况下，实现电子文件向档案部门移交的过程。

（四）可卸载式归档：指将应归档的电子文件卸载到脱机载体上，向档案部门移交的过程。

（五）元数据：关于数据的数据，是一种信息资源组织和管理工具，它可以对文件进行详细、全面、规范的描述，保证电子文件能够被准确理解与有效检索，支持电子文件的管理、利用和长期存取。

第十五条　归档电子文件的移交内容包括归档电子文件、电子文件元数据表及有关材料。

【相关规定49】《克拉玛依市电子文件归档管理暂行办法》（2004年8月30日起施行）（节录）

第三条　本办法所称电子文件是指公民、法人及其他组织在履行公务活动中形成的数字形态记录，它是在数字设备及环境中生成，存储于磁带、磁盘或光盘等介质，主要依赖于计算机等数字设备识别、处理，并可以进行网络传递的代码序列。

第四条　本办法所称电子档案是指经过鉴定具有保存和利用价值的

归档电子文件。

第七条　为保证归档电子文件的完整、真实和有效利用，从电子文件产生时就应按制度严格要求，妥善管理。确保其不散失、不损毁、不失真。

【相关规定50】《北京市电子文件归档与管理暂行规定》（2004年10月12日起施行）（节录）

第三条　本规定所使用的下列基本概念具有特指的涵义。

（一）电子文件　指在数字设备及环境中生成，以数码形式存储于磁带、磁盘、光盘等载体，依赖计算机等设备阅读、处理，并可在通信网络上传送的文件。

（二）归档电子文件　指具有参考和凭证价值并作为档案保存的电子文件。

（三）背景信息　指描述生成电子文件的职能活动，电子文件的作用、办理过程、结果、上下文关系以及对其产生影响的历史环境等信息。

（四）元数据　指反应电子文件数据属性的数据，包括文件的格式、编排结构、硬件和软件环境、文件处理软件、字处理和图形工具软件、字符集等数据。

（五）逻辑归档　指在计算机网络上进行，不改变原存储方式和位置而实现的将电子文件的管理权限向档案部门移交的过程。

（六）物理归档　指把电子文件集中下载到可脱机保存的载体上，向档案部门移交的过程。

（七）真实性　指对电子文件的内容、结构和背景信息进行鉴定后，确认其与形成时的原始状况一致。

（八）完整性　指电子文件的内容、结构、背景信息和元数据等无缺损。

（九）有效性　指电子文件应具备的可理解性和可被利用性，包括信息的可识别性、存储系统的可靠性、载体的完好性和兼容性。

（十）迁移　指将源系统中的电子文件向目的系统进行转移存储的方法与过程。

第四条　各单位要明确电子文件归档与管理工作的职责，并根据本规定，制定并实施电子文件管理的制度和技术措施，确保电子文件的真实性、完整性和有效性。

第十三条　归档电子文件的鉴定工作由文件形成部门和档案部门共同承担。依照本单位规定的归档范围和保管期限表，确定电子文件的归档范围、密级和划定保管期限，鉴别电子文件的真实性、完整性和有效性。

第十四条　电子文件的归档范围应参照国家档案局关于《机关文件材料归档和不归档的范围》的规定和其他有关科技文件、专门文件归档范围的规定，并结合电子文件的特点，将反映机构主要活动、具有查考利用价值的电子文件及相应的背景信息和元数据纳入归档范围。

第十五条　电子文件保管期限和密级的划分工作，参照国家关于纸质文件材料密级和保管期限的有关规定执行。电子文件背景信息和元数据的保管期限应当与内容信息的保管期限一致。

【相关规定51】《吉林省社会保险公司关于印发〈电子文件归档管理暂行办法〉的通知》（吉社保文〔2005〕1号）

一、本办法所指电子文件，包括本公司各部室（中心）在数字设备及环境中生成，以数码形式存储于磁带、磁盘、光盘等载体，依赖计算机等数字设备阅读、处理，并可在通讯网络上传送的文件。

二、省公司各部门要把电子文件的归档管理作为电子政务建设的重要内容和基础性工作，统一规划，统一标准，建立健全电子文件归档制度，纳入机关文书处理程序和机关人员的岗位责任制，定期检查和考核。实行电子文件、电子档案一体化管理。

三、公司各部门应负责电子文件的形成、承办、运转、收集、登记，确保其真实性、完整性、可靠性、有效性和安全性，并在应归档的电子文件形成后按时向公司文书、档案室移交。

四、公司相关的信息技术部门要在三网（内网、外网、专网）一库（数据库）建设中建立单独的电子文件、电子档案数据系统，做好电子文件真伪的鉴定，确定电子文件的结构、流转路径，切实履行电子文件归档标准，选择兼容性强的软硬件和通用的电子文件格式，参与电子文件的收集、积累，协助档案部门做好电子文件的整理、移交，确保电子文件的安全、可靠、可识别、不散失、不损坏。

五、归档后的电子文件，应及时与其他门类载体的档案实行集中统一管理，档案管理部门要确保电子档案能够在"三网一库"中存贮，传输和有效机读。

六、凡记述和反映本公司工作活动，具有查考价值的电子文件及相关软件均属归档范围。其内容、期限与公司纸质文件归档范围、保管期限规定相同。电子文件的信息类型包括：1 文本文件；2 图像文件；3 图形文件；4 影像文件；5 声音文件；6 多媒体文件；7 计算机程序；8 数据文件（指计算机软硬件系统进行信息处理过程中形成的各种管理数据、参数等）。

七、公司各部门所形成的电子文件一般应在办理完毕后六个月内向公司档案室归档。尚未建成网络，条件不具备的电子文件可将脱机下载到符合保管要求的光盘、磁盘定期向公司档案室归档。

八、公司档案室必须将具有永久保存价值的电子文件，制成纸质文件与电子文件的存贮载体同时归档，并使两者建立互联。

九、公司应授权信息技术部门在电子文件处理系统中设置符合安全要求的操作日志，随时自动记录对电子文件实时操作的人员、时间、设备、项目、内容等，以保证电子文件的真实性，采取严格的安全措施备份，并建立容灾系统，保证电子文件的安全性。

【相关规定 52】《宁夏回族自治区电子文件归档与管理办法（试行）》（2007 年 9 月 28 日起施行）（节录）

2. 术语和定义　下列术语和定义适用于本办法：

2.1　电子文件 electronic records 指在数字设备及环境中生成，以数字形式存储于磁带、磁盘、光盘等载体，依赖计算机等数字设备阅读、处理，并可在通信网络上传送的文件及相应的支持软件产品和软、硬件说明。

2.2　归档电子文件 archival electronic records 指具有参考和利用价值并作为档案保存的电子文件。

2.3 背景信息 context 指描述生成电子文件的职能活动、电子文件的作用、办理过程、结果、上下文关系以及对其产生影响的历史环境等信息。

2.4 元数据 metadata 指描述电子文件数据属性的数据，包括文件的格式、编排结构、硬件和软件环境、文件处理软件、字处理和图形工具软件、字符集等数据。

2.5 逻辑归档 logical filing 指在计算机网络上进行，不改变原存储方式和位置而实现的将电子文件的管理权限向档案部门移交的过程。

2.6 物理归档 physical filing 指把电子文件集中下载到可脱机保存的载体上，向档案部门移交的过程。

2.7 真实性 authenticity 指对电子文件的内容、结构和背景信息进行鉴定后，确认其与形成时的原始状况一致。

2.8 完整性 integrity 指电子文件的内容、结构、背景信息和元数据等无缺损。

2.9 有效性 utility 指电子文件应具备的可理解性和可被利用性，包括信息的可识别性、存储系统的可靠性、载体的完好性和兼容性等。

2.10 捕获 capture 指对电子文件进行实时收集和存储的方法与过程。

2.11 迁移 migration 指将源系统中的电子文件向目的系统进行转移存储的方法与过程。

3. 电子文件归档原则与管理

3.1 电子文件归档实行"双轨制"归档管理原则。

3.1.1 为保证电子文件的安全性，防止因灾难、意外可能带来的数据丢失，对于电子文件正式文本实行双套保存。

3.1.2 电子文件同时存在相应的纸质或其他载体形式的文件时，电子文件与纸质或其他载体形式的文件一并归档，并须保证其在内容、格式及相关说明和描述上完全一致。

3.1.3 具有永久和长期保存价值的文本或图像、图形形式的电子文件，如没有纸质等拷贝件，须制成纸质文件与电子文件一并归档，并须保证其在内容、格式及相关说明和描述上完全一致。

3.2 对只有电子签章的电子文件，归档时应当在纸质文件上加盖具有法律效力的非电子签章，以保证电子文件的凭证作用。

4. 电子文件的真实性、完整性和有效性保证

4.1 电子文件的形成单位，应采取可靠的安全防护技术措施，保证电子文件的真实性。

4.1.1 建立对电子文件操作者可靠的身份识别与权限控制。

4.1.2 设置符合安全要求的操作日志，随时自动记录实施操作的人员、时间、设备、项目、内容等。

4.1.3 对电子文件采用防错漏、防调换和防更改的标记。

4.1.4 对电子印章、数字签名等采取防止非法使用的措施。

4.2 各单位从电子文件形成开始，不间断地对有关操作处理进行管理登记，保证电子文件的产生、处理过程符合下列规范要求，具有完整性。

4.2.1 登记处理过程中相互衔接的各类责任者（如起草者、修改者、审核者、签发者等）。

4.2.2 登记处理过程中的各类操作者（打字者、发文者、收文者、存储管理者等）。

4.2.3 登记处理过程中产生的责任凭证信息（批示、签名、印章、代码等）。

4.2.4 登记电子文件传递、交接过程中的其他标识。

4.2.5 电子文件形成人员及时对修改的重要文稿进行逻辑归档，正式文本随后物理归档。单位档案部门按照档案馆给定的全宗号、归档范围登记并归档。

4.3 为保证电子文件的有效性，电子文件形成单位应建立电子文件有效性管理制度，并采取相应的技术保证措施。

4.3.1 根据电子文件的类型和特点注明文件格式、软硬件环境、相关的数据及参数。

4.3.3 对于加密电子文件，应当解密后再收集归档，确实需要以加

密方式保存的，应当将其解密程序同时归档。

4.3.4 定期对档案室备份的电子文件进行抽样读取检验，发现问题及时采取措施，并根据软硬件升级换代情况，适时对电子文件进行迁移作业。

4.4 电子文件的处理和保存应当符合国家的安全保密规定，针对自然灾害、非法访问、非法操作、病毒侵害等情况，采取与系统安全和保密等级要求相符的防范对策，包括网络设备安全保证、数据安全保证、操作安全保证和身份识别方法等。

5. 电子文件的收集与积累

5.1 收集范围

5.1.1 电子文件的收集范围应当是反映单位主要职能活动，包括文书和业务工作在内的电子文件，以及相关的支持软件和数据等。电子文件的归档范围按照纸质文件的有关规定执行。

5.1.2 记录了重要文件的主要修改过程和办理情况，有查考价值的电子文件及其电子版本的定稿均应当保留。正式文件是纸质的，文件形成部门或保管部门已开始进行全文数字化工作的，则应当将纸质文件与数字化后的电子文件一同保留。

5.1.3 当运用计算机系统进行公务或其他事务处理过程只产生电子文件时，应当采取严格的安全措施，保证电子文件不被非正常改动。同时应当适时进行备份，存储于能够脱机保存的载体上，并对有档案价值的电子文件制作成纸质文件保留。

5.2 收集要求

5.2.1 对在网络系统中处于流转状态，暂时无法确定其保管责任的电子文件，应当明确流程环节的责任者，采取捕获措施，集中存储在符合安全要求的电子文件暂存存储器中，以防散失。

5.2.2 采用文字处理技术形成的文本电子文件，包括：文字文件、表格文件等，收集时应注明文件存储格式、文字处理工具等，必要时同时保留文字处理工具软件。对特别重要的文件，其历次修改稿如都有必要保存时，每一稿应以不同的标识区别。定稿电子文件其标识应以正式文件文号注明。收集重点是定稿电子文件和正式电子文件。电子文件原则上要转换成通用格式的电子文件，如不能转换，收集时应当连同专用软件一并收集。

5.2.3　用计算机辅助设计或绘图等获得的图形电子文件，收集时应注意其对设备的依赖性，以及易修改性等问题，不可遗漏相关软件和各种数据。

5.2.6　计算机系统运行和信息处理等过程中涉及的与电子文件处理有关的参数、管理数据等，应当与电子文件一同收集。

5.2.7　由计算机多媒体技术制作的文件，其中包含前面所示的两种以上的信息形式，收集时应注意参数准确、数据完整。

5.2.8　套用统一模板的电子文件，在保证能恢复原形态的情况下，其内容信息可脱离套用模板进行存储，被套用模板作为电子文件的元数据保存。

5.2.9　电子文件在形成、接收时就要制作备份。在文件流转的每一个环节，只要发生过信息变化的，都必须制作备份。

5.2.10　通用软件产生的电子文件，收集时应注意收集其软件型号和相关参数。专用软件产生的电子文件，收集时必须连同专用软件一并收集。

5.2.11　计算机系统运行和信息处理等过程中涉及的各类参数、管理数据等应与电子文件一同收集。

【相关规定53】《大连市建设工程电子文件与电子档案管理办法（暂行）》（2009年10月1日起施行）（节录）

第二条　建设工程电子文件是指在工程建设过程中通过数字设备及环境生成，以数码形式存储于磁带、磁盘或光盘等载体，依赖计算机等数字设备阅读、处理，并可在通信网络上传送的文件。

建设工程电子档案是指按照规程编制、经过验收合格并归档的电子文件的集合。

第五条　建设工程电子文件编制软件使用电子签名。法人电子签名的行为主体为各建设、施工、监理单位；管理及专业技术人员电子签名的行为主体为建设、施工、监理单位的法人代表、技术负责人、项目经理、总监理工程师、监理工程师、质检员、档案员。以上单位及人员均需办理电子签名资格注册。

第十条　建设工程电子档案的移交内容与建设工程纸质档案归档内容一致。移交的电子档案必须附带《电子文件目录》、《建设工程电子档案基本信息表》、《建设工程电子档案移交、接收登记表》。

电子档案采取离线式归档，归档内容须使用专业杀毒软件进行杀毒，以保证电子档案的安全。归档载体为只读光盘，不允许采用其它载体。

第十一条　城建档案管理部门建立完整、有效的建设工程电子档案的保管制度。从建设电子档案进馆开始对各环节工作进行严格管理，保证建设电子档案的处理过程符合技术规范；采取安全防护技术措施，保证建设电子档案的真实性；建立符合国家安全保密规定的建设工程电子档案的处理和保存制度，针对自然灾害、非法访问、非法操作、病毒等采取与系统安全和保密等级要求相符的防范措施；对归档电子档案采用专门的应用设备和技术手段，设置专门的存储环境和技术规范。

第十二条　城建档案管理部门应当开发电子档案信息资源，并依照法律、法规的有关规定，向社会提供档案利用服务和技术咨询服务。

【相关规定 54】《化隆县（馆）档案局馆电子文件归档与电子档案接收管理办法》（2011 年 4 月 15 日起施行）（节录）

1.1　对电子文件的形成、积累、鉴定、归档及电子档案的保管实行全过程管理，应当由主管部门统一协调，指定专门机构或人员负责，保证管理工作的连续性。

1.5　为保证电子档案的可利用性，从电子文件形成就应有严格的管理制度和技术措施，确保其信息的真实性、安全性和完整性。

1.6　归档电子文件同时存在相应的纸质或其他载体形式的文件时，则应在内容、相关说明及描述上保持一致。

1.7　具有保存价值的电子文件，必须适时生成纸质文件等硬拷贝。进行归档时，必须将电子文件与相应的纸质文件等硬拷贝一并归档。

2. 电子文件的收集与积累

2.1　收集范围。电子文件的收集范围，按国家关于文件归档的现行有关规定执行。

2.2　收集积累要求

2.2.1　记录了重要文件的主要修改过程，有查考价值的电子文件应被保留。当正式文件是纸质时，如果保管部门已开始进行向计算机全文处理的转换工作，则与正式文件定稿内容相同的草稿性电子文件应当保留，否则可根据实际条件或需要，确定是否保留。

2.2.2　保存与纸质等文件内容相同的电子文件时，要与纸质等文件之间，相互建立准确、可靠的标识关系。

2.2.3　在"无纸化"计算机办公或事务系统中产生的电子文件，应采取更严格的安全措施，保证电子文件不被非正常改动。同时必须随时备份，存储于能够脱机保存的载体上，并对有档案价值的电子文件制作纸质或缩微胶片拷贝件保留。

2.2.4　用文字处理技术形成的电子文件，收集时应注明文件存储格式和属性。

2.2.5　用扫描仪等设备获得的图象电子文件，如果采用非标准压缩算法，则应将相关软件一并收集。

2.2.6　用计算机辅助设计或绘图等获得的图形电子文件，收集时应注意其对设备的依赖性，以及易修改性等问题，不可遗漏相关软件和各种数据。

2.2.10　通用软件产生的电子文件，收集时应注意收集其软件型号和相关参数。专用软件产生的电子文件，收集时必须连同专用软件一并收集。

2.2.11　计算机系统运行和信息处理等过程中涉及的各类参数、管理数据等应与电子文件一同收集。

4. 电子文件的归档

应定期把符合归档条件的电子文件，按档案管理要求的格式存储到可长期保存的脱机载体。

4.1　归档范围电子文件的归档范围的划分，可参照国家关于文件的现行有关规定执行。

4.2　归档时间逻辑归档应实时进行，物理归档应定期完成。

4.3　检测在进行电子文件归档工作时，应按其基本技术条件进行检测。其内容包括：硬件环境的有效性、软件环境有效性及其信息记录格式等。

5. 电子档案的移交与保管

电子文件归档后按有关规定移交至档案保管部门，作为电子档案进行保管，在本单位保管 5 年后，移交至档案馆保存。

5.5　利用

5.5.1　电子档案的封存载体不得外借。

5.5.4　利用者对电子档案的使用应在权限规定范围之内。

5.5.5　具有保密要求的电子档案上网时必须符合国家或部门有关保密的规定，要有稳妥的安全保密措施。

5.7　统计档案保管部门应及时按年度对电子档案的保管，利用等情况进行统计。

【相关规定 55】《沈阳市建设工程电子文件与电子档案管理暂行办法》（2011 年 8 月 1 日起施行）（节录）

第二条　本办法所称城市建设工程电子文件是指在工程建设过程中通过数字设备及环境生成，以数码形式存储于磁带、磁盘或光盘等载体，依赖计算机等数字设备阅读、处理，并可在通信网络上传送的文件。

建设工程电子档案是指按照规程编制、经过验收合格并归档的电子文件的集合。

第五条　电子档案的接收范围：建设单位应形成本单位的建设工程电子档案，组织、监督、检查、收集和汇总勘察、设计、施工、监理等单位形成的工程电子档案，统一向城市建设档案管理部门移交。

勘察、设计、检测、检验部门应将最终勘测、设计文件及检测、检验报告连同电子数据一并移交委托单位。

施工、监理单位在工程竣工后，应将本单位形成的建设工程电子档案向建设单位移交。

第六条 电子档案的质量要求：归档的电子档案必须完整、准确、系统。建设工程电子档案的移交内容与建设工程纸质档案归档内容一致并同时归档。电子档案采取离线式归档，归档内容须使用专业杀毒软件进行杀毒，以保证电子档案的安全。归档载体为只读光盘，一式两份，城建档案馆与建设单位各保存一份，不允许采用其它载体。移交的电子档案必须附带《电子文件目录》、《建设工程电子档案基本信息表》、《建设工程电子档案移交、接收登记表》。

第八条 建设工程电子文件编制软件使用电子签名。沈阳市城市建设档案馆负责电子签名资格注册和年检工作。已取得电子签名资格的单位和个人需在规定时间内年检，每两年一次。未参加或未通过年检的单位和个人，其电子签名资格作废。

法人电子签名的行为主体为各建设、施工、监理、勘察、设计、检测、检验等单位；管理及专业技术人员电子签名的行为主体为建设、施工、监理、勘察、设计、检测、检验单位的法人代表、技术负责人、项目经理、总监理工程师、监理工程师、质检员、档案员等。以上单位及人员均需办理电子签名资格注册。

法人电子签名资格注册需持单位营业执照副本原件及复印件，并填写单位申请表；管理和专业技术人员电子签名资格注册需持本人身份证原件、复印件，相关证明或专业资格证书，并填写个人申请表。管理和专业人员电子签名资格注册可由单位统一办理。

第九条 城建档案管理部门应建立符合国家安全保密规定的建设工程电子档案的处理和保存制度，保证建设工程电子档案的处理过程符合技术规范；针对自然灾害、非法访问、非法操作、病毒等采取与系统安全和保密等级要求相符的防范措施；对归档电子档案采用专门的应用设备和技术手段，设置专门的存储环境和技术规范。

第十条 城建档案管理部门应当完善电子档案专用管理软件，用以开发电子档案信息资源，并依照法律、法规的有关规定，向社会提供档案利用服务。

【相关规定 56】《杭州市电子文件管理暂行办法》（2011 年 8 月 25 日起施行）（节录）

第一条　为规范杭州市电子文件管理，确保电子文件的真实、完整、可用和安全，提供组织机构法定职责或开展业务活动的证据，满足各类组织机构日常工作、查考、审计、风险管理、档案管理和监督活动等方面的要求，维护杭州城市发展的历史记忆，促进电子文件有效利用，根据中共中央办公厅、国务院办公厅印发的《电子文件管理暂行办法》（厅字〔2009〕39 号）精神，制定本办法。

第二条　本办法所称电子文件，是指机关、团体、企事业单位和其他组织在处理公务过程中，通过计算机等电子设备形成、办理、传输和存储的文字、数据（库）、图表、图形、图像、音频、视频等不同形式的信息记录。

第三条　电子文件管理应当遵循信息化条件下电子文件形成和利用的规律，坚持下列基本原则：

（一）统一管理。对电子文件管理工作实行统筹规划，统一管理制度，对具有保存价值的电子文件实行集中管理。

（二）全程管理。对电子文件形成、办理、传输、鉴定、整理、利用、保存、销毁等实施全过程管理，确保电子文件始终处于受控状态。

（三）依法管理。电子文件的管理，必须严格执行行政许可、物权保护、审计、电子签名、公文处理、档案管理、保守秘密、信息公开等方面的法律、法规和其他规定。

（四）规范标准。应根据国际、国家和行业标准，制定统一标准和规范，对电子文件实行规范化管理。

（五）便于利用。发挥电子文件高效、便捷的优势，对有价值的电子文件提供分层次、分类别的共享应用。

（六）安全保密。按照国家有关法律法规和规范标准的要求，采取有效技术手段和管理措施，确保电子文件信息安全，确保国家秘密、商业秘密、工作秘密和个人隐私的安全。

第十条　形成电子文件的信息系统和专门的电子文件管理系统共同

承担电子文件全程管理的功能。同时，根据保密要求，实现明、密分开。

第十一条　在设计、升级、维护各种形成电子文件的信息系统时，应注意完善电子文件管理的功能，对电子文件形成系统和管理系统的电子文件管理功能进行评估，确保数据完整、可用。

第十三条　电子文件在形成和办理过程中，应当具备国家法律法规规定的原件形式，并符合下列要求：

（一）能够有效表现所载内容并可供调取查用；

（二）支持电子签名，能够保证电子文件及其元数据自形成起完整无缺、来源可靠，未被非法更改；

（三）在信息交换、存储和显示过程中发生的形式变化不影响电子文件内容真实、完整、有效；

涉密电子文件的原件形式应当符合国家有关保密法律法规的规定。

第二十六条　反映电子文件保管、利用过程的相关信息应当记录和保存。

第三十四条　有下列情形之一的，由区、县（市）以上的档案行政管理部门责令限期整改；情节严重的，由有关主管部门对相应责任人进行责任追究：

（一）电子文件管理不符合真实、完整、可用和安全保密要求的；

（二）不按照规定移交或者接受电子文件的；

（三）不按照规定提供电子文件的；

（四）损毁、丢失、篡改、伪造电子文件的；

（五）擅自提供、复制、公布、销毁电子文件的；

（六）擅自出卖电子文件的；

（七）玩忽职守，造成电子文件损失的；

（八）不落实保密管理规定，出现违反《保密法》第四十八条规定的行为，或因其他行为造成失泄密隐患或造成失泄密事件的。

有前款第四、五、六、七、八项情形之一，涉嫌犯罪的，要依法追究其刑事责任。

【相关规定 57】《关于使用保险监管信息交换平台电子文件传输系

统有关事项的通知》（2012年12月15日起施行）（节录）

一、系统试运行期间（12月15日至12月31日）采取纸质文件和电子文件并行方式。2013年1月1日起系统正式上线，届时统一采取电子发文，不再使用纸质方式。

【相关规定58】《浙江政务服务网电子文件管理暂行办法》（2017年1月6日起施行）（节录）

第二条　本省县级以上行政机关或其他法律法规授权、受委托行使行政职能的组织（以下统称行政机关）在浙江政务服务网上的电子文件管理，适用本办法。

第三条　本办法所称的电子文件，是指行政机关通过浙江政务服务网行使行政权力事项，履行公共服务、行政监管等职能活动中直接形成或交换共享的文字、图表、图像、音频、视频、数据库等不同形式的电子信息记录。

本办法所称的电子文件管理，是指行政机关对在浙江政务服务网上形成、办理、归档、移交、保管、利用等各环节的电子文件进行管理的活动。

第四条　在浙江政务服务网上办结归档的电子文件是行政机关依法履行职能的重要凭证，是国家档案信息资源的重要组成部分。浙江政务服务网电子文件管理应当遵循以下原则：

（一）统一规划。将电子文件管理工作纳入浙江政务服务网总体规划，实行统筹规划和统一标准、流程等进行规范管理。

（二）全程管理。浙江政务服务网电子文件的形成、办理、归档、移交、保管、利用等各环节实行全过程管理，确保电子文件运行实现连续性、安全性、可控性。

（三）高效服务。发挥电子文件高效、便捷的优势，通过浙江政务服务网等渠道提供分层次、分类别的共享利用。

（四）确保安全。采取有效技术手段和管理措施，确保浙江政务服务网电子文件真实、完整、有效和安全。

第九条　浙江政务服务网电子文件的形成、办理等过程，一般采用网上在线运行方式，法律法规另有规定的除外。采用网上在线运行方式的，应当符合国家法律法规对电子文件的原件形式和标准规范要求。

行政机关通过浙江政务服务网办结归档的加盖可靠电子印章的文书类、证照类等电子文件，与纸质文书具有同等法律效力。

第十条 浙江政务服务网电子文件形成、办理、归档等过程中，应当按照《浙江省人民政府办公厅关于印发浙江省人民政府电子印章管理暂行办法和浙江省政府系统电子公文传输管理暂行办法的通知》（浙政办发〔2016〕119号）规定和其他相关技术、管理和数据标准规范执行，并采用时间戳、日志、备份等可靠技术保障措施，确保其信息真实、内容完整、可靠安全并形成记录。

第十三条 归档的浙江政务服务网电子文件应当满足可长期保存的要求，各级公共数据和电子政务工作机构要加强技术指导和服务保障，确保电子文件在脱离浙江政务服务网归档后能够被正确读取和使用。

文字、图表、图像、音频、视频、数据库等浙江政务服务网电子文件的归档格式，按照国家有关标准规范执行；在浙江政务服务网上以数据库信息临时抽取组合方式显示的电子文件，归档时以PDF、OFD、XML、HTML等通用格式保存；根据信息化发展的需要，由省公共数据和电子政务工作机构会同省档案行政主管部门动态确定相应通用格式后公布施行。以数据链接形式存放的浙江政务服务网电子文件，归档时需下载保存原发布单位的实际电子文件。

第十八条 行政机关应当按照《中华人民共和国政府信息公开条例》（国务院令第492号）和档案、保密、信息安全、知识产权保护、网络安全等法律法规规定，认真履行信息公开的主体责任，做好浙江政务服务网归档电子文件的信息公开、开放鉴定等工作，保证电子文件得到方便快捷的共享利用。

第十九条 在浙江政务服务网上形成的电子文件坚持以共享利用为常态、以不共享利用为例外的原则。行政机关应当按照办理事项，对本单位在浙江政务服务网上形成的电子文件进行逐项梳理，按照省有关规定，明确其共享利用的范围和条件。

属于共享利用范围的浙江政务服务网电子文件，未经省公共数据和电子政务工作机构同意，不得擅自对原共享利用范围作出限制性规定或变更属性。

【相关规定 59】《青岛市建设工程竣工档案归档内容及归档要求》（青建办字〔2014〕2 号）（节录）

2. 建设单位须将"工程前期文件"按《归档内容》中要求的顺序，填写到"青岛市建设工程前期档案材料报送目录"上…，一式两份，加盖公章、签字后，随同文件一起报送，同时报送其电子版。

【相关规定 60】《宿迁市市场主体登记电子文件归档和电子档案管理暂行办法》（2018 年 12 月 16 日起施行）（节录）

第三条　本办法适用概念的具体含义。

（一）市场主体是指市场上从事交易活动的组织和个人，包含公司制企业、非公司制企业、个人独资企业、合伙企业、农民专业合作社、个体工商户等。

（二）电子文件，是指市场主体在登记过程中，通过计算机等电子设备产生的文字、图表、图像、音频、视频等不同形式的信息记录。

（三）电子档案，是指登记机关在核准登记和实施监督管理市场主体过程中形成的具有凭证查考、保存利用价值并归档保存的电子文件。

传统登记档案经数字化处理后形成且符合电子档案规定标准的文字、图表、图像、音频、视频等不同形式的历史记录，参照电子档案相关要求管理。

（四）本办法所称元数据，是指描述电子文件内容、结构、背景和管理过程的数据。

第四条　登记电子文件归档和登记电子档案管理应当坚持统一标准、分级管理、真实可靠、齐全完整、安全可用的原则。

第五条　依据档案管理相关规定，对符合《电子签名法》规定及安全规范要求的登记电子档案，应视为与纸质档案具有相同的法律效力，可作为法定办事依据。

第六条　登记机关负责以自己名义登记的市场主体登记电子档案的

收集、整理和归档，登记机关对依职权形成电子档案的完整性、准确性、真实性负责。

第二十五条　登记电子档案分机读档案、书式档案等。各组织、个人均可向登记机关进行机读档案资料查询。书式档案资料查询按原规定执行。

登记机关应做好登记电子档案利用工作，以登记信息公示平台为基础，运用互联网技术，建立准确、快捷、广域、经济的电子档案免费查询服务系统，充分发挥电子档案共享利用优势。

电子档案封存载本不得查阅、外借，确保联网利用的信息安全和可靠的监管保障。

第三十一条　登记电子档案查询人和使用机构可通过登记机关的档案管理系统，对导出档案内容的真实性、一致性和有效性进行比对验证。

第三十二条　查阅对象对查阅所获取信息仅限于工作上的正当利用，不得以其他不正当方式利用或用以谋取利益。

【相关规定 61】《陕西政务服务网电子文件管理暂行办法》（2019年 2 月 1 日起施行）（节录）

第三条　本办法所称的电子文件，是指行政机关通过陕西政务服务网行使行政权力事项，履行经济调节、市场监管、社会管理、公共服务、生态环境保护等职能活动中直接形成或交换共享的文字、图表、图像、音频、视频等不同形式的电子信息记录。

本办法所称的电子文件管理，是指行政机关对在陕西政务服务网上形成、办理、归档、移交、保管、利用等各环节的电子文件进行管理的活动。

第四条　在陕西政务服务网上办结归档的电子文件是行政机关依法履行职能的重要凭证，是国家档案信息资源的重要组成部分。陕西政务服务网电子文件管理应当遵循统一规划、全程管理、规范标准、高效利用、确保安全原则。

第十一条　陕西政务服务网电子文件的形成、办理等过程，一般采用网上在线运行方式，法律法规另有规定的除外。采用网上在线运行方式的，应当符合国家法律法规对电子文件的原件形式和标准规范要求。

第十七条　陕西政务服务网电子文件形成、办理、归档等过程中，应按照《陕西省电子公文传输管理暂行办法》规定和其他相关技术、管理和数据标准规范执行，并采用时间戳、日志、备份等可靠技术保障措施，确保其信息真实、内容完整、可靠安全并形成记录。

第二十二条　各地各部门应当按照国家有关文件材料归档范围（包括背景信息及元数据）和保管期限的规定，制定本单位陕西政务服务网电子文件的归档范围和保管期限表，并报同级档案行政管理部门审核确定。

陕西政务服务网电子文件一般按办理事项确定保管期限；对于凭证性电子文件，其保管期限不得低于行政管理、诉讼、审计等活动所需要的追溯年限。

【相关规定 62】《陕西政务服务网运行管理暂行办法》（2019 年 2月 1 日起施行）（节录）

第十九条　各级政府职能部门负责对本部门产生的政务服务信息进行保存并归档，原则上以电子文件为主，必要时将电子文件转换为纸质文件归档。

【相关规定 63】《丽江市市场主体登记电子文件归档和电子档案管理暂行办法》（丽政办发〔2017〕117 号）（节录）

第三条　本办法适用概念的具体含义。

（一）市场主体登记电子文件（以下简称登记电子文件），是指市场主体在登记过程中，通过计算机等电子设备产生的文字、图表、图像、音频、视频等不同形式的信息记录。

（二）市场主体登记电子档案（以下简称登记电子档案），是指具有参考和利用价值并作为档案保存的电子文件，以及实体档案经数字化处理后形成的文字、图表、图像、音频、视频等不同形式的历史记录。

第四条　登记电子文件归档和登记电子档案管理应当坚持统一标准、分级管理、便于利用、安全保密的原则。

第五条　各登记机关负责市场主体电子文件的收集、整理和归档，并负责定期向同级档案馆移交市场主体登记电子档案。

第六条　市、县（区）档案馆负责接收同级登记机关产生的市场主体登记电子档案，指导开展相关档案工作，并根据国家灾害备份的要求进行备份。

第七条　登记机关的市场主体登记管理系统应当具备电子文件管理及归档功能，并能够对登记电子文件形成与流转实施有效控制，保障其真实、完整和安全；能够在形成、流转过程中及时跟踪、检查和补充与登记相关的登记电子文件及其元数据。

第八条　登记电子文件应当采用符合国家标准或能够转换成国家标准的文件格式，利于信息共享和长期保存。登记电子文件归档保存的格式应当符合国家规定的电子档案长期保存的要求。

第十三条　登记机关应当建立登记电子档案管理系统，管理登记全部电子档案，系统应当具备接收登记、分类组织、鉴定处置、权限控制、检索利用、安全备份、统计打印、移交输出、系统管理等基本功能。

第十四条　登记电子档案管理系统应当按照国家信息安全保护相关管理规定，建立管理系统和电子档案内容的安全保密防护体系。

第十五条　采用电子签名等技术手段时，应当符合国家法律、法规和标准要求，并得到登记机关的认可。

第十六条　登记电子档案载体应按照国家和相关行业有关磁性载体、光载体等保管和保护的要求进行管理和存放。

第十七条　登记机关应当在计算机软、硬件系统更新前，将登记电子档案迁移到新的系统中，保证其真实、完整和在新环境中完全兼容。

第二十三条　登记机关应当做好登记电子档案的利用工作，采取有效手段，保证登记电子档案方便、快捷利用，充分发挥登记电子档案易于共享的优势。

第二十四条　提供查阅利用的登记电子档案应当为只读文件，登记机关可提供加盖档案查询印章的登记电子档案打印件；查阅利用电子档案时，使用拷贝件；任何组织或个人不得擅自复制、修改登记电子档案。

第二十五条　登记机关在办公自动化系统的查询终端上提供登记电子档案，应当设定查阅利用权限；电子档案封存载本不得查阅、外借；

联网利用要有安全防范措施和可靠的监管保障。

【**相关规定 64**】《青岛市城乡建设档案管理办法》（2020 年 10 月 1 日起施行）（节录）

第三条　本办法所称城乡建设档案，是指在城乡规划、建设及其管理活动中直接形成的对国家和社会具有保存价值的文字、图纸、图表、声像、电子数据等各种形式的历史记录。

第十六条　城建档案管理机构应当逐步建立建设工程电子档案在线接收系统，建立健全在线接收制度，逐步实现建设工程电子档案同步接收、同步审核。

七、电子文件相关标准规范

【**相关国家标准 1**】《电子文件管理系统通用功能要求》（GB/T 29194—2012）（节录）

电子文件（Electronic Records）是指机关、团体、企事业单位和其他组织在处理公务过程中，通过计算机等电子设备形成、办理、传输和存储的文字、图表、图像、音频、视频等不同形式的信息记录。电子文件生命周期中的任何管理行为均应以维护文件与业务活动、文件之间以及文件组成部分之间的联系为基本原则，这些管理行为最终都要在计算机系统中实现。电子文件管理系统（Electronic records management system，ERMS）是应用于电子文件形成单位，旨在捕获电子文件并实施维护、利用和处置的专业系统。

为指导电子文件管理系统的建设和使用，提升系统环境下文件管理的规范化水平，现借鉴国际上同类标准，结合我国电子文件管理实际，制定本标准。

本标准规定了电子文件管理系统（Electronic records management system，ERMS）通用的功能性要求，不包括系统设计和实施的具体要求，不规定实现系统功能的平台和具体技术，不规定详细的实施细则，也不规定系统测试相关事项。

本标准适用于机关、团体、企业事业单位和其他社会组织对电子文件管理系统的建设、使用和评估，适用于相关企业和科研院所开展相关的科研和教学活动。

【**相关国家标准 2**】《电子文件系统测试规范第 2 部分：归档管理系统功能符合性测试细则》(GB/T 31021.2—2014)（节录）

电子文件系统测试是对电子文件相关的计算机软件系统进行测试和评价，是对软件系统的技术、功能与业务支撑能力的质量评价。以系统测试辅助专家评审是保障电子文件质量和对电子文件实施科学有效管理的重要举措。

电子文件是国家信息资源的重要组成部分，电子文件的真实、完整、有效与安全依赖于电子文件软件系统的质量和文件管理人员对系统的正确使用。电子文件系统测试是保障国家电子文件有效管理的重要方法，是对电子文件软件系统本身，包括厂商研制的软件产品和电子文件管理机构使用的应用系统进行综合测试和客观评价。

电子文件系统的研制和使用是文件管理业务、信息技术方法和制度规范要求的集成实现与融合应用过程，高质量的软件系统是保障机构 / 组织开展电子文件管理的重要保障。电子文件系统的测试机构及人员，不仅应熟练掌握电子文件管理的制度与规范、理论与方法等专业知识和管理技能，而且应熟悉电子文件软件系统的设计、实施、使用和运行维护等技术活动和实现原理。

电子文件系统测试工作可以从软件系统的功能、性能、法规遵从、制度嵌入、应用程度，以及组织人员使用软件系统管理电子文件的规范性、有效性等多个方面来综合考虑，要求测试机构人员能够充分认识和深刻理解电子文件管理的制度规定、业务要求和实践特征，能够快速掌握和正确认识电子文件管理的理论、方法和专业特征，能够不断跟踪国家政策规范、文件管理业务和信息技术的最新方向和发展趋向，以发展的思维开展电子文件系统的测试工作。

本部分是 GB/T 31021《电子文件系统测试规范》标准的重要组成部分，用于规范电子文件归档管理系统测试工作的组织与实施，为测试工程的开展提供技术指导、规范支持和实施细则，保障系统测试工作的科学、客观、公正与公平。标准符合性测试是电子文件系统测试的主要方法，即以通用标准的形式规范电子文件管理的业务行为、明确电子文件相关系统的功能要求、实施电子文件系统的合规性测试，目的在于保障电子文件的质量，提升电子文件管理的水平，增强电子文件利用的效果。

GB/T 31021 的本部分规定了对电子文件归档管理系统的功能、元数据和系统文档等方面的标准符合性测试指标和评定细则。

本部分适用于电子文件归档管理系统的测试执行机构、研制或开发机构、文件档案行业学会、各地区信息产业主管部门以及使用电子文件归档管理系统的机构、组织、团体与个人等对电子文件归档管理系统进行的测试。

【相关国家标准 3】《文书类电子文件形成办理系统通用功能要求》（GB/T 31913—2015）（节录）

为了适应我国电子文件形成办理的现实需要，指导电子文件形成办理系统的建设和使用，提升信息化环境下电子文件形成办理的规范化水平，特制定本标准。

本标准规定了文书类电子文件形成办理系统（Administrative Electronic Records Creation and Transaction System，AERCTS）的业务、管理、可选等通用功能性要求。

本标准适用于机关、团体、企事业单位和其他社会组织对文书类电子文件形成办理系统的建设、使用和评估，也可供教学机构参考。

【相关国家标准 4】《电子文件管理系统建设指南》（GB/T 31914—2015）（节录）

电子文件（Electronic Records）是指机关、团体、企事业单位和其他组织在处理公务过程中，通过计算机等电子设备形成、办理、传输和存储的文字、图表、图像、音频、视频等不同形式的信息记录。电子文件的管理，最终将依靠以计算机系统为中心的综合方法体系。在电子文件生命周期中，电子文件管理系统（Electronic Records Management System，ERMS）具有重要的作用，它负责从产生电子文件的业务系统中捕获电子文件，实施维护、利用、处置，并将具有长期保存价值的电子文件移交给电子文件长期保存系统。

电子文件管理系统的成效主要取决于应用软件的质量和用户单位系统建设的水平。为提升商业现货产品（COTS）的质量，引导应用软件的研发，2012 年底，国家标准化管理委员会发布了 GB/T 29194—2012《电子文件管理系统通用功能要求》。为指导电子文件管理系统在用户单位的实施，维护电子化的业务凭证，强化其对业务活动的信息支撑，全面保护机构的信息资产，特制定本标准。

本标准规定了电子文件管理系统（Electronic Records Management System，ERMS）建设的过程、方法和要求。

【相关国家标准 5】《电子文件存储与交换格式版式文档》（GB/T 33190—2016）（节录）

本标准由国家电子文件管理部际联席会议办公室和工业和信息化部提出。

本标准规定了版式电子文件的存储与交换格式，包括文件结构、基本结构、页面描述、图形、图像、文字、视频、复合对象、动作、注释、自定义标引、扩展信息、数字签名、版本、附件等方面。

【相关国家标准 6】《党政机关电子公文系列标准》（GB/T 33476~33483—2016）（节录）

《党政机关电子公文格式规范第 1 部分：公文结构》（GB/T 33476.1—2016）

GB/T 33476 的本部分规定了党政机关电子公文的结构模型及基于 XML 的公文结构描述。

本部分适用于 GB/T 9704—2012 所述文种的电子公文。党政机关使用的其他类型的电子公文、其他组织机构或使用少数民族文字制发的电子公文可参照执行。

《党政机关电子公文格式规范第 2 部分：显现》（GB/T 33476.2—2016）

GB/T 33476 的本部分规定了使用文字处理软件制作显示效果符合

GB/T 9704—2012 的电子公文时应遵循的原则、推荐的参数以及公文域实现要求。

本部分适用于党政机关电子公文的编辑与成文。其他机关和单位制发电子公文可参照执行。

《党政机关电子公文格式规范第3部分：实施指南》（GB/T 33476.3—2016）

GB/T 33476 的本部分规定了使用 OFD 承载党政机关电子公文的具体方法，包括电子公文内容组成和要求、公文元数据、公文结构语义标引、电子签章及外部附件描述。

本部分适用于电子公文标准化套件的开发、使用以及电子公文文件的检测。

《党政机关电子公文标识规范》（GB/T 33477—2016）

本标准规定了党政机关电子公文标识编码规则以及生成和管理要求。

本标准适用于电子公文标识的生成和校验。

《党政机关电子公文应用接口规范》（GB/T 33478—2016）

本标准规定了电子公文标准化套件的网页二次开发接口。

本标准适用于党政机关电子公文系统及电子公文标准化套件的设计、开发和测试。

《党政机关电子公文交换接口规范》（GB/T 33479—2016）

本标准规定了电子公文交换系统之间以及交换系统与电子公文处理系统间进行数据交换时采用的报文数据格式和接口。

本标准适用于电子公文系统的数据交换。

《党政机关电子公文元数据规范》（GB/T 33480—2016）

本标准依据 GB/T 9704—2012 和电子文件管理的相关要求定义了电子公文的核心元数据，给出了元数据的扩展要求。

本标准适用于党政机关电子公文制发与处理。其他机关和单位制发的电子公文可参照执行。

《党政机关电子印章应用规范》（GB/T 33481—2016）

本标准基于《中华人民共和国电子签名法》的基本法理，定义了党政机关电子公文印章的应用要求以及申请、审批、制作和验证流程，在管理和使用流程方面参照实物公章的管理模式，加盖电子印章的电子公文与纸质公文具有同等效力。

本标准规定了党政机关电子公文中应用电子印章的通用要求，包括制章要求、用章要求、验章要求以及相关的安全要求；本标准还规定了签章组件的应用接口和相关约定。

本标准适用于非涉密的电子印章系统建设、电子印章的制作、管理、使用和验证。其他场景的电子印章系统建设可在满足行业相关要求的前提下参照执行。

《党政机关电子公文系统建设规范》（GB/T 33482—2016）

本标准规定了党政机关电子公文系统的一般性要求、系统架构和系统各组成部分的建设要求等。

本标准适用于党政机关处理电子公文的相关信息系统及软件产品的设计、建设、实施和测试。

《党政机关电子公文系统运行维护规范》（GB/T 33483—2016）

本标准规定了党政机关电子公文系统运行维护（以下称：运维）内容、运维准备、运维执行、运维验收、运维改进和运维过程管理。

本标准适用于：

a）各级党政机关信息化部门规范电子公文系统运维；

b）提供党政机关电子公文系统运维服务的组织证明自身的能力；

c）各级党政机关和第三方机构选择和评价电子公文系统运维服务组织。

八、我国香港特别行政区与澳门特别行政区电子文件证据法律法规

【相关规定 1】香港《电子交易条例》（节录）

第 2 条　释义

"纪录"（record）指在有形媒介上注记、储存或以其他方式固定的

资讯，亦指储存在电子或其他媒介的可藉可理解形式还原的资讯。

"核实数码签署"（verify a digital signature）就某数码签署、电子纪录及公开密码匙而言，指确定——

（a）该数码签署是否用与列于某证书内的公开密码匙对应的私人密码匙而产生的；及

（b）该电子纪录在其数码签署产生后是否未经变更，而提述数码签署属可核实者，须据此解释。

"电子纪录"（electronic record）指资讯系统所产生的数码形式的纪录，而该纪录——

（a）能在资讯系统内传送或由一个资讯系统传送至另一个资讯系统；并且

（b）能储存在资讯系统或其他媒介内；"电子签署"（electronic signature）指与电子纪录相连的或在逻辑上相联的数码形式的任何字母、字样、数目字或其他符号，而该等字母、字样、数目字或其他符号是为认证或承认该纪录的目的而签立或采用的。

"电子签署"（digital signature）就电子纪录而言，指签署人的电子签署，而该签署是用非对称密码系统及杂凑函数将该电子纪录作数据变换而产生的，使持有原本未经数据变换的电子纪录及签署人的公开密码匙的人能据之确定。

第6条　电子签署、数码签署等

（1）凡——

（a）任何法律规则规定须由任何人（前者）在某文件签署，或规定该文件未由前者签署则会有某些后果；及

（b）前者及将会获提供该签署的人（后者）均既非政府单位亦非代表任何政府单位行事，

则在以下情况下，前者的电子签署即属符合该规定——

（c）前者使用某方法使该电子签署与某电子纪录相连或在逻辑上相联，以识别自己和显示自己认证或承认包含于以该电子纪录形式存在的该文件内的资讯；

（d）就传达包含于该文件内的资讯的目的而言，在顾及所有有关情况下，所使用的该方法是可靠和适当的；及

（e）后者同意前者使用该方法。

（1A）凡——

（a）任何法律规则规定须由任何人在某文件签署，或规定该文件未由该人签署则会有某些后果；及

（b）（a）段所述的人及将会获提供该签署的人（或其中一人）是政府单位或代表某政府单位行事，则在以下情况下，（a）段所述的人的数码签署即属符合该规定——

（c）有认可证书证明该数码签署；

（d）该数码签署是在该证书的有效期内产生的；及

（e）该数码签署按照该证书的条款使用。

（2）在第（1A）（d）款中，在该证书的有效期内（within the validity of that certificate）——

（a）指在数码签署产生时政府资讯科技总监并未撤销或暂时吊销有关认可证书的认可，而发出该证书的认可核证机关并未撤销或暂时吊销该证书；

（aa）在有关认可证书是第 34 条提述的认可核证机关所发出的指明为认可证书的证书的情况下，指在数码签署产生时该机关并未撤回该项指明；

（b）在政府资讯科技总监已指明有关认可证书的认可的有效期的情况下，指在数码签署产生时该证书是在该有效期内；及

（c）在有关认可核证机关已指明认可证书的有效期的情况下，指在数码签署产生时该证书是在该有效期内。

第 8 条　以电子纪录形式保留资讯

（1）凡任何法律规则规定某些资讯须予保留（不论是以书面或其他形式保留），如——

（a）包含于电子纪录内的该等资讯仍然是可查阅的以致可供日后参阅之用；

（b）该电子纪录是以其原来产生、发出或接收时的规格保留的，或是以能显示为可准确表达原来产生、发出或接收的资讯的规格保留的；并且

（c）得以找出电子纪录的来源、接收终点、发出或接收日期及发出或接收时间的资讯获保留，则保留该电子纪录即属符合该规定。

（2）不论第（1）款所述的规定是否一项法律责任，亦不论有关法律规则是否只规定若没有保留有关的资讯则会有某些后果，本条均适用。

第9条　电子纪录的可接纳性

在不损害任何证据规则的原则下，不得仅因某电子纪录是电子纪录而否定该电子纪录在任何法律程序中作为证据的可接纳性。

【相关规定2】澳门《订定电子文件及电子签名的法律制度》（第5/2005号法律）（节录）

第一条　标的及范围

一、本法律订定电子文件及电子签名的法律制度。

二、本法律的规定并不影响法律、规章或协定中关于强制使用纸张或以其他特别形式或方式提交、组成、传输或储存文件的规定的适用，尤其当涉及下列者时：

（一）公证及登记行为；

（二）诉讼行为；

（三）就人身法律关系作出凭证的行为；

（四）有关开考及竞投程序的行为；

（五）要求签署人亲身到场或当场认定签名的情况。

第二条　定义

为适用本法律，下列用语的含义为：

（一）"电子文件"，是指为再现或显示人、物或事实而将相关的数据作电子处理的结果；

（二）"电子签名"，是指与一电子文件相结合或逻辑上与该文件相关联，并可作为识别作成人身份的方法的一组电子数据；

（三）"高级电子签名"，是指一种电子签名形式，该签名与持有人

间明显存在关联，可凭此辨识持有人的身份；该签名是透过仅由持有人本人可控制的资料所产生并与所签署的电子文件相结合，经签署后，对该文件所作的任何随后改动均可被察觉；

（四）"合格电子签名"，是指建立于合格证书的一种高级电子签名形式，该签名是透过用于产生签名的安全设备产生，并可按照国际认可的标准有效防止签名被冒用；

（五）"持有人"，是指持有产生签名所需数据，并以个人或以其所代表的自然人、法人或实体的名义，使用该等数据的自然人；

（六）"产生签名所需数据"，是指用以产生电子签名的一组独有数据，如密码或密码匙；

（七）"核实签名所需数据"，是指用以核实电子签名的一组数据，如密码或密码匙；

（八）"证书"，是指将某一特定电子签名与其持有人联系，并订明签名的有效性条件的电子文件；

（九）"认证实体"，是指发出电子签名证书及提供其他相关服务的实体；

（十）"生效时间记录"，是指以电子形式表现的，电子文件与某一特定日期及时间之间的可靠关联；

（十一）"电子地址"，是指用于接收或储存电子文件的资讯系统的认别资料。

第三条　电子文件的法律效力

一、对以电子载体提交的文件，不得因其形式而否认其法律效力。

二、如电子文件的内容能如书面意思表示般显示且可完整呈现，即符合对书面形式所要求的法定要件。

第四条　电子文件的证明力

一、如电子文件能如书面意思表示般显示，且已签署合格电子签名，则对其作成人所作的意思表示有完全证明力，但不影响就文书的虚假提出争辩及作出证明。

二、无法如书面意思表示般显示但已签署合格电子签名的电子文件，具机械复制品的证明力。

三、未签署合格电子签名的电子文件的证明力，按法律的一般规定审定，但有效协定另有规定者除外。

四、对已签署合格电子签名的电子文件，如其证书已中止、废止或失效，又或该签名未按证书所载条件签署，则适用上款的规定。

第五条　合格电子签名

一、签署合格电子签名，等同于手写签署并推定如下事实：

（一）签署合格电子签名者为持有人，并根据证书所载资格及权力行事；

（二）为签署电子文件而签署合格电子签名；

（三）经签署合格电子签名的电子文件的内容未受察觉不到的改动。

二、以合格电子签名作出的签署，可替代以持有人或其所代表的人的印章、图章、标记或可资认别的其他符号所作签署。

第六条　发出及接收

一、以资讯媒体发送的电子文件，于收件人接收前，视为仍在发件人手中。

二、以资讯媒体传输的电子文件，一旦进入由利害关系人协商确定或由收件人指定的电子地址，即视为收件人已接收文件，但不影响第八条第二款的适用。

三、在无协商或收件人未指定电子地址的情况下，于收件人取阅文件之时，即视为已接收该文件。

四、除另有规定或协定，又或证书另有指定外，以资讯媒体传输的电子文件推定为：

（一）在发件人的住所发送；如发件人为企业主，则在其企业的所在地点发送；

（二）在收件人的住所接收；如收件人为企业主，则在其企业的所在地点接收。

第七条　挂号

一、以确保对方能有效接收文件的资讯系统传输经签署合格电子签名的电子文件，等同于以邮政挂号方式寄出。

二、在上款所指情况下，如发件人收到由收件人发送的、附有合格电子签名的确认接收文件，则视为文件以附收件回执的邮政挂号方式寄出。

第八条　接收确认

一、接收的确认可于电子文件发送前或发送时，由发件人向收件人要求或与之协商。

二、接收的确认，按所要求或所协商的条款及条件为之，如无该等条款及条件，则由收件人以任何方式作出确认通知。

三、如未按上款的规定就接收作出确认，文件视为未发送。

第二十三条　生效时间记录

一、获认可的认证实体应配备电子文件生效时间记录系统；该系统可用于向公众提供服务。

二、生效时间记录系统由认可当局核准，该当局尤应核实测定日期及时间的方法的安全性、可靠性及适当性。

三、获认可的实体所发出的生效时间记录声明中的日期及时间，当事人可用以互相对抗及可用以对抗第三人。

【相关规定3】澳门关于毛坯钻石国际贸易的《金伯利进程证书制度》执行法（第15/2019号法律）（节录）

第九条　提交文件的方式

申请证书、进口准照、出口准照或转运准照所需的文件须以电子数据传输方式提交，而电子处理方式适用第5/2005号法律《电子文件及电子签名》的规定。

【相关规定4】澳门《产地来源证明规章》（第20/2016号行政法规）（节录）

第四条　文件

一、办理澳门产地来源证须使用澳门特别行政区受约束的双边或多边协定所定的文件，如无协定，则使用由经济局核准式样的文件。

二、办理其他地区或国家货物的产地来源证须使用由经济局核准式样的文件。

三、经济局命令以通告形式将上述式样及填写说明公布于《澳门特别行政区公报》。

四、发出第一款所指文件的实体可规定以电子数据传输方式递交该等文件。

五、对本条所指文件的电子处理方式，适用第 5/2005 号法律《电子文件及电子签名》的规定。

六、在理解载于文件的资料方面存有疑问或要求澄清时，应向经济局提出。

【相关规定 5】澳门《电子服务》（第 35/2018 号行政法规）（节录）

第五条　电子文件的处理和管理

一、尤其为达到以下目的，公共部门和实体须应用适合相关特定活动且符合互操作指引的方法处理和管理其电子文件：

（一）确保文件准确性、完整性、保密性、可用性和可追踪性的条件；

（二）可以保护、修复文件，以及保存文件的实体性和逻辑性。

二、上款规定的方法由行政长官根据相关公共部门或实体附有行政公职局意见的建议，以批示核准。

三、公共部门和实体的最高领导须以内部批示指定负责执行第一款规定的人员。

【相关规定 6】澳门《制订澳门特别行政区所有公共行政部门或实体有关对电子公函应采取的措施》（第 7/2007 号行政法务司司长批示）（节录）

行政法务司司长行使《澳门特别行政区基本法》第六十四条赋予的职权，并根据第 6/1999 号行政法规第二条及第 5/2005 号法律第三十一条第三款最后部分的规定，作出本批示。

一、澳门特别行政区的所有公共行政部门或实体，包括法人机关或公共基金形式的公务法人和公法人，应采取下列措施：

（一）开设电子邮箱收发电子公函；

（二）指定专责人员收发以电子公函所作的公务通讯；

（三）制订收发电子公函的内部规章。

二、各领导人员必须配有有效的合格证书。

三、行政暨公职局制订电子文件的收发指引以及用于制订第一点所述的内部规章的参考文件，并负责向各公共行政部门和实体通报。

四、上述部门和实体须采取必要措施，执行行政暨公职局所制订的指引。

附录二 域外电子文件证据规则法律汇编

一、俄罗斯电子文件证据法规

【相关规定】俄罗斯联邦《电子签名法》（2011 年 4 月 6 日起施行）（节录）

第五条 电子签名的形式

1. 普通电子签名和加强电子签名的形式和在其使用范围内的关系受本联邦法律规制。加强的不合格电子签名（以下简称：不合格电子签名）和加强的合格电子签名（以下简称：合格电子签名）有所区别。

2. 通过使用密码、口令或其他手段确认由特定主体创建该电子签名的事实的电子签名属于普通电子签名。

3. 以下的电子签名属于不合格电子签名：

1）使用电子签名密钥对原信息修改密码后取得的电子签名；

2）可以确认签署电子文件的主体的电子签名；

3）可以查明电子文件签署后的改动事实的电子签名；

4）运用电子签名工具创建的电子签名。

4. 符合不合格电子签名的所有特征及以下附加特征的电子签名属于合格电子签名：

1）电子签名验证密匙在其合格证书中被指明；

2）为创建和验证电子签名所使用的电子签名工具经证实符合本联邦法律规定的要求。

5. 如果电子签名符合本联邦法律规定的不合格电子签名的特征，在使用不合格电子签名时可以不创建电子签名验证密匙证书，且可以得到保障。

第六条　署有电子签名的电子文档的效力等同于署有手写签名的书面文件的效力

1. 除联邦法律或其他相关法律行为规范要求只能使用书面文件的情形，署有电子签名的电子文档的效力等同于署有手写签名的书面文件的效力。

2. 在符合联邦法律、其他相关法律行为规范和电子信息传递者达成的协议的情形下，署有普通电子签名或不合格电子签名的电子文档的效力等同于署有手写签名的书面文件的效力。依照法规和电子信息传递者之前达成的协议规定的情形中，认可署有不合格电子签名的电子文档的效力等同于署有手写签名的书面文件的，应制定验证电子签名的规则。依照法规和电子信息传递者之前达成的协议规定的情形中，认可署有不合格电子签名的电子文档的效力等同于署有手写签名的书面文件的，应符合本联邦法律第9条的要求。

3. 若文件依照联邦法律、其他相关法律行为规范和业务习惯的规定必须盖章，署有加强电子签名的电子文件和经认可的效力等同于署有手写签名的书面文件的电子文件，其效力等同于与其内容相同的署有手写签名和盖有印章的书面文件。联邦法律、其他相关法律行为规范或电子信息传递者之间达成的协议可作出附加规定以认可电子文件的效力等同于与其内容相同的盖章的书面文件。

4. 一个电子签名可以签署几个相关的电子文件（电子文件夹）。在签署电子文件夹时，每一个属于该文件夹的电子文件都被认为进行了与该电子文件夹同样的签署。

第七条　对依照外国法律和国际标准创建的电子签名的认可

1.若依照外国法律和国际标准创建的电子签名的特征符合本联邦法律的要求，其效力可获俄罗斯联邦认可。

2.电子签名验证密匙证书只是依照外国法律授予时，该电子签名和以其签署的电子文件不能被认为是无效的。

第九条　普通电子签名的使用

1.视为署有普通电子签名的电子文件，应包括下列条件：

1）普通电子签名载于该电子文件；

2）普通电子签名密匙的使用符合创建和（或）发送该电子文件所利用的信息系统的运营商制定的规则，在已创建和（或）发送的电子文件中包含指明创建者和（或）发送者的信息。

2.法律行为规范和（或）信息传递者之间达成协议，以认可署有普通电子签名的电子文档的效力等同于署有手写签名的书面文件的效力时，协议中应包括：

1）以普通电子签名签署电子文件的主体的认定规则；

2）签署和（或）使用普通电子签名密匙的主体应履行其保密义务；

3.使用普通电子签名以及创建和使用普通电子签名时涉及的关系不适用本联邦法律第10条至第18条的内容。

4.禁止在包含国家机密的电子文件或含有国家机密内容的信息系统中使用普通电子签名。

第十一条　合格电子签名的认可

合格电子签名在法院未作出判决之前被认为是有效的，且同时应满足以下条件：

1）合格证书由经认可的认证中心创建和授予，且自被授予之日起生效；

2）合格证书自电子文件签署之时起（若存在电子文件签署时间的确切信息）或该证书有效性得到验证之日起（若无法确定电子文件签署时间）生效；

3）可证明签署电子文件的电子签名属于证书持有人，并可证实文件签署后无改动。且上述验证要通过使用符合本联邦法律要求的电子签名工具和签署电子文件主体的合格证书来实现；

4）合格电子签名的使用受到签署电子文件的电子签名合格证书持有人的限制（如果设置了该限制）。

第十二条　电子签名的工具

1. 为创建和验证电子签名，以及为创建电子签名密匙和电子签名验证密匙，应使用以下电子签名的工具：

1）（电子签名工具）可以设置被签署的电子文件在其签署后可变更的情形；

2）（电子签名工具）保证电子签名密匙不能从该电子签名或该电子签名密匙的验证中被破译。

2. 电子签名工具在创建电子签名时应：

1）向签署电子文件的主体显示其签署的信息内容；

2）只能在签署电子文件的主体确认了创建电子签名的操作完成之后才创建电子签名；

3）对已创建的电子签名仅显示一次。

3. 电子签名工具在验证电子签名时应：

1）显示署有电子签名的电子文件的内容；

2）显示对署有电子签名的电子文件所作改动的信息；

3）指出使用电子签名密匙签署电子文件的主体。

4. 为有关国家机密的电子文件中创建电子签名的电子签名工具或在含有国家机密内容的信息系统中使用的电子签名工具，必须确保符合俄罗斯联邦法律所规定的相应级别的信息保密制度的强制性要求。在含有受限制的信息（包括个人资料）的电子文件中创建电子签名的电子签名工具，不得破坏这些信息的秘密性。

5. 本条第2款和第3款中的规定不适用于在信息系统中自动创建和（或）自动验证电子签名的电子签名工具。

第十四条　电子签名验证密匙证书

1. 根据认证中心与申请者之间达成的协议，认证中心为申请者创建并授予其电子签名验证密匙证书。

2. 电子签名验证密匙证书应当包含以下信息：

1）其有效起止日期；

2）自然人的姓氏、名字和父称（如果有），法人的名称和所在地，或其他可以识别电子签名验证密匙证书持有人的信息；

3）电子签名验证密匙；

4）所使用的电子签名工具的名称和（或）电子签名密匙及电子签名验证密匙需符合的标准；

5）授予电子签名验证密匙证书的认证中心的名称；

6）本联邦法律第 17 条第 2 款中对合格证书规定的其他信息。

3. 在向法人授予电子签名验证密钥证书使其作为电子签名验证密钥证书持有人时，除应指明法人名称外，还应指明依照法人创始文件或受法人委托而以法人名义活动的自然人。在为政府和市政提供服务及行使政府和市政职能的信息系统中用于自动创建和（或）自动验证电子签名的电子签名验证密钥证书中，以及在联邦法律和其他相关法律行为规范规定的其他情形下，允许不指明以法人名义活动的自然人为电子签名验证密钥证书持有人。此类电子签名验证密钥证书的持有人为其信息包含在证书中的法人。

4. 认证中心有权通过电子文件形式和书面文件形式授予电子签名验证密匙证书。以电子文件形式被授予电子签名验证密匙证书的持有人有权获得认证中心授予的书面文件形式的电子签名验证密匙证书。

5. 除非在电子签名验证密匙证书中指明该证书的其他有效起始期，电子签名验证密匙证书从它被授予时生效。电子签名验证密匙证书的信息应在其有效起始期前由认证中心录入证书清单。

6. 电子签名验证密匙证书在以下情况下终止效力：

1）其有效期满后；

2）根据电子签名验证密匙证书持有人出具的书面文件形式或电子文件形式的申明；

3）在认证中心停止运作后未将其职能转让予其他主体时；

4）依照本联邦法律、其他相关法律行为规范或认证中心与电子签名验证密匙证书持有人之间达成的协议所规定的其他情形。

7. 关于电子签名验证密匙证书终止效力的信息应在电子签名验证密匙终止效力的情形发生的一个工作日之内由认证中心录入证书清单。在该情形被录入证书清单之时起电子签名验证密匙证书的效力终止。

8. 根据法院的生效判决，特别是在判定电子签名验证密钥证书中含有虚假信息时，认证中心应在一个工作日内以将撤销证书的信息录入证书清单的方式撤销证书。

9. 除与被撤销的电子签名验证密匙证书有关的使用该被撤销证书的行为，其他使用该被撤销的电子签名验证密匙证书的行为不具有法律效力。在将关于撤销电子签名验证密匙证书的信息录入证书清单之前，认证中心应以书面文件或电子文件形式将撤销该电子签名验证密匙证书的情况告知电子签名验证密匙证书持有人。

二、韩国电子文件证据法规

【相关规定1】韩国《外汇交易法》（2000年12月29日起施行）（节录）

第二十四条　电子文件许可

1. 财政经济部长官依照总统令规定，可以利用电子文件（包括利用电脑网络或电脑处理设备的资料）处理本法中规定的许可、认可、通知、通报等事务。

2. 财政经济部长官认为，对确保本法的实效性有必要时，即可命令外汇业务办理机关和其他适用本法的交易当事人或关系人，利用电子文件向其申报、申请、报告、通报及提出资料。

【相关规定2】韩国《促进自由化贸易业务的相关法律》（1999年2月5日起施行）（节录）

第二条　定义

1. 所谓"贸易自由化"，指贸易业者与贸易相关机关以电子文件交换方式进行根据对外贸易法令及对外贸易法第 15 条第 2 项规定的联合公告相关法令、出口保险法令、外汇管理法令等总统令规定的法令及当事人间合同（以下称为"贸易相关法令"）中规定的贸易业务。

6. 所谓"电子文件交换方式"，指电脑等具信息处理能力的设备（以下称为"电脑"）间应用电器通信设备，以电子文件进行传送、处理或保管（传输等）的形式。

7. 所谓"电子文件"，指在电脑间进行传送等或输出的包括电子签名的电子资料。

8. 所谓"电子签名"，可辨别表示电子文件名义人的文字和作者的记号或符号。

第三条　适用范围

在贸易相关法律等规定的贸易业务中，为以电子文件方式进行本法适用于总统令规定的贸易业务。

第五条　事业者的指定

1. 事业者中欲经营根据第 10 条第 2 项规定的贸易业务相关的贸易自由化事业者，为不影响公平竞争而依照总统令规定的标准和程序应获得产业资源部长官的指定。

2. 根据第 1 项规定被指定的指定事业者，进行以下各条款的事业：

（1）根据第 10 条第 2 项规定的贸易业务相关的贸易自由化事业。

（2）电子文件或贸易货物流通信息等贸易相关信息（以下称为"贸易信息"）的传输等事业。

（3）系统处理保管电子文件及贸易信息而运用到检索等的集合体（以下称为"数据库"）的制作及普及事业。

（4）对贸易事业者及贸易相关机关的电子文件交换方式和相关技术的普及及对普及技术的事后管理事业。

（5）为尚未加入贸易自由化网的贸易业者，对利用贸易自由化网代办处理贸易业务的事业（以下称为"代办处理事业"）及进行代办处理事业者（事业者除外，以下称为"代办处理事业者"）的管理。

（6）为其他贸易自由化的教育、宣传等等总统令指定的事业。

第十条　贸易自由化网的运用

1. 贸易业者和贸易相关机关在根据第 3 条规定的贸易业务上运用贸易自由化网时，应依照第 11 条规定的标准化电子文件。

2. 贸易业者和贸易相关机关运用自由化进行根据第 3 条规定的总统令所指定贸易业务时，应通过指定事业者。

第十一条　电子文件的标准化计划

1. 为促进贸易自由化的效率，产业资源部长官应根据总统令规定建立并公告贸易业务相关电子文件的标准化计划。

2. 在根据第 1 项规定的电子文件标准化计划中包括的标准化内容、对象等主要事项，由总统令规定。

第十二条　申请等或承认等的效力

贸易业者或贸易相关机关通过贸易自由化网以电子文件交换方式处理申请或承认等时，视为依照贸易相关法律等规定的各种程序进行处理。

第十三条　电子文件格式的效力

贸易业者或贸易相关机关通过贸易自由化网进行申请或承认等的电子文件，视为贸易相关法令等规定的文件。

第十四条　电子签名的效力

1. 贸易业者或贸易相关机关通过贸易自由化网进行申请或承认等的电子文件中，电子签名视为贸易相关法令等规定文件的签名盖章。

2. 根据第 1 项规定在电子文件上使用电子签名的名义人，视为贸易相关法令等规定之文件上签名盖章者。

第十五条　电子文件的到达时间

1. 贸易业者或贸易相关机关通过贸易自由化网进行申请或承认等的电子文件，在事业者或指定事业者的电脑文件上记录时视为已到达其对方。

2. 根据第 1 项规定的申请和承认等，在事业者或指定事业者的电脑文件上记录后已满普通传输所需的时间时，视为已记录于电脑文件上。

3. 关于电子文件的到达时间，其它法律作出与第 1 项及第 2 项不同的规定时，遵照其法律规定。

第十六条　电子文件内容的效力

对贸易业者或贸易相关机关通过贸易自由化网进行申请或承认等的当年电子文件内容，当事人或利害关系人之间产生纠纷时，视为根据事业者或指定事业者的电脑文件中记录的电子文件内容做成的。

第十七条　关于提交相关文件的特例

为贸易相关法令等规定之申请等的文件中，关于产业资源部长官认为通过电子文件进行传输技术上有难度而告示的文件，依照相关中央行政长官之决定免交贸易相关法令等规定之申请等的部分文件，或以产业资源部长官告示的文件或电子文件外的方式进行提交。

第十八条　电子文件及贸易信息相关的安全

1. 任何人不得伪造或修改在指定事业者、贸易事业者、贸易相关机关及代理处理事业者之电脑中的电子文件或输入到数据库中的贸易信息。

2. 任何人不得毁损或侵害在指定事业者、贸易事业者、贸易相关机关及代理处理事业者之电脑中的电子文件或输入到数据库中的贸易信息。

3. 指定事业者的员工或曾经是员工的人员，不得泄漏或盗用在业务上已知的电子文件秘密。

4. 指定事业者应将电子文件及数据库保管至总统令规定的其间。

第十九条　电子文件及贸易信息的公开

1. 记录在电脑文件中的电子文件及输入到数据库的贸易信息中，指定事业者除总统令规定外不得公开。

2. 指定事业者如要公开根据第1项规定的电子文件及贸易信息时，应听取利害关系人的意见。

第二十五条　处罚

1. 伪造或修改指定事业者、贸易业者、贸易县骨干机关及代理处理事业者电脑文件中的电子文件或输入到数据库中的贸易信心，而违反根据第18条第1项规定者，处以1年以上10年以下的有期徒刑或1亿元韩币以下的罚款。

2. 对第 1 项的未遂者给予处罚。

第二十六条　处罚

符合以下各条款者处以 5 年以下有期徒刑或 5 千万元韩币以下的罚款。

1. 违反第 5 条第 1 项规定，未获得产业资源部长官指定的情况下，进行根据第 10 条第 2 项规定的贸易业务相关的贸易自由化业务者。

2. 违反第 10 条第 2 项规定，在未通知指定事业者的情况下，利用贸易自由化网进行根据第 10 条第 2 项规定的贸易业务者。

3. 违反第 18 条第 2 项规定，毁损指定事业者、贸易业者、贸易相关机关及代理处理事业者电脑文件中的电子文件或输入到数据库中的贸易信息或侵害其秘密者。

4. 违反第 18 条第 3 项规定，泄漏贸易中已知的电子文件和贸易信息之秘密或盗用的指定事业者员工或曾经的员工。

5. 违反第 18 条第 4 项规定，在总统令规定的期间未保管电子文件及数据库的指定事业者员工。

第二十七条　量罚规定

法人代表、法人或个人的代理人、使用人及其他职工，进行其法人或个人业务相关的第 25 条或第 26 条的违反行为时，在处罚行为者外，对法人或个人处以符合各条款的罚款。

第二十八条　过失罚款

1. 违反第 19 条规定，对公开电子文件及贸易信息的指定事业者，处以 1 亿元以下韩币的罚款。

2. 违反根据第 24 条规定的命令的指定事业者，处以 5 千万元以下韩币的罚款。

3. 依照第 1 项及第 2 项规定的罚款，根据总统令规定由产业资源部长官征收。

4. 对根据第 3 项规定的罚款处罚不服者，自接受处分通知之日起 30 天内可向产业资源部长官提出异议。

5. 根据第 3 项规定接受罚款处分者，根据第 4 项规定提出异议时，产业资源部长官应立即向管辖法院通知其事实，接受通知的管辖法院应根据费诉讼事件程序法进行罚款裁决。

6. 在第 4 项规定的期限内未提出异议，也未缴纳罚款时根据国税拖欠处分条例征收罚款。

【相关规定3】韩国《对外贸易法》(1986 年 12 月 31 自法律第 3895 号颁布 1996 年 12 月 30 日法律第 5211 号全文修订 1999 年 2 月 8 日法律第 5825 号修订 2003 年 9 月 29 日法律第 6977 号修订)（节录）

第十八条　科学贸易业务的处理基础建立

1. 为使进出口交易秩序、有效地进行，产业资源部长官应努力建立电子文书交换体系等基础性的科学贸易业务处理系统。

三、爱尔兰电子文件证据法规

【相关规定】爱尔兰《电子商务法》(2000 年起施行)（节录）

9.-- 信息（包括引用的信息）不会因为其全部或部分使用电子形式，不管是电子通讯或其它形式，而失却其法律效力或可执行性。

10.-- 不涉及以下法律的实施 --

（a）调整下列项目的创造、管理、修正、变更或撤回的法律 --

（ⅰ）继承法，1965 年适用的遗嘱、遗嘱附录或任何其它遗嘱文件，

（ⅱ）信托，

（ⅲ）律师的永久权力

（b）调整不动产权的创设、获取、处置或登记（包括不动产出租的利益）的法律，但创设、获取或处置不动产权的合同除外。

（c）调整宣誓书或法定或誓言的制定，或出于任何目的，要求或允许使用此类言辞的法律。

（d）法院或法庭的裁定、惯例或程序，除非规则做出不同的具体规定。

（2）如果部长认定 --

（a）技术发展到人们可以普遍地拥有它，或

（b）公共注册或其它服务中的程序和准则充分发展，

部长此举不会有损公众利益，则部长在与其认定的与该问题有重要利害关系和责任的政府部长或国务部长协商后，可以遵照第3节规定，将本法案或本法案的某一条款扩展施用于第（1）次节所具体规定的问题或与之相关的问题中去。

（3）在无损第（2）次节普遍性的情况下，规则可以适用于具体领域或对象，或某段时间，以检验技术和程序。

11.-- 本法案规定决不损害下列各项的施行 --

（a）与赋税或其它政府税收，包括费、罚金的负担、收缴或恢复有关的法律，或

（b）公司法，1990（未发给证书的证券）规定，1996（1990年S.I.No.68）或任何替代这些法规的规定。

12.--（1）如果按照法律或其它规定，个人或团体被要求（不管要求是以义务的形式还是因为信息没有使用书写方式产生了一定后果做出的）或被允许采用书面形式提供信息（不管是否按照法律规定），那末，遵照第（2）次节，该个人或团体可以电子通讯或其它方式提供信息。

（2）只有在下述情况下，才可以遵照第（1）次节提供信息 --

（a）（a）信息提供时，信息所指收件人或团体能够方便的接受到，以供后用，

（b）收件人团体或其个人代表同意以电子形式接受信息，不管信息是以电子通讯或以其它方式发送的，但要求 --

（i）信息按照具体信息技术和程序要求发送，或者，

（ii）采取措施验证信息已收到，

条件是符合收件人团体要求得到满足，且所作要求客观、有透明性、合理、非歧视性且已公诸于众，

（c）如果按照要求或被允许接受信息的个人（该个人既不是团体也不是团体代表）认同以此种方式接受到的信息。

（3）第（1）和（2）次节不影响法律要求或允许信息以如下方式接收的法律 --

（a）应按照具体的信息技术和程序要求，

（b）使用某种一定的数据储存装置，或者，

（c）使用某种一定的电子通讯方式。

（4）本节适用于发出信息的要求或许可，不管用词是"发出"，"发送"，"传送"，（give，send，forward，deliver，serve）还是其它类似表达。

（5）本节"发出信息"包括但不限于 --

（a）提出申请

（b）提出权利要求

（c）提出归还要求

（d）提出要求

（e）做出未起誓宣言

（f）发放认证书

（g）参与、变更或取消选举

（h）提出异议

（i）作出解释性声明

（j）记录、发布法庭命令

（k）发布通知

13.--（1）如果按照法律或其它规定，个人或团体被要求（不管要求是以义务的形式还是因为信息没有签名产生了一定后果而做出的）或被允许签名，那末，遵照第（2）次节，该个人或团体可以使用电子签名。

（2）按照第（1）次节规定，只有在下列情况下才可以使用电子签名 --

（a）收件人团体或其个人代表按要求或允准同意以电子形式接受签名，但要求该签名按照具体信息技术和程序作出（包括签名应为高级形式的电子签名，应以合格证明为基础的签名，应由授权鉴定服务提供者发放的签名，或应由安全签名创造设备创制的签名）-- 条件是收件人团体的要求得到满足，且其要求客观、有透明性、合理、非歧视性且已公诸于众，

（b）如果按照要求或被允许接受签名的个人（该个人既不是团体也不是团体代表）认同使用电子签名。

（3）第（1）和（2）次节不影响本法案其它条款或法律。这些条款或法律要求或许可电子通讯包含电子签名，高级电子签名，以合格证明为基础的电子签名，由安全签名创造设备创制的电子签名或符合与电子签名有关的技术要求的电子签名。

14.--（1）如果按照法律或其它规定，文件签名需要见证（不管要求是以义务的形式还是因为签名没有见证产生了一定后果而做出的），下列条件应视为该要求已得到满足 --

（a）要予以见证的签名是以合格认证书的基础，由按要求应签字的个人或团签署的高级电子签名，

（b）文件标示个人或团体的签名应予以见证，以及

（c）鉴定需见证的签名的个人之签名是以合格认证书为基础的高级电子签名。

（2）当第（1）次节规定，只有在下列情况下，以合格证明为基础的高级电子签名才可使用 --

（a）按照要求或许可见证的签名在提交给团体或其个人代表的文件上时，而且该团体同意在证明该文件以及见证签名的时使用该电子签名，但作出文件和签名须遵循具体信息技术和程序要求（包括一份由授权鉴定服务提供者发放、作为签名基础的合格认证书）-- 条件是团体的要求得到满足，所作要求客观、有透明性、合理、非歧视性且已公诸于众，

（b）当要求或许可签名应予见证内容的文件在提交给既不是团体也非其代表的个人时 -- 条件是该收受文件的个人同意使用以合格认证书为基础的高级电子签名。

15.--（1）如果按照法律或其它规定，文件须加盖印章（不管要求是以义务的形式还是因为没有加盖印章产生了一定后果而做出的），那么，遵照第（2）次节，如果该文件标示须加盖印章，并有高级电子签名，而且是在合格认证的基础上，由个人或团体按照要求签署的，则该要求即被认定为已得到满足。

（2）按照第（1）次节规定，只有在下列情况下才可使用以合格认

证书为基础的高级电子签名 --

（a）当要求或许可应加盖印章的文件提交给团体或其个人代表的文件时，而且团体同意使用该电子签名，但要求该电子签名遵循具体信息技术和程序要求（包括由授权鉴定服务提供者发放作为其基础的合格认证书）-- 条件是团体的要求得到满足，所作要求客观、有透明性、合理、非歧视性且已公诸于众，

（b）当须加盖印章的文件按要求或许可发放给既不是团体也非其代表的个人时 -- 条件是该收受文件的个人同意使用以合格认证书为基础的高级电子签名。

16.--（1）如果按照法律或其它规定，个人或团体应该或被允许以原件形式出示或保留信息（不管要求是以义务的形式还是因为没有用原件形式出示或保留信息产生了一定后果而做出的），那么，遵照第（2）次节，根据不同情况，该信息可以用电子形式（无论是电子通讯或其它形式）出示或保留。

（2）只有在下列情况下信息才可以按照第（1）次节规定出示或保留 —

（a）如果有可靠的保证可以担保从信息，不管是作为电子通信还是其它形式，形成之时起，其完整性不受损害，

（b）按照要求或许可信息应予出示 -- 条件是信息对其收受个人或团体来说是可理解的，

（c）如果，当信息形成时，能确定该信息可随时被访问以供后用，

（d）按照要求或许可该信息传送给团体或其个人代表，或由其保留，而且团体同意使用电子形式收受或保留该信息，不管是以电子通讯或其它方式，但要求其出示和保留遵循具体信息技术和程序要求 -- 条件是团体的要求得到满足，所作要求客观、有透明性、合理、非歧视性且已公诸于众，

17.--（1）如果按照法律或其它规定，个人或团体被要求（不管要求是以义务的形式还是因为没有用原件形式保存和生产信息产生了一定后果而做出的）或被允许在某一特定时期保存信息，或用纸张或其它材料制作文件（信息以书面方式记录文件），那么，遵照第（2）次节，

该个人或团体可以在这一特定时期，或根据不同情况，用电子形式保存或生产该信息（无论是电子通讯或其它形式）。

（2）遵照第（1）次节，只有在下列情况下个人或团体才可以在整个时期内保存或生产文件 --

（a）如果有可靠的保证可以担保从信息作为电子通信形式定型之时起，其完整性不受损害，

（b）在需要制作文件的情况下 -- 如果信息对其收受个人或团体来说是可理解的，

（c）在文件需要保存的情况下 -- 如果，文件以电子方式生产定型时，以电子方式出现的文件的信息可随时被访问以供后用，

（d）按照要求或许可该文件由团体或其个人代表保存或为其生产，而且团体同意使用电子形式保存或制作该文件，但要求电子形式的文件的保存或生产遵循具体信息技术和程序要求 -- 如果团体的要求得到满足，所作要求客观、有透明性、合理、非歧视性且已公诸于众，

（e）按要求或许可，文件由既非团体又非其代表的个人保存或生产 -- 如果该个人同意以此形式保存或制作该文件。

（3）第（1）和（2）次节不影响其它任何法律，这些法律要求或允许以纸张或其它材料对文件进行的保存或生产 --

（a）符合特定信息技术和程序要求，

（b）使用某一特定数据存储设备，或

（c）使用某一特定电子通讯方式。

（4）为支持第（1）和（2）次节 --

（a）验证信息的完整性的标准是信息是否能够保持完整，没有改变，不包括在正常的生产、交流、处理、发送、接收、录制、存储或出示过程中出现的附加署名或改变。

（b）衡量信息是否可靠的标准时应考虑到信息生产的目的和环境。

18.--（1）不能只因为一份电子合同全部或部分以电子形式出现，或者全部或部分以电子通信形式缔结的事实而否认其法律效力、法律有效性或可强制执行性。

（2）合同中，要约、承诺的接受或任何相关信息（包括其后对要约和承诺合同的条件的修正、取消或撤回）可以，除非合同缔结方另有协议，使用电子通讯方式交流。

22.-- 所有法律程序中，证据规定的实施不应否定下列项目作为证据的可采性 --

（a）电子通信，电子形式的文件，电子合同或电子形式的书面材料 --

（i）不能仅仅因为它是电子通信，电子形式的文件，电子合同或电子形式的书写就剥夺其证据可采性，或者

（ii）如果它是该个人或团体引证的最有利的证据，在其非为原件形式的情况下也有可采性，

（b）电子签名 --

（i）不能仅仅因为该签名采用电子形式，或不是高级电子签名，或没有以合格认证为基础，或没有已授权鉴定服务提供者发放的合格认证书为基础，或不是由安全签名创造设备创制，就否定电子签名的证据可采性，或者，

（ii）如果它是该个人或团体引证的最有利的证据，在其非为原件形式的情况下也有可采性。

四、德国电子文件证据法规

【相关规定】《德国民事诉讼法典》①（节录）

---

① 数字签名证据法专家 Helmut Ruessmann 教授发表论文指称电子文件于证据方法上套用书证制度并无根据，勘验及专家鉴定为已足。Ruessmann 教授更进一步明言：法定证据法则为"在法官自由心证主义的胜利列车中，时代错置的残余堡垒"，任何意图为电子文件援引或特设法定证据法则之建议，皆有违法官自由心证之旨趣。德国针对经数字签名之电子文件之效力问题因而停止援用德民诉法第 416 条（所谓私文书之法定证据法则）及第 440 条（私文书真正之推定）。至于其进一步之发展则尚未有定论。

第416（a） 电子文件的证据力

资料储存设备中存盘之文件（及其印出物）足以显示当事人之意念表出，且依合于技术发展实况之适当程序，该文件之真实得以确认且该文件之制作人身份得以辨识，并且以适当之技术及制度性措施得以确保其免遭变造者，视为确为该制作人所为。①

第440（a） 电子文件的举证责任

数据储存设备中存盘之文件足以显示当事人之意念表出，且依合于技术发展实况之适当程序，该文件之真实得以确认且该文件之制作人身分得以辨识，并且以适当之技术及制度性措施得以确保其免遭变造者，推定确系制作人所为。②

五、日本电子文件证据法规

【相关规定1】《公共记录和档案管理法》（节录）

第二条

4 本法所称行政文件，是指文件（包括图片和电磁记录（以电子形式，磁形式或任何其他无法被人类感知的形式创建的记录；除第19条外，以下各条同样适用，由行政机关的雇员在履行职责过程中准备或取

---

① § 416a ZPO—Beweiskraft von elektronischen Dokumenten Gleich einer privaten Urkunde im Sinne von 416 ZPO werden auf Datentraegern gespeicherte Dokumente（und deren Ausdruck）behandelt, wenn es sich um eine Gedankenaeusserung handelt, die nach dem Stand der Technik geeignete Verfahren［der］Datenauthentizitaet und die Identitaet des Ausstellers erkennen laesst und durch geeignete Techniken und organisatorische Massnahmen vor Verfaelschung gesichert ist.

② § 440a ZPO—Beweislast bei elektronischen Dokumenten Von auf Datentraegern gespeicherten Dokumenten wird vermutet, dass sie vom Aussteller stammen, wenn es sich um eine Gedankenaeusserung handelt, die nach dem Stand der Technik geeignete Verfahren der Datenauthentizitaet und die Identitaet des Ausstellers erkennen laesst und durch geeignete Techniken und organisatorische Massnahmen vor Verfaelschung gesichert ist.

得的，由有关行政机关持有，以供其雇员进行组织使用；但是，以下各项被排除在外：

（i）为销售给许多未指定人士而发行的物品，例如官方公报，白皮书，报纸，杂志和书籍；

（ii）指明的历史公共记录和档案；

（iii）根据内阁令的规定，专门作为历史或文化材料或在研究机构或内阁令指定的其他设施中进行学术研究的材料而专门管理的物品（不包括前项所列的物品）。①

【相关规定2】《行政机关持有的个人信息保护法》（节录）

第四条　明确表示使用目的

行政机关直接从有关个人取得文件（包括电磁记录）中记载的有关个人的个人信息时，行政机关必须事先向有关个人明确说明使用目的，下列情况除外：

迫切需要保护健康或财产的生命中的个人。

（i）如果为了保护个人生命，身体或财产而迫切需要获取个人信息；

（ii）对相关个人的使用目的的明确指示可能会损害相关个人或第三方的生命，身体，财产或其他权利或利益；

（iii）如果向相关个人清楚表明使用目的，可能会妨碍国家机关，

---

① この法律において「行政文書」とは，行政機關の職員が職務上作成し，又は取得した文書（図畫及び電磁的記錄（電子的方式，磁気的方式その他人の知覚によっては認識することができない方式で作られた記錄をいう。以下同じ。）を含む。第十九條を除き，以下同じ。）でただし，當該行政機關の職員が組織的に用いるものとして，當該行政機關が保有しているものをいう。ただし，次に揭げるものを除く。

一　官報，白書，新聞，雜志，書籍その他不特定多數の者に販売することを目的として発行されるもの

二　特定歷史公文書等

三　政令で定める研究所その他の施設において，政令で定めるところにより，歷史的若しくは文化的な資料又は學術研究用の資料として特別の管理がされているもの（前號に揭げるものを除く。）

法人团体，地方公共实体或法人团体的程序或业务的正常执行；

（iv）如果根据收购情况发现使用目的明确。[①]

【相关规定3】《独立行政法人等持有的个人信息保护法》（节录）

第四条

法人团体的行政事业单位等直接从有关个人取得文件（包括电磁记录）中记载的有关个人的个人信息时，法人团体的行政事业单位等必须明确说明其目的。事先向相关个人使用，但以下情况除外：

（i）如果为了保护个人生命，身体或财产而迫切需要获取个人信息；

（ii）对相关个人的使用目的的明确说明是否可能损害相关个人或第三方的生命，身体，财产或其他权利或利益；

（iii）如果向相关个人清楚说明使用目的，可能会妨碍国家机关，注册行政顾问等，当地公共实体或本地注册行政顾问的程序或业务的正常执行；

---

① 第四条　行政機関は、本人から直接書面（電磁的記録を含む。）に記録された当該本人の個人情報を取得するときは、次に掲げる場合を除き、あらかじめ、本人に対し、その利用目的を明示しなければならない。

一　人の生命、身体又は財産の保護のために緊急に必要があるとき。

二　利用目的を本人に明示することにより、本人又は第三者の生命、身体、財産その他の権利利益を害するおそれがあるとき。

三　利用目的を本人に明示することにより、国の機関、独立行政法人等、地方公共団体又は地方独立行政法人が行う事務又は事業の適正な遂行に支障を及ぼすおそれがあるとき。

四　取得の状況からみて利用目的が明らかであると認められるとき。

（iv）如果根据收购的情况发现使用目的明确。[①]

六、欧盟电子文件证据法规

【相关规定】《欧洲议会与欧盟理事会第 2003/71/EC 号指令》（2003 年 11 月 4 日起施行）（节录）

第十四条　招募说明书的公布

2.招募说明书以下列任何一种方式公布时，应被视为已向公众提供：

（a）在下述成员国全境内流通或在其境内广泛流通的一份或多份报纸上公布：证券在其境内向公众发行的成员国，或申请人寻求在其境内获准交易其证券的成员国；或

（b）在证券获准交易的市场的办公地点，或在发行人的注册地，以及在配售或出售证券的金融中介机构（包括代理付款人）的办公地点，以印刷品形式免费向公众提供；或

（c）在发行人的网站及配售或出售证券的金融中介机构（包括代理付款人）的网站（如有）上，以电子文件形式公布；或

（d）在收到核准证券交易的请求的受监管市场的网站上，以电子文件形式公布；或

---

① 第四条　独立行政法人等は、本人から直接書面（電磁的記録を含む。）に記録された当該本人の個人情報を取得するときは、次に掲げる場合を除き、あらかじめ、本人に対し、その利用目的を明示しなければならない。

一　人の生命、身体又は財産の保護のために緊急に必要があるとき。

二　利用目的を本人に明示することにより、本人又は第三者の生命、身体、財産その他の権利利益を害するおそれがあるとき。

三　利用目的を本人に明示することにより、国の機関、独立行政法人等、地方公共団体又は地方独立行政法人が行う事務又は事業の適正な遂行に支障を及ぼすおそれがあるとき。

四　取得の状況からみて利用目的が明らかであると認められるとき。

（e）在母国主管部门的网站上以电子文件形式公布，如其决定提供此项公布招募说明书的服务。

母国可以要求按第 a 项或第 b 项公布招募说明书的发行人，除报纸或印刷品外还依第 c 项以电子文件形式公布招募说明书。

后 记

　　全球范围内，运用大数据完善社会治理、提升政府服务和监管能力正成为趋势，有关发达国家相继制定实施大数据战略性文件。2015 年 8 月我国国务院发布了《促进大数据发展行动纲要》，党的十八届五中全会明确提出实施国家大数据战略。在此背景下，电子文件的证据规则与管理法制建设成为各国和地区共同面临的时代挑战。然而在我国，电子文件作为证据运用于司法活动中尚处于起步阶段。学界对于电子文件的证据规则与管理法制的研究明显脱节，深度也不够，更极少反映大数据时代的新内容。基于此，作者申请了国家社会科学基金项目——《大数据时代电子文件的证据规则与管理法制建设研究》，撰写本书。这是一次跨越法学和图书情报与档案管理两个一级学科的研究尝试，希冀能够化解我国过去电子文件管理法制与证据规则之间脱节的根本问题。

　　《大数据时代电子文件管理制度创新——基于电子证据规则的视角》是本书原定名，该命名虽紧扣研究主题，但过于冗长，故将之简化后更名为《电子文件管理制度创新：基于电子证据规则的视角》。《礼记·中庸》谈学问时告诫世人要"博学之，审问之，慎思之，明辨之，笃行之"。荀子在《劝学》中亦提出，"君子之学也，入乎耳，箸乎心，布乎四体，形乎动静"。本着勤勉治学、格物致知的精神，本书紧紧围绕大数据时代电子文件的证据规则与管理法制建设展开研究，具体包括：论证我国电子文件管理法制与证据规则的契合发展问题；重点探讨电子文件在大数据时代的新演变；梳理海量"裁判文书"中关于电子文件的证据规则并进行"条文化"编纂；开发出能够满足人权保障、网络安全与司法运用要求的电子文件管理法制化方案。此外，本书还拟定了《电子文件应用管理条例》专家建议稿，以促使学术研究产生实际的制度建设价值。

本书系国家社会科学基金项目"大数据时代电子文件的证据规则与管理法制建设研究（16BFX033）"的研究成果，具体撰稿分工如下：

刘品新：第一章、第六章、第七章、第八章

刘品新、陈丽：第二章

王燃、陈丽：第三章、第四章、第五章

黄嘉咪、赵欣、钟佩庭、刘梦瑀、陈丽：附录

本书由刘品新、陈丽进行统改、定稿，黄嘉咪、赵琦、刘梦瑀、钟佩庭、赵欣协助修改，钟佩庭负责大量法律法规整理，宗元春、陈泽鸿参与案例收集。

感谢中国人民大学法学院何家弘教授、李学军教授，中国人民大学信息资源管理学院冯惠玲教授、刘越男教授、钱毅教授、王健教授，天津市档案馆仇伟海处长对本书写作提供的各种支持！感谢中国人民大学刑事法律科学研究中心、中国人民大学电子文件管理研究中心领导的支持！

本书受到中国人民大学刑事法律科学研究中心出版资助，属于中国人民大学刑事法律科学研究中心系列丛书之一。感谢中国人民大学法学院、中国人民大学刑事法律科学研究中心的领导！